법과 혁명 1

서양법 전통의 형성1

법과 혁명 1

서양법 전통의 형성1

해롤드 버만 지음 · **김철** 옮기고 정리함

이 책은 모든 학문적인 외관과 내용에도 불구하고, 특정 분야의 사람만을 위한 것이 아니다. 어떤 지적인 배경을 가졌든, 어떤 문화적 배경이나 종교적 배경을 가졌든, 그가 최근의 시간이 어떤 시대의 끝에 와 있다는 것을 희미하게라도 느끼는 사람들을 위한 책이다. 학문적 예언자는 시대의 요구를 가장 빨리 예민하게 느낀다. 해롤드 버만은 가치중립의 의상 뒤로 도피하는 사람은 아니었다. 그는 절박하게 그의 역할을 추구하였다.

> "나 자신이 이 책을 쓰는 동기는 보다 절박하다. 익사 직전의 사람은 그의 전 생애가 섬광같이 그 눈앞에 지나가는 것을 본다고 한다. 임박한 운명으로부터 자신을 구출해낼 수 있는 어떤 인적·물적 도움을 지난 경험 내에서 발견하려는 무의식적인 노력이라고 할 수 있다. 그래서 나 또한 현재 우리 시대의 절박한 상황에서 벗어나는 탈출구를 발견할 목적으로, 매우 긴 역사적 전망의 시초에서부터 나타나는 법과 적법성에 관한 서양 전통, 질서와 올바름에 대한 서양법 전통을 쳐다보지 않을 수 없게 되었다."(해롤드 버만 — 원 저자의 서문)

> "현대인이 어떤 시대의 끝에 와 있다는 것은 과학적으로 증명될 수 있는 것은 아니다. 시대가 종언을 고하고 있기 때문에 현대인인 우리는 이제 시대의 출발과 시초를 분간해서 알게 된다. 왜냐하면 어떤 시대의 한가운데에 있을 때는 시대의 종언이 아직 눈에 보이지 않기 때문에 출발의 시초 또한 사회로부터 가려져 있다."(해롤드 버만 — 원 저자의 서문)

최근 한국 지식인들은 한국 문명이 인류 문명사에 포섭되어 있다는 것을 느끼게 되었다. 한국인들의 활동 영역이 국내를 넘어서서, 한국 역사상 처음으로 동아시아를 넘어서서, 제3세계뿐 아니라 서양 문명이 영향을 미친 광대한 영역으로 확장하게 되었다. 한국인의 사고방식에는 아직도 동양과 서양의 구별을 넘을 수 없으며, 동(東)은 동(東)으로(East Goes East), 서(西)는 서(西)로(West Goes West)라는 20세기 초의 구별이 각인되어 있다. 한국인이 어떤 자기정체성(Identity)을 지향하든, 어떤 '동서의 피안(彼岸)'을 지향하든 간에, 지금까지 한국 문명이 받아들였다고 생각된 서양 문명과 문화를 다시 검토하지 않으면 안 될 단계에 이르렀다.[1] 동서의 피안[2]까지 가지 않더라도 폭을 좁혀서 한국인이 그의 정체성을 다시 검토하기 위해서라도 이제는 어떤 거울이 필요하다는 것을 느낄 것이다. 그 거울은 지금까지 사용해왔던 것보다 더 다면적이고, 그것이 비추는 지경(地境)이 더 넓고 과거와 미래를 포괄하지 않으면 안 된다. 그 거울은 어떤 거울이 될 것인가?

　　개화기 때로 돌아가 보자. 당시의 한국인들이 새로운 문명을 총칭해서 서양 문명이라고 불렀고, 이후에 한국인들의 체험이 넓어짐에 따라서, 그리고 직접 세계사에 노출되면서 이제는 서양도 나라별로 본격적으로 파악하기 시작한 지가 해방 이후부터였다. 훨씬 이후에 한국인들은 산업화된 한국인으로서 이제는 세계화라는 시

---

1) 김철, 『한국 법학의 철학적 기초─역사적·경제적·사회문화적 접근』(서울: 한국학술정보, 2007), 『한국 법학의 반성─사법개혁시대의 법학을 위하여』(서울: 한국학술정보, 2009.09), 『경제 위기 때의 법학─뉴딜 법학의 회귀 가능성』(서울: 한국학술정보, 2009.03), 『법과 경제질서─21세기의 시대정신』(서울: 한국학술정보, 2010.12).

2) 1960년대 한국에서 읽히던 책으로 『동서(東西)의 피안(彼岸)』이라는 법문학적 에세이가 있었다.

대의 조류에 접하게 되었다. 문명과 문화를 나라별로 파악하는 태도는 이유가 있는 것이지만, 주로 정치적 동기와 경제적 동기에서 비롯되었고, 보다 넓은 문화와 문명에 대해서는 인문학의 다소 일반적인 관찰과 서술에 맡겨져 왔다.

오랫동안 한국인들은 전체 문명과 부분 문화를 구별하며 정치 · 경제 · 사회 · 문화 · 법의 영역을 따로 떼어 구별해서 각기 독립적으로 파악하는 데에 익숙해져 왔다. 각 분야는 따로 떨어져서 독립적으로 전개 서술하는 것이 당연하며, 또한 후기 산업사회시대의 전문화를 촉진하는 것으로 생각되었다. 이러한 구획화와 분절화는 특히 법의 영역에서 극대화되어 다른 분야와 배타성을 가짐으로써 전문화되는 것으로 최근까지 인식되었다. 그리고 이런 경향이 실로 문명국의 문화와 문명의 모습으로 생각되었다.

과연 그럴까? 이러한 경향 역시 한국인이 개화기 이후 받아들여 왔던 서양 문명과 서양 문화의 단편적인 모습이 아닐까? 이런 반성과 통찰은 지극히 짧은 기간, 이른바 압축된 개발과 성장을 해온 한국에서는 기회가 주어지지 않았다.

이 책을 통해서 한국의 독자는 지금까지 거의 선례가 없었던 새로운 관점의 인류 문명사와 문화사를 접하게 될 것이다. 왜냐하면 원 저자 해롤드 버만 교수는 20세기와 21세기에 걸친 세계의 다른 곳에서는 잘 알려진(아메리카, 서유럽, 동유럽과 러시아, 중국, 일본) 대학자이면서도, 한국의 지식인이나 교양인에게는 거의 생소했고, 본격적인 소개가 없었던 탓이다. 그가 보여 주는 인류 문명에 있어서의 큰 흐름과 그 변전이라는 장대한 파노라마를 한국인들은 참조할 겨를이 없었다. 다음의 원 저자 해롤드 버만 교수의 학문에 대한 태도와 관점을 보기로 하자.

"'학문세계 또는 학계(學界)'만큼 보통 쓰는 의미에서 잘못 전달되기 쉬운 용어도 없을 것이다. 학계(學界)는 사람들의 세계를 나누어 버린 전문화 때문에 생긴 구획 정리로 그것 자체가 의미 있거나 충족적인 단위가 아니며, 원래는 어떤 편의를 위한 것이었다. 그러나 점차로 전문화와 구획화가 진행되면서 그 장점과 함께 부작용이 나타나기 시작했다. 그 부작용을 쉽게 설명하면 다음과 같다. '어린이들의 땅 뺏기 놀이에서처럼 나누어진 구획이 열어젖혀지지 않는다면 그 구획과 구분은 너무 좁게 칸막이를 친 공동주택의 공간같이 우리를 가두고 질식시킬 것이다(우리는 주로 아파트에 살고 있으나, 이런 주거 형태는 인류 문명사에서 비교적 짧은 시대에 속하는 것이다).' …… 이러한 각성 이후에 나는 내 동료와 학생들과 대화할 때, 특수화된 전문용어를 피하고, 다양한 학문분야의 통찰을 일으킬 수 있는 언어와 문체로 표현해왔고, 당연히 있을 수 있는 사회적 압력에 대응해왔다."3)

이러한 뜻에서 세기의 명저, 해롤드 버만 교수의 『법과 혁명 1 – 서양법 전통의 형성1』은 오늘날의 한국인이 절실히 필요로 하는 귀중한 책일 뿐만 아니라 한국의 문화를 더욱더 깊이 이해하고, 또한 인류의 문명사 속에서 우리의 문화를 다시 객관화해서 돌이켜볼 수 있는 데에 많은 도움을 줄 것이다.

이 책은 "한마디로 장엄한 품격을 가진 책이다. 범위에 있어서 광대하고, 세부 항목에 있어서 엄청나게 풍부하다. 이 책은 우리들의 세기에 있어서 법에 관한 저술로는 가장 중요한 책이 될 수 있다(*American Political Science Review*)." "저자는 법과 서양 역사의 관계를 평가하고 설명하는 데에 있어서 최고의 경지에 도달했다(Victor M. Muniz-Fraticelli, Foundations of Political Theory)"라는 등의 높은 평가를 널리 받았으며, 이 책의 초판이 나온 이후, "이 책은 (20세기의) 가장 중요한 책이다. 모든 법률가와 법학도는 읽어야 될 책이며…… 명료하게

---

3) 해롤드 버만 저, 김철 역, 「제8장 대화편 – 여섯 개의 질문과 여섯 개의 답」, 『종교와 제도 – 문명과 역사적 법이론』(서울: 민영사, 1992), pp.315~316.

쓰였으며, 잘 정리되어서 광대하고 심원한 학자적 노력의 결정이다(*Los Angeles Daily Journal*)"라는 평가와 함께 미국 변호사협회(American Bar Association)가 선정한 SCRIBES 저술상을 수상했다.

저자인 해롤드 버만 교수는 29세에 스탠퍼드 로스쿨 조교수를 거쳐서 30세에 하버드 로스쿨의 교수로서, 업적이 뛰어난 학자에게 주어지는 Story Professor of Law와 Ames Professor of Law를 37년간 역임한 뒤, 에모리 로스쿨(Emory Law School)의 Woodruff Professor of Law를 지내고 89세에 영면할 때까지 60년 동안 법학 교수와 연구생활을 현역으로 지속하였다. 역자는 1995년 버만 교수와 한국어판을 내기로 약속하고, 논문과 학회 발표를 통해서 학계에 알린 뒤, 17년 뒤에 비로소 원저를 한국어판으로 내게 되었다. 우선 그 분책(分冊)을 내게 된 것도 다행으로 생각하고, 일러두기를 참조해주었으면 한다.

2013년 1월
한국어판 옮기고 정리한 김철

■ 해롤드 버만의 서문

여기 이 책은 기원과 원천에 대한 스토리이며, '뿌리'에 대한 스토리이며, 현대인이 어떤 길을 거쳐서 현재 지점에까지 도달한 '경로'에 대한 스토리이다. 이 책의 스토리에 회의적인 사람은 지난날에 대한 향수를 가지고 이 스토리를 읽을 수도 있다. 그가 소외 상태에 이르게 된 코스를 마음속에서 다시 되짚어 가면서 그럴 것이다. 이 책의 스토리를 믿는 사람은 그 안에서 미래를 비춰주는 어떤 가이드라인을 발견코자 희망할 수도 있다["과거를 밝혀 보는 것이 미래의 구조가 어떨 것인가를 나에게 드러내 주었다"라고 북경 원인의 화석을 중국에서 최초로 발굴해낸 고생물학자이며 고고인류학자이며 선교사였던 테야르 드 샤르댕(Teilhard de Chardin)이 썼다].

내 자신이 이 스토리를 쓰는 동기는 어느 정도는 보다 절박하다. 익사 직전의 사람은 그의 전 생애가 섬광같이 그 눈앞에 주마등처럼 지나가는 것을 본다고 한다. 임박한 운명으로부터 자신을 구출해내 줄 수 있는 어떤 인적·물적 요소를 지난 경험 내에서 발견하려는 무의식적인 노력이라고 할 수 있다고 한다. 그래서 나 또한 현재 우리들의 절박한 상황에서 벗어나는 탈출구를 발견할 목적으로, 매우 긴 역사적 전망의 시초에서부터 나타나는 법과 적법성에 관한 서양 전통, 질서와 올바름에 대한 서양법 전통을 쳐다보지 않을 수 없게 되었다.

현대인이 어떤 시대의 끝에 와 있다는 것은 과학적으로 증명될 수 있는 것은 아니다. 알아차리는 사람도 있고 알아차리지 않는 사람도 있다. 낡은 이미지는 아치볼드 매클리시(Archibald MacLeish)가 『메타포(*Metaphor*)』에서 말했듯이, 이미 그 의미를 상실했다는 것을 직관으로 알 수 있다.

> 한 세계의 메타포가 죽을 때 그 세계는 종언을 고한다.
> 어떤 시대가 한 시대가 되는 것은,
> 민감한 시인이 자랑스럽게 고안할 때,
> 그 영혼이 긍정하는 시대의 상징을;
> 그 의미는 사람들이 이해할 수 없으나,
> 상상의 이미지들이 보여 줄 수 있다.
> 그 이미지들이 사멸하는 것은
> 그것들이 더 이상 의미하는 바를 상실할 때

시대가 종언을 고하고 있기 때문에 현대인인 우리는 이제 시대의 출발과 시초를 분간해서 알게 된다. 왜냐하면 어떤 시대의 한가운데에 있을 때는 시대의 종언이 아직 눈에 보이지 않기 때문에, 출발과 시초 또한 시야로부터 가려져 있다. 이윽고 역사가 봉합점이 없는 그물망[메이틀런드(Frederic William Maitland)가 쓴 구절이다]의 모습을 실제로 보게 한다.

그러나 이제 인류의 문명 전체를 우리들 현대인 앞에 펼쳐 놓았기 때문에, 우리들은 문명의 기원을 발견할 수 있다. 왜냐하면 우리들은 어떤 기원을 우리가 찾고 있는가를 알고 있기 때문이다.

비슷하게 우리가 과거의 혁명적인 시대들을 더 쉽게 알아볼 수 있는 것은, 우리 현대인이 어떤 혁명적인 기간으로부터 나타났기 때문이다. 한편 점진적(incremental) 역사, 즉 순조로운(smooth) 역사는 다윈시대(Darwinian age)의 역사 쓰기의 특징이었다.

사회갈등이 온통 차지했던, 재앙적(catastrophic) 역사는 20세기의 초기와 중기의 역사쓰기의 특징이었다. 이제 처음으로 진화만이 아니고 혁명만이 아니고, 진화와 혁명이 서로 영향을 미치는 상호작용이 서양 역사의 지배적 주제가 된다는 것을 알기 시작하고 있다.

사회의 해체와 공동체의 붕괴가 20세기에 유럽, 북아메리카, 그리고 서양 문명의 다른 곳에서 일어난 것을 알아차리지 못한다는 것은 불가능하다. 인종, 종교, 토양, 가족, 계층, 이웃과 일, 공동체의 유대가 추상적이고 피상적인 민족주의로 점증해서 해체되어 왔다. 이 현상은 전체로서의 서양 문명에서의 일체감(unity)과 공통의 목적이 쇠퇴하는 것과 밀접히 관계되어 있다. 그러나 역시 새롭게 구축되는 데에 대한 약간의 징조도 있다. 아마도 가장 희망적인 전망은 지역적인 또는 세계적인 기반에서, 경제적으로 과학에 있어서 그리고 문화적으로 서로 의존하게 되는 그러한 현상이라 할 것이다.

그러나 이런 전망이 법과 무슨 상관이 있는가라고 물을 수 있다. 매우 큰 상관이 있다. 서양에서의 공동체에 대한 전통적인 상징들, 즉 전통적 이미지와 메타포들은 무엇보다도 종교에서부터 나왔고, 또한 법적인 성질을 가지고 있었다. 그러나 20세기에서 처음으로 종교는 대체로 개인적인 일이 되었고, 그건 대체로 실제적인 일에 있어서의 편리함을 구하는 일이 되어 버렸다. 따라서 이전에 있어 왔던 종교적인 상징과 법적인 상징 사이의 관계가 파괴되어 버렸다. 종교적 메타포나 법적인 상징의 어떤 것도 공동체가 미래와 과거를 어떻게 전망하는가에 대해서 더 이상 표현해주지 않는다. 종교적 상징과 법적 상징 어느 것도 더 이상 과거의 그것들이 가졌던 열정적인 충성을 요구하지 않는다.

이러한 변화들을 통탄할 필요가 없을지도 모른다. 이러한 변화들은 좋은 일일 수도 있다. 이러한 변화들은 의심할 나위 없이 불가피한 것이다. 그러나 어떤 경우이든 이러한 변화는 한 시대의 종언을 기록하고 있다. 그리고 이제 되돌아갈 수 없으므로 유일한 질문은 "우리들은 앞으로 어떻게 갈 것인가"이다. 현대를 사는 우리는 지난 경험의 집단 기억 속에서 미래의 길을 가로막고 있는 장애들을 극복하는 데 도울 수 있는 원천을 찾아낼 수 있을 것인가? 미래의 길을 가로막고 있는 장애들이 무엇인가는 이 책에서 기술된 스토리로부터 간접적으로 배울 수 있을 것이다. 미래의 장애 중에는 협소함과 그리고 구획 짓기라는 것을 지적할 수 있는데, 이것은 법 자체와의 관련에서 생각과 행동 양자에 있어서의 협소함과 구획 지움을 말한다. 우리가 극복할 필요가 있는 것은, 법을 일 처리를 위한 테크니컬한 장치의 세트로 환원시키는 버릇을 극복해야 한다는 것이다. 또한 극복할 필요가 있는 것은 다음과 같다. 법을 역사로부터 분리해 버리는 것, 현대인의 모든 법을 국가나 민족의 법과 동일시하는 것, 그리고 현대인의 모든 법에 대한 역사를 어떤 국가나 민족의 법의 역사와 동일시해 버리는 것 – 너무나 배타적으로 정치적인 색채가 짙으며 또한 오로지 분석에만 의존하는 법학(실증주의, positivism)의 오류들, 또한 다른 일방, 오로지 또는 지나치게 배타적으로 철학적인 법학이나 또는 오로지 도덕적인 법학(자연법 이론, natural law theory)의 오류, 또한 딴것을 돌보지 않을 정도로 배타적으로 역사적이거나 사회·경제적인 경향을 띠는 법학['역사학파(historical school)', '법의 사회이론(the social theory of law)']의 오류 ─ 등이다. 우리는 이상과 같은 3개의 오래된 전통적 학파들을 한곳에 모으고 극복해서 마침내는 종합 및 통합할 수 있는 법학이 필요하다. 이러한 융합 또는 통합 법학은 다음과 같은 사실을 강조할 것이다. 즉, 신뢰할 수 없는 법은 기능하지 않을 것이다. **신뢰할 수 있으며 따라서 기능할 수 있는 통합적인 법학은 이성과 의지뿐만이 아니라 정서, 직관 그리고 신앙조차도 배제하지 않고 개입하는 것일 것이다.** 즉, 통합적 법학은 전면적인 사회적 개입에 관계된다. 위기의 기간에는 우리 현대인들은 더 넓은 전망이 필요하다. 올리버 웬델 홈즈(Oliver Wendell Holmes Jr.)는 어느 때 법과대학 클래스에게 말했다. "법학자로서의 너희들의 일은 주어진 특별한 사실(fact)과 우주의 온전한 프레임과의 관계를 알아내는 것이다." 이와 같은 (현대인이 보기에는 너무 광범위한) 언급 뒤에는 남북전쟁을 겪고 나서 생긴 홈즈의 세상을 보는 눈이 일상적이지 않고 얼마간 낙관적이지 않으며, 오히려 그리스 비극에서 나타나는 인생관과 세계관이 놓여 있다. {역자 주: 현대 한국의 초보 법학자뿐만 아니라 대가급의 법학자도 법학의 데이터로서 주어진 특별한 사실이 세계를 넘어서서 우주의 온전한 프레임과 관계 있다고 느끼는 사람이 얼마나 될 것인가? 아마도 한국의 지극히 기술적이고 미시적인 법기술에 통달한 실무가는 홈즈의 이와 같은 언급을 과장이거나 레토릭(Rhetoric) 정도로 생각할 것이다. 그러나 이것은 체험의 문제이다} 홈즈는 보편적인 맥락 없이 법적인 사실을 파악하는 것이 위험하고 덧없다는 것을 잘 알고 있었다.

법에 대한 현대인의 개념이 협소한 것은 이러한 법에 대한 전망뿐만 아니라 역사에 대한 전망을 가로막고 있다. 현대인들은 점점 갈수록 법이란 것은 주어진 나라에서 통용되며 효력이 있는 규칙들,

즉 입법상의, 행정상의 그리고 사법상의 규칙들과 절차들 그리고 테크닉들을 모아 놓은 것으로 1차적으로 생각한다. {역자 주: 최근 한국에서 시작된 전문화된 대학원으로서의 로스쿨은 대체로, 버만(Berman)이 지적한 이런 경향을 이전보다 더욱 강화시키는 방향이라고 보도되고 있다} 이와 같이 법을 협소하게 보는 견해에 동반하는 역사의 전망이라는 것은 다소간 최근에 가까운 과거나 또는 특별한 국가에 심각하게 한정되어 있다. 실로 이런 한정된 역사의 전망이라는 것은 심지어 전혀 역사에 대한 전망이 없는 것으로 나타날 수도 있고, 역사가 아니라 단지 시사적인 의미를 가지는 정책이나 거기에 따르는 가치에 대한 전망에 지나지 않는 경우가 많다. 이와 같은 최근의 역사관과 대비해서 인류의 과거에, 예를 들어서 18세기 잉글랜드에서 블랙스톤의 영국법 주석에 나타난 법개념에서 읽을 수 있는 역사적 함의를 고려해보자. 특히 주목을 끈 것은 『블랙스톤의 잉글랜드법주석(*Blackstone's Commentaries on the Laws of England*)』이 **법학 전공자들만을 위해서 쓰인 것이 아니고, 1차적으로는 모든 교육받은 교양인을 위해서 쓰였기 때문이다.** 블랙스톤에 의하면 잉글랜드에서 과거 팽배했던 법들은 다음의 여러 가지이다. 자연법, 신의 법, 국가들의 법(the law of nations), 영국 보통법, 지역의 관습법, 로마법, 교회법, 상인법(the law of merchant), 제정되어서 규정으로 나타난 법(statutory law) 그리고 형평법이다. 이와 같이 길게 열거된 법들의 카탈로그에 내재하고 있는 것은 한 나라에 한정되지도 않으며, 오로지 최근의 과거에도 제한되지 않으며, 오히려 존재했던 여러 역사들이 서로 겹치는 것에 대한 전망이 내재해 있다. 즉, 기독교와 유대주의의 역사, 그리스의 역사, 로마의 역사, 교회의 역사, 지역 또는 지방의 역사, 국가 또는 민족의 역사, 국제적인 역사, 그리고 더 이상이다. 이러한 역사에 대한 전망은 블랙스톤을 읽는 사람들로 하여금 많고 다양한 과거와 연결시킴으로써 독자들로 하여금 어떤 단 하나의 과거에 매이는 것으로부터 해방시켜줄 뿐만 아니라, 약간은 추상적인 칸트적 의미에서 얘기할 때 전체로서의 과거로부터 구속되지 않는 해방을 주는 것이다. 똑같은 이유로 블랙스톤의 책이 주는 다양한 역사관은 독자들로 하여금 어떤 단일한 형태의 미래상이나 또는 약간의 추상화된 미래 일반에 대해서 예측할 수 있게 하는 것이 아니라 다시 한 번 단일하지 않고 다양할 수 있는 미래의 시간에 대해서 예측할 수 있는 것을 가능하게 한다. 블랙스톤 자신은 매우 '영국적'이었고, 또한 많은 점에서 참으로 보수적이라고 할 수가 있었다. 그러나 잉글랜드의 법적인 전통이 획일적이지 않고 단일하지 않으며 다중적으로 형성되었다는 것을 명확히 서술함으로써 블랙스톤은 역사 그 자체가 다중적으로 전개된다는 것을 각성시키고 있다.

{역자 주: 최현대의 한국이나 또는 한국인이 쉽게 접해온 외국의 다른 법학의 특징이 법을 좁게 파악하며, 따라서 좁은 법개념이 유용하다고 가르치고 있는 데에 비해서 이 책의 저자는 다른 측면을 지적하고 있다} 법을 너무 좁게 보는 그와 같은 방식이 다른 학문 분야의 학자들 즉, 역사가들, 정치과학자들, 사회학자들, 철학자들로 하여금 법을 유효하게 연구하는 것을 불가능하게 만든다는 것이 지적되어 왔다. {역자 주: 한국 법학의 일반적인 태도는 역사학이나 정치학, 사회학, 철학자들이 법을 연구하는 것에 대해서 그 유용성을 별로 느끼지 못하고 있다. 이것은 다른 이유도 있겠으나 아직도 한국 법학은 아무리 과장을 해봐야 극히 초창기의 학문에 지나지 않는다는 얘기가 된다} 만약 법이 단순히 현재 유효하게 통용되고 있는 규칙이나 절차나 테크닉만으로 취급된다면 사회과

학자나 인문학자들이 흥미를 가질 이유가 없게 된다. {역자 주: 한국 법학의 역사에 있어서도 사회과학자들이 법과 사회라는 주제로 법학에 접근했던 시절이 있었다} 사회과학자나 인문학자들이 법에 대한 흥미를 잃게 됨으로써 상실감을 가지는 것은 법학자들뿐만 아니라 사회과학자나 인문학자들이다. 왜냐하면 사회과학자나 인문학자들은 그들 원래의 분야에 대해서 가장 풍요한 통찰의 원천이 되는 것 중의 하나를 박탈당하는 것이기 때문이다. 만약 최현대의 사회과학과 인문학들이 과도하게 행태주의적이 되고 또한 파편화되어 버렸다면, 그리고 만약 최현대의 역사지리학이 과도하게 민족이나 국가 중심적이 되고 또한 과도하게 짧은 기간에만 묶이게 되었다면 이유 중에 부분은 최현대의 법사상이 그렇게 되어 버린 것일 것이고, 그 경과는 전문학자들의 일반적인 시계에서 벗어나게 되고 마침내 교육받은 많은 사람들의 시계에서도 벗어나 왔다.

물론 지식의 지나친 구획화, 즉 칸막이를 쳐서 좁은 영역으로 구분하고 특수 이익을 주장하는 것에 대해서 불평하는 것보다는 그러한 현상을 극복하기 위해서 무엇인가 새롭고 건설적인 일을 하는 것이 더 중요하다. 과거를 다시 정리하고 재통합하려는 어떤 노력도 현재 유효한 지식의 범주나 개념으로 이해될 수도 있고 판단될 수도 있다. (지금 저자가 시도하려는 것과 같이) **서양에서의 법의 역사를 우리 시대의 메타포로 제시하는 것은 실로 여러 분야에서 교육받은 독자들로부터 많은 것을 기대하는 것이 될 것이다. 독자들은 역사나 법이나 또는 서양 자체에 대해서 참으로 서로 다른 견해를 배경으로 해서 교육받았을 것이기 때문이다.** 그러나 우리들 현대인의 과거를 다시 정리하고 다시 통합하지 않고서는 지나간 족적을 되돌아볼 수도 없으며 따라서 미래를 위한 지침을 발견할 수도 없을 것이다.

■ 일러두기

원저의 텍스트에 대하여

Harold J. Berman, *Law and Revolution* Ⅰ-*The Formation of the Western Legal Tradition*(Harvard Univ. Press, 1983, 657p)과 Harold J. Berman, *Law and Revolution* Ⅱ-*The Impact of the Protestant Reformations on the Western Legal Tradition*(Harvard Univ. Press, 2003, 522p)은 Harvard Law School의 Story Chair 교수와 Ames Chair 교수, Emory Law School의 Woodruff Chair 교수를 역임한 20세기와 21세기에 걸친(1918~2007) 최대의 법학자 해롤드 버만 교수의 필생의 연구성과를 집약한 대표작으로 전자는 그가 65세 되던 1983년에, 후자는 그가 85세 되던 2003년에 출간되었다. *Law and Revolution* Ⅰ과 *Law and Revolution* Ⅱ는 역사적 순서에 따른 연작형식이다. 1권의 전편은 6~7세기의 게르만 부족법시대에서 10~11세기의 이른바 교황의 혁명시대를 거쳐서 중세 스콜라 법학시대와 르네상스 초기의 볼로냐의 법학과 신학시대를 포함한다. 전편은 캐논법이 세속법에 미친 긴 영향을 취급한다. 1권의 후편은 서양법 전통에 있어서의 세속법 체계의 형성을 취급하며, 봉건법 · 장원법 · 상인법 · 도시법, 그리고 시칠리아 · 잉글랜드 · 노르망디 · 프랑스 왕의 법을

취급하며, 더 나아가서 게르만 국가와 스페인·플랑드르·헝가리·
덴마크 왕의 법을 취급한다. *Law and Revolution* II의 전편은 게르만
혁명과 16세기에 있어서의 게르만법의 형성이 주제이며, 후편은 잉
글랜드혁명과 17세기에 있어서의 영국법의 변용을 취급한다.

법과 혁명 1과 2의 1,197페이지에 달하는, 장대한 구조의 총론
역할을 하는 부분이 '법과 혁명 1 - 서양법 전통의 형성'의 입구가
되는 회랑이라 할 수 있는데, 이 입구의 회랑에서 버만 교수는 법
과 역사(Law and History), 법과 혁명(Law and Revolution), 서양법
전통의 위기(The Crisis of the Western Legal Tradition), 법의 사회
이론을 향해서(Toward a Social Theory of Law)라는 4개의 별실에서
전편에 걸친 이론을 펼쳐 보이고 있다.

한국어판의 옮기고 정리한 이에 대해서[4]

옮긴이는 버만 교수가 56세에 출간한 또 하나의 대표작, *The
Interaction of Law and Religion*(Nashville: Abingdon Press, 1974)을
1992년에 『종교와 제도 - 문명과 역사적 법이론』으로 출간하였다.
버만 교수는 1995년 여름 하버드 로스쿨 로스코 파운드 도서관 연
구실에서 *Law and Revolution*의 한국어 발간에 대해서 구두로 승낙하
였다. 이후 버만 교수는 *Faith and Order-The Reconciliation of Law and
Religion*(Scholar Press, 1993)과 *The Integrative Jurisprudence of Harold J.
Berman*(Westview Press, 1996) 같은, 그의 업적을 대표하는 문헌과
수많은 논문들을 옮긴이에게 보내왔다.

---

4) 김철, 「법과 경제질서」(2012.12.), 이 책의 성격.

이 책의 구조에 대해서5)

옮기고 정리한 이는 *Law and Revolution I-The Formation of the Western Legal Tradition* (Harvard Univ. Press, 1983, 657p)을 우선 한국어로 옮기고 정리해서 단권으로 출간하려고 하였다. 그러나 서유럽 중세까지의 문명과 사상에 익숙지 않은 동아시아인 한국의 학도들에게 이해가 될 수 있는 충분한 역자 주를 붙여서 한국어판으로 낸다면 원저의 약 3배 이상의 분량을 넘는 것으로 계산되었다. 방대한 볼륨은 권위는 있으나 한국의 학도들이 다루기가 극히 불편하고, 책값 또한 상상을 초월할 것 같다. 무엇보다도 우선 금세기 최대의 법학자이며, 인문학자, 사회과학자인 원 저자 버만 교수에 대해서 한국의 독자들이 거의 면식이 없다는 것이 실정이었다. 그래서 옮기고 정리한 이는 우선 이미 말한바, 『법과 혁명 1 - 서양법 전통의 형성』과 『법과 혁명 2 - 프로테스탄트 개혁의 서양법 전통에 대한 영향』을 합하여 1,197페이지에 달하는 몸체 부분의 머리인, 총론이 되는 서론(Introduction) 부분을 위시해서, 한국의 학계나 교계에서도 다소 생소한 교황의 혁명과 서양법 과학의 원천까지를 한국의 독자에게 우선 소개하기로 결심하였다. 이 하나하나의 부분은 따로 떼어서도 하나의 책이 될 만한 내용을 압축한 것이어서, 형식으로는 챕터로 되어 있으나, 실제로는 다소 덜 압축된 책 몇 권에 해당하는 것이다. 따라서 이와 같이 여러 챕터로 구성된 방대한 원저를 나누어서 분책해서 한국의 독자에게 소개하는 것이 실정에 맞는다고 판단할 수밖에 없었다.

---

5) 김철, 『법과 경제질서』(2012.12.), 이 책의 성격.

다른 나라에 있어서의 『법과 혁명』의 출간 문화에 대해서[6]

『법과 혁명』은 원저 출간 이후 독일어, 중국어, 일본어, 프랑스어로 번역되었다.

1) *Recht und Revolution, Die Bildung der westlichen Rechtstradition* (Suhrkamp, 2009)
2) *Droit et révolution: L'Impact des Réformes protestantes sur la tradition juridique occidentale*(Fayard, 2011)
3) *Droit et révolution*(Librairie l Universite, 2002)
4) 法律与革命(第1卷):西方法律傳統的形成(法律出版社)
5) 法律与革命(第2卷):新敎改革對西方法律傳統的影響(法律出版社, 2008)
6) 法と革命〈1〉歐米の法制度とキリスト敎の敎義 (中央大學出版部, 2011)
7) 法と革命〈2〉ドイツとイギリスの宗敎改革が歐米の法制度に与えた影響(中央大學出版部, 2010)

이 책의 분야에 대해서

법학 내부의 분야로는 실정법제도의 전 분야, 그리고 법제사와 법사상사, 법철학사와 법학사를 포함한다. 또한 비교법을 포함한다. 또한 법교육과 법학방법을 포함한다. 실정법제도에 관해서는 법학 전 분야, 즉 한국의 분류방식으로 공법 및 사법과 사회법·경제법의 전 분야를 포함한다. 법학과 외부 분야로는 법학과 역사학, 법학과 신학, 법학과 서양철학 및 사상, 법학과 사회학, 법학과 인류학을 교차하고 있다.

---

6) 김철, 「법과 경제질서」(2012.12.), 이 책의 성격.

■ 목 차

제 3 장   서양법 전통의 기원과 교황의 혁명 ■ 239

제 4 장   유럽 대학에서의 서양법 과학의 원천 ■ 319

제 5 장 해롤드 버만(Harold Joseph Berman)이 한국 법학에
가지는 의미 ■ 453

제 1 장

프롤로그

오이겐 로젠스토크 휘시
(Eugen Rosenstock-Huessy)
『혁명으로부터-서구인의 자서전』(1938)

메이틀런드
(Frederic Maitland)
『영국법의 역사』(1898)

루돌프 좀(Rudolph Sohm)
『세속법과 정신세계의 법』(1914)

아놀드 토인비(Arnold Toynbee)
『18세기 잉글랜드의 산업 혁명』(1884)

제1장
프롤로그

어쨌든 **법의 성장 및 발전과 음악의 성장 및 발전 사이에 비슷한 점을 찾아서 비교해보는 것은 유용할 것이다.** 11세기와 12세기부터 시작해서 당시에 주류를 이루었던 그레고리안 성가에서 주로 나타나는 단성적 음악은 시간이 갈수록 점차로 복합적인 소리가 나는 스타일로 대치되어 갔다.

13세기 모테트(Motet)에서 예가 잘 나타나는 음악 양식은 14세기의 아르스 노바의 화음 위주의 스타일로 진화했다. 이때 아르스 노바(Ars Nova)의 예는 발라드에서 찾을 수 있다. 점차로 대위법과 화성이 결합되게 되었다. 16세기에 독일 개신교회의 합창의 발달은 대단히 큰 발전이었고, 이탈리아와 영국의 마드리갈(Madrigal)이나 다른 형태의 음악과 함께 이미 말한 독일 개신교회의 합창은 오페라가 나타나는 기초를 제공했다.

다음에 연속되는 것은 점차로 르네상스 음악은 바로크 음악에 길을 내주고 바로크 음악은 고전(Classical) 음악에 길을 내주는 그런 순서로 진행되었다. 이런 음악의 긴 진화의 스토리를 전혀 무시하고 현대인이 좋은 음악가가 된다는 것은 불가능해 보인다.

오늘날 세계의 가장 현대적인 후기 산업사회의 국가에서 법률가들이 어떤 법제도의 과거의 진화과정을 안다는 것은 훌륭한 법률가가 되는 데에 필수요건이다(1장 본문 중에서).

그레고리안 성가(Gregorian chant)의 단성적 음악(10~13세기)

13세기 모테트(motet)의 음악 양식

* 이 그림들은 역자가 독자의 이해를 위해 만든 것임.

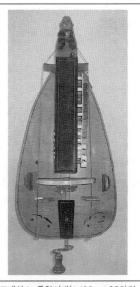

| 14세기 아르스 노바(Ars Nova)의 화음 위주의 스타일 | 르네상스 음악시대(1400~1600)의 대표적 악기 Hurdy-Gurdy |

| 바로크 음악시대(1600~1760)의 더블 매뉴얼 하프시코드(The double-manual harpsichord) | 대위법과 화성법의 결합. 지오반니 팔레스트리나(Giovanni Pierluigi da Palestrina, 1526~1594) |

| 16세기 독일 개신교의 합창의 발달. 마르틴 루터(Martin Luther, 1483~1546) | 16세기 이탈리아의 마드리갈(Madrigal). 피에트로 벰보(Pietro Bembo, 1470~1547) |

| 17세기 마드리갈(Madrigal). 클라우디오 몬테베르디(Claudio Monteverdi, 1567~1643) | 오페라 형태는 16세기 말과 17세기 초에 이탈리아에서 처음으로 나타났음 |

1. 들어가는 말

1.1 서양과 서양 문명

'서양'이라고 불리는 문명이 있어 왔고 지금도 있다. 그 문명은 독특한 '법의' 제도와 법의 가치와 개념을 발달시켰다. 서양법 제도와 가치와 개념은 여러 세기에 걸쳐, 세대에 세대를 걸쳐서 의식적으로 전파되어 왔고, 그래서 '전통'을 형성하게 되었다. 이 서양법 전통은 어떤 '혁명'에서 태어났고, 그 이후에 여러 세기에 걸친 경위 동안 여러 혁명들에 의해서 영향받고 변형되어 왔다. 그리고 20세기에 와서 서양법 전통은 역사의 어느 세기 때보다 더 큰 혁명적 위기에 처해 있다. 혹자는 서양법 전통을 실질적으로 종말에 이르게 할 만큼 큰 위기라고 믿는다.

모두가 이런 서양법 전통의 스토리에 귀 기울이지는 않으리라. 적지 않은 사람들은 서양법 전통이라는 구성 자체를 받아들이지 않고, 그 존재를 환상으로 간주한다. 어떤 이들은 서양법 전통이란 결코 존재하지 않았다고 할 것이다. 반면에 다른 이들은 서양법 전통은 살아 있고 20세기 후반에도 건재하다고 한다.

서양법 전통에 대한 스토리가 진실이라고 인정하는 사람들 사이에서도, 그것이 심각하고 진지하게 고려되어야 한다고 인정할 사람들 사이에서도, '서양의', '법의', '전통' 그리고 '혁명'의 의미에 대해서 넓은 의견의 차이가 있을 것이다.

서양법 전통의 스토리를 말하는 목적의 하나는, 이 말들의 의미들을 서술적 맥락에서 즉, 시간적 차원에서 밝혀 보는 것이다. 이런 입장에서는 미리 이 용어들을 정의하려고 하는 시도 자체가 이미 실패를 자인하는 것이다.

프리드리히 니체(Friedrich Nietzsche)가 말했듯이, 역사를 가진 어떤 것도 개념적으로(즉, 획일적으로) 정리될 수 없다. 그럼에도 불구하고 픽션(창작물)이 아닌 것을 저술하는 사람은, 출발에 앞서 그가 가졌을지도 모르는 편견(prejudice)을 밝혀야 할 의무가 있다. 이는 동시에 저자가 시도하는 서양법 전통의 스토리를 받아들일 수 없는 사람들의 편견을 제거하는 기도로도 유용할 것이다.

1.2 서양 문명의 요소

이 저서에서 '서양(the West)'이라고 불리는 것은 특별한 역사적 문화 또는 문명이고 이 문화 또는 문명은 그 목적에 따라서 여러 다른 방법으로 (다른 문명에 비교해서) 개념적으로 특화될 수 있다.

관행적으로 '서양'은 (오리엔트와 대척되는 의미에서) '서반구(Occident)'라고 불려 왔고, 고대 그리스와 로마의 유산을 계승한 모든 문화들을 포용하는 것으로 간주되었다. 오리엔트는 이에 비해서 이슬람, 인도 그리고 극동으로 주로 구성되었다.

제2차 세계대전이 끝난 이후부터는 '동서 진영'이라는 관용어에서 보이듯이 '동'과 '서'는 공산주의 국가들과 비공산주의 국가를 구별할 때 자주 쓰여 왔다. 예를 들면 '동서 진영의 교역'에서 보듯이 프라하에서 도쿄까지의 상품 선적은 동서 진영 간의 선박수송을 의미한다.(1989년 동유럽 러시아 혁명으로 공산주의 국가들이 해체된 이후에 이런 용어는 퇴색하였다)

오늘날 덜 알려진 동서 구별에 다른 것이 있다. 그리스도 교회의 동쪽과 서쪽 부분의 구분이다. 기독교 시대의 이른 시기에 일어났던 로마제국의 동쪽 부분과 서쪽 부분(즉, 동로마제국과 서로마제국)의 구분과 병행하는 구분이다. 일찍부터 동로마 교회와 서로마 교회의 차이는 있어 왔지만, 양 교회가 분리된 것은 1054년이 되어서야였다.

동서 교회의 분리는 서로마 교회 쪽의 움직임과 동시에 일어났다. 로마의 주교를 교회의 유일한 수장으로 하여, 성직자 집단을 황제, 왕 그리고 봉건 영주로부터 해방시키고, 교회를 세속 정치 단계로부터 정치적이고 법적인 단위로 극명하게 분리하려는 움직임이었다. 이 움직임은 '그레고리오의 개혁'에서 그리고 성직 서임권 투쟁(Investiturstreit, 1075~1122)[7]에서 정점에 달했는데, 최초의 근세 서양법 제도의 형성을 가져왔다. 이후로 로마 가톨릭교회의 '새로운 교회법(jus novum)'으로 형성되고 이 영향은 이윽고 새로운 세속법 체계가 일어나게 하였다. 새로운 세속법 체계는 왕의 법, 도시법 그리고 다른 것들이다. '서양법 전통'이라는 구절에서의 '서양'이라는 용어는 위와 같은 사건들에서 그들의 법 전통이 유래한 사람들을 일컫고 있다. 11세기와 12세기에 이들 백성(people)들은 잉글랜드에서 헝가리까지, 그리고 덴마크에서 시칠리아까지의 서유럽에 사는 사람들이었고, 러시아와 그리스는 동방 정교회에 남아 있었는데 회교 지역이었던 스페인의 대부분과 함께 그 당시는

---

7) 이 운동은 보통 종교개혁이 아니라 그레고리오 개혁으로 불린다. 그러나 '개혁(reform)'
이란 단어는 라틴어 원어 *reformatio*의 번역이고, 이 *reformatio*는 다른 맥락에서는 거의
어김없이 개혁을 뜻하는 영어 'reformation'으로 번역된다. {역자 주: 한국어 번역이 아
니라 라틴어를 생각한다면, 영어 Reform이나 영어 Reformation이나 다 같이 라틴어
*reformatio*의 번역일 뿐이다. 이것을 한국어로 풀면, 그레고리오의 개혁은 그레고리오의
종교개혁이나 같은 뜻이고, 단지 우리가 종교개혁이라 할 때에는 루터의 종교개혁을 뜻하
기 때문에 구별해서 쓸 뿐이다}

서유럽에서 격리되어 있었다. 훨씬 나중에 러시아와 그리스뿐 아니라 스페인 전역이 서양화되고 남북아메리카와 세계의 다른 다양한 부분들도 또한 서양화되었다. 서양은 나침반만 의지해서는 발견될 수 없다. 지리적 경계는 서양을 위치시키는 데 도움은 되나 때에 따라 이동한다. 서양이란 차라리 문화적 용어라고 할 수 있고, 매우 강한 다른 차원을 가지고 있다. 그럼에도 불구하고 서양은 단순히 머릿속의 관념이 아니고, 실재한 공동체이다. 서양은 역사적 구조인 동시에 구조화된 역사를 동시에 의미한다. 여러 세기에 걸쳐서 서양이란 서로마 기독교의 사람들과 같다고 여겨져 왔다. 실로 11세기에서 15세기까지 이 서양 사람들의 공동체는 단일한 정신적인 권위에 대한 공통의 서원(allegiance)에서 표명되었는데 단일한 정신적인 권위는 로마교회였다.

역사적 문화와 역사적 문명으로 서양은 동방과 구별될 뿐만 아니라 '前 서양' 문화('pre-western' culture)와도 구별되는데, 전 서양 (pre-western) 문화란 서양이 여러 번에 걸친 문예부흥 또는 복고기, 그러나 가장 뚜렷하게는 르네상스라고 불리던 시기에 회귀했던 문화를 말한다. 이러한 회귀와 복고(renaissance)는 서양의 특색이다. 이 특색들은 서양이 그 문화의 원천으로서 영감을 끌어내었던 모델과 혼동될 수는 없다. 예를 들면, 이스라엘, 그리스 그리고 로마는 서양의 정신적 선조가 되었으나 그 과정은 계승해서 된 것이 아니고, 1차적으로 채택의 과정을 통해서였다. 즉, **서양은 헤브라이, 헬라 그리고 로마 문명을 선조들로서 채택한 것이다. 더욱이 서양은 이 세 가지 문명을 선택적으로 채택하였다.** 즉, 각기 다른 시대에 이 문화들의 각기 다른 부분들을 채택한 것이다. 예를 들면, 코튼 매더(Cotton Mather)는 헤브라이 사람이 아니었다. 또한 에라스무스(Desiderius Erasmus)는 그리스인이 아니었고, 볼로냐 대학의 로마 법률가는 고대 로마인들이 아니었다.

어떤 고대 로마법은 고 게르만 관습법에서 살아남았고, 더 중요한 것은 교회법에서 살아남았다. 어떤 그리스 철학은 역시 교회에서 살아남았다. 헤브라이인들의 경전은 물론 구약에서 살아남았다. 그러나 이러한 헤브라이, 그리스, 고대 로마 문화가 생존한 것은 서양법이나 서양철학이나 혹은 서양신학에는 작은 부분의 영향으로 간주된다. **이들 3대 문명이 주된 영향을 끼친 방법은 재발견과 재조사와 고대 텍스트의 계수를 통해서이다.** 또한 이러한 고대 문화의 학습은 훼손 없이 살아남았다고 할 수 있을 경우에도 불가피하게 변형되었다. 이 점에서 특별히 로마법의 재발견과 부흥에 대한 이해가 중요하다. **아무리 상상력을 확장하여도 이탈리아 피사의 12세기 자유도시의 법제도는, 동로마 비잔틴의 학제(學帝) 유스티니아누스(Justinianus)의 새로이 재발견된 텍스트에서 보이는 대로, 고대 로마법의 많은 원칙을 채택하였음에도 불구하고 유스티니아누스 황제가 통치하였던 제국의 법질서와 동일시될 수는 없다.** 똑같은 형식과 방식도 매우 다른 의미를 지니고 있다.

이런 전망에서 볼 때 서양이란 그리스도, 로마도, 이스라엘도 아닌, 그리스와 로마와 헤브라이의 텍스트를 통해서 영감을 받고, 그들의 원전을 변형시킨 서유럽 사람들이라고 할 수 있다. 아마도 세 문화의 변형을 본다면 그 텍스트를 원래 지은 사람들이 깜짝 놀랄 것이다. 또한 서양의 철학과 과학에 아랍 문화의 강한 영향이 있지만 (물론 서양법 제도에 대한 영향은 아니다) 당연히 이슬람은 서양의 부분이 아니다. 이슬람이 서양법 제도에 영향이 없는 것은 특별히 이 연구가 관계된 기간에 한해서이다. 실로 서양 문화의 고대 문화적 요소는 각기 다른 고대 문화를 혼합함으로써 변형되었다. 놀라운 일은 서로 상반되는 문화의 요소들이 같이 엮어져 단일한 세계관으로 만들어졌던 것이다. 예를 들면, 고대 이스라엘－헤브라이 문화는 그리스 철학을 관용하지 않을 것이고 또한 고대 로마법을 관용하지 않을 것이다. 또한 고대 그리스 문화는 고대 로마법이나 고대 헤브라이 신학을 관용하지 않을 것이다. 또한 고대 로마문화는 헤브라이 신학을 용인하지 않을 것이고, 헤브라이 신학은 대부분의 그리스 철학에 저항하였다. 그럼에도 불구하고 11세기 후반과 12세기 초의 서양은 이 세 개의 상반되는 고대 문화를 결합하고 요소가 되는 각 문화를 변형시켰다.

1.3 11세기 이전의 서양 문화

더 논쟁적인 것은 11세기 이전의 서양 문화와 고 게르만 문화 및 유럽의 다른 부족 문화와의 구별이다. 만약 서양이 지리학적 개념이라면, 고 게르만 문화나 유럽의 부족 문화 같은 것도 포함되어야 할 것이다. 그래서 실로 다른 유럽사 연구가 그러하듯이 고 게르만에 대해서는 카이사르(Caesar)의 『갈리아 전기』에서 출발하여야 될 것이고, 또한 게르만인들의 로마제국 침략을 다뤄야 할 것이고, 프랑크 왕국의 대두와 샤를마뉴 황제(Charles the Great)와 알프레드 대왕(Alfred the Great)을 다루고 나서 그레고리오 교황의 개혁과 서임 전쟁까지를 다뤄야 될 것이다. 또한 흔히 12세기의 르네상스 또는 고ㆍ중세시대를 다뤄야 될 것이다. 유럽의 게르만인들이 '서양 이전(pre-western)'에 속한다고 말하는 것은, 어떤 사람에게는 생소하게 들릴 것이다. 그러나 실제로 1050～1150년 이전의 유럽과 1050~1150년 이후의 유럽과는 급격한 단절이 있다. 마지막으로 서양이란 단어의 의미와 관련해서 적어도 법제도를 분석하거나 설명하는 목적으로는 서양이라는 단어와 '근대(modern)'라는 단어 사이를 날카롭게 구별할 수가 없다. 또한 근세 또는 근대는 '현대(contemporary)'와는 구별되어야 되는데 왜냐하면 두 개의 세계대전 이전의 시대를 근대로 적용하고, 최현대는 1945년 이후의 시대를 적용하기 때문이다.8) 이 연구의 목적 중의 하나는 **서양에서는 근대란 －비단 근대 법제도나 근대 법가치뿐만 아니라 근대 국가, 근대 교회, 근대 철학, 근대 대학, 근대 문학 그리고 근대의 모든 것에 있어서－ 그것의 근원을 1050년에서 1150년 사이의 기간에서 출발하고 이전으로 소급하지는 않는다는 것이다.**

1.4 서양법 전통

지금까지 서양이란 용어를 분석했는데 마찬가지로 '법적(legal)'이란 용어도 역사를 가지고 있다. 왜냐하면 오늘날 흔히 정의되는 대로 법이란 것은 '규칙의 체계'이기 때문이다. 규칙이라는 것은 보통 성문법에서부터 도출된다고 생각되고, 사법부에서의 입법이라는 것은 법원의 결정에서부터 확인되기 때문이다. 이 견지에서 보

---

8) 역자 주: 제1차 세계대전을 근대와 현대 구별의 기준점으로 하는 것은 타당하다고 본다. 김철은 법학에 있어서의 현대를 1918년 제1차 세계대전 종전을 기준점으로 해서 이후를 현대로 본다. 김철, 『현대의 법이론－시민과 정부의 법』, 1993. 또한 김철, 『한국 법학의 철학적 기초』, 2007. 해롤드 버만이 1945년 제2차 세계대전 이후를 현대, 즉 contemporary로 설정하는 것을 받아들인다면 제1차 세계대전 이후 제2차 세계대전 종전(1918~1945)까지의 27년간을 근대라고 할 것인가, 현대라고 할 것인가가 문제된다. 근대라고는 할 수 없다. 현대라고 보아야 할 것이고, 제2차 세계대전 이후는 다른 표현을 빌리는 수밖에 없다. 보통은 Post World War로 표현하고 있어서 한국으로는 '최현대'라는 용어를 써왔다. 예) 김철, "최현대의 경제공법사상(1), (2)."

건대 어쨌든 '서양법'이라는 것은 있을 수 없게 된다. 왜냐하면 서양 입법부나 서양 법원이라는 것은 없기 때문이다(똑같은 방식으로 생각하면 '아메리카법'이라는 것은 존재하지 않는다. 단지 미합중국의 연방법이나 50개 주 각각의 주 법만이 있을 뿐이다). 이렇게 말해오면 법을 규칙의 모음이라고 정의하는 것은 지나치게 협소하다는 것을 알게 된다. 서양 역사의 여러 시기에 있어서 서양 각국의 모든 법제도를 포괄하는 연구에는 '법은 규칙의 모음이다'라는 정의는 지나치게 협소하다. 즉, 서양 역사에서의 서양 각국의 법체계의 연구는 체계 있는 법뿐만 아니라 작동하는 법(law in action)과 관계되기 때문이다. 작동하는 법(law in action)은 법제도와 법절차, 법 가치, 그리고 법개념과 사고방식을 포함하는데, 물론 법규칙과 함께이다. 따라서 작동하는 법은 때때로 '법절차'라고 불리는 것을 포함하고, 이것은 독일에서는 법의 실현, 즉 법을 어떻게 구현하느냐와 관계있다.

론 풀러(Lon Fuller)[9]는 법을 "인간의 행위를 규칙의 지배 및 관리에 종속시키는 일"이라고 정의했다. 이러한 정의는 법규칙보다 법행동을 강조하는 입장이고, 이는 정당하다고 본다. 그러나 나는 더 나아가서 규칙의 제정과 적용뿐만 아니라 다른 종류의 법의 지배, 예를 들면 투표를 한다든가 명령을 행한다든가 공무원을 임명한다든가 판결을 받아낸다든가까지 확장한다. 또한 법에는 관리 이외의 다른 목적도 있다. 거래를 협상한다든가 문서를 발급한다든가 (예를 들어서 권원(權原)을 밝히는 문서 기타), 또한 법적 성격을 가진 다른 행위를 실제로 행하는 것이다. 작동하는 실재의 법은 입

---

9) Lon L. Fuller, *The Morality of Law*, 2nd ed., (New Haven, Conn., 1964), p.106.

법행위를 하며, 중재를 하며, 행정을 하며, 협상을 하며, 법과 관련된 다른 행위를 수행하는 사람들로 구성되어 있다. 실재의 법은 법전이나 규칙이 아니라 권리와 의무를 분배하는 살아 있는 과정이고 따라서 갈등을 해결하고 상호협조의 채널을 창조하는 과정이다. 이렇게 법개념을 넓게 잡는 것은 수세기 동안 서양에서 존재해왔던 많은 개별적인 법제도를 단일한 프레임워크 안에서 비교하기 위한 목적이다. 넓은 법개념은 역시 법체계들과 다른 정치·경제·사회제도들 그리고 가치들과 개념들과의 상호 교호관계를 탐험하기 위해서 필요한 것이다.

　저자는 서양법 전통을 특징짓는 특별한 법제도와 법 가치 그리고 법개념에 의지하지 않고 법을 일반적 용어로 정의하는 자유를 행했다. 내가 이렇게 자유롭게 법을 일반적으로 정의하는 목적은 법을 규칙의 체계로 협소하게 정의하는 사람들에게 응답하기 위해서이다. 그래서 서양법 전통이라는 것의 출현을 이해시키고 서양 역사의 큰 변혁과 혁명이 서양법 전통에 미친 영향을 설명하기 위해서이다. 법의 개념을 어떤 **특별한 관리 또는 지배**라는 종류로 정의하는 것은 결국 이 과정에서 규칙이라는 것이 단지 부분적인 역할밖에 하지 않는 것인데, 이는 주어진 문화의 살아 있는 법이 실제로 역사적으로 어떻게 발전했는가라는 문맥에서는 중요하게 된다.

　서양에서 법의 '전통'을 말하는 것은 두 가지 중요한 역사적 사실에 주의를 돌리는 것이다. 11세기 후반에서 12세기까지 계속해서, 혁명적 변화의 시기를 제외하고는 서양의 법제도는 세대와 세기를 넘어서 지속적으로 발전되어 왔다. 각 세대는 이전 세대의 업적 위에 의식적으로 지속적 발전을 축적함으로써 이루어졌다. 두 번째로 중요한 일은 연속적 발전의 이러한 의식적 절차라는 것이 단순히 변화의 절차라기보다는 유기적 성장의 과정으로 보일 수 있다는 것이다. 심지어 과거의 가장 큰 국가적 혁명 - 예를 들면 1917년의 러시아혁명, 1789년과 1776년의 프랑스와 아메리카 혁명들 그리고 1648년의 영국혁명 그리고 1517년의 독일 종교개혁들 - 은 이 혁명들의 지도자들이 파괴하려고 작심하였던 이전의 법전통과 점차로 화평하게 된 것이다.

1.5 의식적이고 유기적인 발전

의식적이고 유기적인 발전의 개념이라는 것은 11세기와 12세기에서 법제도에 적용될 수 있다. 지금 문맥에 있어서 '제도'라는 것은 어떤 특정한 사회적 과제를 행하기 위해서 구조적으로 만들어진 준비로서의 제도를 말한다. 예를 들어서 대학은 고등교육을 전수하고 전문가를 훈련시키기 위한 제도이다. 또한 정부의 재무부또는 사법부라는 것은 과세를 행하거나 사법적 정의를 행하기 위한 제도이다. 법제도라는 것은 여러 가지 준비와 채비, 계획을 구조화시킨 체계를 말하고, 주된 목적은 정부의 무엇이 허용되어 있으며 무엇이 금지되어 있는가에 관해 해당 부서에게 필요한 지침을 주는 것이다. 또한 물론 국민 일반에게도 그렇다. 즉, 11세기와 12세기의 서양에 있어서 당시 새롭게 창조된 대학이나 재무부나 법원뿐만 아니라 법체계도 또한 발전하고 있는 제도로 보였다. 드디어는 교회조차도 발전하고 있는 제도로 보였다. 교회뿐만 아니라 도시국가의 도시정부나 왕의 정부조차도 세속적 구조이지만 발전하고 있는 것으로 보였다. 지금까지 나열한 다양한 제도들은 다 같이 현재진행형의 특징을 갖고 있다고 생각되었다. 즉, 현재진행형이라는 것은 새로운 상황에 서서히 적응해서 스스로 개혁되며 그리고 긴 시간에 걸쳐서 성장한 것이다. 부분적으로 이러한 성장은 계획되어졌고, 예를 들어서, 많은 대성당들은 여러 세대와 세기에 걸쳐서 건축되기로 처음부터 계획되었다(예: 쾰른의 대성당). 이러한 대성당들은 문자 그대로 천년에 걸친 건축예산을 갖고 있었다고 할 수 있다. 부분적으로 실제 성장은 계획되었다기보다는 공학적으로 설계되었다. 즉, 행정가와 입법가들은 그들의 앞선 사람들의 일들을 개정했고, 제자들은 그들 스승들의 업적을 향상시켜 왔으며, 세대를 이어서 주석가들은 주석가들을 계승하였다. 부분적으로 관찰할 때 전체로의 성장은 우연적인 요소보다 계획되거나 공학적으로 설계된 것이 적게 보일 수가 있다. 예를 들면 건축가들은 노르만 건축양식을 로마 건축양식과 '결합'시켰고, 그 결합에서부터 고딕 초기가 '출현'하였으며, 이 고딕 양식은 후기 고딕 양식으로 '전개'되었다는 식이다.

로버트 니스벳(Robert Nisbet)이 말하듯이 아무도 어떤 사회가 '성장'하거나 '발전'하거나 '쇠퇴'하거나 '사망'한다고 보지 않는다.[10] 이러한 성장, 발전, 쇠퇴, 사망의 언어들은 모두 상징어들이다. 그럼에도 불구하고 주어진 때 어떤 사회에서 살고 있는 사람들의 믿음은 사회라는 것이 실제로 성장하거나 발전하거나 쇠퇴하거나 사망한다는 것이고, 이것이 매우 현실적인 것으로 받아들여지고

---

10) Robert A. Nisbet, *Social Change and History*, (New York, 1969), p.1. 이 업적에서 니스벳은 이러한 메타포를 사회변화에 적용하는 것을 공격하고 있다. 그러나 니스벳은 이러한 메타포를 어떤 사회의 의식이나 이념에 적용하는 것을 다루고 있지 않다. 이때 어떤 사회의 의식이나 이데올로기라고 할 때 의미는 그 사회 안에서 사회변화가 그 변화를 현재 경험하고 있는 사람들에 의해서 성장이나 혹은 발전의 성격을 가진다고 믿어지고 있을 때를 말한다. 이후의 업적에서 니스벳은 이전에는 부정했지만, 그러나 좀 더 완화된 부드러운 메타포는 받아들이고 있다. 그의 *History of The Lalea Progress* (New York, 1980)를 보라.

있다. 서양법 전통이 한창 형성되던 시기에 "사회, 즉 지상의 도시는 지속적으로 쇠망하고 있다"는 성 아우구스티누스 방식의 믿음은 새로운 믿음에 의해서 완화되었다. 새로운 믿음은 사회제도라는 것이 출생과 성장 그리고 생식이 가능하다는 것이다. 더하여 이들 출생에서 생식으로 이르는 절차라는 것은 연속되는 세대가 의식적으로 그리고 적극적으로 참여하는 그러한 긴 절차라는 것이다. 괴테가 말한 바대로 어떤 전통이라는 것은 그냥 단순히 이어받는 것이 아니고 참다운 전통은 참여해서 만들어서 계승하는 것이다.

1.6 성장과 변화

메이틀런드(Maitland)는 위대한 영국 역사가인데 원래 생물학적 의미를 가진 성장이라는 상징을 12세기에 소송의 형태로 영국법에서 일어났던 변화를 기술하기 위해서 사용하였다.

> 우리 영국의 소송 형태는 죽은 개념이 아니다. 미리 존재하는 자료에 적용되어진 분류법에 의한 기계적 절차의 결과가 아니다. 영국의 소송 형태는 법의 원리들이다. 즉, 살아 있는 생물이다. 소송 형태의 하나하나는 그 자신의 삶을 살고 있고, 그 자신의 변혁과 모험이 있으며, 맹렬한 시기, 매우 도움이 되는 시기, 그리고 대중의 인기가 있는 시기와 같은 시기들이 있으며 그다음에는 이윽고 이전의 시기와 다른, 친구 없는 노령에 빠진다. 몇 가지들은 조용하게 태어나고, 어떤 것들은 다산성이고 어떤 것들은 그들의 자녀와 자손들이 높은 자리에 있는 것을 볼 때까지 오래 산다. 소송 형태들 간의 생존을 위한 투쟁은 첨예하고 그래서 가장 적합한 것만이 살아남는다.[11]

---

11) Sir Frederick Pollock and Frederic William Maitland, *The History of English Law*, 2nd ed., (1898; reprint ed., Cambridge, 1968), II, p.561.

따라서 메이틀런드가 '소송의 풍요한 어머니'라고 불렀던 침해행위(trespass)는 폭행을 위한 주거침입, 가옥에 대한 주거침입, 토지에 대한 무단침입과 같은 많은 다른 침입에 기한 소송의 형태를 가능하게 했다. 이때 쓰이는 비유는 '출생하게 했다' 또는 '나타나게 했다' 또는 '갑자기 나타나게 했다'이다. 여러 종류의 침입의 후예들은 그 실질에 있어서는 그들 선조와는 매우 다르지만, 그러나 '침해(trespass)의 원천'은 위에서 말한 몇 개라고 할 수 있다.[12] **따라서 학자들은 소송의 형태를 잘 나타내기 위해서 나무를 그려 왔다. 나무라면 큰 둥치가 있고 줄기가 있으며 흡사 계통을 나타내는 나무들에서 보는 바대로 줄기들의 생성 날짜가 적혀 있다.** 법학자들이 그린 이 나무는 단순히 교육학적인 도구에 지나지 않는가? 혹은 소송의 형태를 설명한 이 나무 계통도는 아마도 원시인들의 자연숭배의 한 형태일까라고 물을 수도 있다. 어쨌든 **법의 성장 및 발전과 음악의 성장 및 발전 사이에 비슷한 점을 찾아서 비교해보는 것은 유용할 것이다.** 11세기와 12세기부터 시작해서 당시에 주류를 이루었던 그레고리안 성가에서 주로 나타나는 단성적 음악은 시간이 갈수록 점차로 복합적인 소리가 나는 스타일에 의해서 대체되어 갔다. 즉, 한 음악이 두 파트로 진행하는 2부 음악, 세 파트로 진행하는 3부 음악, 그리고 마침내 4부 음악이 점차로 발달하였다. 13세기 모테트(Motet)에서 예가 잘 나타나는 음악 양식은 14세기의 아르스 노바의 화음 위주의 스타일로 진화했다.

---

12) '침입죄(trespass)'는 피고의 불법적인 행위에 의해서 '직접적으로' 야기된 해악에 대한 구제이다. 이에 비해서 피고에 의해서 '간접적으로' 야기된 해악에 대한 구제책으로 후기에 발전된 것은 '사례상의 침입죄'이다. 이때는 부주의한 이행과 약속의 부주의한 이행으로 야기된 손해를 포함한다. 개괄적으로 Albert K. Kiralfy, *The Action on the Case*, (London, 1951)을 보라.

이때 아르스 노바(Ars Nova)의 예는 발라드에서 찾을 수 있다. 점차로 대위법과 화성이 결합되게 되었다. 16세기에 독일 개신교회의 합창의 발달은 대단히 큰 발전이었고, 이탈리아와 영국의 마드리갈(Madrigal)이나 다른 형태의 음악과 함께 이미 말한 독일 개신교회의 합창은 오페라가 나타나는 기초를 제공했다. 오페라 형태는 16세기 끝 무렵과 17세기의 이른 시대에 이탈리아에서 처음으로 나타났다. 점차로 르네상스 음악은 바로크 음악에 길을 내주고 바로크 음악은 고전(Classical) 음악에 길을 내주는 그런 순서로 진행되었다. 이런 음악의 긴 진화의 스토리를 전혀 무시하고 현대인이 좋은 음악가가 된다는 것은 불가능해 보인다. 비슷한 이야기가 성립될 수 있다. 오늘날 세계의 가장 현대적인 후기 산업사회의 국가에서 법률가들이 어떤 법제도의 과거의 진화과정을 안다는 것은 훌륭한 법률가가 되는 데에 필수요건이다. 그러나 이제 사람들은, 현재 가능한 소송의 형태나 법제도는 현재의 모습으로만 충분하고 우리가 방금 12세기 이후의 음악의 진화에 대해서 보아왔던 긴 역사 같은 것은 고려하지 않는 듯하다.[13]

물론 모든 변화를 모두 생물학적 성장으로 볼 수 있는 것은 아니다. 어떤 변화는 성장을 단절시켰다고 말할 수 있는 것도 있다. 예를 들어서 원시법에서 보이는 가혹한 시련을 견디는 자가 선한 사람이라는 방식의 시련 재판과 결투에 의해서 승자와 패자를 가

---

13) 역자 주: 그러나 음악사를 전혀 모르는 최현대의 음악가가 아무리 명성을 얻는다 한들 오래 계속되는 음악을 만들 수 없는 것과 마찬가지로 현대의 여러 사법국가에서 소송 업무에 뛰어난, 결코 이론적이 아닌 법률 실무가가 (과연 대중이 상상하는 대로) 그가 구사하고 있는 소송의 형태나 법제도의 여러 세기에 걸친 진화과정을 전혀 모르고도 승리에 승리를 거듭할 수 있다는 생각은, 대중문화에 근거하여, 전혀 근거 없이 법정 드라마를 쓰거나 연출한 사람들의 상상일 뿐 확률은 희박하다.

리는 전투 재판이 결코 연속적으로 발전해 가서 배심재판으로 전개되었다고는 도저히 말할 수 없다. 다른 예를 들면, 토지침입에 대한 민사재판이, 고대법에 있어서의 흉악한 중범죄를 소추하는 방식으로부터 진화해왔다고는 도저히 말할 수 없다. 즉, 가혹한 시련을 줌으로써, 예를 들면 바이킹족의 고대 관습에서 반역죄의 혐의가 있는 동족을 맹수가 나오는 곳에 방치했다가 일정 기간이 지난 뒤에 맹수가 해치지 않았으면 무죄라는 식의 **시련에 의한 재판**이나 중세에 있어서 선악을 가리기 위해서 결투를 하게 함으로써 승리자에게 선한 사람이라는 판단을 주는 **전투에 의한 재판**이나 또한 흉악범을 다루는 비슷한 고대의 집단적 소추방식은 그 성질에 있어서 부족사회나 또는 근대 이전의 부족을 중심으로 한 봉건시대의 방식이다. 이에 비해서 **배심재판이나 토지 무단침입의 죄들은 고대나 중세의 산물이 아니고 근세 이후에 확립된 왕정시대의 산물이다.** 더욱더 강조하여야 될 것은 부족사회시대의 시련재판이나 중세 기사시절의 결투에 의한 재판 같은 것들은 근대 왕정시대의 새로운 재판과 소송의 형태를 견디지 못하고 소멸되었다. 이것을 생각하면 우리가 이미 살펴본 생물의 유기적 성장의 개념이라는 것은 좀 다르다. 즉, 생물학적 양친의 특징은 잡종 제1대 자손의 특징에서 연속적으로 살아 있는 것이다. 이런 점에서 지금까지 살펴온 **법제도의 변화라는 것은 생물학적 유전의 법칙과도 다르고 그러한 점에서 인과관계의 개념과는 다르다.** 위에서 말한 시련 재판의 예를 든다면 부족사회의 시련 재판이 역사적으로 연속되면서 형사법에 있어서의 형사배심원제도로 발전한 것은 결코 아니고, 오히려 원시 부족사회의 시련에 의한 재판을 없앰으로써 비로소 형사 범죄에 있어서의 배심원 재판이 가능해진 것이다.

동시에 **의식적인 성장**이라는 것은 반드시 특별한 이상적인 목표로 향하는 명백한 움직임을 의미하지는 않는다는 것이다. 의식적인 성장이라는 것의 의미는 흔히 도덕론자들이 좋아하는 것과 같은 도덕적 발전보다는 훨씬 덜한 것이고, 그렇다고 해서 단순히 변화했다든가 또한 단순히 변화가 축적되었다는 정도보다는 다른 무엇이 있다고 보면 된다. 이런 맥락에서 얘기한다면 실로 법의 개혁이라는 것이 나타나는데 **단순한 생물학적인 성장이 아니라 어떤 시기에 어떤 방향을 위한 변화라는 뜻의 개혁은 형성기 이래의 서양법 전통에서 끊임없이 나타나는 특징 중의 하나이다.** {역자 주: 그렇다고 최근 한국인들이 주창하거나 반대하거나 하는 대상으로서의 급작스럽고 준비 없는 공학적인 뜯어고침을 얘기하는 것은 아니다. 또한 1회적인 급격한 방향전환을 뜻하는 것도 아니다} 서양법 전통에 있어서 개혁이라는 것은 적절한 때에 자기 의식적인 연속성을 유지하면서도 변화해 가는 '항상 변화가 진행 중인' 성격을 얘기한다고 할 수 있다.

따라서 지금까지 말한 서양법 전통의 주된 특징은 우선 다음과 같이 요약될 수 있다.

1) 법제도와 다른 형태의 제도들 간에는 비교적 선명하고 명백한 구별이 존재한다. {역자 주: 이때 법제도라는 것은 한국인들이 생각하는 좁은 의미가 아니다. 이때 법제도는 입법과 재판에 의한 결정과 말할 필요도 없이 한국인이 법제도로 파악하는 좁은 의미의 법규칙과 법개념을 포함한다} 법제도와 다른 형태의 제도를 구별하는 것에 대해서 보자면, 비록 법은 종교, 정치, 도덕 그리고 관습에 의해서 현재도 강하게 영향받기는 하나, 분석적으로는 법제도

는 그럼에도 불구하고 위에 말한 것들과는 구별될 수 있다는 것이다. 예를 들면 관행적이고 습관적인 행위 패턴이라는 의미에서의 사실인 관습은 관습법으로부터 구별이 된다. 왜냐하면 사실인 관습은 관행이라는 것만으로는 법적 구속력이 없는 데 비해서, 행위규범으로의 관습법은 법적 구속력이 있다. 비슷한 관계는 다른 곳에서 찾아볼 수 있다. 정치와 도덕이 법을 결정하는 것은 물론이다. 그렇다고 해서 **정치와 도덕 자체가 법으로 생각되지는 않는다. 정치와 도덕이 바로 법으로 간주되는 것으로 서양법 전통 이외의 문화에서는 가능한 적이 있었다. 비록 서양에서만의 일은 아니지만, 대체로 서양에서 법은 지금까지 이야기한 대로 종교, 정치, 도덕 그리고 관습으로부터 독립하고 분리되어서 그것 자체의 성격을 갖고 있고, 어떤 정도의 상대적인 자율성을 갖고 있다고 생각되어 왔다.** {역자 주: 한국의 어떤 정치 사상가가 논의하듯이 유교사회에서 도덕이 곧 법으로 간주되었다는 것은 그것이 어떤 개념을 매개로 하든지 간에 전통 유교사회에서 법은 자율성과 독자성이 없었다는 증거가 된다}

2) 종교, 정치, 도덕 그리고 관습과 법을 명료하게 구별하는 것은 서양법 전통에 있어서는 다음의 중요한 사항을 필수로 한다. {역자 주: 즉, 우리가 잘 아는 전통 중국과 전통 한국에 있어서의 법제도의 시행에 있어서 행정 관료가 주체가 되는 것과는 달리} 서양법 전통에서는 법제도의 시행과 적용 그리고 사법행정은 사람들의 특별한 집단에게 맡겨지고, 이 특별한 직업 집단은 전문 직업의 기초 위에서, 그리고 오로지 그 일에만 종사한다는 의미에서 전업 직업의 베이스에서 법과 관련된 생업에 종사하였다.

3) 영국과 아메리카에서 전형적으로 부르듯이 로이어(lawyer)라고

하든 혹은 대부분의 다른 서양 국가들에서처럼 주리스트(jurist)라고 하든, 어쨌든 서양법 전통의 나라들에서 특유한 이러한 법률전문가들은 특별한 훈련을 받는다. 특별한 훈련은 법학이라고 확인되는 고등교육을 위한 단체에서 행해지는데 이때의 특징은 소요되는 문헌이나 혹은 학교제도 모두가 전문성을 띠고 일단 다른 교육과는 구별된다는 것이다. {역자 주: 이런 의미에서 우리가 아는 한도에서 유교 문화권이나 불교 문화권에서 이러한 종류의 특별한 법학교육을 위한 제도가 전통사회에서는 전혀 존재하지 않았다는 것을 판단할 수 있다}

4) 법제도와 법률전문가들이 훈련되는 학습과정을 보기로 하자. 한편에 있어서 법학의 학습과정은 법제도를 서술하거나 표현해서 명료하게 만든다. 다른 한편에 있어서는 원래 있던 대로의, 정리되지 않고 조직되지 않았으며 따라서 그 효과가 각기 다르게 나타날 수 있는 **법제도가 법학의 학습과정에 참여하는 사람들에 의해서 정리되고 개념화되고 또한 조직화됨으로써 마침내 시간에 따라서 변화하고 변형될 수 있는 데까지 나아가게 된다.** 이렇게 변화할 수 있는 것은 존재하고 있는 법제도를 설명하고 밝히고 체계화하는 과정에서 사용한 법에 대한 논문과 주석에서 명료한 것이 드러나기 때문이다. {역자 주: **법의 학습과정과 법제도와의 이와 같은 상호관계를 동아시아의 전통에서는 일방적인 것으로 오해하여 왔다. 즉, 법의 학습과정은 이미 존재하고 있는 법제도의 의미 내용을 밝히는 것이지, 더 나아가서 그것이 마침내 변화하고 변형될 수 있는 데까지 나아간다는 생각은 법적 학습의 아시아적 전통에서는 찾아볼 수 없는 것이다}** 서양법 전통에 있어서의 법의 학습과 법제도와의 관계는 따라서 변증법적인 관계에 있다. **가장 넓은**

의미에 있어서의 법이란 법제도나 법에 의한 명령, 법에 의한 결정과 같은 것만 포함하는 것이 아니고, 입법자, 판사들 그리고 법학자들에 의한 공식적인 발언이나 글쓰기를 모두 포함하고, 넓은 의미에 있어서의 법학자들이 법제도와 법에 기한 명령과 법에 의한 결정에 대해서 얘기하는 모든 것을 포함한다. 따라서 서양법 전통에 있어서의 넓은 의미의 법이라는 것은 그 자체가 법과학을 포함하기 때문에 좁은 의미의 법을 분석하거나 평가할 수 있는 메타-로(meta-law)를 포함한다고 할 수 있다.

지금까지 말한 서양법 전통의 최초 4개의 특징은 어디서 나타나는가? 연대적으로 기원전 2세기부터 기원후 8세기와 그 이후까지의 고대 로마 공화국과 고대 로마제국에서 전개된 로마법의 전통에서 우선 나타난다. 이런 로마법에서 일찍부터 나타난 서양법 전통의 네 가지 특징은, 우리가 살고 있는 **현대에 있어서 비서구권 문화**에서는 잘 나타나지 않고, 또한 문외한이 상상하는 것과는 달리 **11세기 이전의 서유럽의 미개한 영역의 주인공이었던 게르만인** 들에게 지배적이었던 법질서에서도 나타나지 않는다는 것이다. 고대 게르만법은 11세기 이전에는 게르만인들의 정치생활과 종교생활에 깊숙이 자리 잡았으며 또한 그들 생활의 관습과 도덕에도 깊숙이 자리 잡았다. 이것은 대단히 주의 깊게 비교되어야 되는 사실을 상기하게 한다. 즉, 오늘날 학교나 거주지의 이웃이나 또는 많은 생업을 제공하는 제조 산업현장 그리고 촌락과 같은 비공식적 공동체에서, 현대에 있어서는 법이 준거가 되는 것과는 현격한 차이가 있다. 종교와 정치, 도덕, 관습의 영향에 대해서 그 예를 들어보기로 하자. **프랑크 제국에 있어서나 앵글로색슨시대의 영국에 있**

어서나 그리고 동시대의 유럽 어디에서도 방금 이야기한 종교, 도덕, 정치 또는 경제적 표준과 이들 표준에 의한 관행이 뚜렷한 데 비해서 이들 **비법적인 기준들과 법규범과 법절차의 구별이 선명하지 않았다.** 프랑크시대나 앵글로색슨시대 유럽 어디에서도 법이 있기는 있었고, 현명한 왕에 의해서 공포되는 법령집이 있기는 있었으나, 없는 것은 직업적 법률가나 직업적 판사 또는 직업적 법학자들과 직업적 법학교 또는 전문적 법서나 마침내는 **법과학 자체는 존재하지 않았다.** 종교와 법의 관계에 대해서도 보기로 하자. 교회에 있어서 교회법(canon law)은 신학과 구별되지 않았다. 즉, 이 시대에 있어서 교회법 문헌이라고 부를 만한 일관된 것들은 거의 없었고, 훨씬 이전에 원시적으로 정리된 교회법령집이나 범죄에 대한 벌금을 정하는 수도원의 간단한 문헌들이 존재했을 따름이다.

5) 이와 달리 서양법 전통에 있어서, 법이라는 것은 전체로서 응집력이 있으며 일관성이 있으며 유기적으로 서로 연관되어서 통합되어 있다고 할 만한 시스템을 이루고 있었다. 그리고 이 시스템 전체가 하나의 '유기적 몸체'로 생각되고 이 유기적 몸체는 시간에 따라서 세대를 넘어서 세기를 넘어서 성장 발전하는 것으로 생각되었다. 즉, 코르푸스 유리스와 같은 법의 개념은 모든 법 전통에 있어서 내적으로 존재한다고 생각되었는데, 거꾸로 얘기하면 코르푸스 유리스(Corpus Juris), 즉, 법전과 그 속에 존재하는 모든 법 전통은 그 내용에서 법은 도덕과 구별되고 또한 관습과도 구별된다는 것이다. 그래서 이와 같은 **도덕과 관습과 구별되는 법개념으로서의 법전 법(코르푸스 유리스)은 유스티니아누스(Justinianus) 대제의 로마법의 내부에 숨어서 정신으로 존재할 뿐만 아니라 명**

백하게 외적으로 표명되어서 존재한다고 생각되었다. 그러나 서양 역사에서 볼 때 이와 같은 코르푸스 유리스 로마니(Corpus Juris Romani), 즉 로마법 대전은 12, 13세기까지는 로마인들에 의해서도 사용되지 않았고, **12, 13세기에 이르러서 서양의 교회법 학자와 로마니스트라고 불리는 로마 법학자들이 법전법(코르푸스 유리스) 개념을 추출해내었다.** 어디서 추출했는가? 그들보다 1, 2세기 이전에 르네상스 초기의 유럽 대학들에서 유스티니아누스 대제의 텍스트를 가지고 학생들에게 가르치다가 무엇인가 발견한 고전학자들이 남긴 글에서부터 발견했다. 따라서 유스티니아누스 대제[14]의 로마법의

---

14) 20세기 초에 도이칠란트의 법사학자이며 사회학자인 막스 베버는 다음과 같은 사실을 확인하였다. 서양은 다른 문명권에서는 찾아볼 수 없는 법적인 사고의 방식을 이미 발전시켰다. *Max Weber on Law in Economy and Society*, ed. Max Rheinstein(Cambridge, Mass., 1966), pp.304~305를 보라. 그러나 베버는 그가 '형식적 합리성'이라고 부른 성질만에 의해서 서양의 법 사고방식을 확인하였다. (따지고 보면) 이것은 본질적으로 19세기 법학자들, 특별히 도이칠란트의 법학자들의 방식이었다. (베버에 의하면 잉글랜드에 있어서는 이와 같은 법 사고방식은 아니었다) 19세기 도이칠란트의 법학자들의 관심은 논리적으로 일관성이 있는 구조를 구축하는 것이었고, 이 논리적이고 일관성이 있는 구조는 추상성을 띤 법규칙으로 이루어져 있었다. 이 추상적 법규칙에 의해서 어떤 주어진 법의 케이스나 법문제에서의 작용하고 있는 사실들이 확인되며, 따라서 그 케이스나 문제는 해결되는 것이다. 이러한 법학의 사고방식을 19세기의 반대자들이 이름 붙이기를, '개념주의(conceptualism, *Begriffsjurisprudenz*)'라고 명명하였다. 막스 라인스타인은 베버가 그의 법사회학에서 이와 같이 인지된 법학적 사유가 자본주의의 대두에 대한 원인인가 또는 결과로의 효과인가를 결정하기 위해서 출발하였다고 제기하고 있다. 라인스타인 자신은 그 법학적 사고방식(개념주의)은 유럽 민법의 특징이라고 말했다. —이것은 영국 보통법과 대조되는 이유에서 그러하다. — "이 법학적 방식은 12세기로부터 최초에는 이탈리아, 그다음에는 프랑스, 폴란드 그리고 도이칠란트의 대학에서부터 계속해서 발전되게 된 것이다." *Max Weber*, p.1i. {역자 주: 이때까지가 한국에서도 상식화되어 있는 견해이다} 그러나 12세기와 13세기의 법문헌들을 —로마법(시민법)이든 캐논법이든 왕의 법이든 봉건법이든 또는 도시법이든— 또한 이탈리아의 것이든, 프랑스, 잉글랜드, 시칠리아나 서유럽의 어떤 곳에서의 법문헌을 읽어 보면, 19세기의 의미에서의 개념주의는 그 시절의 법적인 추론에 있어서 단지 부분적인 역할을 했을 뿐이지 주된 역할을 한 것은 아니라는 것을 알게 된다. 그 시절의 모든 법체계들에서 가장 큰 강조점은 사례로부터 규칙(rules)과 개념을 도출해내는 데에 있었다. 이 방식은 라인스타인과 다른 사람들에게 의해서 바르게 지적된 대로 영국의 보통법 전통에 있어서의 주된 추론의 방식이다. 12세기와 그 이후의 캐논법의 주된 원천이었던 교황의 칙령 또는 회칙들(decretals)은

텍스트를 정리하고 텍스트 안에서도 존재하는 모순과 갈등을 일관성 있게 말하자면 흔히 쓰는 말대로 통합한 것은 12세기의 스콜라 철학자들이 사용한 방식에서였고, 이들은 서로 다른 규칙들과 사례들에서부터 일반적 법개념을 추출해내기에 이르렀다.

6) 법을 인식하는 데 있어서 로마법 대전처럼 법의 유기적 모음이나 법체계로 개념화하는 것은 법을 정지된 집합체로 인식하는 것인가? {역자 주: 이 물음은 특별히 한국과 같은 동아시아 유교 전통국가에게 의미가 있다} 그렇지가 않았다. 로마법 대전이나 시민법 대전 혹은 법전에서 유형적으로 나타나는 바대로 법을 개별

___

본질적으로 교황의 법정에서 결정한 사례들에 있어서의 판결 취지였다. 여기에 더하여 다양한 변증법적인 방법이 권위 있는 텍스트가 애매모호한 것을 나타내거나 또는 텍스트 저자들의 우선순위를 평가할 때 나타나는 외관상의 갈등과 모순을 해결하기 위해서 발달되었다. 무엇보다도 법체계들을 종합해서 통합하는 것이 법의 원천, 즉 법원(法源)을 우선순위에 따라서 정리하는 아이디어에 의해서 성취되었는데 이 아이디어는 명백히 그라티아누스에 의해서 1140년에 쓰인 『일치하지 않는 교회법의 일치(Concordance of Discordant Canons)』의 맨 첫째 줄에서 나타났다. 그라티아누스는 법원(法源)이 서로 갈등하는 경우에는 관습은 제정법에 양보하여야 하고, 제정법은 자연법에 양보하여야 하며, 자연법은 신의 법에 양보하여야 한다고 한다. 이것의 의미는 다음과 같다. 당시에 나타난 것으로는 여러 법원 중에서 가장 광범위하게 퍼져 있는 형태인 관습은 이성에 의해서 다시 평가되어야 하며, 그래서 평가의 결과, 만약 이성에 맞지 않는다(unreasonable)고 발견될 때에는 적용을 거부하여야 한다는 것이다. 이렇게 보아 온다면 12세기의 그라티아누스의 법학 방법은 베버가 말한 의미에 있어서의 형식적 합리성(formal rationality)이나 '논리적 형식주의(logical formalism)'라고는 도저히 할 수 없게 된다. 그럼에도 불구하고 그라티아누스의 방식은 다양한 법체계들로(로마법, 교회법, 왕의 법, 봉건법, 도시법)을 종합해서 법의 유기체(bodies)로 발전시키는 데에 기본적 출발점을 제공하였다. ―이때 법이라 함은 규칙뿐만 아니라 법원칙들과 기준들뿐 아니라 절차와 결정들을 포함하는 것이다. 더 일반적으로 베버에 대해서 말한다면 다음과 같다. 베버가 모든 법체계를 세 개의 광범위한 타입으로 분류한 것 ―즉, 합리적인(Rational), 전통적인(Traditional), 그리고 카리스마적인(Charismatic)― 은 철학적 입장에서 볼 때는 제시하는 바가 있다. 그러나 역사적 입장에서나 사회학적 입장에서는 잘못된 것이다. 왜냐하면 서양법 체계들은 그리고 전체로서의 서양법 전통 자체는 베버가 분류한 세 개의 타입 전부를 결합한 것이기 때문이다. 이러한 결합은 법을 하나의 유기체로서 성공적으로 종합하는 것에 필요하다. ― 이때 유기체로서 법을 통합한다는 것은 지속적으로 성장할 능력을 가졌다고 인지되는 법의 몸체(body)를 이룬다는 것을 말한다. 이와 같은 문제들은 이 책의 결론 장에서 더 충분히 토론된다.

화시켜서 보지 않고 유기적 몸 또는 유기적 체계로 받아들이는 것은 {역자 주: **동양의 경전처럼 그 내용이 정지되어 있고, 이미 오래전에 내용이 확정되어 있으며, 후세의 사람들이 할 일은 해석만 하면 된다는 태도를 의미하는 것은 아니다**} 법을 하나의 몸으로서 또는 체계로 파악하는 서양법 전통은 다음의 특유한 믿음을 전제로 한다. 즉, **법은 그 자체가 생명력을 가지고 있다.** 다음에 그 생명력은 세대를 넘어서 세기를 넘어서 성장하는 능력을 가지고 있다는 점에서 살아 있고 진행 중이며 계속 흐르며 변동하는 상태에 있다고 보는 것이다. **이것은 일종의 믿음이고 이러한 법의 생명력과 역동성, 그리고 세대와 세기를 넘어서는 흐름은 오로지 서양 세계에서만 특유한 것이다.** 따라서 수세기에 걸쳐서 법의 몸이 살아남는 것은 그 내부에 이미 내장된 유기적 변화를 위한 생명력에 있다고 보는 것이다.

7) 법이 성장한다는 것은 다음과 같은 사실을 말한다. 변화라는 것은 흔히 생각하듯이 오래된 것을 새것에다가 맞춰 나가는 것이 아니고, 변화의 패턴이나 방식이 이미 주어져 있다고 보는 것이다. 즉, 변화라는 것은 성장이 가지는 원래의 논리라는 것이다. 변화되고 발전하는 과정은 어떤 규칙성이 있으며 그리고 적어도 나중에 발견하기로는 변화와 발전은 어떤 강한 내재적 필요성을 반영하고 있다고 본다. 따라서 **변화라는 것은 우연히 생기는 것이 아니고, 현재 존재하고 있는 필요성이나 미래에 곧 닥칠 필요를 충족하기 위해서 과거의 것을 전혀 다르게 재해석함으로써 변화가 가능하다**는 것은 서양법 전통에서 내재되고 있다. 따라서 이런 의미에서 법은 그냥 진행 중인 것이 아니고 현재와 미래의 필요를 위해서 과거를 해석한다는 의미에서 역사성을 가진다고 할 수 있다. 그것이

역사인 바에야 하나의 스토리를 구성한다고 할 수 있다.

8) 법의 역사성이 왜 중요할까. **역사를 통해서 법이 증명된다는 것은 현상에서는 당장 나타나지 않는 중대한 진실이 역사에서 나타난다**는 생각이다. 즉, 서양법의 전통에서는 장기간에 걸쳐서 관찰할 때 **그것의 맹위가 아무리 굉장하더라도 현존하는 정치적 권위나 과거의 어떠한 정치적 권위에 대해서도 필경은 법이 우위에 선다**는 것이 확인된다. 이것을 다른 말로 설명하면 다음과 같다. **어떤 주어진 순간을 넘어서서 결국에는 법은 국가를 구속하게 된다**는 그런 인식이다. 이 인식은 특별히 비서양 지역인 지구상의 다른 문화권에서는 현저하지 않았다. {역자 주: 특히 세계에서 가장 오래된 문화권인 중국과 오랜 세월에 걸쳐서 중국 문명권의 변방으로 여겨져 왔던 지역에 있어서 정치적 권위를 우선하기에, 역사적으로 어떤 시점에서 단일하게 인지된 것은 법이라고 도저히 이야기할 수 없게 된다} 또한 서양의 특정한 시대에 있어서도 마찬가지로 관찰될 수 있다. 즉, 근세 민족국가시대와 동반한 절대주의에 의한 서양 제국의 형성과정은, 법이 국가 자체를 구속한다던가 하는 것은 당시에 팽배하던 국가주의나 국가주의의 에너지가 된 민족주의와는 반대되는 관찰이 된다. 그러나 이런 예외적 현상을 제외하고 논의를 전개하기로 하자. **아메리카 독립혁명이 '입헌주의'라는 것을 최초로 부각시키기는 했으나 입헌주의가 중요성을 띠기 훨씬 이전에도** 서양의 모든 나라에 있어서 12세기 이래로, 심지어는 절대왕정 국가에 있어서조차도 처음에는 보편적으로 말해졌고 다음에는 일반적으로 받아들여진 생각은 매우 중요한 측면에 있어서 **법은 정치를 능가하며 초월하며 상위에 선다는 생각이다.** 군주는 절대왕정시대에 법을 만들 수도 있다. 그러나 **군주는 법을**

자의적으로, 즉 자기 좋아하는 대로만 만들 수는 없다. 또한 다음의 사실이 중요하다. 일단 군주가 법을 만들었다면 그것을 고치거나 다시 만들 때까지는 적어도 군주 자신도 법에 의해서 구속된다.

9) 또 다른 서양법 전통의 가장 특징적인 성격 중 하나는, 동일한 법 공동체 내부에서 볼 수 있는 하나가 아닌 다양한 법체계와 또한 다양한 관할권이 서로 공존하고 경쟁적인 관계에 있었다는 것이다. {역자 주: 이 점이 단일한 법체계와 단일한 재판관할권만을 경험한 한국인이나 동아시아인이 이해하지 못할 점이다} 그런데 다양한 재판관할권과 다양한 법체계를 경험하지 못했다는 것은 동시에 다음의 중요한 사실로 연결된다. 서양 전통에 있어서 법의 정치에 대한 우위는 실로 다양한 법체계와 다양한 재판관할권이 동시에 존재하며 경쟁함으로써 가능했던 까닭이다.

이런 의미에 있어서의 **법의 복수주의(pluralism)는 서양 역사에서 나타나는 대로 교회정치를 세속정치로부터 분리하고 구분하는 것으로부터 유래된다.** 즉, 교회는 세속군주의 지배권으로부터 자유를 선언하고 동시에 어떤 몇 가지 사건에 대해서는 교회의 배타적인 재판관할권을 선언하였다. 동시에 어떤 다른 사안들에 있어서는 국가주권과 동시에 공존하는 재판관할권을 또한 주장하였다. 따라서 **일반적으로 세속법에 의해서 지배받는 성직자가 아닌 일반인들도 경우에 따라서 교회법에 매이게 되고 교회법정의 재판관할권에 복종하게 된다.** 이때의 사안은 **혼인과 가족관계, 상속, 정신적 범죄 또한 신앙과 관계된 선서가 딸린 계약관계들과 기타의 사안들에 대해서 고려했다. 반대로 성직자들은 일반적으로 교회법에 의해서 규율되지만 또한 세속법에 매이게 되고 또한 세속법정의 재판관할권에 속하게 되며 특별히 어떤 종류의 범죄나 어떤 형태**

의 물권적 분쟁과 같은 것에 대해서 그러하다. 교회법이 아닌 세속법 자체도 여러 가지 서로 경쟁하는 형태들로 나누어졌다. 예를 들면 왕의 법, 봉건법, 장원법, 도시법, 상인의 법 등이다. 따라서 똑같은 사람이 어떤 사례에 있어서는 교회법정에 매이게 되고, 다른 경우에는 왕의 재판정에서 재판을 받아야 하며 또 다른 경우에는 그의 영주의 재판에 복종하여야 되며, 또 다른 경우에는 그가 속한 장원에 설치된 장원 재판소에서 재판을 받아야 되며, 또 다른 경우에는 그가 살고 있는 도시의 도시법정에 서야 되며, 또 다른 경우에는 이해관계가 속한 상인의 재판정에서 증언하여야 한다.

이와 같이 다양한 법체계들을 담고 있는 공통적인 법질서의 복잡성 그 자체가 바로 법과 법학이 정교해지는 데 이바지하였다. 즉, 다음의 문제를 해결해야 되었다. 다양한 재판정이 존재했기 때문에 어느 법원이 재판관할권을 가지는가, 또한 어떤 법을 적용할 것인가, 장원법과 도시법 또는 상인의 법이 차이가 날 경우에 이러한 차이가 어떻게 조화되어야 될 것인가 등 이와 같은 법 기술적인 문제의 뒷면에는 중요한 정치경제적인 고려들이 도사리고 있었다. 즉, 교권 대 왕권, 왕권 대 자유도시, 자유도시 대 토지영주, 토지영주 대 상인과 같은 이항대립이다. 이런 모든 경우에 이들 사이에 존재하는 정치경제적인 갈등을 해결하는 방법이 바로 법이었다. 그러나 법은 또한 이러한 갈등들을 증폭하는 데에도 쓰였다.

이처럼 서양의 정치경제 생활의 복합성을 일면 반영하면서 일면 재강화시킨, 서양법의 단일하지 않고 복수의 원천을 가진 성질은 발전이나 성장의 원인이 되기도 했고, 되어져 왔다. 이때의 성장이라 함은 정치경제적 성장과 법적 성장이 같이 나간다. 다양한 재판관할권을 가지고 다양한 법의 원천을 가졌다는 것은 과거에도 그

랬고 지금까지도 자유의 원천이기도 하였다. 노예는 그의 주인에 반대해서 보호를 요청할 때 도시 법정으로 쫓아갈 수 있었다. 봉건 질서에 속하는 하층민은 그의 봉건 영주에 대한 요청을 가지고, 중앙정부의 왕의 법정에 쫓아갈 수도 있었다. 성직자는 왕권으로부터의 보호를 요청하기 위해서 교회 법정에 쫓아갈 수 있었다.

10) 서양법 전통에는 긴장이 있다. 즉, 이상과 현실 사이에 존재하는 긴장, 역동적인 성격과 안정성 사이에 존재하는 긴장, 초월성과 현재성 간에 존재하는 긴장, 시대에 따라서 이 긴장은 혁명에 의해서 법체제를 힘으로 전복시키는 데까지 나아가곤 했다. 그럼에도 불구하고 주목할 것은 지금까지 예를 들어본 대로의 세속법 체계와 교회법 체계, 왕의 법 체계와 봉건법 체계 또는 도시법 체계와 상인법 체계와 같은 법체계의 어떤 것보다도 더 큰 법 전통 자체는 생명력을 유지했으며, 간헐적인 혁신과 혁명에 의해서 새로워졌다.

2. 법과 역사

지금까지 설명한 서양법 전통의 스토리를 쫓아가면서 그것을 받아들이는 것은 적어도 20세기의 대학에서는 당연히 여기지 않는 법학과 역사학의 이론을 대면하는 것이 된다. 현재 유행이 되고 있는 법학과 역사학에 관한 이론은 서양법 전통의 스토리에 대해서는 심각한 장애가 되고 있다. 우선 **법에 대한 낡은 개념은 의심할 나위 없이 법조문과 판례에서부터 추출되는 원칙의 총체이다. 이 이론은 법이란 입법자의 의지에 궁극적인 원천을 두는 것으로 입법자는 '국가'가 된다.** 이 이론은 서양법 전통과 같은, 특정한 나라의 법문화를 초과하는 이론으로는 부적합하다. {역자 주: 만약 우리가 법을 국가의지의 표현이라는 이론에 집착한다면 그것은 인간의 역사상 존재했던 수많은 법이론의 하나는 설명할 수 있을지 몰라도 문명사나 또는 국가의 흥망에도 불구하고 보편성을 지니는 역사적 시점은 상실하게 될 것이다} **서양법 전통을 말한다는 것은 법개념을 법규칙의 총체로 보는 좁은 의미에서는 불가능하다.** 이미 말한 대로 법이란 **하나의 긴 과정으로, 또한 하나의 연속된 과업으로** 파악하는 것이다. 이 긴 과정과 연속된 과업에서 규칙이라는 것은 단지 **제도의 맥락에서 그리고 절차, 가치 그리고 마침내 사고방식과 관련되었을 때** 비로소 의미를 갖는 것이다. 이와 같은 넓은 전망에서 볼 때 법의 원천은 입법자의 의지뿐만이 아니라 공동체의 이성과 양심, 그리고 공동체의 관습과 관행까지도 포함하게 되는 것이다. {역자 주: 이와 같은 광의의 법개념은 실정법규뿐만이 아니라 자연법에 속하는 비실증적인 가치를 포함한다} 이 점에서 흔히 법개념을, 존재하는 규칙의 총체라고 보는 좁은 견해는 포괄적이 아니다. 광의의 법개념은 비정통적인 것이라고 할 수 없다. **넓은 법개념은** 상당히 오랫동안 받아들여져 왔으며 예를 들면 **법의 원천에 4개가 있다고** 하여 왔다. 즉, **입법, 선례, 형평**(equity) 그리고 **관습법**(custom)이다.[15] 서양법 전통이 형성하던 시대에는 입법도 오늘날처럼 많지 않았고, 선례 또한 오늘날처럼 많지 않았다. 서양법 전통이 형성되던 이른 시대에는 법의 가장 많은 부분이 관습법으로부터 추출되었으며 **관습법은 형평이라는 조명에서 판단되었다. 이때 형평은 가장 넓게 이성과 양심으로 정의되었다.** 필

---

15) G. K. Allen, *Law in the Making*, 7th ed., (Oxford, 1964), pp.65~66을 보라.

요한 것은 관습법과 형평법을 제정법과 판례와 마찬가지로 법의 원천으로 인정하는 것이다. 이것이 서양법 전통이라는 큰 흐름을 추적하거나 인정하는 전제가 된다. {역자 주: 한국인들이 독일법이나 프랑스법 같은 개별법을 넘어선 서양법 전통의 확인에 실패하는 이유는 국가법을 넘어선 법의 원천을 인정하지 않으려고 하기 때문이다} 또한 서양의 법은 나라와 시대를 초과하여 통합적으로 알아볼 수 있는 법체계로 형성되었다는 것을 우리가 인정하는 것이 필요하다. 이때 통합된 서양의 법체계라는 것은 그 체계를 이루고 있는 이미 설명한 여러 법 시스템으로부터 부분적으로 구성요소들을 따온 것이다. 더 나아가서 각 법체계는 정지된 상태가 아니고 전개되고 발전되어져 가는 것으로서 인지된다. 따라서 전체로의 서양법 전통을 구성하는 구성요소 역시 원래 그 구성요소가 추출된 법체계가 과거에 있었던 상태에서만 뽑아낼 수 있는 것이 아니고 미래의 법체계가 가질 수 있는 구성요소로부터도 추출된다는 것이다. 이런 의미에서는 20세기에 유행한 '분석적 법학'에서 보통 말하는 법과는 구별된다. 분석법학의 방식은 의심 없이 주권자가 규칙의 형태로 명령을 만들고 주권자가 의욕한 대로 적용되지 않으면 규칙적용의 실패에 대해서 제재를 가하는 것을 말하는 것이다. {역자 주: 이것은 법은 주권자의 명령 이외의 아무것도 아니라는 오스틴의 실증주의 법학의 내용과 같다} 막스 베버가 '형식적 합리성(formal rationality)' 또는 '논리적 형식주의'라고 부른 서양법의 한 측면이다. 형식적 합리성이나 논리적 형식주의는 형식주의를 반대하는 사람이나 찬성하는 사람 모두에 의해서 서양법의 한 측면이라고 지적되어 왔다. 막스 베버는 이러한 형식적 합리성 또는 논리적 형식주의가 자본주의의 발전에 효용을 가졌다고 설명한다. {역자 주: 그러나 막스 베버의 법의 효용성의 이 설명은 역사상 영국에 비해서 후발산업주의 국가였으며 국가주의를 통해서 유럽의 다른 나라와 경쟁하려 했던 프로이센 제국의 관료제와 결합한 법치주의를 설명한 것으로 읽을 수 있다. 한국에서도 초기 산업화부터 상당한 기간 법의 효용을 형식적 합리성과 논리적 형식주의라는 형식주의적 접근으로 일관한 역사가 있다} 이와 같은 좁은 법개념은 지금부터 다루려고 하는 서양법 전통의 큰 줄기를 이해하는 데 막대한 장애가 되고 있다. **서양법 전통이라는 것은** 봉건주의시대에 기원을 두고 있고 또한 **교회를 세속 질서로부터 분리하는 이른바 정교분리에서부터 유래했다**는 것이 널리 받아들여지고 있다. 11세기 말기에서 12세기에 걸쳐 창조된 **캐논법의 새로운 체계가 최초의 비중세적인 서양법 체계를 구성하였다**는 사실은 지금까지 일반적으로 간과되어 왔다. 간과된 중요한 이유는 법의 성질과 법개념에 대한 **법실증주의적인 접근 또는 통속적인 법개념**에는 맞지 않기 때문이다. 분석법학이나 또는 20세기에 흔히 불리는 대로의 법실증주의는 서양법 제도의 진행과 발전의 긴 흐름을 파악하는 데는 그것만으로는 부적합한 이론적인 기초이다. 그렇다면 어떤 이론이 보다 나은 기초를 제공할 것인가. 우선 서양법철학사에서 제공되는 주된 대안은 '**자연법 이론(natural-law theory)**' 또는 '**역사법학(historical jurisprudence)**'이다. 이것에 더해서 20세기에 '**법사회학적 법학**'이라고 불리는 새로운 학파가 등장했다. 물론 이 모든 학파들은 여러 가지 변종들을 가지고 있다. 그러나 하나하나의 학파와 이론은 그것 자체로 관찰할 때 진실의 한 측면만에 초점을 두고 있다. 따라서 세 개의 학파 중 어떤 것도 홀로 설 수 없고 서양에 있어서의 법의 역사를 이해하는 데에 하나씩의 기초를 제공한다. 이 책에서 전개하고자 하는 **서양법 전통의 풀 스토리**는 어떤 의미에서는 이미 설명한 **여러 학파의 법철학이 어떻게 대두 출현했으며 다른 학파와 충돌했느냐의 긴 이야기가** 된다. 법철학의 다양한 학파는 역사를 설명하지는 않는다. 오히려 **법철학의 다양한 학파를 설명할 수 있는 것은 역사 자체이다.** 왜 다양한 법철학의 학파가 출현했으며 **각기 다른 시대와 장소에서 왜 어떤 학파가 유행하거나 우세했는가를 설명하는 것은 역사일 뿐이다.**

  서양법 전통의 형성기에는 자연법 이론이 단연 우세하였다. 당시의 일반적인 믿음은 인간의 법이 궁극적으로 이성과 양심에서 유래하며 인간의 법의 심판도 궁극적으로 이성과 양심에 의해야 한다는 것이다. 그 시대의 법철학뿐만 아니라 실정법 자체에 대해서도 그 실정법이라는 것이 제정법이든 관습법이든 간에 자연법에 맞아야 된다. 만약 자연법에 합치하지 않으면 법으로의 효력을 결여하게 되고 법으로 간주되지 않게 된다. 이 이론은 기독교 신학과 함께 아리스토텔레스의 철학에 기초를 가지고 있었다. 그러나 또한 **이 자연법의 기초는 교회권력과 세속권력 사이의 투쟁의 역사에서 기초를 가지고 있다.** 또한 이미 설명한 서양 중세에 있어서의 재판관할권의 다양함을 보여 주는 대로의 복수주의의 역사에서도 보일 수 있다. **교회법과 세속법과의 복수주의에 있어서의 투쟁의 역사는** 미합중국의 법에 동반하는 이론에 비견할 수 있다. 미합중국에서는 어떤 실정법도 다음과 같은 헌법적 요구에 맞아야 한다. 헌법의 요구라는 것은 '적정절차(due process)', '평등한 보호(equal protection)', '기본적 자유(freedom)', '사생활권(privacy)'와 같은 것이고, 실정법이 이와 같은 헌법적 요구에 부응하지 않으면 법의 효력을 상실하게 된다. 실로 **'법의 적정절차(due process of law)'라는 것은**

14세기에 영국법에서의 구절이었고, 이것은 자연법을 의미하는 것이었다. 즉, 자연법 이론은 미합중국에 있어서는 **헌법 조문에 의해서 실정법으로 인정된 것이다.** 어쨌든 이런 경위는 법의 적정절차 조항의 설명에 있어서 원래 정치적 결정이었다든가, 또한 실정 헌법으로 쓰였기 때문에 실정법이론으로도 설명할 수 있다는 방식을 배제하지는 않고 있다. 왜냐하면 국가나 존재하고 있는 지배계층이 '헌법상의 법의 적정절차'로부터 혜택을 받고 있고, 따라서 이를 원하고 있다는 증명을 하는 것은 얼마간 쉽기 때문이다. **어떤 법이 그것의 권위와 의미 목적을 어떤 국민의 과거 역사에서 끄집어낸다는** 이론인 역사적 법학은 역시 영국법 제도와 17세기의 영국혁명 이래로 도입된 것이다. 한 국민의 관습이나 그들 제도의 천재적인 부분들 그리고 그들이 쌓은 역사적 가치나 선례로부터 법의 의미 목적을 추출한다는 것은 기본적으로 법실증주의적인 입장은 아니다. 그럼에도 불구하고 17세기의 영국혁명을 기준으로 하더라도 영국의 법철학은 법실증주의와 자연법이론 사이에서 시계추처럼 움직여왔다고 할 수 있다. 역사적 법학은 적어도 20세기에 있어서는 비교적 추종자가 많지 않은 데다가 독일은 다른 나라와 비교해서 특별히 19세기에 그들의 국가법을 창조했는데 그들 자신의 역사적 법제도에서라기보다도 오히려 그들에게 '생소한' 멀리 떨어진 로마법을 받아들이고 계수함으로써 국가법을 창조하였다. 독일의 법학자들은 이름은 역사법학의 이름을 빌리면서 독일법을 독일 국민의 정신의 반영으로서 칭송하는 역할을 해왔고 이런 의미에서 역사적 법학의 20세기에 있어서의 주된 나라라고 할 만하다.

이와 같이 서양법의 역사는 다양한 법철학이 배양되는 토지가 되어 왔다. 법철학 중의 어떤 것들은 특정한 시대와 장소에서 지배적이었고 시대와 장소가 달라지면 다른 법철학들이 또한 지배적이었다. 지배적이 되는 이유는 자주 역설적인 이유 때문이었는데 역설적이라는 것은 기존의 법적 현실에 반대해서 이념적인 반작용 때문에 그러했다는 것이다. 따라서 **서양법의 역사를 잘 배우려면 역사상 각각의 법철학 학파에 대해서 한계를 분명히 하는 데 주의하여야 한다.** 적절한 방법은 역사상의 모든 법철학파들을 스크린으로 사용하여 연속적으로 체험된 역사적 경험을 비추는 데 주력하여야 될 것이고, 법철학파의 언어 중의 하나를 강조하기 위해서 역사를 사용하는 것을 자제하여야 되는 것이다. 만약 법이론의 다양한 어떤 학파도 그것 하나만으로는 서양법 전통의 흐름을 이해하거나 받아들이는 데 장해가 된다면 훨씬 더 큰 장애는 역사에 관한 다양한 이론들에 의해서 제기된다. 이때 물론 역사에 대한 이론이라는 것은 기존의 법제사도 포함이 된다. 역사 이론은 다음과 같은 질문을 취급한다. 즉, 역사란 의미나 방향을 가지는가, 또는 역사를 연대로 구분하는 것이 정당화될 수 있는 것인가. 만약 정당화된다면 어떤 기초에서 그러한가. '역사의 법칙'이라는 것이 있는 것인가. 또는 어떤 의미에도 역사적 인과관계라는 것이 얘기될 수 있는 것인가. 역사적 인과관계를 설명하는 흔한 예는 경제적 기초와 이념적 구조 또는 권력관계 같은 것이다. 또한 제기될 수 있는 질문은 좀 더 낮은 수준의 일반화의 경우에 서양사에서 존재하는 개별국가의 역사와 전체로서의 서양 역사의 관계에 대한 것이다. 또 다른 질문은 서양 역사에 있어서 몇 개의 큰 혁명들의 역할이며, 더 나아가서 흔히 쓰는 개념으로서 '중세 그리고 근세 또는 근대(modern), 봉건주의(feudalism) 그리고 자본주의(capitalism)'라는 개념이다. 물론 이들 큼직한 역사 연대기적인 문제들을 해결하려고 하지 않고도 서양법 전통의 기본과 초기의 전개는 설명될 수 있을 것이지만 역사에 관한 몇 가지 이론적인 질문들을 일반적으로 간략히 취급하는 것이 필요하다. 특히 서양사에 대해서 그러한데 이 것은 서양사에 대한 흔히 있는 선입견을 없애기 위해서다. 방금 이야기한 역사에 관한 이론적인 질문에 대해서는 지금 이 책이 취급하고 있는 서양법의 스토리 자체가 매우 훌륭하고도 뚜렷한 방식으로 조명할 수 있을 것이다. 역사의 의미와 방향이라는 큰 질문과 역사의 시대 구분의 관련된 문제는 서양법 전통이 태동할 당시의 극적인 상황에서부터 불가피하게 일어난다. 서양법 전통이라는 드라마에서의 주연급들은 말할 필요도 없이 그들이 역사적 역할을 수행하고 있다고 생각했다. 오늘날 역사라는 것은 의미가 없고 역사의 변동이라는 것은 우연한 것이라는 입장을 많은 사람들이 취하고 있기는 하나 서양법 전통 형성의 드라마에서 보여준 어떤 확신은 허무주의적인 현대인의 입장을 전적으로 부정하게 된다. 그러나 역사에 있어서의 모든 의미와 모든 방향과 모든 시대 구분을 부정하는 데에까지 극단적으로 나아가는 사람들은 오늘날에 존재하는 낡고 진부한 설명에 대해서 반대하는 것보다 이 책에서 취급하는 큰 스토리에 대해서 더 큰 반대를 할 수도 있을 것이다. 왜냐하면 낡고 진부한 역사에 대한 습관적인 설명은 똑같은 사건과 사실에 대해서 더 작은 의미와 더 흐릿한 방향과 덜 엄격한 시대 구분을 하는 데 불과하기 때문이다. 만약 모든 시대 구분이 자의적이라고 주장하더라도 16세기 이전의 모든 것은 중세적이라고 주장하는 습관적인 역사분석보다는 11세기 후반에 일어난 새로운 법적, 정치적 제도의 출현이 보다 근대에 가깝다는 주장이 덜 자의적일 것이다. 관행적인 설명은 기원후 1100년에서 1050~1150년, 1200

년에 이르는 시기에 급격한 불연속은 없었다고 한다. 그러나 실제로는 그렇지 않았다.

비슷하게 서양에 있어서 제도의 역사적인 발전에 어떤 확실한 패턴이 없다고 믿는 사람들도 있어 왔다. 이런 사람들은 제도의 역사적 발전을 단지 혁명이나 또는 단지 진화로만 파악하려 한다. 이런 관점을 넘어서서 세대와 세기를 이어서 혁명과 진화 간의 상호영향을 주목하는 관점이 이 책의 특징이다. 16세기 이래 일반적으로 가르쳐온 관행적인 역사 연표를 무비판적으로 받아들이는 사람들은 이 책에서 전개되는 스토리에 대해서 어려움을 겪을 수도 있다. 즉 **역사 연표의 의미와 방향과 연대 구획의 문제를 직접 대결하지 않고 관행적으로 통용되는 것을 수용해온 사람**들을 뜻한다.

> 이런 견해에서 서양의 역사는 크게 세 개의 구분을 가진다고 단순히 받아들인다. 즉, 고대(ancient), 중세(medieval) 그리고 근대(modern)이다. 로마의 쇠망은 야만인들의 침입 때문에 중세가 시작되게 했고, 중세는 대략 5세기부터 15세기까지 계속되었다. 그다음에 근대(modern times)가 시작된다 ─ 어떤 학설은 르네상스와 함께 시작되었다 하고, 다른 학자들은 종교개혁(Reformation)으로 시작되었다고 하고, 또 다른 학자들은 르네상스와 종교개혁 양자와 함께 시작되었다고 한다. 종교개혁을 우선하는 학자들은 약간 다른 스토리를 말한다. 고대 이스라엘은 고대 세계의 화폭으로 인도된다. 중세(middle age)는 초기 기독교 교회시대에서 시작해서 1517년 루터가 로마 교회와 절연할 때의 사이의 기간으로 정의된다. 그러나 프로테스탄트들은 종교개혁 이후에 인문주의자들(humanist)과 결합하게 된다. 그래서 이 결합으로 서양의 예술과 사상은 그리스까지 소급한다고 한다. 또한 서양의 정치와 법은 로마에까지 소급하게 된다고 말한다. 마침내 계몽주의(enlightenment)의 영향 아래서 모두 다 동의하는 사실이 있다. 즉, 서양 문명의 역사적 배경을 그리스와 로마 그리고 고대 이스라엘이 형성을 하지만 정말 중요한 역사는 서양 문명의 역사라기보다는 개별국가의 역사이다. ─ 특별히 독일, 프랑스, 영국 그리고 미합중국의 역사이다.

과거를 이와 같이 개념화하는 것은 상당한 의미와 상당한 방향과 그리고 상당한 정도 시대 구분을 한 것이 된다. 그러나 이런 방식은 지난 5세기 간에 있었던 최량의 역사적 연구와는 정말 불일치가 심하다. 그 내용은 다음과 같다. 우선 암흑시대(dark ages)를 흔히 받아들여 왔듯이 1450~1500년대 이전의 시대로부터 훨씬 더 소급해서 1050~1100년대까지로 연대를 약 400년 정도 소급해서 시대 구분을 한다. 심지어 가장 케케묵어서 보수적이라는 이름을 듣는 역사가들조차 현대에 와서는 이전에 하지 않던 중세사의 구분을 명료하게 하게 되었다. 즉, 중세도 두 시대로 나눈다. 그것은 저중세시대(Low Middle Age)와 고중세시대(High Middle Age), **더하여 이전의 낡은 서양사에서는 저중세시대의 게르만인들의 역사와 로마제국의 역사가 연속성이 있는 것으로 받아들여져 왔다. 또한 로마 역사와 그리스 역사가 연속성이 있는 것으로 받아들여져 왔다. 그러나 이 두 가지 연속성은 잘못된 것이다. 11세기 말과 12세기 그리고 13세기의 그리스 철학과 로마법의 대규모의 부흥은** 서양 교회와 유럽 나라들의 역사에서 다 같이 결정적인 전환점으로 나타났다. 그리스 철학과 로마법의 대규모의 부흥은 역시 **유럽 도시국가의 대두와** 관계되어 있고 다른 기본적인 **사회경제적 변화**와도 관계되어 있다.

증거와 증명이 어떠하든 간에 이런 점에서 사람들은 의문과 좌절감을 경험할 것이다. 만족 못하는 사람들은 자문할 것이다. "패턴이라든가 규칙성이라든가 역사에 있어서 필요하다. ─비록 그 패턴과 규칙성이 사실(fact)을 훨씬 초과할지라도─ 왜냐하면 패턴과 규칙성이 없이는 역사가 존재하지 않을 것이기 때문이다. 그러나 한편 급격한 불연속성과 단절은 불필요하다. 그리고 역사에 있어서는 심지어 자연스럽지가 않다. '자연은 건너뛰지를 않는다.'"

"그러나 서양사의 러시아혁명이나 프랑스혁명 그리고 종교개혁에서처럼 서양사가 때때로 건너뛰어서 불연속성을 보여 준다 할지라도, 그것은 다음의 사실을 정당화시키는 것은 아니다. 즉, 중세의 한가운데서 급격한 단절이 일어났다고 얘기하는 것은 생소하며 자연스럽게 느껴지지가 않는다. 중세는 중세일 뿐 **중세에서 근대혁명과 같은 거대한 단절이 있었다고 설명하는 것은 통상의 사고방식에서 크게 어긋난다.** 흔히 중세를 신앙의 시대(Age of Faith)라고 서양인들은 오랫동안 배워왔는데 이 관점에서도 신앙의 시대에 혁명적인 변화와 단절이 있었다고 받아들이기 힘들다. 더 상세하게 예를 든다면 다음과 같다. 서기 500년의 유럽 사회와 서기 1500년의 유럽 사회의 차이를, 작은 변화가 서서히 쌓여서 일어난 것이라고도 볼 수 있고, 이 천 년 동안 작은 변화보다는 더 큰 가속의 시대가 있었기는 했지만 한 세대나 또는 한 세기에 걸쳐서 극적인 변혁이 일어난 결과라고 보기는 힘들다." "왜 지금까지 알고 온 대로 서양 도시국가와 도시들이 10세기 또는 5세기 또는 적어도 3세기에 걸친 기간 점진적으로 건설되고 부흥되었다고 믿어서 안 될 이유가 있는가. 이것은 서양 도시들이 80년 또는 90년 사이에 갑자기 형성되거나 부흥되었다고 믿는 것보다는 더 낫지 않는가. 또한 교황권이 정점에 올라서 서양 교회의 최고의 심판자이자 입법자가 된 것은 10세기에 걸쳐서 이루어진 것이라고 믿는 것이 단지 3세대에 걸쳐서 갑자기 이루어졌다는 것보다는 자연스럽지 않은가. 유럽의 황제와 왕들이 그들의 기능과 개성을 상실하게 되는 것은 아주 서서히 이루어진 것이라고 하는 것이 공개적인 정치 및 종교적인 갈등으로 그렇게 된다는 것보다는 관행적이지 않는가? 황제와 왕의 태도 변화가 조금씩 집적된 결과라고 하는 것이 더 받아들이기 좋지 않은가."

　서양법 전통의 기원에 대한 새로운 연구는 점진적이고 누적적인 변화를 좋아하는 이와 같은 관념적 편차를 교정함으로써 시작된다. 다른 정치제도에 비교해서 법은 더 늦게 변화하기 때문이다. 사람들은 흔히 법체계에 있어서의 급격하고 극적인 변화를 예측하지 않으려는 경향이 있다. 그럼에도 불구하고 유럽의 법체계를 조사해 본 사람이라면 1000~1050년의 기간과 1150~1200년의 기간을 살피면 **약 150년간의 기간에 엄청난 변화를 발견할 수 있다. 무엇보다도 이 엄청난 변화는 교회법에서 진실이다.**

　로마 가톨릭교회 내부의 혁명적인 변화를 논의하는 것은 지금까지 통용되어 왔던 로마 가톨릭교회의 구조에 대한 정통적 견해에 도전하는 것이 된다. 지금까지의 정통적인 견해는 로마 가톨릭교회는 매우 이른 시기 때부터 존재해왔던 요소들을 점진적으로 세련화시킨 결과라는 것이다. 실로 이 견해는 11세기 말과 12세기 초의 가톨릭 개혁가들의 공식적인 견해이다. 가톨릭 개혁가들의 공헌하는 바는 보다 더 과거의 전통에 단지 돌아가는 것이다. 그리고 과거의 전통이라는 것은 가톨릭교회의 개혁가들이 그들 시대 직전의 세대에 대해서 반란을 일으킨 결과이다. **구질서로 복귀하는 것이 가톨릭 개혁가들의 공식 입장이다. 실지로 이전 시대로의 복귀라는 신화는 모든 유럽혁명의 대명사가 되었다. 루터 역시 원시기독교를 교황의 질서가 대신했다고 해서 초기 기독교에로의 복귀를 설교하였다. 크롬웰 치하의 영국 청교도들도 '오래된 영국의 자유들'을 복구시킬 것을 설교**하였다. 영국 청교도들은 크롬웰 이전에 150년간의 튜더 왕조의 전제주의를 경험했다. **프랑스혁명**은 봉건주의 및 귀족의 특권과 투쟁하기 위해서 **역시 가상의 옛 질서**를 사용하였는데 그것은 **자연 상태**라는 고전적인 질서로의 복귀를 내세우는 것이었다. **러시아혁명 때의 볼셰비키**들은 소유권이 확립되기 이전의 **원시 부족의 계급 없는 사회**로 돌아가자고 설교하였다.

그러나 법체계의 급격한 변화라는 것은 역설적인 것이다. 왜냐하면 잘 알다시피 법의 근본적인 목적 중 하나는 안정과 지속성을 제공하는 것이다. (흔히 법적 안정성을 법의 목적으로 꼽는다) 더욱이 모든 사회에서 법은 그것의 권위와 효력을 법 바깥에 있는 어떤 것으로부터 추출한다. 그래서 만약 어떤 법체계가 급격한 변화를 겪게 되면 그다음 문제는 불가피하게 법의 권위와 효력의 원천이 정당한가에 대해서 제기된다. 따라서 법의 세계에서 대규모의 급격한 변동 −혁명적 변화− 은 실로 '부자연스러운 것'이다. 법의 세계에서 급격한 변화가 일어나면 그것이 다시 일어나는 것을 방지하기 위해서 무엇인가 행해져야 한다. 새로운 법이 굳건하게 뿌리박기 위해서는 앞으로 있을 다른 불연속이나 단절의 위험으로부터 보호되어야 한다. 새로운 법이 성립되었다면 이후에 나타날 수 있는 더 이상의 변화들은 조금씩의 변화에 한정되어야 한다. 이것이 법의 세계에 있어서 혁명적 변화가 힘든 이유이다.

이와 같은 사정이 적어도 대규모의 혁명적 변혁의 와중에서 행해진 서양법 발전의 경로이었다. 그런데 **대규모의 혁명적 변화는 주기적으로 서양법 제도를 전복하였는데 이러한 사건이 시작된 것은 11세기 말과 12세기 초로 보인다.** 혁명에 의해서 수립된 새로운 법체계에 역사적 차원이 부여되어 왔었다. 무슨 얘기인고 하니 혁명에 의해서 탄생한 새로운 법체계는 그 법체계를 가능하게 한 역사적 사건에 뿌리가 있다고 간주되어져 왔다. 역사적 차원의 두 번째의 설명은 법제도는 새로운 상황에 반응해서 변화했을 뿐만 아니라 어떤 역사적 패턴에 따라서 변화해왔다고 간주하는 것이다. 따라서 법은 역사적 현상의 하나로 간주된다. 이 말은 법은 역사성 이라고 부를 수 있는 성격을 가진다는 것이다. 법은 진화할 뿐만 아니라 역시 진화한다고 확인되지 않으면 안 된다는 것이다.

그럼에도 불구하고 서양법의 역사성은 폭력적인 혁명의 주기적인 발발을 방지하지 못했다. 폭력적 혁명은 실로 역사적 법 전통으로 회귀할 뿐만 아니라 동시에 그것을 변형시키고 새로운 방향으로 방출해왔다.

서양에 있어서의 법의 역사성은 역사주의와 혼동되어서는 안 된다. 이 의미는 니체의 용어대로 과거의 '눈먼 권력'에 매인다는 뜻에서의 역사주의이다. 법철학의 역사학파에 속하는 사람뿐만 아니라 법실증주의자나 자연법 이론가들도 혹은 법이란 단순히 강자의 의지일 뿐이라고 믿는 견유학파(cynicism)마저도, 따지고 보면 실로 역사적 차원을 가지고 있는 법제도와 절차, 법가치, 법개념과 법규칙과 씨름하고 있는 셈이 된다. 이들 법에 대한 이론가들은 그들 자신의 역사에서 의미를 추출하고 있는 것이다. 따라서 어떤 서양법 체계에 있어서도 법규칙이나 법개념이나 법가치나 법제도를 설명하거나 해석하는 데에 흔히 하듯이 순전히 논리로만 한다든가 정책(policy)만으로 한다든가 공평(fairness)만으로 한다는 것은 결코 충분하지 않다. 부분적으로 법체계가 존재하게 된 상황과 시간의 경과에 따라서 법체계에 영향을 준 사건들의 경위에 호소함으로써 비로소 설명도 되고 해석될 수 있다. **흔히 대륙법학에서 법 도그마틱(dogmatik, dogmatics, 敎義學)이라고 불리는 방식이나 또는 정치적 방법이나 또는 형평(fairness)의 방법은 항상 역사적 방법에 의해서 보충**

되어야 한다. 서양법의 세계에서 보여준 법의 원천의 다양성과 복수성(plurality, 複數性)은 따라서 법의 역사성을 보호하고 동시에 맹목적이고 복고적인 역사주의를 방지하는 데에 도움이 된다.

맹목적인 역사주의는 서양 문명을 구성하는 서로 겹치고 중복하는 여러 역사들의 다양성과 복수성에 의해서 방지되고 저지된다. 법의 역사적 차원을 구성하는 것은 어떤 단순한 의미에 있어서의 '과거'가 아니라 다양한 공동체의 지난 시간이라고 할 수 있고 여러 종류의 공동체 안에서 각 인격이 살았다는 얘기가 된다. 또한 다양한 공동체가 만든 여러 종류의 법체계의 과거와 관련된다. 지방공동체, 지역공동체, 민족공동체, 종족공동체, 직업공동체, 정치공동체, 지적인 공동체, 정신적인 공동체와 같은 **모든 종류의 공동체의 각기 다른 법체제가 국민국가의 법에서 한꺼번에 삼켜지게 될 때 '역사'는 폭압적이 된다.**

실로 현대에 있어서의 민족주의 안에 내재하고 있는 가장 큰 위험이 이것이다. 유럽의 여러 국가들은 서양의 기독교 문명의 맥락에서는 원래 상호 교호하며 지내왔는데 19세기에 이르러서 점점 더 서로 밀어내어서 거리를 두게 되었다. 제1차 세계대전 발발과 함께 유럽의 국가들은 폭력적으로 갈라서서 이전 시대에는 비록 느슨하게라도 그들을 결속시켰던 공통의 유대를 파괴하였다. 또한 20세기 말에 이르러 서양인들은 19세기에 기원을 두고 있는 민족주의 내지는 국가주의적 역사 연표로부터 고통을 받고 있다. **민족주의 내지 국가주의적 역사는 서양법 유산의 공통점을 해체하도록 19세기에 동원되었다.** 19세기에 소위 과학적 역사가 대두했는데 그것의 특징은 사실에 대한 조직적이고 고통스러운 연구를 동반하는 것인데 랑케의 대표적인 표현대로 '실지로 일어난 그대로'를 보여 주는 것이 의도였다. 그런데 이와 같은 과학적 역사학은 유럽이 그때까지 경험하였던 것 중 가장 맹렬한 민족주의의 대두와 궤도를 같이하였다. 역사란 단지 민족사를 의미하는 것이라고 간단히 설명되었다. 역사란 객관적이어야 한다. 그러나 역사란 민족 또는 민족국가의 역사라야 한다. 20세기에 와서 이 점은 다소의 변화가 있었다. 사회경제 사가들은 민족주의적 벽을 깨고 서양사 전반의 역사를 쓴 최초의 사람들이었다. 제1차 세계대전 이후 이러한 접근은 어떤 사람들에 의해서 정치사까지 연장하였다. 더 나아가서 유럽의 법사도 개별국가나 민족을 초과하는 개념과 용어로 취급되게 되었다. 이 경우에도 영국과 아메리카의 법사는 특별히 고립되어 있는 것으로 취급되었다.

영국과 미국의 법사를 서양법 체계라는 파노라마로 통합하려는 어떤 시도도 거의 행해지지 않은 것은 불행한 일이다. 이러한 시도가 극단적으로 어렵게 된 것은 영국과 미국의 법제사가들이 그들 각각의 학문의 주제사항을 이방인들이 들어오지 못하게끔 깎아 만든 탓이다. 심지어 서양의 모든 나라들이 영국을 포함해서 로마 가톨릭교회의 영향 안에 있고 교회법의 똑같은 체계 아래 살았을 뿐만 아니라 나라끼리 밀접한 지적이고 문화적이고 정치적인 연관을 가졌던 시대에도 영국법은 마치 그것이 유럽 역사의 바깥에 존재하는 듯이 많은 법제사가들에게 다루어져 왔다. 이들 역사가들이 그들의 민족주의적 또는 국가주의적 오리엔테이션을 지속할 수 있었던 것은 소위 보통법에 집중하였기 때문이었고 보통법이라는 것은 보통법 법정(Common Pleas)과 왕의 법정(King's Bench)에서 적용되던 것이다. 이들 역사가들은 또한 동시에 잉글랜드에서 존재하였던 다른 법들과 재판 관할을 무시하였다. 그러나 심지어 이와 같은 좁은 의미의 영국 보통법도 여러 가지 의미에서 시칠리아와 프랑스 그리고 게르만 공국들, 유럽의 다른 나라들에 있어서의 공국법이나 왕의 법과 비슷했다.

에드먼드 버크(Edmund Burke)는 일찍이 말했다. "유럽의 모든 나라들의 법은 똑같은 원천에서부터 나왔다." 그에게 있어 영국은 유럽의 일부였다. 어쨌든 법제사가 과학적, 학문적 탐구의 일이 될 때쯤에는 영국의 대륙과의 역사적 연결고리는 이미 단절되어 있었다. 이러한 단절은 영국법을 다른 서양의 법제도와 구별하는 법제도와 법가치, 법개념 그리고 법규칙을 과장해서 강조하는 데에 이르렀다. 영국이 유럽 경제공동체에 가입했을 때 비로소 영국법이 다른 서양법 체계와 공유하고 있는 법제도와 법절차, 법가치, 법개념 그리고 규칙들을 강조하는 새로운 영국 법제사가 나타날 때가 된 것이다. 1888년에 케임브리지(Cambridge) 대학교의 다우닝(Downing) 석학교수직에 취임하는 강연에서 메이틀런드(Maitland)는 다음의 의문을 제기하였다. "왜 영국법의 역사는 쓰이지 않았나?" 메이틀런드의 대답은 첫째로, "영국법의 연구가 이외의 **다른 연구로부터 전통적으로 분리되었기 때문이다.**" 그리고 두 번째로, **"역사는 항상 비교를 해야 함에도 불구하고 법제사의 이념에서 볼 때에는 영국의 시스템과 영국 자신의 법학 외에는 아무것도 모르고 고려하지도 않는 영국 법률가들이 나타났기 때문이다."** "영국의 중세법에 대해서 아무것도 연구가 행해지지 않은 까닭 중에 하나는 영국이 역사적으로는 프랑스법과 독일법을 전적으로 무시했기 때문이다. 영국 법률가들은 지난 6세기 동안 영국 법제사의 유일하고 특유함을 과장해왔다. 나 자신은 영국 자신의 법과 매우 비슷한 방대한 분량의 중세법이 존재한다는 것을 확신을 가지고 말할 수 있다."16)

3. 법과 혁명

서양법 전통은 그 역사의 경로에서 여섯 개의 대혁명에 의해서 변용되어 왔다. (역자 주: 만약 원 저자가 이 책의 수정판을 낼 수 있었다면, 1989년 동유럽 러시아혁명을 다시 추가하여 일곱 개의 대혁명으로 고쳤을 것이다)[17] 러시아혁명, 프랑스대혁명 그리고 아메리카혁명과 같은 세 개의 혁명은 그 혁명에 참여했던 사람들에 의해서 혁명으로 불렸다. 이 경우에 엄격히 말하면 '혁명(revolution)'이라는 용어의 의미는 각 경우에 따라 다르다. 네 번째의 것으로 영국혁명(English Revolution)은 최초의 단계(1640~1660)에서는 그것에 반대하는 사람들에 의해서는 대반역(great rebellion)으로 불렸고 찬성하는 사람들에 의해서는 '자유의 회복'이라고 불렸고,[18] 마침내 1688~1689년의 끝 까지 왔을 때에만 혁명(즉, 명예혁명, Glorious Revolution)으로 불렸다. 1660~1685년 사이에 일어난, 두 번째 단계의 영국혁명은, 당시에는 왕정복고(restoration)로 호칭되었는데 이

---

16) F. W. Maitland, "Why the History of English Law is Not Written", in H. A. L. Fisher, ed., *Collected Legal Papers of Frederic William Maitland*, (Cambridge, 1911), I, p.488.

17) 역자 주: 『법과 혁명 1』이 발행된 1983년 당시는 말할 필요도 없이 1989년 가을의 동유럽 러시아혁명이 일어나기 이전이었다. 따라서 원 저자 버만 교수가 1917년의 러시아혁명의 72년 뒤에 공산주의를 부인하는 1917년 볼셰비키혁명 이전의 서양법 질서로 회귀하는 것은 수록하지 못했다. 버만은 이 책에서 1989년의 동유럽 러시아혁명을 일곱 번째의 서양사에서의 혁명으로 첨가할 수 없었다. 김철, 『경제 위기 때의 법학』(서울: 한국학술정보, 2009.03)과 『법과 경제질서 - 21세기의 시대정신』(서울: 한국학술정보, 2010.12)을 볼 것.

18) 크롬웰의 1648~1649년의 국새(Great Seal)는 '자유가 회복된 첫해'라는 말이 각인되어 있다. 그리고 이후의 인장들은 자유가 회복된 두 번째 해, 세 번째 해라는 식으로 구분된다. A. and B. Wyon, The Great Seals, (London, 1887), p.36, 그리고 오이겐 로젠스토크 휘시(Eugen Rosenstock-Huessy)의 토론은 *Out of Revolution: The Autobiography of Western Man*, (New York, 1938), p.300, 761.

것을 어떤 현대의 사가들은 역시 혁명이라고 부른다. [왕정복고의 특이성은 변화의 내용에서 역사의 수레바퀴의 회전이 그 이전에 이미 존재했던 정부의 체제, 즉, 왕정으로 회귀했음에도 불구하고, 역시 전반적인 정치적 변동을 나타내는데 혁명(revolution)이라는 용어를 쓴 최초의 용법이다] 이처럼 대부분의 사가들이 영국혁명이라고 부르는 것은 세 개의 연속적인 '혁명(revolution)'[19]이다. 이제 다섯 번째의 혁명은 다소 시간적으로 소급하는데 프로테스탄트의 개혁(Protestant Reformation)이다. 이것은 **도이칠란트에서는 국가적 혁명의 성격을 가지고 있었고,** 1517년에 루터(Martin Luther)가 시작한 교황에 대한 공격으로부터 개시되었으며 1555년에 프로테스탄트 연맹에 의해서 황제를 굴복시키고 독일 맹방들 사이의 종교적 평화를 수립한 것으로 비롯된다. 여섯 번째는 1075~1122년 사이의 교황의 혁명(Papal Revolution)이고, 역시 그 당시에는 개혁(reformation)으로 불렸으며 원래의 명칭은 그레고리오 7세 교황의 Reformatio이며 일반적으로 근대 언어로서는 그레고리오의 개혁(Gregorian Reform)으로 번역되어서 이 모든 용어에서 혁명적 성격을 숨기고 있다. 도이칠란트의 개혁(German Reformation)을 혁명으로 부르는 데는 이의가 있을 수가 있다. 흔히 종교의 영역에 한한 것으로 인식되어서 혁명과 같은 전반적인 변혁을 내포하지 않는 것으로 알려져 왔다.

---

19) 명예혁명(Glorious Revolution)이라는 이름은 (역사의) 바퀴를 더 이전의 위치로 되돌린다는 뜻을 가지고 있다. 이 사실은 1640년 이래에 취해진 영국 의회의 조치들과 계속성을 유지하기 위해서 엄청난 노력을 했다는 데에서 명백하다. 제임스 2세를 대치하기 위해서 오렌지 공 윌리엄과 그의 부인 메리를 영국에 불러온 것이 1688년이며, 이 해 11월에는 의회가 폐회 중이었기 때문에 이전 의회의 구성원이었던 모든 사람들을 의회 개회 때 부르는 것이 필요하다고 느껴졌다. 또한 축출된 제임스 왕이 소지했다가 템스 강에 빠뜨린 옥새를 대치할 새로운 국새를 만들 때 끔찍한 혼란이 일어났다. 모든 일들은 과거 역사의 어떤 시점에서 행해졌던 대로 돌이켜야 되고, 그렇지 않다면 그것은 혁명(revolution)이 아닌 것이었다.

그러나 혁명 사가들은 도이칠란트 종교개혁을 혁명으로 자주 부르고 있고 이들 사가들의 특징은 마르크스주의자가 아닌 다수를 포함하고 있다. 또한 그레고리오의 개혁(Gregorian Reform)을 혁명으로 부르거나 또는 심지어 개혁으로 부르는 데도 이의가 있을 수도 있다. 따라서 이러한 이의와 반대에 대해서 '혁명(revolution)'이라는 용어를 설명하는 것이 필요하다.

서양의 역사는 이미 이전에 존재하였던 정치적, 법적, 경제적, 종교적, 문화적 체제와 다른 사회관계들, 제도들, 믿음과 신앙들, 가치들, 삶의 목표들이 전복되고 새로운 것들에 의해서 대치되는 결코 평화롭지 않은 봉기가 빈발해서 일어나는 시대들로 특징지어져 왔었다. 거대한 역사적 변동의 시대에 대한 완벽한 어떤 종류의 비교나 대칭형도 찾기 힘들다. 그러나 단지 이러한 대변동에는 어떤 종류의 패턴과 규칙성이 있어 왔다. 서양사에서 있어 온 대변혁은 다음과 같은 특징을 가진다.

근본적인 변화, 급격한 변화, 평화롭지만은 않은 맹렬하고 폭력을 동반한 변화, 일시적이 아닌 지속적인 변화가 전반적인 사회체계에 일어난다는 것이다.

모든 대변혁은 그것의 정당성을 어디에서 찾았는가. 근본적인 법칙 또는 근본법(fundamental law), 소급해서 현재로부터 아득한 과거, 묵시록적인 미래, 모든 대변혁은 그 변혁이 뿌리를 내리는 데는 최소한 한 세대 이상이 걸렸다.

모든 대변혁은 이윽고 다음의 것을 만들어내었다. 즉, 새로운 법의 체계, 이것은 혁명의 주된 목적을 그 속에 담고 있었다.

그리고 이 새로운 법체계는 서양법 전통을 변화시켰다. 그러나 궁극적으로 그때까지 있어 온 서양법 전통 내부에 온존하게 되었다.

이와 같은 대변혁은 한편에 있어서는 전혀 쿠데타나 반역이 아니었으며, 다른 한편에 있어서는 이미 기존 제도 안에서 진행하고 있었던 누적적 변화가 길게 연속해서 쌓인 것이다. 그 특징은 비교적 급격하게 그리고 대단한 투쟁과 열정에 의해서 성취된 근본적인 변혁이었다.

혁명이란 언어는 많은 경우에 잘못 쓰이고 따라서 대중의 오해를 불러일으켜 왔다.[20] 특히 20세기와 이전 두 세기 동안의 주요한 혁명들의 성격은 러시아혁명, 프랑스대혁명, 아메리카 독립혁명에서 보인 바대로 전쟁과 폭력을 동반하며, 이윽고 역사의 다른 시대를 만들어간 기간에 나타났다.[21] 여기에서 '폭력'이라 함은 기존

---

20) 존 F. 케네디 대통령은 그의 책 『평화의 전략』에서 미국과 당대의 세계를 형성시킨 7개의 평화로운 혁명들을 열거하였다. 케네디의 7개의 혁명은 인구의 혁명, 농업혁명, 과학기술과 에너지의 혁명, 생활수준의 혁명, 무기개발의 혁명, 저개발 국가의 혁명, 민족주의의 혁명이었다. 1964년에 3중 혁명에 대한 현장위원회는 존슨 대통령에게 사이버혁명, 무기혁명 그리고 인권혁명에 대한 백서를 제출하였다. 수없이 많은 다른 '혁명들'이 A. T. van Leeuwen, *Development through Revolution*, (New York, 1970), chap.2 에서 열거되고 있다. 반 리우웬이 말하기를 혁명이라는 용어 사용에 있어서 명료성이 없는 것은 "혁명 자체가 독특한 현상이기 때문이다." 혁명이라는 용어가 정치적 영역에서부터 다른 영역으로 전이되게 된 것은 1884년에 어떤 영국 역사가가 '산업혁명(industrial revolution)'이라는 용어를 새롭게 만들 때였다. 이때 산업혁명이라는 신조어의 모델이 된 것은 1789년의 프랑스혁명이라고 한다. 영국사에 프랑스혁명과 평행하는 사건이 발명될 필요가 있었다고 한다. Arnold Toynbee, *Lectures on the Industrial Revolution of the Eighteenth Century in England*, (London, 1884)를 보라. 혁명이라든가 혁명적이라는 언어를 제2차 세계대전 종언 이후에 함부로 쓰게 되고, 심지어 가장 일상적인 소비용품에까지 쓰게 된 것('메리야스 양말의 혁명', '화장품의 혁명')은 언어학적인 반작용이라고 할 수 있는데, 이 반작용의 대상은 20세기의 공산주의혁명이라고 한다.

21) 역자 주: 『법과 혁명 1』이 발행된 1983년 당시는 말할 필요도 없이 1989년 가을의 동유럽 러시아혁명이 일어나기 이전이었다. 따라서 원 저자 버만 교수가 1917년의 러시아혁명의 72년 뒤에 공산주의를 부인하는 1917년 볼셰비키혁명 이전의 서양법 질서로 회귀하는 것은 수록하지 못했다. 1989년의 동유럽 러시아혁명의 성격이 여기서 논하는 대로 역시 폭력성을 띠고 있었는가는 동유럽 러시아혁명의 현장인 중동부 유럽의 광대한 구사회주의 국가와 소비에트 연방을 구성하는 독립주권국가들의 케이스에 따라서 다양한 경험을 보여 주었다.

에 수립된 정부가 경찰이나 군대를 통해서 행하는 법상의 공권력을 뜻하는 것이 아니고, 오히려 기존의 확립된 권위에 반대해서 개인이나 집단이 행사하는 불법적인 힘을 의미한다. 서양법의 역사의 견지에서 볼 때 서양 역사에서는 이러한 불법적인 힘이 기존 질서를 무너뜨리는 데에 사용된 사실이 역사의 연대에 따라서 확인된다. **기존 질서를 무너뜨린 결과로서 권위를 세운 개인과 집단들이 점차로 정부와 법의 새롭고 지속적인 체계를 창조한 사실이 확인된다.** 서양의 모든 나라의 정부와 법의 체계는 이와 같은 혁명에 유래하고 있다. 주의할 것은 **혁명이라는 용어는 이러한 새로운 체계가 만들어지는 최초의 폭력을 동반한 사건들만 의미하는 것이 아니고 새로운 시스템이 뿌리를 박는 데 필요한 전 기간들을 뜻한다.** 오이겐 로젠스토크 - 휘시(Eugen Rosenstock-Hussey)가 강조했듯이 이러한 진정한 혁명이 수행되는 데는 한 세대가 필요했다.[22]

이미 열거한 여섯 개의 큰 혁명들은 '전반적인' 혁명들이었다. 전반적이란 뜻은 이들 사건들은 새로운 형태의 정부를 창조하게 했을 뿐만 아니라 새로운 구조의 사회경제적 관계와 교회와 정부 간의 새로운 관계의 구조, 그리고 법의 새로운 구조들, 공동체의 새로운 전망들, 역사에 대한 새로운 관점들, 그리하여 마침내 보편적 가치와 믿음들의 새로운 조합을 만들어내는 것과 관계있다.[23] '세계를 변혁하는 것'

---

22) 이것은 그의 저서 *Out of Revolution*(New York, 1938)의 주된 테마이다.

23) 로젠스토크 휘시(Rosenstock-Huessy)는 일곱 번째의 혁명을 열거하고 있다. 즉, 13세기의 이탈리아혁명인데, 이탈리아 북부의 도시국가라는 체제를 형성하게 되는 계기라고 한다. *Out of Revolution*, p.562를 보라. 나는 자유 도시의 출현을 이탈리아에 있어서 뿐만 아니라 전 유럽에 있어서 일어난, 교황의 혁명의 세속적 측면 부분으로서 다루어 왔다. Norman Cantor는 단지 네 개의 '세계혁명'을 거론한다. 교황의 혁명, 종교개혁, 프랑스대혁명, 러시아혁명, 영국혁명과 아메리카혁명을 제외한 데에 대해서 설명이 없다. 명백히 영국혁명과 아메리카혁명은 그가 세계혁명을 다음과 같이 정의한 것에 들어맞지 않은 것 같다. 즉, 세계혁명이란 "현재 지배적인 체제로 구조화된, 수세기에 걸친 발전의 결

은 교황의 혁명의 슬로건이었는데, 이 슬로건은 다른 다섯 개의 큰 혁명에서 거의 정확한 대위법을 가지고 있다. 실로 낡은 세계의 많은 것들이 변혁기에도 잔존하고 얼마 뒤에는 낡은 것들의 더 많은 것이 회귀하는 듯이 보이나 그러나 실로 모든 혁명에 있어서 전반적인 성격, 즉 패러다임 자체는 완전히 새로운 것이었다.

그래서 여섯 개의 큰 혁명24)의 어떤 것도 새롭고 대규모로 수정된 법체계를 창출하였다. 전반적인 콘텍스트는 총체적인 사회적 변혁으로 인지될 수 있는 맥락이었다. 실로 각 혁명의 목적이 마침내 새로운 법에 어떻게 성육되어서 유기체로서 나타나게 되었는가의 정도가 혁명의 성공을 가름한다.

여섯 개의 혁명들은 말하자면 그 혁명들이 대체하거나 급격하게 변화시킨 낡은 법체계의 실패를 나타낸 것이다. 혁명에 의해서 대체된 이들 체계들, 그것들이 사실상 갈아치워졌다든가 또는 급격히 변혁되었다는 의미에서 실패라고 할 수 있다. 예를 들어보자. 1917년에 성립한 볼셰비키 정부의 첫 번째 강령은 혁명 이전의 모든 법체계가 폐지될 것을 선언한 것이었다. 이후에는 새로운 정부의 강령만 적용될 것이고, 공백 부분은 '혁명적 법의식'에 의해서만

과를 거부하는 새로운 이념이 대두하여서 새롭고 정당한 세계 질서임을 주장하는 것이다." Norman F. Cantor, *Medieval History: The Life and Death of a Civilization*, (New York, 1968), p.300. 교황의 혁명에 대한 그의 설명은 이 책에 있어서의 설명을 지지하고 있다.

24) 역자 주: 『법과 혁명 1』이 발행된 1983년 당시는 말할 필요도 없이 1989년 가을의 동유럽 러시아혁명이 일어나기 이전이었다. 따라서 원 저자 버만 교수가 1917년의 러시아혁명의 72년 뒤에 공산주의를 부인하는 1917년 볼셰비키혁명 이전의 서양법 질서로 회귀하는 것은 수록하지 못했다. 1989년의 동유럽 러시아혁명의 성격이 여기서 논하는 대로 역시 폭력성을 띠고 있었는가는 동유럽 러시아혁명의 현장인 중동부 유럽의 광대한 구 사회주의 국가와 소비에트 연방을 구성하는 독립주권국가들의 케이스에 따라서 다양한 경험을 보여 주었다.

채워질 것이었다. 프랑스대혁명은 최초에 구체제, 즉 앙시앵 레짐 (Ancient Regime)에 속하는 입법과 행정과 재판의 체계를 폐기시켰다. 아메리카에서는 독립이 쟁취되고 난 이후 민주주의자들이 연방 법원과 주법원에 의한 영국법의 계수에 반대해서 싸웠다. 영국에서는 1640~1641년의 장기 의회(Long Parliament)는 스타 체임버 법원 (Star Chamber Court)[25]과 하이 커미션 법원(High Commission Court)[26] 및 왕에 의한 다른 '특권적 법원'을 폐지하였고, 장기 의회에 의한 이 폐지 입법은 1660년의 찰스 2세(Charles Ⅱ)의 시대의 의회에 의해서 다시 입법화되었다. 즉, 의회 우위의 원칙과 함께 대규모로 고쳐진 보통법이 영국의 불문 헌법이 되었다. 도이칠란트 종교개혁 때, 루터(Luther)는 교회법 서적들을 불태웠다. 11세기와 12세기에 교황 그레고리오 7세(Gregory Ⅶ)는 황제의 법과 왕의 법을 무효화했는데 그때까지 교회는 황제와 왕의 법에 의해서 규율되어졌다. 즉, 그때까지 주교와 사제들이 그들의 자리에 임명되는 것은 세속 권력에 의한 법에서였다. 그래서 교회는 매매되었고 성직자는 결혼해도 되었었다.

혁명 이전의 구법은 다른 의미에서 역시 실패했다. 사회에서 일

---

25) 역자 주: 스타 체임버 법원은 국왕의 직속 카운슬로 왕에 의한 특권적 법원에 속하는 것으로, 기원후 1600년대 당시 존재하던 영국의 다양한 법원의 계통에서 멀리 떨어져 있다. 또한 의회와도 관계없이 존재한다. 김철, 『한국 법학의 반성』(서울: 한국학술정보, 2009.09), 176면 각주 137. 또한 Thomas A. Green, "English Courts in 1600. A. D.", Anglo-American Legal History, Course material, univ. of Michigan Law School(Ann Arbor: Mich. Law School, 1980). 일본 번역은 성실(星室)재판소라 하나 조어(造語)임.

26) 역자 주: 하이 커미션 법원은 교회 법정에서 최고 법원으로, Reformation 이후 국왕에 의해서 설치되었으며, 시민과 교회사 전반에 걸쳐서 거의 무제한한 권한을 가지고 있었다가, 1641년 장기 의회(Long Parliament)에 의해서 폐지되었다. "Court of High Commission", http://www.wikipedia.org. 일본인의 조어(造語)는 고등종무관(高等宗務官) 재판소임.

어나고 있었던 변화에 대해서 때에 맞춰서 반응하는 데 무력함이 밝혀졌기 때문이다. 역사의 가정법은 다음과 같다. 만약 러시아 차르 정부가 입헌군주제를 유효하게 도입하고 토지를 분배하였다면 어떻게 되었을 것이다. 러시아혁명은 일어나지 않았을 것이다. 만약 프랑스 절대 왕조인 부르봉 왕가(House of Bourbon)의 왕들이 국교를 폐지하며 봉건주의의 잔재들을 청산하며 민주적인 제도들이 대두하는 것을 허용했다면 어떻게 되었을까. 프랑스대혁명은 일어나지 않았을 것이다. 만약 영국의 조지 3세(George Ⅲ) 왕이 신대륙 아메리카의 식민 거주자들에게도 영본국 신민이 누렸던 똑같은 권리를 허용하고 더하여 아메리카인으로 하여금 민주적인 제도를 도입하는 것을 허용하였다면 어떻게 되었을까. 아메리카 독립혁명은 일어나지 않았을 것이다. 만약 영국 스튜어트(Stuart)의 첫 번째 왕이 의회 우위를 수락했더라면 어떻게 되었을까. 청교도혁명은 일어나지 않았을 것이다. 만약 15세기의 캐논 교회법이 뒤로 물러나서 당시의 개혁의 압력과 공의회 우위론에 양보했다면 어떻게 되었을까. 종교개혁은 일어나지 않았을 것이다. 만약 11세기의 황제와 왕들이 적절한 때에 교회에 대한 세속 권력의 우위를 포기하였다면 어떻게 되었을까. 그레고리오의 대혁신은 일어나지 않았을 것이다. 이 모든 것을 요약하면 다음과 같다. 역사에 있어서 불가피하게 다가오고 있던 어떤 것들이 미리 예견되었던가. 예견되었다면 사전적 예견에 맞추어서 꼭 필요한 근본적 변혁이 기존 법질서 내부에서 이루어졌었다면 어떻게 되었을 것인가. 그랬다면 아마도 역사에 있어서의 모든 대혁명은 피할 수 있었을 것이다. 때에 맞춰서 변화한다는 것은 어떤 법체계의 생명력에 있어서 열쇠가 된다. 왜냐하면 어떤 법체계도 변화하라는 압력을 불가항력적으로 직면하고 있기 때문이다. 혁명이란 용어는 역사적 의미에 있어서 급격하고 단속적이며 맹렬하고 폭력적인 변화이다. 그 맹렬한 변화는 그 이전의 법 체계의 속박을 파열시키고 만다.

근본적 변화를 논의하는 데 실패했다든가, 근본적 변화를 시간에 맞게 편입시키는 데 실패했다는 것은 서양법 전통의 원래적 성질에 내재하고 있는 모순의 법칙 때문이다. 설명한다면 서양법 전통의 목적 중의 하나는 기존 질서를 보존하는 것이고, 이에 반해서 다른 목적은 정의를 행하는 것이다. 질서 그 자체는 변화에의 필요와 변화하지 않고 안정에 대한 필요 사이에 존재하는 내재적 긴장을 가지고 있다고 생각된다. 정의 역시 변증법적 용어에서 관찰된다. 간단히 설명하면 개인의 권리와 공동체의 복지 사이에는 항상 긴장이 포함되고 있다. 정의의 실현은 법 자체의 메시아적 이상으로 선포되어 왔다. 메시아적 이상이라고 얘기하는 것은 **서양사에서의 정의 개념**이 원래 그리고 12세기의 그레고리오(Gregory) 교황의 혁명에서 나타난 대로, **성서의 최후 심판(Last Judgement)과 신의 왕국(Kingdom of God)과 의미 연관이 있다.** 그리고 도이칠란트 종교개혁 때 나타난 것과 같이 크리스천의 양심과 의미 연관이 되고 나중에는 영국혁명에 있어서 나타난 대로, 공공 정신(public spirit), 공평(fairness) 그리고 과거의 훌륭한 전통과 의미 연관이 되며, 더욱 나중에는 프랑스혁명과 아메리카혁명에서처럼, 여론(public opinion), 이성(reason), 사람의 권리(rights of man)와 연관되어 있었다. 20세기에 와서는 1917년의 러시아혁명에서 폭발한 집단주의(collectivism), 계획경제 그리고 절대적 평등과 의미 연관이 되어 있다. {역자 주: 1989년의 동유럽 러시아혁명은 1917년 혁명의 부인으로서 다시 서양법 전통으로 회귀한 것이다} **어쨌든 인류가 경험**

한 6개의 대혁명{역자 주: 동유럽혁명을 추가한다면 7개의 대혁명이라고 불러야 한다}27)에서 표출된 것은 무엇보다도 정의라는 이상을 구세주로 여겼다는 것이다. 혁명 이전에 미리 존재하였던 질서로서의 법(law as order)을 폐기하고 던져 버리는 것은 보다 근본적인 정의로서의 법(law as justice)을 다시 수립하는 것으로 정당화되었다. 그때까지의 기존 법들이 궁극적인 목적과 사명을 배반하고 있다는 믿음이 각각의 대혁명을 야기했다.

과학사학자인 토머스 쿤(Thomas Kuhn)은 과학상의 위대한 혁명들을 설명하였다. 즉, 코페르니쿠스(Copernicus)의 혁명, 뉴턴(Newton)의 혁명, 아인슈타인(Einstein)의 혁명들이다. 이들 과학상의 혁명들은 어떤 시대에 그때까지의 기존 과학의 확립된 기초 용어로는 도저히 설명할 수 없는 현상들이 나타났을 때의 위기의 결과이다. 새로운 과학상의 법칙이 꼭 필요할 때 이러한 과학상의 혁명이 탄생하였다. 어떤 시대의 새로운 현상들이 단순히 '변칙적'으로 보일 때 변칙적으로 보이는 현상들이 '자연스러운' 것으로 보일 수 있도록 고안된, 새로운 기본 원칙들이 토머스 쿤이 보여 주는 대로의, 전혀 새로운 과학상의 '패러다임'의 핵심이다.28) **이와 마찬가지로 서양법의 혁명과 진화의 상호교호 관계는 서양 과학사에 있어서의 혁명과 진화의 상호교호 관계에 평행하는 것이다.** 서양법에 있어

---

27) 역자 주: 『법과 혁명 1』이 발행된 1983년 당시는 말할 필요도 없이 1989년 가을의 동유럽 러시아혁명이 일어나기 이전이었다. 따라서 원 저자 버만 교수가 1917년의 러시아혁명의 72년 뒤에 공산주의를 부인하는 1917년 볼셰비키혁명 이전의 서양법 질서로 회귀하는 것은 수록하지 못했다. 1989년의 동유럽 러시아혁명의 성격이 여기서 논하는 대로 역시 폭력성을 띠고 있었는가는 동유럽 러시아혁명의 현장인 중동부 유럽의 광대한 구사회주의 국가와 소비에트 연방을 구성하는 독립주권국가들의 케이스에 따라서 다양한 경험을 보여 주었다.

28) Thomas S. Kuhn, *The Structure of Scientific Revolutions*, 2nd ed., (Chicago, 1970).

서는 서양 과학에서와 마찬가지로 다음과 같은 선재하는 생각들이 있다. 즉, 데이터(경험적 자료) 또는 '주어진 소여들', 즉, 조건사항에 큰 변화가 일어나면 이 변화는 기존의 시스템이나 패러다임으로 흡수, 동화되어서 설명된다. 그러나 만약 데이터상의 변화가 기존의 패러다임으로 동화되지 않는다면 새로운 변화는 변칙적인 것으로 받아들여지게 된다. 그런데 너무 많은 경험적 자료가 기존 패러다임이나 기존 체계로서 설명 동화가 불가능한 것으로 나타날 때에는 어떤 지점에서 기존의 시스템이나 패러다임 자체의 급격한 변화를 요구하게 된다. 즉, 패러다임 자체가 변화해야 되는 요구에 직면하게 된다.[29] 따라서 과학의 역사에서 낡고 오래된 진리는 새로운 것에 대해서 양보를 해야 된다. 이런 상황에서 법에 있어서 낡고 오래된 정의는 새로운 정의에게 양보를 하게 된다.[30]

따라서 서양의 정치 · 경제 · 사회사의 대규모의 혁명들은 법체계가 새로운 조건과 상황을 수용하지 못할 정도로 지나치게 경직되었을 때 나타나는 폭발을 대표하게 된다. 어떤 문필가들은 이와 같은 역사적인 대폭발들을 일종의 되풀이해서 나타나는 '암'으로 취급해왔다. 또는 진행될 수밖에 없는 '열병'으로 취급해왔다.[31] 그러

---

29) 2008.9 이후의 세계 금융 위기와 이후의 유럽 재정 위기는 1980년대 이후 약 30년간 계속된 주류경제학의 패러다임 자체가 변화해야 된다는 요구에 직면하였다. 김철, 「경제 공법에 있어서의 패러다임의 재성찰」, 『사회이론』 2010년 37호.

30) 김철, 「세계 금융 위기 이후의 경제 · 규범 · 도덕의 관계」, 『현상과 인식』 34호 2010년 05.

31) Crane Brinton, *The Anatomy of Revolution*, rev. ed., (New York, 1965), p.16을 보라. "혁명을 일종의 열병으로 간주하게 될 것이다. …… 병의 모든 징후가 다 드러나게 되면 …… 혁명의 열병이 시작한 것이다. 열병은 더 고조되는데 규칙적이 아니고 진행하다가 후퇴하기도 하면서 위기로 향해간다. 또한 자주 열광과 착란을 동반한다. 또한 공포 정치를 동반한다. 위기 이후에 건강 회복기가 오는데, 보통 한두 번 재발하면서 그러다 마침내 열병은 지나가고 환자는 다시 그 자신으로 돌아가고 아마도 어떤 점에 있어서는 경험에 의해서 실제로 더 강건해진다. …… 그러나 완전히 새로운 사람으로는 되지 않는다. 브린톤은 이 '개념적 장치'를 영국, 아메리카, 프랑스, 러시아 혁명에 적용

나 이런 태도는 스토리의 단지 한 측면이고 가장 중요한 측면은
아니다. 역사상의 대폭발은 에너지의 엄청난 방출을 구성하며 그
방출은 과거의 많은 것을 파괴하고 새로운 미래를 창조하였다. 궁
극적으로 대규모의 혁명들의 하나하나는 무엇인가의 파열 또는 균
열이라기보다는 변혁으로 보일 수 있다. 혁명의 어떤 것들도 과거
와 협상해야 되지만 그러나 역시 혁명의 어떤 것들도 새로운 종류
의 법을 만드는 데 성공하였고 새로운 종류의 법은 이전에 투쟁의
목적이었던 주된 목표들을 담고 있었다.

  대규모의 혁명들의 법적 차원을 강조하는 것 ─ 즉, 기존의 법질
서를 부정하고 새로운 종류의 법에 궁극적으로 헌신하는 것─ 은
익숙한 생각은 아니다. (왜냐하면 지금까지 상식에서의 역사상의
혁명은 주로 법적인 차원을 떠나는 것, 즉 초법적 차원만을 강조해
왔기 때문이다) 혁명의 법적 차원의 강조는 혁명의 정치적·경제
적·종교적·문화적 그리고 사회적 차원의 중요성의 최소화를 의
미하지 않는다. 법에 있어서의 근본적인 변화는 사회생활의 다른
구조적 요인에 있어서의 근본적인 변화와 불가피하게 맞물려 있어
왔다. 더 특화시켜 이야기한다면 11세기 말과 12세기 초의 교황의
혁명에 있어서는 법의 변혁은 그 시대의 '매우 심오하며 매우 광
범위한 변화'의 전 분야에 밀접하게 관계되어 있었다. 매우 심원하
며 매우 광범위한 변화라는 것은 위대한 사회경제사가 마르크 블
로크(Marc Bloch)의 표현이다. 그는 이러한 심원하고 광범위한 변
화가 "사회적 행동의 모든 분야에 영향을 미친다"라고 하였다.[32]

하고 있다.

32) Marc Bloch, *Feudal Society*, trans. L. A. Manyon, (London, 1961), p.60. See
    chapter 2 of this study, note 1. 여기에서 수많은 다른 뛰어난 역사가들이 인용되는

더하여 '교황의 혁명'의 이러한 전반적인 변혁을 볼 때 이것은 단지 그 영역을 교회에 대한 교황의 지배를 위한 투쟁이나 교황권 아래에서의 세속 지배로부터의 교회의 자유를 위한 투쟁에 그치지 않고 당시대에 일어났던 모든 연관된 변혁을 포함하는 것이다. 조셉 스트레이어(Joseph Strayer)가 말한 바대로 교황에 의한 새로운 교회의 개념은 "국가의 개념을 새롭게 발명하는 것을 요구하였다."[33] 법에 있어서의 혁명은 교회 안에서의 혁명과 또한 교회에 의한 혁명과 밀접히 관계되어 있었다. **교회 내의 혁명과 교회에 의한 혁명은 농업과 상업에 있어서의 혁명 그리고 자유도시와 왕국들이 자율적인 영역 단위로서 출현하는 것과 관계있으며 대학과 스콜라적 사고의 대두와 그리고 서양 세계의 탄생에 동반한 다른 주요한 변혁들과 밀접히 연관되어 있었다.** 이 모든 일들은 다음의 8세기 이상에 걸쳐서 일어났다. 이런 의미에서 '교황의 혁명'이라는 이름은 좁은 의미로 간주되어서는 안 된다. 실로 1640~1660년 사이의 영국사에 적용되는 '청교도혁명'이라는 이름이 좁게 해석되어서는 안 되는 것과 마찬가지이다.

교황 혁명의 기간은 그것이 정점에 달했을 때의 비교적 짧은 기간에 한정되어서는 안 된다. 흔히 교황의 혁명은 그레고리오 7세 (Gregory Ⅶ)의 재위 기간이라고 한정된다. 이것은 20세기의 러시아혁명이 볼셰비키가 과격파를 이끌고 권좌에 올라서 적들과 싸웠던 수년에 한정되지 않는 것과 마찬가지이다. 혹자는 교황의 혁명을 기원후 1075년부터로 치기도 하는데, 이 연대는 그레고리오가

데 효과는 비슷하다.

33) Joseph R. Strayer, *On the Medieval Origins of the Modern State*, (Princeton, N. J., 1970), p.22.

서양 세계 전체 교회에 대한 교황에 대한 우위를 선포하고 세속 권력으로부터의 교회권의 독립과 우위를 선포한 때이기도 하다. 교황의 혁명은 1075~1122년까지로 잡을 때 마지막 연대는 교황과 황제권 간에 마지막 타협이 이루어졌을 때이다. 그러나 약 50년간에 걸친 대변혁의 반향은 그때에 그치지 않았다. 이들 사건들에 의해서 발동이 걸린 거대한 힘은 그 이후 수세기에 걸쳐서 계속해서 효력을 발생하였다.

다수의 역사가들은 이와 같이 장기간에 걸치는 시대를 포함하는 설명을 기피해왔다. 오히려 다수의 역사가들은 그때마다 주어진 여건과 상황을 당시에 현존하는 원인들에게 돌리거나 현존하는 상황의 직전에 존재했던 원인들에게 돌리려고 한다. 그러나 날카롭고 정확하게 관찰한다면 현재의 상황은 매우 자주 그리고 아주 중요한 정도로 수세기 전에 일어났던 사건들에 의해서 결정되어 왔다. 예를 들면 20세기 후반부의 아메리카 합중국에 있어서의 인종 문제의 위기를 설명하려고 한다면 1776년의 독립선언을 제외할 수 없을 것이고, 1789년의 미국 헌법에 있어서의 노예문제를 제외할 수 없을 것이며 1861~1864년의 남북전쟁을 제외할 수 없을 것이다. 실로 아메리카 독립혁명이 노예해방으로 결과한 역학을 출발시켰고 마침내 민권투쟁에까지 이르게 된 것이다.

3.1 국가적 혁명의 서양적 성격

도이칠란트에 있어서의 프로테스탄트 개혁과 마찬가지로 영국혁명, 아메리카혁명 그리고 프랑스대혁명 그리고 러시아혁명은 물론 국가적 혁명이었다. 이에 반해서 교황의 혁명은 국가를 넘는 혁명이었고 유럽 전역에 걸쳤으며 교황의 영도 아래에서 성직자 계급이 황제와 왕권 그리고 봉건 영주의 지배에 항거하는 혁명이었다. 이런 의미에서 명백히 교황의 혁명은 범서양적 규모이며 범유럽적 규모로 불린다. 그런데 이미 열거한 국가적 혁명들을 똑같은 방식, 즉 범서양적이거나 범유럽적으로 특징화하는 것은 온당한가? 이 질문에 대해서 두 가지 항목이 설명되어야 한다.

첫째로, 아메리카혁명을 제외하고 16세기 이후의 모든 국가적 혁명들은 부분적으로 로마 가톨릭교회에 반대하는 방향이었다. (러시아혁명의 경우에는 로마 가톨릭교회가 아니라 러시아 정교회에 반대하는 데 부분적으로 방향 지워졌다) 또한 16세기 이래의 모든 국가적 혁명은 캐논법의 많은 부분들을 교회로부터 국민국가로 이전시켜서 캐논법을 세속화하였다. 따라서 법체계를 연구하는 데 있어서 11세기 후반과 12세기 및 13세기에 교황 혁명의 영향 아래서 형성되었던 교회의 법체계와 세속의 법체계를 연구하는 데 있어서 마음속에 간직해야 될 것은 **교회법 체계의 엄청나게 많은 요소들이 모든 유럽 나라의 세속법으로 이월되었고 이것은 각 국가의 국민적 혁명의 영향 아래서 행해졌다. 이런 관점에서는 국민적 혁명 또는 국가적 혁명이라 할지라도 초국가적 성격을 가졌다.**

두 번째로, 서양의 모든 대규모의 국민적 국가적 혁명들은 그 성질에 있어서 서양 세계의 혁명에 속한다. 이 각각의 혁명들은 수세기 동안에 준비된 것이다. 프로테스탄트 개혁은 영국의 위클리프(John Wycliffe)와 보헤미아의 후스(Jan Hus)에 의해서 준비되었고 도이칠란트에서 분출되기 전에 유럽 모든 나라에서의 적극적이고 활발한 개혁운동에 의해서 준비된 것이다. 영국에 있어서의 청교도운동은 프랑스-스위스의 개혁가 장 칼뱅(Jean Calvin)의 초기 가르침에 기초했을 뿐 아니라 네덜란드의 다른 칼뱅주의 운동과 대륙의 다른 곳에 있어서의 같은 운동과 긴밀한 연계를 가졌다.{칼뱅주의} **18세기의 계몽사상과 계몽운동은 전 서양에 걸치는 현상이었고 이 계몽사상이 아메리카와 프랑스혁명뿐만 아니라 영국과 다른 곳에 있어서의 급격한 변동을 촉구하는 이념적인 기초가 되었다.** 러시아 혁명은 두 사람의 도이칠란트인에 의해서 시작된 국제공산주의 운동에서 태어났으나 그것의 뿌리는 1870년의 파리 코뮌에 두고 있다.

비슷하게 국민적, 국가적 혁명들은 그것들이 분출하고 나서도 전 유럽에 걸치는 거대한 반향을 가졌다. 혁명 발발의 즉각적 효력은 다른 나라에 있어서 공포와 적개심의 반작용에 이르는 것이었고 공포란 혁명의 바이러스가 전파되는 것에 대한 것이며 적개심은 혁명을 잉태하고 있었던 나라에 대한 것이었다. 점차로 20년 또는 30년 이후에 혁명이 그들의 근거지 나라에서 자리 잡았을 때 비로소 다른 나라들은 혁명의 좀 더 온화한 변안물을 받아들였다. 따라서 루터의 혁명이 도이칠란트에서 진정되고 난 이후에 강력한 관료를 가진 절대왕권이 영국과 프랑스 그리고 다른 나라에 나타났다. 또한 영국에서 청교도혁명이 진정되고 난 이후에 입헌주의 왕국과 유사 의회적 제도들이 1600년대 말과 1700년대 초에 유럽 대륙에서 나타났다. 또한 프랑스와 아메리카 혁명이 진정되고 나서 영국인들은 중산층을 포함하는 투표권 확대를 1832년에 시행했다. 또한 러시아혁명이 진정되고 난 이후에 '사회주의 정부' 또는 '뉴딜' 정부들이 서유럽과 미국의 1930년대에 나타났다.

더 중요한 것은 유럽의 여러 다양한 국가들의 법제도는 비록 16세기 이후에는 더 개별국가적 특징을 띠고 덜 범유럽적인 성격으로 진전되었지만 그럼에도 불구하고 서양적 특징을 그대로 가지고 있었다. 세속국가의 법정과 세속법이 교회법정과 교회법을 점점 더 좁은 관할권으로 압착시켜 갔음에도 불구하고 개별국가의 법제도는 여전히 서양적 성격을 지니고 있었다. 덧붙일 것은 16세기 이후에 심지어 로마 가톨릭교회조차도 점점 더 개별국가화되어 갔다는 사실에도 불구하고 그렇다.

그럼에도 불구하고 다양한 국가적 법체제 사이에는 많은 공통적인 유대가 존재했다. 즉, **서양의 모든 나라의 이들 법체계는 어떤 기초적 양태의 범주화를 공유하고 있었다.** 예를 들면 입법과 사법 간의 균형을 취하고 있었으며 사법에 있어서는 제정법과 판례법 사이의 균형을 취하고 있었다. 또한 이들 나라의 법체계는 형법과 민법 사이의 선명하고 날카로운 구분을 하고 있었다. 모든 나라의 법체계에 있어서 [12세기 초에 아벨라르(Abelard)가 범죄를 분석한 것처럼] 범죄는 행위, 고의 또는 과실, 인과관계, 의무 그리고 비슷한 개념들로서 분석되었다. 모든 나라의 법체계들에 있어서 민사책임은 명백히 또는 내재적 논리에 의해서 암묵적으로 다음과 같이 구분되었다. 즉, 계약, 불법행위(tort), 그리고 부당이득(quasi contract)이다. 지금까지 예를 든 많은 공통적인 분석적 범주의 뒤에는 공통적인 정책 태도와 공통적인 가치가 놓여 있다. 예를 들어서 1930년대에 국가사회주의 도이칠란트의 제정법이 "건전한 민중의 정서(gesundes Volkgefühl)에 따라서 처벌이 타당한 어떤 행동도 범죄로서 가벌성을 가진다"라고 했을 때 이 제정법은 서양 세계에 있어서 전통이 된 적법성의 개념을 교란시킨 것으로 관찰되었다. 비슷한 법은 단치히 자유시(Free City of Danzig)에서 만들었는데 이것은 방금 말한 도이칠란트 제정법에 기초를 둔 것이고 국제사법재판소(Permanent Court of International Justice)는 이것을 법의 지배

또는 법치주의(Rule of Law, Rechtsstaat)에 위배되는 것으로 무효를 선언했다.

3.2 천년왕국의 추구

서양사에서의 대규모 혁명의 각각을 관찰하면 중요한 요소가 미래에 대한 묵시록 또는 계시록적 전망이라는 것을 알 수 있다. 각각의 서양 혁명은 정치적 프로그램 이상이었고 세계를 변혁시키려는 정열적인 투쟁 이상의 것이다. 각각의 혁명은 종말에 대한 메시아적 꿈에 대한 신앙을 나타내고 또한 헌신을 나타내고 있다. 이때의 종말론이라는 것은 역사가 마지막 대단원을 향해서 움직여 가고 있다는 확신을 말한다. 로마 가톨릭 변혁, 루터의 종교개혁 그리고 청교도혁명의 예에서 종말론은 성경적 언어로 표현되어 있다. 가톨릭 변혁이나 루터와 청교도혁명을 포함하는 기독교 혁명가들은 '새로운 하늘과 새로운 땅'을 예견하였다. 기독교 혁명가들은 예수 재림과 최후의 심판 사이에 지상에 천 년간의 평화가 온다는 예언의 성취를 비전으로 삼았다. "그래서 나 요한은 하늘로부터 하느님으로부터 성스러운 도시 성스러운 예루살렘이 내려오는 것을 본다. 왜냐하면 이전 것은 지나갔다. 그리고 보좌에 앉아 있는 분이 말씀하시되 '보라, 내가 모든 만물을 새롭게 하리라.'"(요한계시록, 21:1~5) 아메리카와 프랑스 그리고 러시아혁명들의 각각의 사례에 있어서 종말론은 세속적인 것이었다. 즉, 자유와 평등의 새롭고 궁극적인 시대가 세속적인 종말론이 되었다. 인간에 의한 억압의 긴 역사의 종말이며 공평하고 올바른 사회의 여명을 뜻했다.

노만 콘(Norman Cohn)은 그의 저서 천년왕국의 추구에서 다른 종류의 '혁명적 천년왕국'에 대해 썼다. 그는 서유럽에서 11세기에서 16세기 동안에 '뿌리 없는 빈곤층'에서 일어난 헤아릴 수 없이 많은 천년왕국설, 즉 세상 최후의 천 년간 예수가 재림하여 다스린다는 믿음에 주의를 집중한다. 이 운동들은 민중의 십자군(People's Crusade), 채찍질로 고행하는 운동, 자유 심령(free spirit)의 이단 종파, 몇 개의 농민 반란, 15세기 보헤미아 타보르(Tabor)를 거점으로 한 가톨릭 이단들을 포함한다. 이들은 모두 느슨하게 조직되어 있었으며 자발적이며 무정부주의적이거나 공산주의적 성격을 띠고 있거나 양자를 겸하고 있었다. 콘이 쓰기를 **이들 빈곤층의 사회운동의 특징은 목적과 전제가 무제한적이었다.** 특정한 제한된 목표를 향한 투쟁으로 보이지 않고 세상이 전적으로 변혁되고 구속되어서 다시 나타나는 대홍수 이후의 지각 변동과 같은 정치사회적 대변동을 사회적 투쟁의 목표로 하고 있었다.[34]

콘이 지적한 것과 서양사의 위대한 혁명의 종말론적 성격의 차이는 **성공한 서양사의 대규모 혁명들의 목적과 전제는 무제한적이기도 하고 제한적이기도 했다는 것이다.** 대혁명들의 목적은 보편적이고 무제한적이었을 뿐 아니라 역시 특화된 목표가 있었고 제한적이었다는 것이다. 대혁명의 참가자들은 지복 천년주의자들이었으나 잘 조직되어 있었고 정치적으로도 지적으로 훈련되어 있었다. 이미 인용한 콘이 선명하고도 알기 쉽게 그려놓은 특정한 타입의 천년왕국 운동들은 자연스럽게 근대 서양사에 나타난 혁명운동과 비교하게 만든다. 이때의 혁명운동은 좌파와 우파를 포함한다.[35] 그러나 근대 이후의 혁명운동에서 적어도 몇 개의 역사적 뿌리는,

---

34) Norman Cohn, *The Pursuit of the Millenium*, 2nd ed., (New York, 1972), p.281.
35) Ibid., pp.10~11, 285~286.

특히 지적하면 19세기와 20세기의 공산주의자 '천년왕국주의'와 같은 콘(Cohn)이 지적한바, 야생 고양이와 같은 성격의 운동에서 발견되어질 것이 아니고 성공적인 대규모 혁명에서 발견된다. 이러한 서양사의 성공적인 혁명의 가장자리에서 전술한 근대의 변혁운동이 나타났다는 것이다.

서양사의 성공적인 혁명 역시 기독교의 종말론에 기초를 두고 있다. 기독교 종말론은 역사를 마지막 대단원, 즉 클라이맥스로 향해 움직이는 것으로 보는 유대인들의 역사관에 기초를 두고 있다. 그리스인을 포함해서 다른 인도-유럽계 문명 사람들이 시간은 순환적으로 반복되는 사이클에서 움직인다고 본 데에 비교해서 유대-헤브라이 사람들은 연속되며 거꾸로 할 수 없으며 마침내는 궁극적인 속량에 이르는 과정으로서 시간을 인식하였다. 그러나 유대-헤브라이 사람들은 시간은 역시 그 내부의 구별할 수 있는 연대를 가진다고 믿었다. 시간은 주기적으로 순환하는 것이 아니고 중단될 수도 있으며 가속될 수도 있는 것이었다. 즉, 시간은 전개되는 것이다. 구약성경은 단순히 변화의 스토리가 아니라 발달과 전개의 스토리이며 성장의 스토리이며 어떤 메시아의 때를 향한 운동의 스토리이다. 그리고 이렇게 운동이라고 할 때는 결코 고르지 않은 운동이며 많이 뒤로 물러나기는 하나 그럼에도 불구하고 앞으로 나아가는 운동이다. 이와 같은 유대인의 시간의 개념에 기독교는 중요한 요소를 보태게 했다. 그것은 낡은 것으로부터 새것으로의 변혁이라는 요소이다. 헤브라이의 성경은 구약이 되었고 구약성경의 의미는 신약성경에 있어서의 약속의 성취로서 변용되었다. 즉, 부활의 스토리에서 죽음은 새로운 시작으로 변용된다. 시대는 촉진되거나 가속되거나 쇄신되거나 갱생되기도 한다. 이리하여 새로운 역사의 구조가 도입되는데 이 역사의 구조에서는 한 시대가 다른 시대로 근본적인 변혁을 일으키는 것을 포함한다. 이와 같은 변혁은 단지 한 번 일어날 수 있다고 믿어졌다. 즉, 그리스도의 생애와 죽음 그리고 부활은 세계의 창조에서 종말에 이르기까지의 일직선적인 시간의 경로에서 유일하게 존재하는 주된 중단이라고 생각되었다.

따라서 신, 구교 합하여 새로움 또는 쇄신의 기독교적인 개념은 세상의 종말에 대한 믿음에 기초하고 있다. 또한 기초가 되는 믿음은 세상의 종말은 임박했으며, 즉 "바로 곁에 있다." 노만 브라운이 쓰기를 "역사에 대한 기독교적 감각은 마지막 날들에 살고 있다는 감각이다. 작은 아이들이여, 지금이 마지막 시간이다. 온전한 기독교시대는 마지막 날들에 있다." "기독교의 기도는 세상의 종말을 위한 것이다. 즉, 세상의 종말이 신속히 오기를 기도할 것이다. 목적은 세상을 종말로 가져가는 것인데 유일한 의문은 어떻게 가느냐의 문제이다. 여기에서의 실수는 엄청나게 값비싼 것이 될 것이다."[36] 로젠스토크-휘시(Rosenstock-Huessy)는 마지막 시간에 대한 믿음과 세상의 마지막에 대한 믿음이 어떻게 서양사의 대규모 역사들에 영향을 미쳤는가를 보여 주고 있다. 이들 혁명의 하나하나는 죽음과 재생이라는 경험을 국가와 교회라는 전혀 다른 차원의 개념에 번역한 것이다.[37] 18세기와 19세기에 계몽주의의 대두와 함께 기독교 종말론이 계몽주의 및 자유주의 신학에 의해서 폐기되자 세속적 종말론이 자리를 잡았다. 로젠스토크-휘시는 쓰기를 어떤 사람들도 무엇인가가 궁극적으로 승리한다는 믿음 없이는

---

36) Norman O. Brown, *Love's Body*, (New York, 1968), p.219, 220.
37) *Out of Revolution.*

살 수 없다. 그래서 시대에 따라서 신학이 잠드는 새에 마지막 심판의 다른 원천들이 속인이나 평신도에 의해서 이를 대치하게 된다. 예를 든다면 한편에 있어서는 칼 마르크스의 종말론에서 나타나고, 다른 한편에는 프리드리히 니체의 종말론에서 속인들의 종말론이 나타난다.[38]

11세기의 대변혁 운동 이전에는 동방교회나 서로마 교회 양자 모두 교회는 다음과 같이 가르쳤다. 마지막 시간은 이 세상, 즉, 물질적 세계 내에 있는 것이 아니라 정신적 세계에 있고, 인간의 역사적 시간에 있는 것이 아니라 영원에 존재한다. 이 교리가 지상의 도시와 신의 도시 사이의 대비를 가르친 성 아우구스티누스(St. Augustinus)의 주된 논점이다. 지상의 도시 또는 지상 왕국은 영원한 쇠망 안에 놓여 있다. 마지막 시간, 즉 종말에 살고 있는 사람들은 더 이상 이 세상의 사람들이 아니다. 아우구스티누스에 있어서 그가 사용한 세속(saeculum)이란 '세상' 그리고 '세상의 시간'을 동시에 의미하는 것이었다. 세속은 구원의 희망이 없다. 세속은 영혼과 정신의 영역을 위해서 포기될 수 있을 뿐이다. 성 아우구스티누스와 당시의 교회는 기원후 천 년 동안은 일관적으로 콘에 의해서 서술된 종류의 혁명적인 천년왕국 운동에는 반대하였다. 왜냐하면 이러한 성경에 기반을 둔 천년왕국을 건설하려는 혁명적 운동의 특징은 성 아우구스티누스의 정신과 영혼의 영역이 아니었기 때문이다. 성 아우구스티누스와 교회는 지금 그리고 여기의 사회적·정치적·경제적 현실을 영혼과 정신의 천상의 왕국으로 변화시키려고 했기 때문이다. 개별적인 그리스도 신앙자로 다시 태어나는

---

38) Rosenstock-Huessy, *The Christian Future*, (New York, 1946), p.70.

것이나 혹은 인류의 다시 태어남도 영원한 영혼에 관련되어서만 이해되었는데 영원한 영혼은 이러한 다시 태어남을 오로지 '이 세상에 대해서 죽음'으로써 경험될 수 있는 것이고, 이것은 수도원의 생활을 통해서 가능한 일이었다.

비슷하게 그리스도교가 서유럽의 게르만인들에게 처음으로 도래했을 때 다른 세상에 대한 믿음으로서 소개되었다. 즉, 성스럽고 성자 같은 사람들과 관계되고 당시 존재하던 군사적·정치경제적 권력구조에 대해서는 그것을 평가절하하지 않고서는 별로 할 말이 없는 것으로 소개되었다.

이에 반해서 11세기 말과 12세기 초에 그리스도교 신앙에 의해서 개인과 집단이 다시 태어난다는 것은 처음으로 세속 사회에 대해서도 적용될 수 있는 것으로 보였다. 즉, 이 시대의 개혁가들은 새로운 세속적 시대의 시작과 끝에 자신들을 헌신했다. 그들은 미래에 앞으로 있을 일을 투사하기 위해서 과거로 회귀하여 투사하는 방식을 택했다. 이 시대의 그리스도교 개혁가들은 그들 자신이 역사의 전환기에 서 있는 것으로 또한 새로운 시대의 출발점에 서 있는 것으로 보았고, 전환기나 새 시대의 출발은 성서에 나타난 대로의 최후심판 이전의 마지막 시대에 속하는 것이었다. 이런 세계관은 천 년 이상 계속된 그리스도교시대 내부에서도 새로운 단절을 의미한다. 즉, 이러한 세계관은 이스라엘-헤브라이 방식의 예정된 종말을 향한 일직선적인 전개와 함께 고대 그리스인들의 회귀적 역사의 순환적 사고방식을 결합한 것이었다. 초기 기독교 사상은 영혼과 정신의 탄생과 다시 태어남에 대해서 헤브라이 전통과 똑같이 예정된 목표를 향한 일직선적인 전개의 특징을 갖고 있었다.

1075년의 교황의 혁명과 함께 시작된 서양사의 대규모의 혁명들의 하나하나는 모두가 그 이전에 존재했던 '낡은 것'과 혁명과 함께 또는 혁명 이후에 존재할 '새로운 것' 사이에 날카롭고 선명한 구별을 하였다. 이들 혁명의 하나하나는 모두 역사적으로 보아서 낡은 것과 새것을 원래의 그리고 애초의 창조의 프레임워크 안에서 **그리고 똑같은 맥락에서의 자연 또는 본성의 상태 그리고 마지막 도달점 그리고 궁극적인 승리라는 프레임워크 안에서 역사의 신·구질서를 배치하였다.** 만약 초월적 세상이 아닌 이 세상과 세상의 시대들 그리고 인간 사회의 세속적 제도들이 다시 만들어질 수 있다는 믿음이 없었다면 그리고 이러한 새롭게 만듦이 인간의 궁극적 창조질서에 따른 운명을 충족시키게 된다는 믿음이 없었다면 서양사에 있어서의 대규모 혁명들은 결코 일어나지 않았을 것이다.

인간이 세상을 다시 만드는 능력에 대한 믿음과 **인간이 그의 궁극적인 본성에 있어서의 목표를 성취하기 위해서 그렇게 해야 된다는 데 대한 필요성을 믿었다는 것이** 존재하는 질서에 대한 의식적인 공격과 새로운 질서를 의식적으로 수립하려는 데 대한 기초를 제공하였다. 성스러운 것은 세속 질서를 재거나 단죄하는 기준으로 쓰였다. 그래서 11세기의 개혁가들은 황제와 왕들과 봉건 영주들을 단죄하는 데 있어서 성서에 따른 신의 법과 자연법으로부터 도출된 원칙들을 사용하였다. 이러한 문맥에서 교황당은 황제를 교회의 통치자의 직분을 배역하는 것으로 공격하였다. 따라서 황제는 교회의 통제자의 타이틀을 가질 수 없다고 하였다. 이것은 성서에서 느부갓네사르에 대한 다니엘의 도전에서 나타나 있다. "메네, 메네, 데겔, 우바르신 …… 당신은 이미 저울에 달려진 몸이다. 당신은 심판받을 사람으로 나타나고 있다."(다니엘서, 5:25~27) 교황 혁명의 슬로건은 '교회의 자유'였으며 이것은 신의 뜻으로 정당화 되었다. 따라서 서양사에서의 모든 잇따른 대규모의 혁명의 시대에서 초월적인 기준은 당시 존재하던 권력 구조에 반대해서 내세워졌다. 다소 다른 이야기이지만 칼 마르크스(Karl Marx)가 (프루동을 인용해서) "재산권이란 절도"라고 했을 때 그는 서양사에서 나타난 천년왕국설의 전통에서 이야기하고 있는 것이다. 즉, 총체적인 경제정치 시스템은 종말에 있어서의 저울로 재는 것이다.

3.3 혁명적인 법

마지막 천년왕국, 즉 시간의 종말에 대한 혁명적인 믿음은 낡은 법을 집어던지고 포기하는 이유가 될 뿐만 아니라 또한 혁명이 새로운 체계의 법에 체화(體化)되는 것에 대한 이유가 될 수도 있다. 그러나 이것은 당장에 일어날 수는 없다. 역사상의 대규모의 혁명들 중 어떤 것도 혁명 이전의 법을 어느 날 폐기하고 다음날 혁명적인 법의 새롭고 영원한 체계를 수립한 적은 없다. 예를 들어서 1917년에 볼셰비키들은 상속을 폐지한다고 선언하였으나 동시에 그들은 낡은 법에 따라서 금화 10,000루블까지의 재산들은 상속자에게 계속해서 상속 가능하도록 유효한 명령을 제정하였다. 이유는 더 작은 단위의 재산을 당국이 행정 지도하는 체계가 갖추어질 때까지였다. 그러나 국가가 소 한 마리, 가재도구, 예술품 그리고 심지어 현금까지도 유효하게 소유권을 취득하는 시스템을 만들어내는 것은 불가능한 것이 밝혀졌다. 다음에 취할 수 있는 방식은 고율의 상속세를 제정하는 것이다. 그러나 이조차도 점차로 가족의 최소한의 안정감을 촉진하려는 노력과 갈등을 일으켰고 상속자는 죽음에 앞서서 증여에 의해서 고율의 상속세를 회피하게 되었다.

따라서 대규모의 혁명들의 하나하나는 과도기를 경험하였는데 이 과도기에 새로운 법, 정부의 법령들 그리고 규제와 정부령이 개정되고 폐기되고 대체되는 만큼 신속하게 제정되었다. 그러나 시간의 경과에 따라서 대규모 혁명들의 각각은 혁명 이전에 제정된 법들과 타협을 하게 되었다. 혁명 이전의 법들의 요소들을 상당한 정도 복구시켰다. 그 방식은 새로운 시스템에 혁명 이전의 법의 요소를 포함시킴으로써 이루어졌다. 말할 필요도 없이 새로운 시스템 자체는 혁명이 그것 때문에 일어났던 주요한 목표와 가치 그리고 믿음 같은 것을 반영하고 있었다. 이와 같이 대규모의 혁명에 의해서 수립되게 된 새로운 법제도는 한편에서는 이전의 법 전통을 유지하면서도 전체적으로는 법 전통 자체를 변혁시켰다.

루터(Luther)의 혁명과 그것을 체화한 게르만 공국들의 혁명은 이전에 로마 가톨릭교회가 교회법과 세속법을 분리해서 이원화시킨 것을 파괴하였다. 그 방식은 교회를 비법화시킴으로써였다. 루터주의가 성공한 곳에서는, 교회는 눈에 보이지 않으며 몰정치적이며 몰법체계적인 것으로 인식되기에 이르렀다. 그래서 유일한 주권과 (정치적 의미에서) 유일한 법은 세속왕국 또는 공국의 법이 되었다. 이 시대 직전에 마키아벨리(Machiavelli)가 '국가'라는 단어를 완전히 새롭게 사용하였는데 완전히 새롭다는 의미는 그 이전과 달리 국가를 순전히 세속적인 사회질서로 특징화한 것이다. 따라서 루터 방식에 의한 개혁가들은, 어떤 의미에서는 모두 마키아벨리의 추종자였다. 왜냐하면 루터주의 개혁가들은 영원한 법을 반영하는 인간의 법을 창조하는 사람의 능력에 대해서 회의적이었고 그래서 그들은 인간의 법을 만들거나 발전시키는 임무가 교회에 있다는 것을 명백히 부인하였다. 이와 같은 루터주의의 회의론은 새로운 법이론의 출현을 가능하게 했는데, 이 새로운 법이라는 것은 법실증주의(legal positivism)였다. 법실증주의라는 새로운 이름은 국가의 법을 도덕적으로는 중성 내지 중립적인 것으로 취급하였다. 국가의 법을 목적이 아니라 수단으로 취급하며 주권자의 포괄적 정책을 천명해서 주권자에 대한 복종을 담보하는 하나의 방책으로 취급하였다. 그러나 주의할 것은 법의 세속화와 법실증주의 이론의 출현은 루터주의 종교개혁이 서양법 전통에 공헌한 스토리의 단지 한 측면에 불과하다. 즉, 다른 측면도 똑같이 중요한데, 법을 신학적 교리에서부터 해방시켰으며 동시에 법을 교회권의 직접적인 영향으로부터 해방시킨 것이다. 이와 같이 종교개혁은 새롭고 눈부신 법 발전이 나타나는 것을 가능하게 했다. 독일의 법학자이며 동시에 역사학자인 루돌프 좀의 말에 의하면 "루터의 종교개혁은 신앙의 쇄신일 뿐만 아니라 세상의 쇄신이었다. 즉, 정신적, 영적 세계뿐만 아니라 법의 세계의 쇄신이었다."[39]

16세기 이후의 서양에 있어서의 법 쇄신의 열쇠는 개인 인격의 힘에 대한 루터의 개념이다. 절대자의 은총에 의해서 그리고 개인 인격의 의지의 행사를 통해서 자연과 인간의 본성을 변화시키며 새로운 사회관계를 창조한다는 것이 루터(Luther)의 개념이었다. 개인 인격의 의지에 관한 루터의 개념은 물권과 계약에 관한 근대법의 발전과 전개에 중심적인 요소가 되었다. 실로 물권과 계약에 대

---

39) Rudolph Sohm, *Weltliches und geistliches Recht*, (Munich and Leipzig, 1914), p.69. '모든 번역은 달리 명시하지 않는 한 나의 것이다(H. J. Berman).' {역자 주: 버만은 독일어, 러시아어, 프랑스어, 라틴어와 영어에 능통하다}

한 면밀하고 치밀한 법이 교회와 상인공동체에서 수세기 동안 있어 왔으나 루터주의에 있어서 물권과 계약법의 초점이 변화하였다. 낡은 법이 새로운 앙상블에서 재구성되었다. 자연은 물권이 되었고 경제관계는 계약이 되었다. 양심은 유언과 고의가 되었다. 초기 가톨릭 전통에서는 1차적으로 자선을 베풂으로써 영혼을 구제하는 방식이었던 유언장은 이제 1차적으로 사회경제 관계를 지배하고 통제하는 방법이 되었다. 유증자의 뜻과 의도를 적나라하게 표현함으로써 유언으로 상속시키는 사람들은 사후의 자기 재산을 처분할 수 있으며 기업가들은 계약에 의해서 사후관계를 정리할 수 있게 되었다. 그래서 이와 같이 창설된 재산권과 계약에 의한 권리는 그 권리들이 양심에 반하지 않는 한 신성하고 불가침한 것으로서 여겨졌다. 양심은 그들에게 재산권과 계약에 기한 권리의 신성함을 부여했다. 그래서 국가를 통제해왔던 교권의 지배를 제거했다는 제한된 의미에 있어서, 국가의 세속화는 동시에 재산권과 계약의 정신화와 심지어는 신성화까지도 동반하게 되었다.

따라서 16세기에 유럽을 통치한 절대군주의 정치적 권력에 루터주의가 제한을 가하지 않았다고 이야기하는 것은 진실이 아니다. 이 시대의 실정법의 발달은 궁극적으로 오로지 왕권에만 달려 있다고 생각되었으나 선제 조건은 실정법을 정립하는 왕의 의지를 행사하는 데에는 왕은 그의 신민의 개인적 양심을 존중하려 하였다. 그리고 이것은 신민의 양심뿐만 아니라 신민의 재산권과 계약권을 존중한다는 의미가 된다. 왕권의 신민에의 존중이라는 선제 조건은 4세기에 걸친 역사 위에 존재하였는데 이 4세기 동안 교회는 시작 무렵의 게르만 사람들의 문화생활의 수준을 고려해 볼 때 법을 놀라울 정도로 그리스도교화하는 데 성공했다고 볼 수 있다. 이와 같이 법을 도덕과 분리하고 교회의 입법 역할을 부인한 법의 궁극적인 효력을 정치적 강제에서 발견하는 루터주의의 법실증주의는 그럼에도 불구하고 신민들의 크리스천으로서의 양심의 존재와 기독교 신자인 지배자들에 의한 국가 정부의 존재를 나타내고 있다.

약간 후기 형태의 개신교와 칼뱅주의는 역시 특별히 영국과 미국에서 서양법의 발전에 심대한 영향을 미쳤다. 청교도들은 개인 인격의 양심이 신성하다는 루터주의의 개념을 더 진척시켰고 역시 법에 있어서 재산권과 계약권에 반영된 대로의 개인 의사의 신성성을 더 진행시켰다. 그러나 청교도들은 루터주의에 수반되었던 두 요소를 강조하였다. 첫째로, 기독교인 일반의 의무에 대한 믿음인데, 이 의무는 단순히 기독교를 믿는 지배자들의 믿음일 뿐만 아니라 기독교인 일반의 믿음이며 또한 세상을 개혁하여야 된다는 의무이다.[40] 두 번째의 청교도들의 믿음은 지역 교회의 회중과 교회 안의 선출된 목사와 장로에 대한 믿음인데 이 믿음은 지역 교회의 모임을 진실의 자리로서 신뢰하는 것이다. ―어떤 정치적 권위보다도 높은 자리를 차지하는 '능동적인 신자들의 동지의식'을 의미

---

40) Gerrard Winstanly, *Platform of the Law of Freedom*, (Rosenstock-Hussey, Out of Revolution, p.291에서 인용)을 보라. "모든 그리고 전반적인 창조의 정신은 세상의 개혁에 대한 것이다." See also Thomas Case, 1641년 하원에서의 설교에서, "개혁은 보편적이어야만 한다. 모든 장소를 개혁하고, 모든 사람과 모든 소명을 개혁하여야 한다. 재판정의 벤치를 개혁하며, 보다 하급의 행정관과 사법관을 개혁하며 …… 대학을 개혁하며, 도시 정부를 개혁하며, 나라를 개혁하며, 보통 교육을 개혁하며, 안식년을 개혁하며, 성찬식과 하느님 경배를 개혁한다. 하늘에 계신 나의 하느님께서 심지 않은 모든 나무는 뿌리 뽑혀질 것이다." Michael Walzer, *The Revolution of the Saints: A Study in the Origins of Radical Politics*, (Cambridge, Mass., 1965), pp.10~11에서 인용. 16세기의 종교개혁은 교회의 개혁으로 간주되었다. 한 세기 뒤에 청교도들은 밀턴의 말에 의하면 '개혁 자체를 개혁'하려고 하였다. 그 의미는 왈쩌가 보여 주듯이(p.12), 급진적인 정치 행동을 의미하며, 환원하면 정치적 전진 또는 진보를 종교적 목표로 삼았다.

한다.[41] 세상을 개혁하는 의무를 느끼는 적극적인 청교도 회중들은 그들의 신앙을 표명하는 데 있어서 교회나 국가의 어떤 최고 권위에도 도전할 준비가 되어 있었다. 그들이 그러한 것은 개인 양심의 근거에서이고 신법에 호소하는 것이고, 구약의 모세의 법에 근거하는 것이며, 중세법 전통에 녹아 있는 자연법 개념에 호소하는 것이다. 초기 기독교 순교자들이 로마법의 불복종에 의해서 그들의 교회를 쌓아올렸던 것처럼 17세기의 청교도들은 존 햄프턴(John Hampton)이나 존 릴번(John Lilburne)이나 월터 유달이나 윌리엄 펜과 같은 사람을 포함해서 영국법에 대한 공개적인 불복종에 의해서 시민의 권리와 시민적 자유, 즉 민권에 대한 영국법과 미국법의 기초를 구축하였다. 시민적 권리와 시민적 자유는 영국과 미국 두 나라 각각의 헌법에서 표현된 것과 같이 언론·출판의 자유, 종교의 자유, 그리고 자신에게 불리한 진술을 거부할 특권 그리고 사법상의 직권에 의한 독재로부터 배심원의 독립, 이유 없이 구금되지 않을 권리, 기타 많은 자유와 권리들의 기초를 놓았다.[42] 칼뱅주의의 회중들은 또한 피치자의 동의에 의한 사회계약과 정부의 성립이라는 근대적 개념에 대한 종교적 기초를 제공하였다.[43]

---

41) A. D. Lindsay, *The Modern Democratic State*, (New York, 1962), pp.117~118: David Little, *Religion, Order and Law: A Study in Pre-Revolutionary England*, (New York, 1969), p.230을 보라.

42) 이 네 사람의 각각은 시민적 불복종으로 기소되었다. 각자는 그 자신을 변호하기를, 양심에 관한 고차법을 기초로 하고 또한 중세 영국법(예를 들어 마그나 카르타)에서 추출한 근본적인 법원칙을 근거로 해서 변호하였다. The trial of Penn and Hampton are reported in *6 State Trials 951* (1670) and 3 *State Trials 1* (the Five Knights' Case). 유달의 재판 개략은 배경에 대한 지식과 함께 다음에서 발견된다. Daniel Neal, *The History of The Puritans*, (Newburyport, Mass., 1816), pp.492~501. 릴번의 재판은 보라. Joseph Frank, *The Levellers: A History of the Writings of Three Seventeenth Century Social Democrats: John Lilburne, Richard Overton, and William Walwyn*, (Cambridge, 1965), pp.16~18.

영국과 아메리카의 청교도주의와 경건주의 그리고 유럽 대륙에 있어서의 같은 청교도와 경건주의자들은 제도화한 교회 안에서 어떤 근본적인 의미에서 서양법의 발전에 영향을 미친 마지막 위대한 운동들의 주체였다. 18세기와 19세기에 있어서 로마 가톨릭교회와 다양한 루터주의 종파들이 기존의 법에 대해서 여러 방향에서 계속해서 압력을 행사하였다. 의심할 나위 없이 예언적 기독교는 법 개혁을 가져오는 데 극도로 중요한 역할을 계속 행사하였다. 예를 들면 노예제도의 폐지에서, 또한 근로의 보호에서, 그리고 일반적으로 복지 입법의 촉진에서이다. 다른 한편 의심할 나위 없이 조직된 종교는 기존 질서를 지지하는 것을 계속하였다. 그 기존 질서의 성질이 어떤 것이었든 간에 조직된 종교는 현상 유지를 지지하였다. 그러나 이 점과 관련해서 19세기와, 특히 20세기에 있어서 중요한 요인은 전통종교를 매우 점진적으로 개인적이며 사적인 일로 전환시켜서 법 발전에 공적인 영향이 없는 것으로 되어 갔다는 것이다. 반면, **다른 믿음의 체계들, -예를 들면 새로운 세속종교들 (이데올로기들, '~이즘'들, 즉 이념들) - 이것들은 열정적 신앙의 수준까지 높였는데,** 사람들은 이제 집단적으로 기꺼이 죽으려 할 뿐만 아니라 새로운 삶을 살려고 하였다.

새로운 세속종교에 무대를 마련한 것은 아메리카와 프랑스의 혁명이었다. 이전에는 다양한 형태의 가톨리시즘과 프로테스탄트의 형태로 표

---

43) 사회계약이론은 일반적으로 존 로크와 토머스 홉스와 같은 17세기 철학자까지 소급한다. 그러나 한 세기 전에 이미, 칼뱅은 제네바의 모든 시민이 신앙고백을 받아들여서 십계명을 준수하겠다는 서약하게 하고, 시 정부에 대해서 충성 서약을 하도록 했다. 제네바 시민들은 그 서약에 참가하기 위해서 단체와 집단으로 경찰에서 서약을 했다. J. T. McNeill, *The History and Character of Calvinism*, (New York, 1957), p.142를 보라. See also Chapters 2and 12 of this study. 여기서는 (지금까지의 통설과는 달리) 사회계약이론은 교황의 혁명과 자유도시들이 서약공동체로 형성되었을 때까지 소급한다. 한국 인문사회과학회, 『칼뱅주의 논쟁: 인문과학에서』(북코리아, 2010).

현되었던 종교 사상과 심리의 많은 것들이 시대가 달라지자 세속적인 정치 및 사회 운동에 투입되었다. 처음에는 일종의 종교적 정통성이 유신론의 철학이라는 방식으로 보존되었다. 그러나 종교적 신앙의 핵심인 종교심리학은 종교적 정통성의 주장과 별 상관이 없었다. 18세기 말과 19세기의 위대한 혁명적인 이상을 가졌던 근대인 —루소(Jean-Jacques Rousseau)나 제퍼슨(Jefferson)과 같은 사람들—에게 실로 종교적이라 부를 수 있는 것은 신에 대한 믿음이 아니라 인간에 대한 믿음 때문이었다. 이때 사람이라 함은 개인으로서의 인격이며, 타고난 자연으로서의 본성이며, 이성이며, 그리고 타고난 권리였다. 계몽주의로부터 분출한 정치철학과 사회철학은 궁극적인 의미와 신성성을 개인 인격을 가진 의사주체인 사람에게 돌렸기 때문에 종교라 할 만했다. 또한 역시 개인 인격에 부여하였던 궁극적 의미와 신성성은 민족을 기반으로 하는 국가에도 즉시로 덧붙여져야 되었다. 따라서 개인주의와 합리주의의 시대는 역시 국민국가의 시대이기도 하였다. 왜냐하면 개인 인격은 시민이었고, 시민들의 의견의 집합체인 여론은 인류의 여론이 아니라 프랑스인의 여론이든가 도이칠란트인의 여론이든가 또는 아메리카인의 여론으로 밝혀졌기 때문이다.

개인주의, 합리주의 그리고 민족국가주의는 —민주주의 교리의 삼위일체설이라고 할 만한데— 법적인 표현을 다음에 열거하는 곳에서 찾았다. 즉, 입법부의 역할을 극대화하며 따라서 (아메리카 합중국을 제외하면) 사법부의 법 창조 역할을 논리적 결과로 감소시키게 된다. 또한 개인행동을 공적인 통제로부터 자유롭게 하며 특히 경제영역에서 그러하다는 것이 이 시대의 개인인격주의·합리주의의 특징으로 나타난다. 또한 형법과 민법을 조직화해서 법전화하라는 요구에서 나타나며 또한 시민 개인이 어떤 행동을 할 때 법적인 결과를 예측 가능하게 하려는 노력에서도 그러한데, 이러한 노력은 특히 경제적 영역에서 잘 관찰된다. [로스코 파운드(Roscoe Pound)라면 그런 명칭을 붙였겠지만][44] 이러한 '표명된 법적 기초 사실'은 유용할 뿐만 아니라 정당하다고 간주되었으며 정당할 뿐만 아니라 우주의 자연적 질서의 부분으로 간주되었다. 생명 자체가 그것의 생존 의미와 목적을 법학적 합리성과 관계된 이들 원칙에 서부터 도출된다고 생각했고, 법학에서 말하는 합리성의 법칙이라는 것은 자연법과 인간의 이성에 대한 신학적 독트린에 역사적 원천을 가지고 있으며 이런 것들은 명백하다고 생각되었다.

따라서 서양 역사에서 최초의 위대한 세속종교는 자유주의와 민주주의를 결합한 것이었다(liberal democracy). – 세속종교라고 **부르는 까닭은 이것이 그 이전의 전통적인 기독교에서부터 분리되어 나온 최초의 이데올로기였으며 동시에 그 이전의 전통적인 기독교로부터 기독교가 가졌던 신성하다는 느낌과 기독교의 주된 가치들을 전통 기독교로부터 빼앗았기 때문이다.** 그러나 세속종교로 형성되는 데 있어서 자유주의와 민주주의가 결합한 것은 곧 라이벌과 대결하게 되었으니 그 라이벌은 혁명적 사회주의였다. 그리고 유럽 전역에 걸친 한 세기 동안의 혁명적 행동이 지나간 뒤에 마침내 1917년 러시아에서 코뮤니즘이 집권했을 때 이제는 코뮤니즘의 교조가 권위주의적인 계시 종교에서 보였던 신성성과 비슷한 것을 갖추게 되었고 코뮤니즘의 리더십은 흡사 고대 종교의 제사장들이 가지던 카리스마를 획득하게 되었다. 더하여 코뮤니스트 당

---

44) Roscoe Pound, *Jurisprudence*, (St. paul, Minn., 1959), Ⅲ, 8-15를 보라.

은 한편에 있어서는 수도원 질서를 상기시키는 유사한 인접성과 친밀성을 가지게 되고 다른 한편에서는 역시 수도원 질서를 상기시키는 준엄성과 엄격성을 가지게 되었다. 제2차 세계대전 이후의 공세 기간에 유럽의 충성스러운 코뮤니스트들은 다음과 같은 입버릇을 가지고 있었다. "당 밖에서는 구원이 없다(이때 구원이라 함은 원래는 종교적 언어에서 나온 것을 상기하여야 할 것이다)."

사회주의의 법적 기초도, 물론 그것들은 많은 점에서 자유주의와 결합한 민주주의의 법적 기초와 매우 다르지만 멀리 떨어져서 보면 그 기원에 있어서는 원시 기독교에 유래를 둔다는 것을 보여 준다. 예를 들면 소비에트 시절의 학동들이 암송하고 또한 소비에트 시절의 법정책의 도덕적 기초로 받아들이고 있는 것으로 코뮤니즘의 건설자의 소비에트 윤리규정을 들 수 있다. 이 윤리규정은 다음과 같은 원칙을 포함한다. 즉, "사회의 선을 위한 양심적인 노동 – 일 하지 않는 자는 먹지 말라", "공공의 부를 보존하고 성장하기 위해서 모든 사람의 각각에 대한 관심을 가지기", "집단주의(collectivism)와 동지에 의해서 행해지는 상호원조 – 일인은 만인을 위하여, 만인은 일인을 위하여", "사회생활과 개인 생활에 있어서 정직과 진실, 도덕적 순결, 절제, 그리고 잰 체하거나 허세 부리지 않기", "부정의, 기생해서 사는 것, 부정직 그리고 경력주의(careerism), 부정축재에 대한 가차 없는 태도", "코뮤니즘의 적들에 대한 모든 나라의 노동자와 또한 모든 인민들과의 동지적 연대"[45] 등 이상에서 열거한 윤리규정으로 볼 때 소비에트법은 1641년의 매사추세츠만 식민지의 청교

---

45) The Moral Code of the Builder of Communism은 Program of the Communist Party of the Soviet Union의 일부이며, 1961년의 2차 당 대회에서 채택되었다. 다음을 보라. Dan N. Jacobs, ed., *The New Communist Manifesto and Related Documents*, 3rd rev. ed., (New York, 1965), p.35.

도 법전, 즉 자유의 집합이라고 불리는 것을 상기하게 한다. 어떤 점에 있어서 그러한가? 이단에 대한 처벌 또한 나태와 개인적 부도덕에 대한 처벌이라는 점에서 유사점이 있다.[46) 덧붙일 것은 법의 교육적 역할과 법 절차와 법 집행의 과정에 대중이 참여하는 데 대한 강력한 강조가 있는데 -이것은 주로 동지의 법정(Comrades' Courts) 그리고 인민의 사찰(People's Patrols)을 통해서이며, 시민들을 집단 공장의 보호에 두든가 혹은 인근 주민의 집단적 보호에 맡기는 방식에 있어서 그러하다. 더하여 이런 방식들은 법에 의한 강제는 마침내 사라지고 법 자체도 사라진다는 것을 예언하는 일종의 종말론의 이름으로 행해졌다. 이 종말론의 내용은 공산주의 사회가 창조되면서 모든 사람은 다른 사람을 -코뮤니즘의 건축자에 대한 윤리 규정의 언어대로- "동지로, 친구로 그리고 형제로" 취급하게 된다는 것이다. 그런데 음미해보면, 강제와 법이 사라진다는 유토피아적인 전망 제시는 현실적으로 행해지는 강한 정도의 강제와 형식법을 공산주의 사회에서 사용한다는 점에 있어서, 즉, 전망이 제시하는 목적 가치와 현실에서 행해지는 수단 가치와는 전혀 일관성이 없다는 것을 알게 된다. 높은 정도의 강제가 마침내 강제가 없는 이상사회를 가져온다는 것은 앞뒤가 맞지 않는 얘기라고 할 수 있다.

4. 서양법 전통의 위기

서양 문명 전체와 마찬가지로 서양법 전통이 이전의 어느 때보

---

46) *The Laws and Liberties of Massachusetts*, (Cambridge, Mass., 1929)를 보라.

다도 20세기와 21세기에 더 큰 위기를 겪고 있다는 명제는 과학적으로 증명될 수 있는 것은 아니다. 궁극적으로 이 명제는 직관에 의한 것이다. 말하자면 내 스스로가 나는 다음과 같은 사실을 감지하고 있다고 증언할 수 있을 뿐이다. 즉, 우리들은 법 가치와 법사상에 있어서 역사에 전례 없는 중대 위기를 겪고 있고, 이 위기는 우리들의 모든 법 전통이 도전받고 있는데, 지난 2~3백 년간에 형성된 소위 자유주의적 개념뿐만이 아니라 서양법 역사에서 11세기나 12세기에서부터 유래하는 서양 문명의 적법성의 구조 자체가 도전받고 있다.

위기는 서양인의 경험 내부에서와 함께 비서양적인 경험에서 동시에 창출되고 있다. 서양인의 경험 내부에서 시작한다면 서양에 속하는 실질적으로 모든 나라에서 전례 없는 거대한 사회, 경제, 정치의 변화와 변혁이 이전까지 존재해왔던 법제도와 법 가치와 법 개념에 엄청난 긴장과 압박을 가하고 있다. 그러나 과거에는 서양법 전통의 근본적 요소를 파괴할 만큼 위협적인 혁명적 봉기가 일어난 시기들이 늘 있었으나 파괴의 위협에도 불구하고 서양법 전통은 살아남았을 뿐만 아니라 20세기까지 지속되었다. 오늘날 새로운 현상은 법 전통의 특수한 요소나 측면뿐만 아니라 법 전통 전반에 대한 도전이고 이 도전은 무엇보다도 비서구 문명과 비서구 철학과의 대결에서부터 명백해진다. 과거 역사에 있어서는 서양인(Western Man)은 확신을 가지고 세계 어디서든지 서양법을 퍼뜨려왔다. 그러나 오늘날의 세계는 과거 어느 때보다 더 서양의 '법률만능주의(legalism)'에 대해서 회의적이고 의심쩍어 하고 있다. 비서양 문화, 즉 동방 내지 동양인과 비서구권으로 저개발국가에 속하는 사람들은 서양법과는 다른 대안을 제시한다. 서양 세계는 그 자체 오래 지속된 법에 대한 전통적 전망이 과연 보편적 타당성이 있는가를 의심하게 되었는데 특별히 이 타당성은 비서구 문화들에 대한 타당성을 뜻한다. '자연적(natural)'으로 보여 왔던 법이 이제 단지 '서양적(western)'으로 보일 뿐이다. 더하여 적지 않은 사람들이 말하기를 자연적 법이라는 것은 심지어 서양 세계에 있어서도 모호한 것이라고 말하고 있다.

위기는 때로 지난 9세기 동안 서양 세계에서 이해된 바대로의 적법성에 관한 근본적인 도전과 같은 종말론적이고 묵시록적인 용어로서 보이기보다는 이러한 적법성의 원칙을 20세기의 새로운 상황에 적용하는 데 있어서 나타나는 것 같고 18세기 이후 또는 17세기 이후 또는 심지어 16세기 이후에 문명세계를 팽배했던 적법성에 대한 '자유주의적(liberal)' 또는 '부르주아(bourgeois)'의 변형에 대한 도전으로 나타났다. 서양의 모든 나라들에 있어서 법은 다음과 같은 방향으로 움직이고 있다고 말해진다. 즉, 일찍이 '중세의' 것에서부터 '근대의' 정치, 경제 그리고 사회질서로의 변천에 동반했던 개인 인격을 위주로 했던 전제로부터 차츰 어떤 종류의 집단주의(collectivism)로 움직여 가고 있다는 것이다. 이런 관점에서 본다면, 20세기의 법의 위기라는 것은 서양법 역사에 있어서 존재했던 훨씬 이전의 위기들과 비교할 만한 것이다. 역사상의 이러한 위기들은 1789년의 프랑스대혁명 이후에 생긴 것이고 또는 1640년에 영국혁명 이후에 생긴 것이고 또한 1517년의 도이칠란트혁명 이후에 생긴 것이다. 지금 열거한 역사상의 큰 혁명들은 새로운 시대의 출발을 증언하였는데 어떤 경우에 이 새로운 시대는 부르주아지나 '자본주의' 법이 '봉건시대' 법을 대체했다고 말해지고, 지금 열거한 혁명들 중 맨 마지막 것인 1917년의 러시아혁명은 전혀 다른 의미에서 그 나라의 새로운 시대를 출현하게 했는데 이때에는 '사회주의' 법이 부르주아 또는 자본가법을 대체하였다고 말한다.

　20세기에 있어서 서양의 거의 모든 나라들이 실제로 경제생활의 전면에 걸쳐서 정부 컨트롤이 침투되고 있다는 것을 경험하였다. 20세기 전반에 많은 나라들이 산업 생산을 국유화하였고 또한 집중적인 국가경제 계획을 도입하였다. 다른 나라들도 다른 형태의 국가자본주의를 채택하였는데 이 체제에서는 생산과 분배 그리고 투자의 직접적인 책임이 대규모의 기업군의 손에 있게 되고 동시에 국가기구에 의한 직접 또는 간접적인 컨트롤을 받게 되어 있다. 20세기 전반의 이러한 특징은 다음과 같은 사항에서 뚜렷이 나타난다. 1921년에 소비에트의 경제에 관한 레닌의 언급은 당시 다른 나라의 경제에도 적용할 수 있게끔 보였다. "우리에게 있어서 경제에 관한 것은 공법에의 사항이고 사법 사항은 아니다." 아메리카 합중국의 예를 들면 조세, 노사관계, 증권거래 규제, 공공주택, 사회보장, 환경보호와 재정법(public finance) 그리고 경제법(anti-trust law)과 같은 행정법의 영역은 1930년대 초의 대공황 이전에는 거의 존재하지 않았던 영역이고 그러나 20세기에 와서는 그리고 21세기에 와서도 압도적인 중요성을 띠게 되었다.

　덧붙인다면 20세기, 특히 세계대공황 이전에는 사법 영역으로 생각되었던 것들이 점차로 성질이 변하게 되었다. 이것은 경제생활을 급격히 중앙집권화되고 관료화된 국가행정조직의 컨트롤에 맡기게 된 결과라고 할 수 있다. 급격한 관료화와 중앙집권화 중에는 사회주의를 들 수 있는데 여기에는 국가가 컨트롤하는 자본주의가 포함된다. 예를 들어 보자. 계약법은 채권법이라는 다른 이름에 의해서도 모든 서양법 체계에 있어서는 전통적으로 사법영역의 대표로 간주되어 왔다. 즉, 당사자의 의사에 따라서 의사자유의 계약에 대해서 효력을 생기게 하는 규정들의 집합체로, 물론 가장 넓은 의미에 있어서는 그 법체계의 정책에 의해서 한계가 주어져 있는 것이었다. 이 계약법 또는 채권채무법이 20세기에 와서 완전히 새로운 경제 상황에 적응하기 위해서 죽을 고생을 했다고 하면 한국의 독자들은 어리둥절해야 할 것이다. 그러나 20세기의 완전히 달라진 경제상황은 계약의 가장 중요한 종류에 쓰이는 특수한 용어는 특별히 입법에 의해서 특정되거나 흔히 보통 계약 약관에서 보이듯 개인의사 자유가 아니라 대규모의 기업군에 의해서 일방적으로 제시되는, 개인이 어찌할 수 없는 표준적인 형태로 해결된다. 재산법 또는 물권법에서 비슷한 현상이 나타났다. 즉, 물권의 개별적인 소유자가 위주로 되었던 고전적인 물권법에서와 달리 소유자의 소유권이나 사용권 혹은 물권의 처분 자체조차도 정부나 거대 기업의 이익들이 개입해서 일부 또는 전부의 권리를 사실상 제거할 수 있게 되었다. 과거에는 소유권의 부분으로 간주되었던 많은 것들이 이제는 소유자에게 의무를 지우게 되는데 이 의무라는 것은 전통적인 민법상의 용어보다는 행정법상의 용어로 더 잘 설명될 수 있는 것이다. 서양 세계 전반에 걸쳐서 주택을 포함한 기업 또는 상업 또는 산업 조직의 재산은 점점 더 정부의 행정규제에 복속되어 간다. 이 현상은 토지의 개인 소유자가 나무 한 그루를 심거나 그의 주택의 부엌 바깥쪽에 잇따른 건물 하나를 짓는 것조차 정부의 허락 없이는 거의 할 수 없는 현상에 드러난다.

비슷한 현상은 불법행위에 대한 법에서도 나타난다. 불법행위에 의한 손해배상이라는 것은 전통법의 세계에서는 고의 또는 과실로 타인에게 손해를 입힌 경우 그 손해를 가해자가 전보하는 데 대한 법 규정의 집합체를 말한다. 그러나 이와 같은 고전적 불법행위에 의한 손해배상은 급격하게 변혁되었다. 소위 절대책임(absolute liability)이라는 것은 그것의 근거와 한계가 전반적으로 명료하지 않은 것이지만은 여러 가지 형태의 경제 활동에 부수하는 고의나 과실 아닌 행동에 의해서 야기되는 위해에 대해서 그 책임을 묻는 보험제도로 작동한 것인데 급격히 퍼지게 되었다. '일반계약법(general contract law)'은 19세기에 '계약에 관한 법(the law of contract)'으로 전개된 기본개념과 법원칙을 모은 것인데 이것은 어떤 종류나 형태의 계약에 의한 거래에도 적용될 수 있게끔 간주되어 왔는데 이 계약법이 이제는 사거했다고 말하고 있다. 아니면 계약 불이행에 대한 배상의 원칙은 점점 더 불법행위법(the law of tort)에서 발견되어지기 때문이다.[47] 그러나 일방 다른 학설은 일반 불법행위법도 19세기 이후에 전개된 것인데 이것의 전개는 일반 계약법의 발전과 얼마간에 동시에 진행되었으며 오늘날의 계약법이 죽었다고 주장될 만큼 똑같은 정도로 돌아가셨다고 주장한다. 왜 그럴까? 한국에서 익숙한 대로 전체 법체계를 공법과 사법으로 구분하고 이 공사법을 구분한 다음에 더 구분하는 방식, 즉 민법, 형법, 행정법 그리고 나머지 법으로 구분하는 방법은 언제 성립되었나? 법사상으로 볼 때면 18세기 계몽주의(enlightenment) 법사상의 산물이었다. 그리고 이 공사법 및 기타법 구분이 확립된 것은 프랑스대혁명에 의해서였다. 이상과 같은 공사법 이분론과 6법 내지 7법의 구분은 전 유럽을 거쳐서 마침내 아메리카 합중국에 도달하게 되었다. 그러나 이 구분론은 20세기에 들어와서 사회경제 상황의 급격

---

47) Grant Gilmore, *The Death of Contract*, (Columbus, Ohio, 1974), pp.87~94.

한 변동에 따라서 지탱하지 못하게 되었다. 가장 극단적인 형태는 (이미 1989년 동유럽 러시아혁명에서 와해되어 버린) 공산주의 국가들의 사회주의 계획경제의 전면적 시행이고 이것과는 대조적으로 좀 더 덜 전면적이지만 세계대공황과 (이에 비견할 만한 2008년의 세계 금융 위기와 잇따른 재정 위기로 인해서 다시금 대두하게 된) 서양의 비공산주의 국가들에게서 나타나는 국가통제의 경제 양태이다.

서양 세계 전반에 걸쳐서 근본적인 변화가 일어났는데 이것은 흔히 관행적으로 불렸던 공법과 사법의 영역에서뿐만이 아니다. 근본적인 변화는 사회법(social law)이라고 불려 왔던 영역에서도 일어났다. 사회법이라고 불릴 수 있는 영역뿐만 아니라 가족법 영역, 그리고 새롭게 문제가 되는 인종관계에 관한 법, 계층관계에 관한 법, 그리고 양성관계에 관한 법과 세대관계에 관한 법 전반에 걸쳐서 근본적인 변화가 일어났다. 가족관계법에 대해서 출발한다면 결혼과 이혼은 점점 더 전체적으로 볼 때 합의를 요하고 동의에 의해서 결정되는 것으로 되어 가는 반면에 아동에 대한 양친의 권한은 실질적으로 감소되어 갔다. 가족은 점점 더 그것의 원래 모습대로 존치하도록 방치되어 왔는 데 비해서 인종과 계층 그리고 성적 차별에 대한 사회관계는 점점 더 법에 의한 규제에 구속받게 되었고 그 목적은 착취를 예방하기 위해서였다. 이러한 변화들은 이 영역들이 정부에 의한 경제의 컨트롤과 간접적으로만 관계되어 있음에도 부분적으로는 20세기에 이르는 비개인주의적이고 집단주의적인, 말하자면 사회를 우선으로 하는 운동과 연결되어 있다. 어떤 경우에도 이들 영역에서의 근본적인 변화는 20세기 이전의 관행적인 법과 법학의 범주와 쉽사리 조화될 수는 없는 법 발전을 구성하고 있다.

형법 또한 서양의 실질적인 모든 나라에서 급격한 변화를 겪어 왔다. 이 변화의 원인은 경제의 통합과 집단주의화(collectivization), 도시화, 대량생산, 산업화 그리고 열거한 것들과 관련되는 현상이다. 새로운 형태의 범죄가 출현하였다. 국가 소유이든 대규모 기업의 소유이든 간에 기업 재산의 대규모 절도를 들 수 있다. 구체적인 예는 '화이트칼라' 범죄를 들 수 있는데 조세사기(tax fraud), 독점 금지법 위반 그리고 횡령이다. 또한 마약 거래와 이와 관련된 도시형 범죄를 들 수 있다. 그리고 스펙트럼의 다른 한 끝에는 정치적 이데올로기적 범죄가 있는데 이들 범죄는 '전통형' 범죄였던 살인, 강간, 강도, 강탈, 방화를 능가하게 되었다. 범죄의 성질과 영향 범위에 있어서의 결정적인 변화는 범죄와 처벌에 관한 이론과 법 집행의 실무에 있어서의 중요성이 전도하고 변화하는 것을 동반하였다.

서양의 여러 나라들의 법체계에서 나타난 이상에 열거한 것들과 또한 다른 변화들은 이 변화들이 비교적 급격했으며 또한 근본적인 의미에서 혁명적이라고 부를 수 있을 뿐만 아니라 이 변화들이 실지로 정치·경제·사회적 변화가 혁명적으로 일어난 데에 대한 하나의 반응이라는 의미에서 더욱 그러하다. 혁명적 변화와 봉기의 예를 들어 보기로 하자. 가장 급격한 예로서 러시아와 다른 나라들에 있어서, 예를 들어 1917년의 반란 및 봉기는 혁명의 고전적 형태를 띠고 나타났다. 한 가지 종류의 정치·경제·사회질서와 믿음의 체계가 폭력에 의해서 다른 종류의 정치·경제·사회질서의 믿음의 체계에 의해서 대체되었다는 점에서 그러하다. 다른 예들을 들어 보자. 다른 나라들에 있어서 변화는 보다 완화된 모습의 통합이라는 형태로 나타났는데 이때 통합은 테크놀로지와 커뮤니케이션을 통해서 국민과 국가 생활을 통합하는 것이고, 또한 끊임없이 작은 단위를 더 큰 단위로 정리하고 재조직함으로써 또한 통합과 조직의 전 과정에 걸쳐서 정부의 통제가 증가하는 것에 의해서 나타난다. (테크놀로지와 커뮤니케이션이라고 했다고 해서 이것은 흔히 과학기술 지상론자가 얘기하듯이 과학기술상의 혁명만은 아니다) 이런 일이 일어난 어떤 나라에 있어서도 그것은 단순한 과학기술상의 문제가 아니었고 그것은 정치적 그리고 이념적인 혁명이었다고 볼 수 있다. 서양법의 역사는 이 책을 쓰고 있는 20세기 후반들, 이 책을 읽게 될 21세기에 걸쳐서 날카롭고도 결정적인 전환기에 와 있다. 역사상의 가장 큰 전환기는 1789년의 프랑스대혁명과 1640년대의 영국혁명 그리고 1517년의 도이칠란트혁명이었다. (비록 러시아혁명은 1917년부터 1989년의 동유럽 러시아혁명에 의해서 72년간 존속한 공산주의 법체계의 와해로 끝이 났으나 1917년의 러시아혁명 발발 이래 두 세대는 20세기에 있어서 가장 중요한 체험을 했다) 즉, 서양법 세계 전역에 걸쳐서 그 이전의 전통법의 개인 인격을 중심으로 한 방식과 실질적인 단절을 보았고, 또한 재산법의 영역에서 재산권과 계약 자유에 대한 오랜 강조와의 단절을 보았으며 기업 활동에 의해서 야기되는 손해배상책임에 대한 제한과도 단절하는 것을 보았다. 형사법의 영역에서 범죄에 대한 도덕적 퇴보를 강조하는 것과도 단절하는 것을 보았으며 형법의 기본적인 전제조건들과도 단절하는 것을 보았다. 방금 설명한 **근대 이후의 서양법의 전통이 되던 것과는 반대로 20세기의 두 세대는 법에 있어서 집단주의 또는 단체주의로의 선회를 증언하였으며 국가와 사회적 재산에 대한 강조로 선회하는 것을 보았으며 사회**

의 이익을 위하여 계약 자유를 규제하는 것을 증언하였으며, 기업 활동에 의해서 야기된 손해배상의 확장을 보았으며, 범죄에 대해서는 도덕적 태도보다도 공리주의적인 태도로의 선회를 증언하였다.

열거한 이와 같은 급격한 변화는 근대 이후에 전통적인 서양법 제도와 절차, 거기에 나타난 가치, 법개념들, 법규정들, 그리고 전반적인 사고방식에 대해서 심각한 도전을 구성한다. 이들 급격한 변화들은 법의 객관성을 위협하는데 왜냐하면 급격한 변화로 말미암아 개인과 기업 단위 사이에 일어나는 대부분의 법적 쟁송에 대해서 국가를 눈에 보이지 않는 당사자로 만들기 때문이다. ─국가가 눈에 보이지 않는 당사자가 되는 것은 적용 가능한 법을 입법하고 재판할 법정을 지정하는 역할을 국가가 하기 때문이다. 이처럼 눈에 보이지 않는 국가의 압력은 역사적으로는 공산주의 국가에서 가장 크게 증가하였다. (비록 1989년 동유럽 러시아혁명에 의해서 지구상에서 공산주의 법제도의 국가가 사라져가는 도상에 있지만) 이들 법제도는 인류가 역사상에서 경험한 가장 강력한 통제를 경제생활뿐만 아니라 정치문화 이념적인 생활에까지 확장하였기 때문이다. 또한 20세기와 21세기에 걸쳐서 비공산주의 국가에 있어서도 비경제영역에 있어서의 국가의 중앙적 통제는 증가했었고 이 사정은 통제 권력은 국가 자체라기보다는 대규모의 관료조직의 손에 더 달려 있었다.[48] 필자가 지적한 현재의 위기가 인류의 과거에 있어서의 서양법 전통을 강타한 혁명적인 위기에 비교될 수 있는 정도로 서양법 전통 전체를 동원할 수 있는 원천은 과거

---

48) 역자 주: 버만은 이 책에서 1989년의 동유럽 러시아혁명을 일곱 번째의 서양사에서의 혁명으로 첨가할 수 없었다. 따라서 Lawrence Ressig이 증언한 자유지상주의(libertarianism)를 첨가할 수 없었다. 김철, 『경제 위기 때의 법학』(서울: 한국학술정보, 2009.03)과 『법과 경제질서─21세기의 시대정신』(서울: 한국학술정보, 2010.12)을 볼 것.

에 혁명적 위기를 극복했을 때 동원된 것처럼 현재나 앞으로도 동원될 수 있을 것이다. 그러나 **최현대의 위기는 과거의 어떤 혁명적 위기**보다 더 깊이 진행하고 있다. 최현대의 상황은 18세기 이후에 발전되어 온 개인 인격주의의 위기 또는 17세기 이후에 전개되어 온 **자유주의의 위기**일 뿐만 아니라, 또한 16세기 이후에 전개되어 온 **세속주의의 위기**이다. 실로 최현대는 11세기 말 이래 인류 문명사에서 존속되어 온 서양법 전통 전체의 위기라고 할 수 있다.

서양법 전통의 10개의 기본적 특징 중 4개 – 처음부터 세어서 4개만이 서양 세계에 있어서 기본적 법의 특징으로서 존속하고 있다. – 의 서양법 전통의 기본적 특징은 다음과 같다.

1) 법은 아직도 상대적으로 자율성을 가지고 있다. 그것의 의미는 법은 정치나 종교로부터 분리되고 구분되어서 유지되고 있다는 것이다. 이것은 정치, 종교뿐만 아니라 다른 타입의 사회제도로부터도 구분된다. 또한 다른 학문 영역에서부터도 구분된다.

2) 직업적인 법학 전문가, 입법가, 판사, 법률가 그리고 법학자의 양성에 법은 아직도 위탁되어 있다.

3) 법제도가 개념화되고 어떤 정도로 체계화된 곳에서 법학을 훈련시키는 중심지가 아직도 번성하고 있다.

4) 법학 훈련 센터와 관련해서 법학의 학습은 아직도 일종의 메타 – 로(meta-law)를 구성하고 있다. 이 메타 – 로에 의해서 법제도와 법규칙들은 평가되고 설명된다.

이들 열거한 4가지 법의 특징이 서양법 전통의 개시 이래 지금까지 살아남았다는 것을 강조하는 것은 중요하다. 왜냐하면 러시아에서 1917년 혁명의 최초의 기간 동안 그리고 1930년대에 - 인류 역사상 이전의 큰 규모의 혁명에서 그러했던 것처럼- 법의 자율성과 법의 전문직업적 성격 그리고 학습되어야 될 학문분야이며 과학으로서의 성격에 대한 강력한 공격이 행해졌기 때문이다. 서양문명의 다른 나라들에서 1920년대와 1930년대에 때때로 부분적으로 마르크스주의와 레닌주의자의 영향 아래서 법과 법률가는 제거되거나, 적어도 상당한 정도 중요성이 제한되어야 된다고 주장된 일이 있다. 법과 법률가는 사회에 대해서 불필요하고 또한 유해한 것이라는 주장이었다. 1960년대와 1970년대 초에 중국의 혁명은 이러한 주장을 아주 심각하게 채택하였으며, 즉, 문화혁명 동안 모든 법과 대학은 폐쇄되었고 거의 모든 법률가는 사라졌다. 소비에트 유니온에 있어서 1930년대 말 이후 그리고 중화인민공화국에 있어서 1970년대 말 개방시대 이후에야 비로소 '법에 대한 허무주의(legal nihilism)'는 비난되었다.

이미 열거한 네 개의 특징 이외에 서양법 전통에 해당하는 여섯 개의 특징들은 20세기 후반에 특히 아메리카 합중국에서 심각하게 약화되었다.

5) 20세기의 법은 이론에 있어서나 실무에 있어서나 응집력 있는 하나의 온전한 전체로서, 즉 코르푸스 유리스(corpus juris)로 취급되는 경향이 점점 더 약화되었다. 이 경향은 점점 더 그때그때마다 내려지는 결정들이 일관성 없게 단편적으로 모아놓은 것으로 취급되고 있다. 서로 앞뒤가 맞지 않는 규칙들은 단지 공통적인 '테크닉'에 의해서만 결합될 수 있다는 식으로 취급되어 왔다. 서양법 전통에서 유지해온 오래된 메타-로(meta-law)는 파괴되고 일

종의 냉소주의에 의해서 대치되어 왔다. 법학분야에 의해서 행해진 19세기의 개념화 작업은 점점 더 모호한 것으로 보이고 있다. 또한 법에 있어서의 더 오래된 구조상의 요소는, 예를 들면 영국과 아메리카에 있어서 보통법이 한때 통합된 기준이었고 1906년에 영국의 법제사가 메이틀런드(Maitland)가 무덤에서부터 우리들을 규율하고 있다고 했던 소송의 형태(forms of action)는 거의 전적으로 망가졌다. 16세기 이래로 모든 법을 공법과 사법으로 나눈 구분법은 1930년대 중반에 로스코 파운드(Roscoe Pound)가 '새로운 봉건주의(the new feudalism)'로 부른 것에 양보해왔다. 그러나 새로운 봉건주의라 할 때의 봉건주의는 법의 원천, 즉 법원(fountain of law, Rechtsquelle)의 수직적 계층구조라는 필수적 개념을 빼먹고 있었으며 이 개념에 의해서 비로소 재판관할권이 복수로 존재할 때 조정될 수 있으며 서로 맞지 않는 법규칙들이 조화될 수 있는 것이었다. 법구조에 질서와 일관성을 부여하는 새로운 이론을 결여하면서 원시적인 실용주의는 개별적 법규와 재판상의 결정들을 합리화하는 데 동원되었다.

6) 법의 성장에 대한 믿음, 즉 법의 세대를 넘어서 세기를 넘어서 계속 진행되는 특징은 역시 실질적으로 약화되어 왔다. 법의 명백한 발전 ─ 과거의 선례에 의해서든지 조문화 또는 법전화에 의해서든지 과거를 재해석함으로써 법이 명백하게 성장한다는 것은 단지 이념적인 생각일 뿐이라는 견해가 널리 퍼져 있었다. 즉, 법이란 것은 그것 자신의 역사는 가지지 않는 채 여기 존재하는 것이고 법이 가졌다고 주장하는 역사라는 것도 기껏해야 연대기적으로 늘어놓은 연대표이거나 최악의 경우 환상으로 취급되어지고 있다.

7) 인류의 과거의 법에 일어난 변화는 현재 일어나고 있는 변화

와 함께 법이 성장하고 진화하는 내적인 논리에 대한 반응으로 보이지 않고, 또한 법과학과 법실무 간의 긴장을 해결한 것으로 보이지 않고 단지 외부적 힘의 압력에 대한 반응으로만 보이고 있다.

8) 법이 정치를 초과하거나 초월한다는 견해, 즉 어떤 주어진 순간에도 혹은 적어도 역사적인 발전에 있어서 법은 국가에서부터 구별된다는 견해는 점점 더 이와 반대의 견해에 길을 내준 것처럼 보인다. 반대되는 견해란, 법이란 모든 시대에 있어서 기본적으로 국가의 도구이며 환원하면 법이란 정치적 권위를 행사하는 사람들의 의지를 효과적으로 만드는 방편이라는 견해이다.

9) 같은 법질서 내부에 있어서 재판관할권과 법체제가 복수로 존재할 때 법이 우위에 있다는 원칙의 원천은 20세기에서 위협되고 있다. 이 위협은 개별국가에서 단일한 중앙집권적 제도 아래서의 입법과 행정규제 체제 안에서 모든 다른 다양한 재판관할권과 제도들을 흡수한 경향 때문에 생겼다. 이미 오래전에 교회는 세속당국에 대해서 유효한 법적 등가물을 구성하는 것을 정지해왔다. 또한 상인들의 관습이나 경제사회질서 내부의 다른 자율적인 공동체나 조합의 관습들은 입법부와 행정부의 지배에 의해서 지속적으로 열세에 놓여 왔다. 국제법은 국가법을 초과하기 위해서 이론적 주장을 늘 확대하여 왔으나 실제로 국가법은 국제법을 명시적으로 법질서 안에 편입하든가 그렇지 않은 경우에는 개별 시민들이 국제법에 호소하기는 비효율적으로 되어 왔다. 아메리카 합중국과 같은 연방제도에서도 일련(一連)의 법원에서 다른 종류의 법원으로 피할 수 있는 기회는 급격히 감소해왔다. 2세기 전에 영국의 법학자 블랙스톤(William Blackstone)이 영국민은 상당한 숫자의 각기 다른 법체제 아래서 살고 있다고 말하였으나, 이러한 개념은 최현

대의 법사상에서는 거의 유래를 찾아볼 수 없게 되었다.

10) 서양법 전통은 혁명을 극복하고 있고 서양법 전통은 시대에 따라서 서양의 모든 나라들을 삼켜 왔던 대규모의 전면적 체제 봉기를 극복하면서 진행되어 왔다는 믿음은 다른 반대되는 믿음에 의해서 도전을 받는다. 반대되는 믿음은 법이란 전적으로 혁명에 매이거나 혁명의 함수라는 것이다. 어떤 종류의 집합을 이루는 정치제도를 전복하고 다른 정치제도로 대치하는 것은 전적으로 새로운 법으로 인도한다. 이전의 형태가 유지된다고 하더라도 이전 형태는 새로운 내용으로 채워지고 새로운 목적에 봉사하게 되고 형태가 오래된 것이라고 할지라도 과거의 것과 동일시될 수 없다고 얘기된다.

서양법 전통의 위기는 단순히 법철학에 있어서의 위기일 뿐만 아니라 법 자체의 위기이다. 법철학자는 항상 논쟁하여 왔고 아마도 앞으로도 늘 논쟁할 것이다. 즉, 법은 이성과 도덕에 기초하고 있는가, 또는 법은 단지 정치적 지배자의 의지일 뿐인가에 대해서 역사적 사실의 문제로 서양법 전통을 계승한 모든 나라의 법체계가 어떤 믿음과 표명된 가치에 뿌리를 두고 있다고 결론 짓기 위해 이 논쟁을 해결할 필요는 없다. 법체제 그 자체는 이러한 믿음들이 유효한가를 전제로 하고 있다. 오늘날 이러한 믿음들이나 표명된 가치들은 - 예를 들면 법의 구조적 일관성과 법이 계속 진행하면서 발전한다는 성질, 법이 종교에 뿌리를 가지고 있다는 것, 법의 초월적 성격들- 급속하게 사라지고 있다. 이런 현상은 비단 철학가의 마음에서뿐만 아니라 입법가나 판사, 법률가, 법학 선생들이나 다른 법률전문가 구성원들의 마음에서부터 사라져 버렸다. 또한 대다수의 시민들의 의식에서부터도 그리고 전체로서의 국민들로부터도 사라지고 있다. 이 현상은 이러한 믿음들이 법 자체로부터 사라지고 있는 것보다 더 심한 것이 된다. 법은 점점 더 분절화, 파편화되어 가고 더 주관적이 되어 가며 편의성에 더 기울어지며 도덕성에는 덜 기울어지며 즉각적이고 임박한 결과에 더 관심이 많으며 일관성이나 계속성에는 점점 덜 관심을 가지게 되고 있다. 따라서 20세기에 와서 서양법 전통의 역사적 토양은 씻겨 내려가고 있고 서양법 전통 그 자체는 붕괴의 위험에 위협받고 있다. 서양법 전통의 와해는 1917년 10월 러시아에서 시작되었던 사회주의혁명으로부터는 단지 부분적으로 영향받았으나 20세기의 전 기간에 걸쳐서 서양 세계 전역에 걸쳐서, 그리고 세계의 다른 부분 전역에 걸쳐서 사회주의혁명은 비록 비교적 덜 과격한 형태이지만 영향을 미쳐왔다고 할 수 있다. 서양법 전통의 붕괴의 원천은 부분적으로는 경제에 대한 국가의 대규모의 관여에서 비롯되고[49] (이것은 복지국가와 관계있다) 또한 극히 부분적으로는 중앙집권화된 거대한 기업조직 형태를 통하여 (기업국가) 인간의 사회경제 생활을 거대한 규모로 관료제도화한 데서부터도 유래한다. 이상에 열거한 사회주의, 복지국가, 기업국가, 관료제도화의 영향은 부분적이라고 본다. 서양법 제도가 와해한 훨씬 더 큰 원인은 1914년에 시작된 제1차 세계대전으로 서양 문명 자체가 위기에 처한 데서 기인한다고 볼 수 있다. 제1차 세계대전은 경제 또는 과학기술 혁명 이상이었고 심지어 정치적 혁명 이상이었다. 제1차 세계대전이 아니었더라면 서양 사회는 그들 앞에 놓인 새로운 요구들에 맞출 수 있는

---

49) 역자 주: 버만은 1980년대 이후의 신자유주의(neo-liberalism)를 증언하지 못했다. 이 책은 1983년에 출판된 것이다. 신자유주의에 대해서는, 김철 『경제 위기 때의 법학』(서울: 한국학술정보, 2009.03)과 『법과 경제질서 — 21세기의 시대정신』(서울: 한국학술정보, 2010.12)을 볼 것.

서양 세계의 법제도들을 채택할 수 있었을 것이다. 그리고 이러한 기대는 제1차 세계대전 이전의 혁명적 상황에서 일어났던 일을 기초로 한 것이다. 서양 사회는 사회주의든, 또한 어떠한 그것의 변화 형태이든 간에 그때까지 발전시킨 서양법 제도 내부에서 조정할 수 있는 능력이 있었다. 그러나 그 전통의 기초 자체가 해체되는 것은 조정될 수 있는 사항이 아니다. 또한 서양법 전통의 기초에 대한 최대의 도전은 서양 문명 자체에 대한 신뢰를 대량으로 상실하는 것이다. 서양 문명이라는 것은 법 전통에 있어서 9세기 동안이나 걸린 것이며 하나의 문명으로서 하나의 큰 공동체로 존속해온 것이었다.

서양 세계의 거의 모든 나라들이 오늘날에 와서 법에 대한 냉소주의에 의해서 위협받고 있으며 인구의 모든 계층으로부터 법에 대한 모욕으로 이끌어지고 있다. 그 이유가 무엇일까. 서양 세계의 도시는 계속해서 안전한 곳이 못 되고 있다. 복지제도는 실행 가능성이 없고 강제할 수 없는 규제제도 아래에서 거의 고장이 났다. 부자이든 빈곤층이든 또는 중산층이든 모두에 의해서 세법을 위반하는 것은 소매상 수준이 아니라 도매상 수준이 되었다. 어떤 전문 직업도 한 가지 이상의 정부규제를 일탈하는 것에 관계되지 않는 것은 예를 들기 힘들 정도이다. 또한 정부 자체도 아래에서부터 위까지 불법성에 사로잡혀 있다. 그럼에도 불구하고 이것은 주된 포인트가 아니다. 주안점은 이러한 일들에 대해서 양심에 충격을 받은 사람들은 그들의 범죄가 노출된 극소수의 사람들이라는 것이다. 법에 대한 경멸과 법에 대한 냉소주의는 때때로 법 형식주의라고 불리는 것에 대한 최현대의 반란에 의해서 자극되어 왔다. 법 형식주의의 특징은 법 사고나 법을 논증하는 데에 있어서 또한 정의가 무엇인가라는 생각에 있어서 일반적인 법규를 획일적으로 적용하는 것을 중심적 요소로 하고 있다. 하버드의 법사회학자인 웅거(Roberto M. Unger)에 의하면 한편에 있어서는 복지국가의 발전과 함께 다른 한편에 있어서는 기업국가의 발전과 함께 법 형식주의(formalism)는 법적 논증과 사법의 이상이라는 점에서 공공정책에 강조를 두는 입장에 양보를 하고 있다고 한다.[50] 웅거의 저술에 의하면 정책에 기반을 둔 법 사고라는 것은 공평이나 사회적 책임에 대한 넓은 기준에 강조를 두는 것으로 특징지을 수 있다고 한다. 웅거는 서양 법 사상의 역사에서 '후기 자유주의(post-liberal)'에 속하는 이러한 변화를 언어에 대한 믿음에 있어서의 변화와 관계시킨다. "언어는 더 이상 범주가 확정되어 있는 것으로 신용되지 않는다. 또한 법 형식주의가 법 사유나 정의에 대한 이념에서 존재 가능하도록 만들었던 세계에 대한 투명성이 있는 표현방식이 더 이상 신용되지 않는다."[51] 이처럼 법 형식주의에 반대하는 반란은 불가피하기도 하고 다소의 혜택도 있는 것같이 보인다. 그러나 나치즘의 예에서 본 바대로 사법적 재량이 억압의 도구가 되는 것이나 심지어 야만주의와 비문명적인 폭력주의의 전주곡이 되는 것으로부터 피하기 위해서 무엇이 필요한가? 웅거는 한 사회를 이루는 다양한 그룹 내부에 강력한 공동체 의식이 발전되어야 한다고 한다. 그러나 불행히도 이러한 그룹 복수주의의 발전은 법 형식주의의 공격의 기초를 이루는 똑같은 고려들에 의해서 좌절된다. 면 대 면, 즉 얼굴을 맞댈 수 있는 규모 이상의 대부분의 공동체는 오랫동안 존속하기가 힘들고 관습에 의한 것이든 일부러 규칙을 만들든 간에 자세

---

50) Roberto M. Unger, *Law in Modern Society*, (New York, 1976), p.194.
51) Ibid., p.196.

한 규칙 체계 없이는 구성원들 간에 서로 상호작용하기가 힘들게 되어 있다. 이렇게 말하는 것은 다음과 같은 사실을 부인하는 것은 아니다. 19세기 말과 20세기 초에 있어서 서양의 많은 나라들에 있어서는 법에 있어서 논리적 일관성이 존재하느냐에 대해서 지나친 관심이 있어 왔고 이것은 아직도 그렇다고 할 수 있다. 그러나 논리적 일관성을 지나치게 강조하는 것에 반대하는 반작용 역시 그것이 규칙이나 법규 자체에 대한 공격이 될 때 정당성을 잃게 되고 또한 반작용이 적법성에 대한 서양 문명의 전통 자체에 대한 공격일 때 그러한 것이다. 서양 문명 전통에 있어서의 적법성이라는 것은 규칙 또는 법규와 선례 그리고 정책과 형평성, 이 4개의 요소에서 균형을 잡는 것이었다.

이 4가지 적법성의 요소들 중 어느 하나에 대한 공격도 다른 요소의 중요성을 감소시키게 된다. 반형식주의의 이름으로 '공공정책(public policy)'은 위험하게도 다음의 의미에 가깝게 접근해갔다. 즉, 공공정책이 접근해가는 것은 어떤 사회에서 현재 실세인 사람들의 의지를 실현하는 쪽으로 가깝게 가는 것이다. '사회정의'와 '실체적 합리성(substantive rationality)'은 실용주의와 같은 의미가 되어 갔다. 그리고 '공평함(fairness)'은 역사적 뿌리와 철학적 뿌리를 상실하고 그 당시에 유행하는 이론이 일으키는 여러 종류의 바람에 의해서 이리저리 흔들렸다. 법의 언어도 필요한 만큼 복합적이며 애매성을 띠고 현재 그러한 것처럼 다소 수사적일 뿐만 아니라 전적으로 현재적이며 그리고 자의적인 것으로 보이게 되었다. 이러한 특징들이 후기 자유주의 시대의 것일 뿐만 아니라 역시 '후기 서양 문명' 시대의 특징이라 할 만하다.

법에 대한 냉소주의나 혹은 법 없이 잘 지낼 수 있다든가 또는 법이 존재하지 않는다는 것은 현실주의에 집착해서 극복될 문제는 아니다. 현실주의는 서양법 전통의 자율성이나 일관성이나 그리고 계속해서 전개해 나가는 성질들을 부인하고 있기 때문이다. 에드먼드 버크의 말대로 현대인의 조상에 속하는 과거에 대해서 돌아보지 않는 사람들은 그들의 자손에 속하는 세대들을 예견할 수 없다고 한다.

그렇다고 해서 과거의 연구가 사회를 구원한다고 의미하는 것은 아니다. 사회는 불가피하게 미래로 움직여 간다. 미래로 움직일 때 과거의 눈을 고착시키면서 뒷걸음질치면서 미래로 가는 것은 아니다. 올리버 크롬웰이 말하듯이 "사람은 그가 어디로 가는가를 알지 못할 때 그렇게 높이 도달할 수는 없는 것이다." 크롬웰은 그가 겪은 위기의 시대에 전통을 존중하는 것의 혁명적 중요성을 이해하고 있었다고 할 수 있다.

5. 법에 대한 사회이론을 위하여

과거에 대한 현대인의 사고를 형성시켜 온 두 가지 말이 서양법 전통의 의미를 파악하는 것을 어렵게 해왔다.

첫 번째 단어는 '중세적인 또는 중세의'라는 말이다. 중세라는 말은 16세기에 쓰이기 시작했는데 한편에서는 기독교시대의 초기부터 프로테스탄트 개혁 사이의 기간을 지칭했고 다른 한편에 있어서는 고전시대(classical antiquity)와 '신인본주의(new humanism)' 시대(신인본주의시대라 함은 르네상스를 지칭하고 르네상스라는 말은 300년 뒤에 미슐레에 의해서 처음으로 지칭된 것이다) 사이의 기간을 의미했다. 중세라는 용어는 가톨릭 반개혁주의의 지지자들에게 역시 의미 있는 언어였는데 왜냐하면 중세란 말이 의미하는 바는 비단 프로테스탄티즘이 쇄신일 뿐만 아니라 역시 로마 가톨릭이 적어도 콘스탄티누스(Constantinus) 황제시대 이래로 단절되지 않는 지속성을 가지고 있다는 의미도 되기 때문이다. 이윽고 중세란 용어는 역시 19세기의 국민국가적 또는 민족주의적 역사 연표 제작가들에게도 편리했는데 왜냐하면 중세란 용어는 로마제국의 멸망으로부터 근세의 주권적 국민국가의 출현 사이를 정의하는 것으로 보였기 때문이다.

그렇다면 중세 이후 근대의 실질적으로 거의 모든 서양법 체제가 중세의 중반기에서 유래하고 있다는 것을 발견하는 것은 너무나 놀라운 일이 될 것이다. 시대 구분에 있어서 해결해야 될 두 번째 용어는 '봉건주의(feudalism)'로 중세의 사회경제적 형성으로 동일시되고 있다. 중세 봉건주의는 근대 자본주의와 대조된다. 자본주의는 개인 인격주의와 프로테스탄티즘과 연결되어 있으며 봉건주의가 전통주의와 가톨리시즘과 연결되어 있는 것과 같다.

봉건주의의 개념은 중세의 개념이 그러한 것처럼 높은 정도로 이념적 전제가 숨겨져 있다. 중세적이란 뜻인 feudal은 원래 구체적인 명사인 fief(feod)에서 유래했는데 11세기 이래로 기술적 의미와 정치적 의미, 경제적 의미 그리고 법적 의미를 갖고 있어 왔다. 그러나 추상명사인 feudalism은 전체적인 사회경제 체제를 지칭하는 까닭에 18세기에 겨우 발명된 언어이다.52) 프랑스대혁명은 봉건주의(féodalité)와 봉건사회(la société féodale)를 폐기하는 것이 목적이

---

52) Bloch, *Feudal Society*, (Chicago, 1961, I, xvi).

었다. 1789년 8월 11일의 법령(decree)은 다음과 같이 선포한다. "국민 의회는 중세 체제를 전적으로 폐기한다." 마르크 블로크가 말한 바와 같이 "어떻게 어떤 체제의 현실성을 부인할 수 있겠는 가. 그것을 파괴하는 데 그렇게 많은 비용과 희생을 바쳤을 경우 에……."[53] 블로크의 아이러니는 선도적인 영국 마르크스주의자 역사가 크리스토퍼 힐이 나중에 지적한 바에 의해서 정당화되고 있다. 즉, 봉건주의는 16세기에 농노제도가 끝났을 때 끝났다는 견 해를 반박하기 위해서 힐은 다음과 같이 말한다. "만약 봉건주의가 농노제도와 함께 폐기되었다면 1788년의 프랑스는 봉건국가가 아 니었고, 따라서 봉건국가를 전복시켰다는 의미의 혁명이라면, 부르 주아지혁명이라는 것은 존재하지 않았다고 할 수 있다. 만약 농노 제도와 함께, 프랑스의 봉건국가가 폐기되었다면, 혁명의 대상인 봉건국가는, 이미 1788년에는 존재하지 않았기 때문이다."[54] 환언 하면, 봉건주의는 1789년 이전 200년에 종식하는 것이 불가능했고, 만약 대혁명 이전 200년에 이미 봉건주의가 종식했다면 프랑스대 혁명이라는 것은 무의미하게 되는 것이고, 더 심각한 사태는 마르 크스이론이 틀리게 되는 것이다.

이와 같이 19세기의 모든 이데올로기들은, 마르크스주의를 포함 해서 근대 서양제도와 가치의 깊은 뿌리가 프로테스탄트 이전에, 인본주의 이전에, 국민국가주의 이전에, 개인인격주의 이전에, 그리 고 자본주의시대 이전에 있다는 것을 무시하거나 부인하거나 최소 화하는 데 주력하여 왔다. 또한 19세기의 모든 이념들은 11세기

---

53) Ibid., xvii.

54) Chistopher Hill, "A Comment", in Rodney Hilton, ed., *The Transition from Feudalism to Capitalism*, (London, 1976), p.121.

말과 12세기에 서양사에서 일어난 단절을 숨기는 데 진력하여 왔다. 이와 같이 서양사의 시대 구분의 오류는 관행적인 역사가들이 중세에서 근대로 역사가 이동하는 것에 관해서 행한 많은 오류들의 원인이 될 뿐만 아니라 사회이론가들이 근대사회에서 '새로운'(사회주의, 후기자유주의 그리고 후기근대주의) 사회로의 연결을 추적하는 노력의 기초가 되게 했다.

　서양 사회가 봉건주의시대로부터 자본주의시대로 전개되었다는 믿음은 다음과 같은 함의를 자주 동반한다. 즉, 어떤 사회질서에 기본적 구조는 경제적인 것이고 법은 '이데올로기적인 상부구조(ideological super structure)'의 일부라는 함의이다. 이때 법이 상부구조라는 논지는 경제력을 그들의 정책을 유효하게 하는 방식으로 가지고 있는 사람들에 의해서 쓰인 것이다. 이런 사고방식과 주장에서 중요한 것은 서양법 전통은 당연히 지배의 도구로서 그 지배가 경제적 지배이든 정치적 지배이든 지배구조를 제외하면 이해될 수 없다는 주장이다. 이런 주장과는 반대로 오히려 서양법 전통은 서양 사회의 기본적 구조를 구성하는 중요한 부분으로 보여야 한다. 실로 서양법 전통은 서양 사회의 경제적 발전과 정치적 발전의 반영이자 또한 이를 결정지은 요소이다. 왜냐하면 12～15세기에 걸친 서유럽에서 발전된 헌법, 회사법, 계약법, 물권법 그리고 다른 분야의 법이 없었더라면 17세기부터 19세기에 걸친 경제적·정치적 변화들은 －이 변화들을 현대의 사회이론가들은 자본주의와 동일시하거니와－ 일어나지 않았을 것이기 때문이다.

　더하여 봉건주의라는 용어는 다음의 사실을 호도하는 데 쓰일 수도 있다. 즉, 서양법 제도와 가치는 그것의 발전의 형성기에 있어서 자주 당시에 주도하고 있는 정치적, 경제적 제도에 도전하였다. 법과 봉건계급의 억압 사이에는 되풀이되는 투쟁이 있었으며, 법과 도시 거물 세력 간에도 역시 투쟁이 있었다. 또한 법과 성직 계급의 이익 간에도 투쟁이 있었으며, 법과 왕의 지배권 간에도 투쟁이 있어 왔다. 자유도시로 도망한 노예들은 도시법 아래에서 그들의 자유를 주장했고 이것은 도망친 후 1년 하루가 지난 뒤 행해졌다. 도시 시민들은 도시국가의 지배자들에 대한 저항에서 반란을 일으켰는데 자유도시 헌장에 선언된 헌법적 원칙의 이름으로 이를 행하였다. 귀족들은 왕에게 그들의 권리와 특권을 요구할 때 그 근거를 왕권시대 이전의 더 오래된 시대에서 찾아내었다. 왕권과 교황권은 서로 충돌하였는데 왕이나 교황이나 다 같이 그들의 주장을 정당화시키는 데 상대방의 사회경제 권력이 신법(神法)과 자연법의 권리와 정신을 위반하였다고 하며 심지어 신법(神法)이 쓰인 문자를 위반하였다고 주장하였다. 이와 같은 모든 갈등과 투쟁에 있어서 당시 상황에서 지배적인 물질적 사실이나 상황에 반대하여 그들의 권리를 주장하는 데에 법이 동원되었다. 전체적으로 법이 동원된 것은 법을 가능케 하고 양육케 했던 당시의 사회구조 자체를 부인하는 데에 법이 쓰였다는 것이다.

비슷한 양상에서 서양 역사에서 후에 우리가 관찰할 때는 일회적이 아니고 상당한 정도 여러 번 시대의 중요한 변화기에 법은 당시 사회에서 주도하고 있는 정치적·도덕적 가치를 반대하는 데에 동원되었다. 대단히 아이러니로 생각되는 것은 어떤 법을 있게 한, 즉 심지어 법의 출생에 생명의 기원을 준 당시의 가치 그 자체에 대해서도 법은 일정 시간이 지나고 나서 부인하는 데에 쓰였다. 즉, 정치적 권위나 일반의 여론이 반대 의견과 주류에 반대하는 이단 또는 비정통 교조를 단죄하고 있을 때에 있어서도, 시대의 이단과 극단적인 비정통적인 태도를 보호하는 데에 법이 쓰였다. 또한 법은 어떤 사회에 지배적인 집단주의의 폐해로부터 개인을 보호하는 데에 쓰일 수도 있고, 거꾸로 다른 사회에서 지배적인 풍조가 개인의 이익만을 추구할 때 거기에 반대해서 어떤 무리의 사람들을 보호하는 데에 쓰일 수도 있다. 이상에서 본 바와 같이 법이 그것을 가능하게 한 또는 그것을 양육한 이전의 사회구조보다도 법 자신의 내재하는 가치에 충실한다는 성질은, 법제도가 단순히 어떤 사회나 국가의 지배적 계층이나 정치적 엘리트들의 도구일 뿐이라는 도구주의 이론의 용어로는 설명하기 힘들다.

적어도 서양사에 있어서는 법은 그 사회의 물질적인 조건으로 전적으로 환원될 수 없다. {역자 주: 이 환원은 종종 특정 경향의 사회이론가나 경제이론가들이 잘하는 방식이다} 법은 또한 어떤 이상이나 가치의 체계로만 환원될 수도 없다. 종합한다면 법은 어떤 사회적·경제적·정치적·지성적·도덕적·종교적 발전의 결과의 하나라고 본 것은 편견이고 부분적으로는 사회경제적·정치 도덕적 발전의 독립변수이거나 원인의 하나라고 보아야 한다. (많은 경우에 인문학자나 사회과학자들은 법제도를 독립변수나 원인의 중요한 것으로 보지 않고 그들이 익숙한 한 시대의 도덕, 종교 또는 정치경제적 사회적 중요요인의 결과로 치부해왔고 이러한 태도들이 예상 밖에 법학자나 법률가에게도 스며들어서 순수 인문주의나 사회이론가들에 의해서 많은 경우에 법제도에 대한 냉소주의나 허무주의가 전파되어 왔다) 칼 마르크스 이후 1세기 반이 지났고, 막스 베버 이후 한 세기가 지난 오늘날, 법에 대한 사회이론이 해야 할 첫 번째 과제는 사회의 성립에 대한 인과관계에 있어서 지나치게 단순화된 개념으로부터 탈피하며 법개념의 지나친 단순화에서도 벗어나야 된다는 것이다. 철학자들이 관념주의와 물질주의에 대해서 무엇이라고 얘기하기를 원하든 간에, 역사의 견지에서 볼 때 의식(意識)이 존재를 결정한다는 헤겔(Hegel)의 명제나, 존재가 의식을 결정한다는 마르크스의 명제 모두가 맞지 않는다. 역사나 실제 생활에 있어서 의식이나 존재의 아무것도 존재나 의식의 구조를 '결정하지' 못한다. 대개의 경우 의식과 존재는 같이 진행한다. 의식과 존재가 같이 동행하지 않을 경우에, 어떤 경우에는 결정적인 중요성을 가지는 것은 둘 중의 하나이기도 하고 다른 경우에는 다른 둘 중의 하나이기도 하다. 따라서 법에 대한 사회이론은 헤겔이나 마르크스의 일원적 결정론에서 벗어나야 한다. 결론은 법에 대한 사회이론은 두 가지 분리되어서 설명되었던 다른 요소들의 상호교호 관계를 강조하여야 한다. 즉, 정신과 물질 그리고 생각과 경험의 상호교호 관계이다. 이러한 상호교호 관계의 강조는 법을 정의하는 데에 있어서나 분석하는 데에 있어서 똑같이 적용되어야 한다. 이러한 설명은 서양법사에서 전통적으로 존재해왔던 법의 세 가지 학파를 같이 모음으로써 가능해진다. 세 가지 법학파는 첫째로 법을 결정하는 정치에 중점을 두는 학파(법실증주의), 도덕에 중심을 두는 학파(자연법이론), 그리고 역사에 중점을 두는 학파(역사법학)이다. 이 세 가지를 합치면 통합적인 법학이 된다(integrative jurisprudence).

오늘날 법의 사회이론에 주어진 두 번째 과제는 법제사나 법사에 적합한 역사 그래프를 채택하는 것이다. 왜냐하면 지금까지 역사 그래프는 주로 경제사나 철학사, 다른 종류의 역사로부터 주로 추출하였기 때문이다. 법의 사회이론이 대면해야 될 첫 번째 역사적 사실은 법체계란 11세기 말에서 12세기 서양에서 축조되기 시작했다는 것이다. 그리고 그와 같이 축조된 법체계의 가장 근본적인 특징은 16세기에서 20세기에 걸치는 동안 인류가 겪었던 대규모의 국민적 혁명에도 불구하고 그 생명력을 보존하였다는 사실이다. 지금까지 무시하거나 회피해왔던 다른 사실은 서양 역사상의 최초의 법체계는 로마 가톨릭교회의 교회법(canon law)이며, 로마 가톨릭교회의 캐논법 체계는 현대의 사회이론가들이 자유주의와 자본주의를 기반으로 하는 사회의 세속법, 합리적인 법, 또한 재산이나 기타 유형물 위주의 법 또는 개인주의를 기반으로 하는 법이라고 부르는 것과 많은 공통점이 있다는 것이다. 성속의 구별 또는 교회 재판관할권과 세속 재판관할권이 공존하는 이원주의는 서양 문화에만 존재하는 것은 아니지만 매우 특징적인 것이다. 법의 사회이론은 바로 이와 같은 이원론을 설명하는 데에 바쳐야 한다. 이와 같이 이원구조를 설명함으로써 비로소 서양법상에서 세속법 체계 안에서도 존재하는 복수의 단체적 집단이라는 서양의 개념을 취급하게 되고, 이와 같은 복수의 단체적 그룹은 각기 그 자신의 법을 가지며, 또한 세속법 체계 안의 이와 같은 복수주의는 그것보다 더 큰 분류인 성속의 이원주의와 관계를 가지게 된다. 이것은 사회학적 문제뿐만 아니라 역사 그래프상의 문제이다. 왜냐하면 서양 역사상의 대규모의 혁명들을 재해석하여야 하고, 그 대규모의 역사를 통해서 국민국가는 중세 때 교회가 가졌던 큰 부분에 걸치는 재판관할권을 흡수해 버렸으며, 마침내 세속법 체계 내부에서도 존재했던 다양한 단체적 그룹들이 원래 가지고 있었던 재판관할권의 많은 부분 또한 흡수해 버렸기 때문이다.

이와 같은 새로운 역사 연표를 정리함으로써 일반 사회이론에까지 이르게 되는데, 이 이론에 의해서 비로소 서양사는 봉건주의에서 자본주의로 또한 사회주의로 일련의 변용을 거듭하는 것으로 일차적으로 해석되기보다는 중세 때와 같이 성속을 덮는 교권의 단위 내부에서의 복수의 단체의 성질을 가지는 집단에서부터, 근세의 눈에 보이지 않는 종교적 단위와 문화적 단위 안에서의 국민국가로의 이행의 연속으로 보이게 된 것이다. 눈에 보이지 않는 종교적, 문화적 통일체 내부에서의 국민국가는 이윽고 서양이라는 통일체 없는 민족국가로 옮아가게 되는데 이 단계에서는 다른 공통점이 없기 때문에 세계적 규모에 있어서의 새로운 형태의 통일체를 추구하게 된다.

이러한 역사적 전망을 취하면서 법의 사회이론은 서양법 전통이 어느 정도 항상 의존적이었는가와 관계된다. 심지어 국민국가의 여명기에도, 최고의 정치적 권위의 법을 넘어선 어떤 법의 존재에 대한 믿음 같은 것, 그 믿음의 근거는 한때 신의 법, 그다음에는 자연법, 그리고 점차로 천부인권으로 옮아갔었다. 신의 법과 자연법 그리고 천부인권에 대한 이러한 믿음은 역사상 항상 국민국가 내부에서의 자율적인 공동체의 법체계가 어느 정도 활력을 가지느냐에 매여 있었는데, 이때 자율적인 법 공동체는 자유도시이든 지역이든 또는 직능단체이든 간에 자율적인 법체계를 가지는 공동체는 국민국가 내부에 그치지 않고 국경을 넘어선 공동체도 포함하는데 (예를 들면 국제적인 상인조직 또는 국제적인 금융연합 또는 국제적인 기구나 교회들을 포함한다) 덧붙여서 현대의 법에 대한 사회이론의 과제는, 혁명적 변화의 기간 동안에 법의 운명을 연구, 추구하는 것이다. 그것의 목적은 구법에 대해서 얼마나 급격하게 신법을 빨리 대치하느냐를 조사하기보다는, 미래에 있어서의 안정적이고 올바른 법질서를 위한 기초가 구축되느냐, 어떤 방식으로 구축되느냐의 방식을 조사하는 것이다. 물론 이것은 혁명이 어느 정도 진정되고 나서의 일이다.

　마지막으로 법에 대한 사회이론은 서양법 체계의 연구를 넘어서지 않으면 안 된다. 즉, 지금까지 강조했던 서양법 전통을 넘어서서 비서구권의 법체계와 전통들을 포함하여야 한다. 이러한 비서구권의 법체계와 전통들은 서양법과 만나야 되고, 인류를 위한 공통된 법언어를 개발하는 노력으로 진행되어야 한다. 이러한 방향에서만 20세기 후반 이후 21세기에 걸치는 서양법 전통의 위기에서 탈출하는 방식이 존재하게 된다.

제 2 장

서양법 전통의 배경:
부족법(Folk Law)

정복왕 윌리엄
(William the Conqueror, A.D. 1067)에
의한 노르만족의 영국 정복

샤를마뉴 대제
(Charlemagne the Great, A.D.
768~816) 프랑크 왕국, 교회
법의 속죄제도를 세속법에 대해서
도 적용함

클로비스 1세
(Clovis I, A.D. 496)
'야만인들의 법' 또는 '살리 프랑
크의 법(Lex Salica)'

야콥 그림(Jacob Grimm)
"법에 있어서의 시(詩)에 대하여"(1816)

제2장
서양법 전통의 배경: 부족법(Folk Law)

「베오울프(Beowulf)」의 단어에 의하면,

운명은 자주 구출한다.
만약 그의 용기가 출중하다면 심판되지 않은 사람을 구원한다.

여기에서 영웅주의와 영웅적 복수의 정신은 부족회의의 판단(ting) 앞에서 드라마같이 전개되는 것으로써 구체적 예가 드러난다. 고대 게르만 서사시, *the Icelandic Edda*에서 비슷한 모습이 보이는데, 이 서사시는 폭력, 복수 그리고 절망적인 영웅주의의 스토리들로 채워져 있다(2장 본문 중에서).

더 연대가 후기인 「니벨룽겐의 노래(Nibelungenlied)」에 나오는 주인공 지크프리트(Siegfried) 전설과 비교된다. 이 무용담에서 죄는 전반적으로 부인되고 살인자는 영웅일 수가 있다. {역자 주: 고대 중국 영웅담에서는 어떠한가?(2장 본문 중에서)}

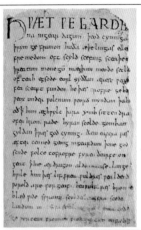	
「베오울프(Beowulf)」(8~11세기)	「베오울프(Beowulf)」(8~11세기)

「니벨룽겐의 노래(Das Nibelungenlied)」 (약 1230년)	「니벨룽겐의 노래(Das Nibelungenlied)」 (약 1230년)

* 이 그림들은 역자가 독자의 이해를 위해 만든 것임.

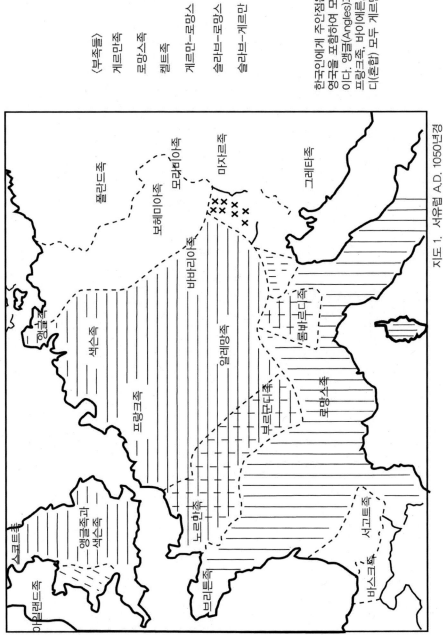

지도 1. 서유럽 A.D. 1050년경

〈부족들〉
계르만족
로망스족
켈트족
계르만-로망스
슬라브-로망스
슬라브-계르만

한국인에게 주안점은 수평선(ㅡ)으로 표시된 지역이
영국을 포함하여 모두 계르만족의 영역이었다는 것
이다. 앵글(Angles)과 색슨(Saxon)은 물론 노르만족,
프랑크족, 바이에른, 알레망, 부르군디(훈함), 롬바르
디(훈함) 모두 계르만족에 속했다.

1. 들어가는 말

1.1 기원들

역사가는 기원(Origin)에 대해 이야기하는 것의 위험성을 날카롭게 의식하고 있다. 사람들이 과거에서 출발할 때마다 항상 그 과거는 더 이전의 출발이 존재해왔다. ―이 사실은 인류의 모든 역사가 연속성이 있다는 것을 증언하는 것이 될 것이다. 폴록(Pollack)과 메이틀런드(Maitland)의 『영국법의 전통』에서 공저자 메이틀런드는 서문의 들어가는 말에서 명언을 남겼다. "모든 역사는 분리할 수 없고 연결되어 있으며 그런 의미에서 온전성과 하나 됨이 가능하다는 성질에서, 누구든지 역사 중의 한 단편을 얘기하려고 노력하는 사람들은 그가 첫 번째 문장을 쓰자마자 원래는 봉합점이 없는 끝없이 이어진 그물망의 한쪽을 찢어내어서 드러내는 것으로 느낄 것이다." 오늘날 법제사와 법사에서 고전이 된 『영국법의 역사』에서 나타난 최초의 단어들은 그리스어(헬라 말)이다. 주교(bishop), 신부 또는 사제(priest) 그리고 부제 또는 집사(deacon)이다. 만약 우리가 로마법의 기원을 추적한다면 바빌론에서 출발해야 한다. 즉, 공소시효 또는 출소기한법(出訴期限法)을 들어야 하고, 그러나 그것은 (메소포타미아 문명에 속하는 만큼 현대인의 눈에는) 합리적이라기보다는 자의적으로 보일 것이다. 이러한 제정법의 그물망도 역시 바빌론에서 기원한 것이 아니라 빌려 온 것임에 틀림없다.

이와 같은 메이틀런드의 역사의 연속성에 기한 경고에도 불구하고 나 자신은 다음과 같이 주장할 준비가 되어 있다. 즉, 봉합된 지점이 전혀 없어 보이는 온통 연속적인 그물망에도 봉합 지점이 있으며 (태양 아래 새로운 것이 없다는 고대 문명 이후의 속담에도 불구하고) 태양 아래 새로운 일들이 있으며, 최초의 출발은 그 이전의 기원이 없다 해서 항상 제멋대로이거나 자의적인 것은 아니다. 더욱 특화해서 말하자면 이 책에는 1차적인 주된 주제가 존재한다. 즉, 오늘날 법체계라고 알려진 것이 서양인들에게 전혀 존재하지 않았을 때가 있었다는 사실이 가장 먼저이다. 두 번째는 그럼 언제 오늘날 서양법체계라는 것이 처음으로 나타났는가라는 문제이다. 대답은 11세기 말에서 12세기 초에 로마 가톨릭교회 내부에서, 그리고 동시에 다양한 왕국들, 도시들, 그리고 서양의 다른 세속적인 정치 체제 내부에서 일관성이 있으며, 조직적이며, 통일성이 있는 법의 몸체가 나타났다는 것이다.

여기서 법체계(legal system)라는 용어는 법 일반이나 또는 비슷하게 '법질서'라고 불리는 것보다 좁고 더 특화된 의미로서 사용한다. 11세기나 12세기 이전에도 서양의 어떤 나라나 사회에도 법질서는 존재했었다. 어떤 의미에서인가는, (법을 적용하는) 법상으로 조직되고 구성된 권위를 가지는 법을 적용하는 당국이 있었다는 의미이다. 실로 그들 역사의 어떤 시기에도 서유럽의 사람들은 법질서를 결여하지 않았다. 최초로 글로 쓴 기록은 법의 모음이고, 기원후 1세기와 2세기에 기록을 남긴 로마인 타키투스(Tacitus)로, 당시에 재판정 또는 법원으로서 기능하였던 게르만족의 부족회의(German assemblies)를 기록하고 있다. 또한 매우 이른 시기의 교회도 법을 선포하였고, 문제되는 사례를 결정하기 위한 절차를 확립한 적이 있다. 그럼에도 불구하고 앞서 말한 바대로 11세기 말과 12세기 초 이전의 시대에 있어서, 서양의 다양한 법질서에 적용된 법규칙과 법절차들은 크게 보아서 사회적 관습이나 정치적 또는 종교적 제도들로부터 분리되어 있지 않았다. 아무도 당시에 통용되고 효력이 있는 법과 법 제도들을 정리 정돈하고 조직해서 뚜렷한 구조로 만드는 일을 시도하지 않았다. 당시에 쓰이고 있던 법 중에 극히 작은 부분만이 기록되었을 뿐이다. 재판이나 재판절차에 관련하는 전문적인 사법부라는 것은 없었고, 전문인의 계층으로 존재하는 법률가도 없었으며, 전문적으로 법이나 법학에 관하여 기술하는 문헌도 없었다. 법은 의식적으로 조직화되지 않은 상태였다. 법은 사회 전체의 기반에서 따로 떼어내서 하나의 부분으로서 분리하지 않았다. 따라서 오늘날 현대인들이 생각하는 법원칙이나 법절차들은 독립되거나 분화되지 않은 상태로 존재했는데 당시 존재했던 사회조직의 다른 절차(process)로부터 명백히 구분할 수가 없었다. 따로 법원칙이나 법절차를 개발하기 위해서 특별히 훈련된 사람들의 전문집단이 없었으니 그들에 의해서 전개된, 독립된 법원칙과 절차가 나타나지 않는 것은 당연했다.

1.2 11세기 말과 12세기 초

메이틀런드(Maitland)의 구절을 다시 사용한다면 11세기 말과 12세기 초에 이르러서야 이 모든 미분화된 상태가 '놀랄 만하게 갑자기' 변화하였다. 당시 서양에서 존재하던 모든 나라에서 전문적 법정과 법원이 만들어졌고, 입법의 모험이 나타났으며, 전문적인 법적 직업이 나타나고, 내용상 구별되는 법문헌이 나타났으며, 마침내는 '법에 대한 과학'이 나타났다. 이러한 놀라운 전개의 1차적인 충동은 교황이 서양의 전 교회에 대해서 최고의 수장권을 가진다는 선언과 서양의 전 교회는 세속권력의 지배로부터 독립한다는 선언으로부터 시작되었다. 이것은 분명히 혁명이었는데 교황 그레고리오 7세(Gregory Ⅶ)에 의해서 이 혁명은 선언되었다. 이 선언 이후 약 50년 동안 교황에 충성하는 당파와 황제에 충성하는 당파가 혈투를 벌였으며, 이는 100년이 경과한 이후 1170년에 교황권의 우위를 주장한 토머스 베케트(Thomas Becket)의 순교가 영국에서 마지막 타협점을 찾을 때까지 계속되었다. 1170년 이후 수세기 동안 유럽 인종들의 부족법은 거의 완전히 사라진 것처럼 보였다. 새로운 조직적이고 정밀한 법체계들이 건축되었는데, 처음에는 교회를 위해서, 다음에는 교회가 아닌 세속의 정치질서를 위해서 법체계가 만들어졌다. －캐논법(canon law), 도시법, 왕국의 법, 상인들의 법, 그리고 봉건법과 장원법 같은 것들이다. 16세기부터 20세기까지의 기간 동안에 일련의 대규모 혁명들 －즉, 연대기적으로 게르만의 종교개혁, 영국혁명, 아메리카혁명, 프랑스대혁명, 그리고 러시아혁명 같은 것들－ 이 서양법 전통을 변용시켰다. 이 변용의 결과로 서양법 전통의 게르만적인 '역사적 배경'을 더욱더 멀게 만드는 결과를 가져왔다.{이때 게르만은 1050년경의 지도 참조}

1.3 서양 문명의 특징적 전통

그럼에도 불구하고 서양 문명에서의 법에 대한 개념 －그리고 법에 대한 개념보다 더욱 중요한 것은 서양인의 법에 대한 태도일 것이다.－ 은 다음과 같은 조건이 아니면 이해될 수 없다. 즉, 애초에 어디서부터 출현했으며 무엇에 반대해서 돌출하였는가이다. 특히 이 글을 쓰고 있는 20세기의 마지막 시기에 있어서 서양 세계는 이전의 어떤 때보다도 서양 문명의 법전통에 대해서 확신을 결여하고 있는데 이때 중요한 것은 서양 문명의 특징적인 전통이다. 그것이 나타났을 때 무엇을 대치하려고 했는가를 다시 상기하는 것이다. 실로 만약 서양 문명의 '법 중심주의(legalism)'를 극복하거나 보충하기 위해서 새로운 방법을 찾아야 한다면, 새로운 방법들은 역사적으로만 발견될 수 있는 게르만인들의 대체 수단을 밝혀봄으로써 고려될 수 있다. 게르만인들의 대체 수단이라는 것은 일찍이 부인되었지만 아직도 서양인의 역사적 기억의 표면 아래에 존재하고 있다.{게르만인에 대해서는 1050년경의 지도 참조}

1.4 게르만 관습법

비록 새로운 시대의 법학자들은 오래된 관습의 '비합리적인' 특징들을 비난하고 오래된 관습을 급격하게 개정·개혁하려고 하였지만, 게르만법{프랑크와 앵글로색슨을 포함하는 넓은 의미의 게르만족이다}은 전적으로 부인되지는 못했고, 부인된 부분들도 전부 또는 일시에 다 폐기되지 않았다. 새로운 법학이라는 것은 이전에 아무것도 없는 상태(ex nihilo)에서의 창조가 아니었다. 새로운 법학은 과거를 거스르는 의식적인 반대 행동이었으나 (이것은 자주 그 이름이 아직도 오래된 과거의 명칭을 쓰고 있었을 수도 있었다) 동시에 이전에 존재했던, 그러니까 선재했던 제도와 사상들을 소재로 해서 재창조하는 것이었다.

지금 말한 것 이상으로 **게르만법은 게르만법을 대체한 새로운 법전통이 나타나는 데 필요한 주춧돌을 제공하였다.** 이와 같은 역설적인 진실을 지탱할 수 있는 가장 명백한 증거는 교회 내부에서의 새로운 법 발달에서 찾아볼 수 있다. 11세기 말에서 12세기 초에 서양의 교회는 역사상 처음으로 법적인 자기동일성을 확립했는데 법적인 자기동일성이라 함은 그때까지 교회를 지배해왔던 황제들, 왕들과 봉건영주들로부터 독립한 자기정체성을 얘기한다. 그래서 처음으로 교회는 세속적 권위 또는 당국으로부터 분리되고 그 결과로 교회법이나 교회 내부의 지배가 아닌 다른 지배형태로부터 분리되게 되었다. 이때 교회 법정의 계층구조가 확립되고 이것은 교황의 법정에서 정점을 이룬다. 이 모든 것이 전혀 새로운 것은 교회 내부에서 법률 전문직과 법학자의 역할, 법률 문헌과 입법의 모음과 판사가 만든 법의 모음이 새로 나타난 것과 같다.

1.5 선재하던 공동체

그러나 이 모든 것은 5~11세기 사이의 유럽에서 미리 선재하고 있었던 공동체, 즉 포풀루스 크리스티아누스(populus christianus)가 형성되지 않고 있었다면 불가능하였을 것이다. 5~11세기 사이에 유럽은 부족 단위, 지방 단위 그리고 봉건(영주 중심) 단위의 복합체로 구성되어 있었다. 또한 이 복합적인 단위들은, 공통적인 종교적 신앙을 공유하게 되었고 황제에 대해서는 공통적인 군사적인 충성을 공유하고 있었으며 황제권의 밖에서는 왕에게 군사적인 충성을 공유하고 있었다. 황제나 왕은 제국이나 왕국의 모든 신민들 사이에 있어서는 신앙의 신성한 대표자로 간주되고 있었다. 황제나 왕은 그리스도의 사제로 불렸다. (기이하게도 교황은 그리스도의 대리인이라는 명칭을 주장하지 않고 대신에 그 자신을 베드로의 대리인으로서 불렀다) 신앙과 충성에 있어서 선재하는 공동체는 나중에 새로운 법적 아이덴티티가 출현하는 데에 필요한 선재조건이었을 뿐만 아니라 그와 같은 법적 아이덴티티를 위한 꼭 필요한 초석이었다. (이때 새로운 법적 아이덴티티라는 것은 교회가 세속 권력 아래에 있는 것이 아니라 교황권 아래에서의 독자적인 존재 라는 의미이다) 만약에 새로운 법적 아이덴티티의 출현에 앞선 선 재조건이 없었다면 개혁이 필요할 때 법적으로 확인할 수 있는, 저변에 있는, 사회적 현실 또한 확인할 수 없었을 것이기 때문이다.

1.6 게르만 부족법

비슷하게 게르만 부족법은 기본적으로 부족을 기반으로 하며 지방 또는 지역을 기반으로 하며, 또는 봉건주의 또는 원생 봉건주의(protofeudalism)를 기반으로 했으며, 친족에 의한 보복체계 또는 보복과 시련을 주어서 결과를 보는 방식, 객관적인 증거가 아니라 선서에 의해서만 증언의 진실성을 믿는 방식 또는 다른 절차들과의 결합된 방식을 기초로 하고 있었는데 이 모든 것이 11세기 말과 12세기 초에 공격을 받게 되었다. 이러한 게르만 부족법은 그것을 대체한 세속법 체계가 출현할 때까지의 필요한 기초가 되었다. 꼭 필요했던 초석이라고 얘기하는 것은 그 사회가 가진 공동체적인(communitarian) 성격이었고 이 성격은 오래된 부족법을 통해서 그 이전에 유지되어 왔던 것이다. 오래된 부족법에 대비해서 신법은 조직화되고 체계화되었으며 원래 있던 것이 아니라 다른 원천에서 배운 것이었다. 그러나 새로운 법은 존재하지 못할 뻔했고 존재한 이후에도 생존을 계속할 수 없었을 뻔했는데 이때 생존의 불가결한 요소는 매우 긴밀하게 짜이고 밀접하게 구조화된 게르만족의 공동체라는 기초였다. 이 게르만 공동체는 강한 중점을 상호의존성과 동지의식 그리고 상호책임 및 다른 공동체적인 가치에 두고 있었다.

2. 부족법

2.1 부족의 분포

북유럽과 서유럽의 사람들 간에서 지배적이던 법질서 중에서 가장 오래된 것은 성격상 주로 부족적인 것이었다. 모든 부족이나 '스템(stem, stemm)'은 자신들의 법을 가지고 있었다. 즉, 프랑크족 (Frank), 알레망족(Alemmann), 프리지안족(Frisian), 비지고트족(Visigoth), 동고트족(Ostrogoth), 부르군트족(Burgundian), 롬바르드족(Lombard), 그리고 동색슨족(East Saxon), 반달족(Vandal), 그리고 수에비족(Suevi) 및 이윽고 프랑크 제국에 결합되게 된 다른 부족들을 말한다. 프랑크 제국은 나중에 도이칠란트와 프랑스 그리고 북이탈리아의 많은 부분을 포괄하게 된다. 또 다른 부족들은 앵글족(Angle), 서색슨족 (West Saxon), 주트족(Jute), 켈트족(Celt), 브리튼족(Briton), 그리고 나중에 잉글랜드로 된 다른 부족들을 들 수 있다. 또한 데인족(Dane), 노르웨이족(Norweigian), 그리고 스칸디나비아와 나중에는 노르망디 와 시칠리아와 다른 곳의 노스 사람들(Norsemen)을 들 수 있다. 또한 픽트족(picts)과 스코트족(Scots)에서 마자르족(Magyars)과 슬라브족(Slavs) 에 이르는 많은 다른 부족들을 들 수 있다. 6세기에서 10세기에 이르는 기간 동안 이 모든 부족들의 법질서는, 비록 모든 부족들은 크게 보면 별 연관성이 없는 독립적인 성질이지만 그럼에도 불구하고 놀랍게도 상사점이 있었다. 또한 한편에 있어서 부족 내부의 기본이 되는 법의 단위는 가계였으며, 부분적으로는 친족관계와 부분적으로는 상호 보호와 봉사의 선서에 기초한 신뢰와 동지애의 공동체였다. 외부인에 의한 가계의 평화에 대한 교란은 친족 복수의 형태에 의한 보복으로 이어지고, 또한 다른 경우에는 가계와 가계 간이나 혹은 부족과 부족 간의 협상으로 연결되었는데 이 협상은 친족 복수를 미리 방지하거나 또는 친족 복수를 가져오게끔 고안된 것이다. 다른 한편에 있어서는 지역적인 법의 단위가 있었는데 이것은 전형적으로 촌락에 집단 지워져 있는 가계들로 구성되어 있다. **촌락들은 더 큰 단위로 그룹 지워져 있는데 이 큰 단위는 수백의 가계가 이루는 카운티로 불리고 수백 가구의 카운티는 다시 그룹을 이루어서 매우 느슨하게 조직화된 공작령이나 왕국을 이루게 된다. 땅을 기반으로 하는 지방공동체 안에서 정부와 법의 주요한 도구는 공중의 모임인 회의(public assembly, 'moot', 'thing')로 가계를 대표하는 장로들로 구성되어 있었다.** 친족과 땅을 기초로 하는 지방공동체 이외에 역시 여러 다양한 형태의 영주권(봉건영주)의 유대가 있었는데 이 유대는 특별한 가계들에 의해서 형성되었다.[55)]

2.2 부족/지방/봉건 공동체/왕권과 교회권

부족과 지방 또는 봉건공동체의 맨 꼭대기에 왕권에 속하거나 교

---

55) H. R. Loyn, *Anglo-Saxon England and the Norman Conquest*, (New York, 1962), p.292를 보라. 이 장에서 '봉건적'이란 용어는 넓고 비전문적인 의미로 쓰였다. 11세기와 12세기에 발달한 봉건법에 대한 논의는 다른 장으로 유보한다.

회권에 속한 당국이 서 있었다. 시간이 지남에 따라, 이들 고위의 궁정 당국이나 교회 당국에 의해서 대표되는 상대적으로 넓은 영역의 지역 단위나 종교 단위가 점점 더 중요하게 되었다. 왕들은 12세기까지 계속해서 한 종족 또는 부족 또는 민족의 왕으로 불렸다. ─예를 들면, 프랑크 족의 왕('King of the Franks', Rex Francorum) 또는 앵글족의 왕('King of the Angle', Rex Anglorum). 그러나 비슷한 칭호는 역시 애매하게 정의된 정치적 영역을 가리키는 데에도 쓰였으니 프랑시아(Francia) 또는 앵그리아(Anglia)의 경우이다. 또한 교회는 비록 이 시대에는 궁극적으로는 황제권이나, 각각의 영역에 따라서 왕권에 매여 있었음에도 불구하고, 범위가 더 넓은 정신적 공동체로 인식되고 있었다. **이 정신적 공동체는 전반적으로는 조직적 단위를 결여하고 있음에도 불구하고, 모든 세속 권력의 영역을 초과하고 있었다.** 그럼에도 불구하고 11세기 후반에 앞서서 **왕권과 교회권은 어떤 근본적인 방식에서도 유럽의 법질서를 이루고 있는, 기본적으로 부족적이며 지방적·봉건적인 특징을 변화시키려는 노력을 하지 않았다.**

2.3 당시의 유럽 경제

이것은 다음과 같은 사실이 이해되면 덜 이상하게 들릴 것이다. 즉, 당시의 유럽 경제는 거의 전적으로 지방에 의존하고 있었으며, 주로 농업과 목축업으로 구성되어 있었으며, 보조적으로 수렵이 있을 뿐이었다. 인구밀도는 듬성듬성했으며 1,000명 이상의 마을이라는 것은 거의 없었다. 상업은 매우 작은 역할을 했었고, 통신이라는 것은 가장 기초적인 수준에 머물러 있었다. 경제적, 지정학적인 견해에서 볼 때 이상한 것은 중앙의 역할을 하는 왕이나 교회법의 약함이 아니고, 오히려 중심적 역할을 하는 왕권이나 교회권의 권위가 강하다는 사실이다.

나중에 '법전(codes)'이라고 불린 부족법과 지방법의 기록된 모음을 발행하는 데에 책임이 있는 것은, 교회에 속하는 사람들에 의해서 촉발된 중앙의 왕권의 권위자였다. 그리고 오늘날까지 그 시대의 관습법에 대해서 대단히 많은 것을 제공하고 있는 것은, 이들 부족법과 지방법의 기록된 모음이다.

2.4 고대 로마법의 잔존

5세기에 서로마 제국이 마지막으로 붕괴하면서 게르만 왕국들에 남아 있던 고대 로마법의 위대한 구조 중 작은 부분도 쇠퇴하게 되고, 많은 장소에서 사실상 사라지게 되었다. 그러나 다른 장소에서 가장 주목하는 것은 북이탈리아와 스페인 그리고 남유럽의 부족들의 어떤 사람들 사이에서 고대 로마법의 기억뿐만 아니라 그 용어와 규칙의 어떤 것들이 살아 남았다는 사실이다. 그리고 이것은 단순화되고 대중화되었으며 따라서 부식된 로마법이라고 할 만하고 근대 학자들은 이것을 '조야한 로마법(Roman vulgar law)'로 불렀는데, 이것은 초기 고전시대 또는 후기 고전시대의 더 조직적이며 세련된 고대 로마법으로부터 구별하기 위해서이다.[56] 조야한 로마법은 "엄격한 개념을 따를 수 없으며 기술적인 세련화나 논리적 구조에 대해서 고전 법학의 표준으로서는 살아남을 수 없는 것"으

---

56) Ernst, Levy, *West Roman Vulgar Law*, (Philadelphia, 1951), pp.6~7. 또한 Fritz Schulz, *History of Roman Legal Science*, (Oxford, 1948), p.273을 보라.

로 표현되어 왔다. 7세기의 서고트의 왕(Visigothic Kings)이 만든 것과 같은 그 시대의 가장 앞선 '로마니스트 법전'도, 단지 별 중요하지 않은 여러 가지 조문으로 구성되어 있었고, 대체로 주제별에 따라서 같이 모아졌으며, 그러나 개념적 통일을 결여하고 유기적 진화의 능력은 없었다고 본다.[57] 이처럼 고대 로마법이 산재해서 잔존한 것의 가장 주된 역사적 중요성은 어떤 생각들을 유지, 보존하는 것을 도왔다는 것에 있다. 그 생각들에서 법이란, 정치 관계나 사회 관계를 질서 지우는 역할을 해야 된다는 것이다.[58] 교회 역시 고대 로마법의 많은 잔존물을 보유하고 있었는데 이것은 성서법에 대해서도 마찬가지였다. 그러다가 게르만 부족의 지도자가 점차로 기독교로 개종하게 되면서 가끔 대체로 그의 부족 혹은 민족의 관습들로 구성된 일련의 법을 선포하곤 했다.

2.5 야만인들의 법

역사가들에 의해서 로마의 법(leges romanae)과 구별하기 위해서 불

---

57) 볼프강 쿵켈(Wolfgang Kunkel)은 *Leges Visigothorum*을 '입법작품으로는 얇고 조야한 것'으로 보았다. Kunkel, *An Introduction to Roman Legal and Constitutional History*, (Oxford, 1973), p.162. 쿵켈(Kunkel)은 말하기를, "이탈리아에서조차도 법학은 생각할 수 있는 가장 낮은 수준에까지 쇠퇴하였다. 근대의 학자들은 이탈리아에서 어떤 수준의 로마법 전통이 지속적으로 존재했다는 것을 증명하려고 하였으나, 성공하지 못했다." Ibid., p.181. 또한 P. D. King, *Law and Society in the Visigothic Kingdom*, (Cambridge, 1972)을 보라.

58) 로마 통속법에 있어서의 용어, 개념 그리고 규칙들은 카롤링거 왕조시대의 왕권을 강화하는 역할을 했다. 그럼에도 불구하고 현존하는 카롤링거 왕조의 법서는 고전시대의 로마법이나 그보다 3세기 이후에 나타난 혁명적인 사건들에 의해서 일어난 것과 같은 것에 비견할 만한 법문화를 반영하고 있지 않다. Rosamund McKitterick, "Some Carolingian Lawbooks and Their Functions", in *Authority and Power: Studies in Medieval Law and Government*, ed. Brian Tierney and Peter Linehan, (Cambridge, 1980), pp.13~28을 보라.

리는 용어인 '야만인들의 법(laws of the barbarians, leges barbarorum)'
이 남아 있는 것 중 가장 이른 것은 살리 프랑크의 법으로, *Lex Salica*
라고 불린다. 이것은 496년에 메로빙거(Meroving) 왕가의 왕이었던
클로비스(Clovis)가 기독교로 개종한 직후에 공포한 것이다.[59] 이
법전은 그 출발을 금전에 의한 징벌, 즉 과징금의 지불을 열거하는
것으로써 시작하는데 이때 과징금은 피고가 원고에 대해서 지불하
는 것이고, 피고가 지방 법정에 출석하라는 원고의 청구에 대해서
실행하지 못했을 때 지불하게 되는 것이었다. 이 법전은 또한 금전
적 배상을 열거하고 있었는데 불법행위자가 상대방에게 손해를 입혔
을 때이고, 원인으로는 절도, 폭력 또는 타살을 포함한 범죄를 말한
다. 이런 것들은 원시법에서 나타나는 전형적인 조문들이다. **주된 목
적 중 하나는 소송당사자로 하여금 지방인의 모임(local assembly)
인 백사람의 법정(the hundred court)의 결정에 따르게 함이고,
주안점은 그들의 분쟁을 복수(vendetta)에 의해서 해결하는 것을
피하는 것이고, 피해자의 가계와 가해자의 가계 사이의 협상의 기
초를 마련하는 것이었다.** 그러나 그럼에도 불구하고 법전은 그와
같은 기본적인 목표를 달성하지 못했다. 앵글로색슨족의 부족법에

---

59) 살릭(Salic)법은 다음 책에서 찾아볼 수 있다. Ernest F. Henderson, ed., *Select Historical
Documents of the Middle Ages*, (London, 1912), pp.176~189. 살릭법보다 약간
일찍 나온 것은 Lex Visigothorum by King Euric(재위기간 466~484)의 것이다. 이
법 모음은 단편적인 상태로만 존속하고 있다. 다른 '야만인들의 법'은 다음과 같다. 켄
트의 왕인 에델버트의 법(the Laws of Ethelbert, King of Kent)은 600년경에 공포되
었다; the Edictus Rothari of the Lombard King Rotharius, the Lex Ribuaria, (of
the Ripuarian Franks), the Lex Alemanorum (of the Alemans), and the Lex
Baiuvariorum (of the Bavarians). 이들은 모두 8세기 중반에 공포되었다. 8세기가 끝
날 무렵에 샤를마뉴 황제의 특사들은 프리지아인(Frisian)들, 튀링겐인(Thuringian)들 그
리고 색슨인들의 법을 기록했다. 그 외의 다른 법들(스코틀랜드, 웨일스, 아일랜드, 노르
웨이, 아이슬란드, 러시아)은 A. S. Diamond, *Primitive Law Past and Present*, (London,
1971)를 보라.

나타난 바에 의하면, 피해 당사자는 '(복수를 위하여) 창을 구입하든지 혹은 그냥 참든지'이다. 이와 같이 공적인 재판이 아닌 개인적인 보복 또는 전쟁이 널리 퍼져 있었기 때문에 불법행위로 지탄된 사람을 재판정으로 데리고 가는 것도 엄청나게 어려웠고, 재판에서 증언하게 하는 증인을 채택하거나 또는 마지막으로 재판의 결과를 집행하는 것도 엄청나게 어려웠다.

2.5.1 앵글로색슨의 법

앵글로색슨족의 법을 기록한 것으로 가장 오래된 것은 『에델버트의 법전(Laws of Ethelbert)』이다. 기원후 600년에 선포되었다. 켄트의 지배자인 에델버트(Ethelbert)는 기독교도와 결혼해서, 전통에 따라서 기독교로 개종하였었는데, 이 개종은 그레고리오 교황의 사제였던 오거스틴에 의해서 597년에 이루어졌다. 에델버트의 법전은 여러 가지 상해에 대해서 확립된 벌금에 대한 이례적으로 자세한 스케줄로 뚜렷하다. 다리 한쪽의 손해에 대해서는 얼마를 지불하며, 눈 하나에 대해서는 얼마, 또한 만약 피해자가 노예일 경우에는 얼마, 그가 자유인일 때에는 얼마를 지불하며, 그가 사제 또는 신부일 경우에는 얼마를 지불하는 것을 규정하고 있다. 앞니 네 개는 각각 6실링의 가치를 가진다. 앞니 다음의 이빨은 4실링이다. 그 외의 다른 이빨은 1실링이다. 엄지손가락, 엄지손톱, 검지·중지손가락, 반지 끼는 손가락, 약지손가락 그리고 이 손가락들의 각각의 손톱은 모두 구별되어 있으며, 각각 다른 가액이며, 이 가액을 부르는 단위가 있었다(bot). 비슷하게 자세한 구별이 귀에 대해서도 있었는데 청력이 파괴된 귀, 이미 잘려서 없는 귀, 그리고 조각난 귀, 그리고 찢어진 귀를 구별했다. 뼈에 대해서는 살갗이 벗겨진 뼈, 손상받은 뼈, 부러진 뼈, 깨어진 해골, 쓸 수 없는 허리, 깨어진 광대뼈, 부러진 목뼈, 부러진 어깨, 깨어진 넓적다리, 그리고 부러진 갈비뼈 등이다.

또한 옷을 입지 않은 곳에 든 멍과 옷의 안쪽에 생긴 멍과 또한 검게 보이지 않는 멍들을 구별했다.[60] 피고의 행동이 죽음을 야기시켰다면 죽은 사람의 친족에게 지불되어야 될 가격은 베어(Wer) 또는 베어겔트(wergeld)라고 불렀다. 기록된 게르만법(프랑크와 앵글로색슨을 포함해서 넓은 의미의 게르만족이다)은 다른 계층의 사람들에 대해서 베어겔트의 각기 다른 기준을 정한 것과 관계있다.

2.5.2 롬바르드의 칙령

에델버트의 법보다 더 조직화된 것이 소위 롬바르드(Lombard)의 주인 또는 왕이었던 로터리(Lothari)의 칙령(Edict)이며, 이것은 643년에 기록되었으며, 롬바르드족이 지금의 헝가리와 유고슬라비아에서부터 지금의 북이탈리아로 옮겨간 이후 75년 만에 기록한 것이다. 칙령에 있는 363개 조 중에서 140개 조항이 형사와 관계된 조치를 취급하고 있다. 자유인에 의해서 자유인인 남자 또는 여자가 살해되었을 경우에는 1,200실링(solidi)의 배상금이 필요했고, 이에 비해서 가계의 하인의 죽음에 대한 가격은 단지 50실링이었으며 노예의 경우에는 20실링이었다. (부자유민에 의해서 자유민을 살해한

---

60) 에델버트의 법, 섹션 34–42, 50–55, 58–60, 65–66. 에델버트의 법은 영문 번역을 보라. F. L. Attenborough, *The Laws of the Earliest English Kings*, (New York, 1963), pp.4~17.

경우에는 죽음으로서 '배상'해야 했다) 다양한 액수가 밝혀져 있는데, 예를 들면, 머리를 쳤다든지 머리카락을 잘랐다든지, 두개골의 여러 부위를 깨뜨렸다든지, 눈을 파냈다든지, 코를 절단했다든지, 코를 짜부라뜨렸다든지, 귀를 때렸다든지, 팔을 부러뜨렸다든지(이 경우에 단순한 상처와 복합적인 상처의 구별이 행해졌다), 팔을 잘랐다든지, 손가락을 잘랐다든지, 발가락을 잘랐다든지 하는 것이다. 자유인의 작은 손가락은 16실링의 가치가 있었고, 반자유민의 작은 손가락은 4실링, 그리고 노예의 손가락은 단지 2실링이었다.[61] **불법행위를 한 당사자의 친족에 의해서 희생자의 친족에게 지불할 수 있는 금전적 배상이 확정된 제도는 12세기 이전의 유럽 전역의 모든 부족과 민족의 법들의 현저한 특징이었다. 이 특징은 또한 인도 - 유럽 인종이 어떤 단계의 발전에 왔을 때 공통적인 특징이라 할 수 있다. 이때 포함되는 인도 - 유럽 종족은 인도와 이스라엘 그리고 그리스와 로마이다.** 불법행위에 대한 금전적 배상이 확정되어 있는 것은 또한 현대의 많은 원시 사회의 법 중에서 중요한 부분을 차지하고 있다.[62]

2.5.3 불법 행위에 대한 배상

많은 점에서 이와 같은 불법행위에 대한 금전적 배상제도는 매우 지각 있는 체계라고 할 수 있다. 불법 행위자와 그의 친족에 대

---

61) István Bóna, *The Dawn of the Dark Ages: The Gepids and Lombards in the Carpathian Basin*, (Budapest, 1976), pp.80~81을 보라.

62) Diamond, *Primitive Law*, p.228, 273을 보라. 원시법과 소위 인도 - 유럽 사람들의 고대법과의 관계는 이 장의 끝에서 논의된다.

한 무거운 금전적 부담의 위협은 아마도 신체적 처벌이나 다른 육체형의 위협보다 범죄를 저지하는 데 더 유효한 수단이었을 수도 있다. [12세기와 13세기의 유럽에 와서 금전적 제재(制裁, pecuniary sanctions)를 대신한 것이 육체적인 형이었다.] 또한 이와 같은 배상 체계는 적어도 금고 또는 투옥이라는 근대의 제재와 똑같이 유효하다. 또한 금전배상은 사회 전체로 볼 때는 실로 덜 비싼 것이다. 더하여 인과응보적인 사법 정의의 용어로는 불법 행위자는 고통받아야 될 뿐만 아니라 더하여 ─ 현대의 더 '문명화된' 형사학과 비교하여 ─ 희생자는 그로써 온전하게 되는 기회를 가진다.

그럼에도 불구하고 이와 같은 불법 행위에 대한 배상 체계는 오로지 공리주의적 근거에서만 만족스럽게 설명될 수 없고, 이것은 적어도 유럽의 게르만계 민족들이 관련된 한도에서 그러하다. 불법 행위에 대한 배상 체계는 전반적인 이데올로기의 부분이며, 하나의 전체적인 세계관이다. 그 세계관이, 지각이 있는 사람들이나, 또는 평균적인 지각이 없는 사람들에게조차도 배상 체계의 의미 있는 특징을 설명하고 있다. 예를 들면, 각기 다른 계층에 속한 사람들을 살해한 데에 대한 배상을 차별화하고 분화하는 것과 많은 사례들에 있어서 배상액의 엄청난 규모, 과실을 불문하고 불법행위에 대해서는 배상하도록 하는 방식, 희생자가 부담한 실제 코스트에 불문하고 상해에 대해서는 액수를 정한 것이 그 예이다.

기능적인 용어에서, 불법행위자의 친족이 희생자의 친족에게 지불하도록 한, 범죄의 금전적 배상 제도라는 것은 다음의 기준으로 판단될 수 있다. 즉, 그 제도가 범죄를 처벌하거나 배상하는 데에 얼마나 잘 목적에 맞았으며 또는 범죄를 저지하였는가보다도, 그

제도가 얼마나 잘 가계 간의 복수의 연속을 막을 수 있었는가 또는 더 특별하게 얼마나 잘 적대적인 가계 간의 협상과 중재를 가능케 했는가의 예에서 판단되는 일이다. 그러나 이념적으로 볼 때 친족에 의한 보복 제도나 보복 제도에 대한 대체물로서의 금전에 의한 보상 제도는 게르만 사회에서는 명예에 높은 가치를 두는 것으로 설명될 수 있다. 이때 명예라는 것은 어떤 세계를 전제로 하는데, 게르만인들의 세계에 대한 이미지는 다음과 같다. 즉, 서로 전쟁을 벌이고 있는 여러 신들에 의해서 지배되어지고, 또한 인간은 적대적이며 제멋대로인 자의인 운명(wyrd)에 의해서 지배되어지는 세계로 파악된다. 이런 세계에서 명예를 얻는다는 것은 영광을 차지하는 것 또는 칭찬 및 찬사(praise, lof)를 얻는다는 것을 의미하고 영광과 칭찬 및 찬사를 취득하는 방법으로서 명예(honor)에 높은 가치를 두었다.

2.6 게르만인의 명예

게르만인들에게 있어서 명예(honor)란 '공평하게 하는 것' 또는 '똑바로 하는 것' 또는 '원상회복하는 것'을 의미한다. 공평하게 함으로써 게르만 사람은 그의 삶을 둘러싸고 있었던 어둠의 힘을 정복하였다.[63] 불법행위에 대한 배상을 확고한 스케줄로 정하는 것은 계산을 공평하게 하는 표준을 제공하는 것이다. **영광이나 찬사**

---

63) 이 분석은 부분적으로는 James R. Gordley, "Anglo-Saxon Law", ms, 1970, Harvard Law School Library에 근거한다. 분석의 용어는 앵글로색슨법에서 추출하였으나, {역자 주: 한국의 독자들은 금시초문일 것이나} 당시의 앵글로색슨법의 용어는 당시의 다른 게르만법 질서의 용어와 거의 일치하며, 더 나아가서 이 앵글로색슨법 용어는 모든 인도 – 유럽 사회의 초기 법질서와 놀랄 만큼 유사하다.

(lof)는 어떤 사람이 방어한 것을 다른 사람이 취했을 때 얻어지는 것이며, 반대로 말하면 누군가가 방어한 것을 다른 사람이 취했을 때 누군가에게는 상실되는 것과 마찬가지이다. 영예와 찬사가 상실되는 것과 마찬가지로, 다른 사람들이 방어하는 것을, 한 인격이 취했을 때 얻어지는 것이다. 따라서 기본에 있어서 배상(고 게르만어로 bot)[64]은 본질적으로 응보적인 것이며 단지 2차적으로만 보상적인 성질이 있다. 그것은 한 가계나 또는 친족 집단에 의해서 다른 가계나 친족 집단에 과해지는 응보 또는 처벌이다. 영광이나 찬사(고 게르만어로 lof)에 대한 도전은 살인의 경우에 특별히 컸는데, 죽은 사람은 결코 그들 자신의 명예(honor)를 회복할 수 없기 때문이다. 의무는 순전히 죽은 사람의 친족에게 있는데 친족 집단의 최초의 본능은 복수에 호소하는 것이었다. 원래 침해한 사람 자신의

---

64) 역자 주: 이 단어의 동사형은 gebeten이며, 그 의미는 '무엇인가 참회한다(repent)', '보속하다 또는 보상하다(expiate)' 또는 '보상하다, 배상하다(antone for)'이다. 하느님에 거역하는 죄에 대해서 사제가 과하는 보속 또는 보상(bot)은 보상과 배상의 요소와 함께 정당한 상태로의 반환 또는 되돌림이라는 의미가 있었다. 이처럼 희생자나 그의 친족 집단에 대한 상당한 정도의 배상 또는 보상은, 희생자나 그의 가족 집단이 존중해야 되는 화해의 제의라고 할 수 있었다. 역시 배상 또는 보상은 죄인이 하도록 요구되는 제의이며, 희생자나 그가 속한 친족 집단이 받아들여지도록 요구되는 것이었다. 또한 이 모든 요구는 부족법이나 관습법이 아니라 신의 법에 의한 요구였다. 따라서 다음과 같은 사실은 놀라운 것이 아니다. 즉, 관습법과 부족법에서의 배상은 교회법상의 속죄 보속으로부터 이끌어낸 보상과 화해의 개념으로 침투되어 있다. 관습법은 단지 집행방법이 약한 수준에 머물러 있었는데 관습법의 효과를 유지하기 위해서는 속죄에 관한 법이 지지해줄 것이 필요했다. 이것은 특별히 부족법과 관습법이 기초하고 있는 선서에 신성성을 유지하기 위해서 더욱 그러했다. 이러한 사정을 넘어서서 속죄에 관한 법은 부족 및 관습법이 협상에 의해서 분쟁해결을 하는 것을 강조하는 데에 대해서 다시 강화시켰다. 속죄에 관한 법은 '신뢰−불신' 신드롬 중에서 '신뢰' 측면을 강력하게 권장하였다. 속죄에 대한 총칙들은 배상에 대한 게르만인들의 용어를 차용하여 (앵글로색슨의 경우 bot를 들 수 있다) 속죄 및 보상의 언어로서 사용하였다. 즉, 관습법과 부족법에서 쓰이던 bot이 이제는 신에 대한 위반의 경우에 배상금으로 쓰이게 되었다. 때때로 그것은 앵글로색슨의 속죄법에 있어서 하느님에 대한 보상(god−bot)으로 불렸고 이것은 교회법뿐만 아니라 앵글로색슨법 전반에 있어서 그러했으며, 때로는 단순히 bot로 불렸다. 2.4 속죄의 법과 부족법 및 관습법과의 관계에서 인용.

생명이나 또한 폭력의 경우에는 갈빗대나 그의 가계에 속하는 다른 구성원의 생명이나 신체의 일부가 요구되었다. (성경의 언어에 의하면 '눈에는 눈, 이에는 이') 혹은 침해행위가 가축이나 나무와 같은, 사람이 아닌 것에 의해서 야기되었을 때는 사람이 아닌 침해의 도구는 그것 자체가 몰수 또는 박탈하도록 요구되었다. (소위 해악물 양도, noxal surrender) 이미 확정된 정도와 범위의 배상 지불로 대치하는 것은 폭력에까지 이르지 않는 사건의 종결에 위엄을 부여했고, 불법행위에 대한 치유책의 가장 기초적인 존재 이유는 변화시키지 않았다. 치유책의 가장 근본적인 존재의 이유는 피해자의 가계와 친족 집단의 명예(honor)를 구제하는 것이었다.

2.7 게르만인의 배상

배상(고 게르만어로 bot)과 배상금(wer)은 이와 같이 가계의 보호 (mund)에 연결되어 있었다. 고 게르만어로 문트(mund)란 가계가 개인에게 제공할 수 있는 보호이거나 또는 가계와 연계하고 있는 집단들에 의해서 제공될 수 있는 보호를 의미한다. 또한 배상(고 게르만어로 bot)과 배상금은 평화(frith)에 관계되어 있었는데, 평화 (frith)란 가계의 평화를 말한다. 왕의 가계 연대(mund)와 가계 평화 (frith)는 다른 사람들과 같았고 단지 더 나은 것이었다. 에델버트의 법(Laws of Ethelbert)은 예를 들면 왕의 가계 연대 배상(mundbyrd) 은 왕의 가계 연대(mund)를 교란시킨 벌금을 말하는데 이 벌금은 50실링이며 이에 비해서 평민(ceorl, commoner)의 가계 연대 배상 (mundbyrd)은 6실링이며,[65] 가계 연대(mund)가 교란되면 배상(bot) 이나 배상금(wer)이 지불되어야 되고, 예를 들어 외부인이 어떤 가계의 하녀와 잔다든지, 또는 어떤 가계에 딸린 부지에서 누군가를 살해하는 경우를 말한다. 배상(bot)과 배상금(wer)이 가계 연대(mund)와 가계 평화(frith)와 긴밀하게 연결되어 있는 것은 세 개의 다른 게르만법 제도들이다. 즉, 보증인 또는 보증금(surety, borh), 서약 또는 저당(pledge, wed) 그리고 인질(hostage)이다.[66] 배상금을 지불하겠다고 약속하였으나 한 번에 전액을 지불할 수 없는 사람에 대해서 친족은 보증인으로 행동할 수 있다. 또한 채무자는 저당의 가치 있는 목적물을 제공할 수 있다. 또는 어떤 남자는 배상금이 지불될 때까지 인질을 적의 가계에서 살게 하고 일하게 할 수 있다. 이 모든 법적 장치는 가계의 연대성을 반영하고 있고 또한 가계 안에 있어서 또는 친족 집단 사이의 갈등에 있어서 복수 대신 배상을 대치하는 것을 반영하고 있다.

2.8 친족 복수

친족 복수에 의해서 또는 가계 사이의 또는 부족 사이의 협상에 의해서 분쟁을 해결하는 데에 더해서 게르만인들은 초기부터 공적인 집회(moot)를 열었는데, 분쟁을 잘 듣고 결정하기 위해서이었다. 어쨌든 모든 타입의 사례들에 있어서 재판관할권은 분쟁 당사자의 동의에 의존하였다. 당사자들이 재판정에 나타날 것을 동의한 경우에도 그들은 끝까지 출석하지 않을 수도 있었다. 그들이 끝까지 남아 있더라도 공중들은 일반적으로 당사자들로 하여금 공중의 결정

---

65) 에델버트의 법, 섹션 8, 15.

66) Raoul Berger, "From Hostage to Contract", *Illinois Law Review*, 35 (1940), p.154, 281을 보라.

에 복종하도록 강제할 수 없었다. 따라서 공중 집회의 절차는 분쟁 당사자 간에 그 공중 집회의 체제가 운영되도록 허용하는 충분한 정도의 신뢰를 전제하거나 창출하게 해야 될 것이고, 이것은 가계 간의 또는 부족 간의 협상을 위한 절차도 마찬가지다. 이와 같은 신뢰는 보증인 또는 보증금(surety, borh), 서약 또는 저당(pledge, wed), 그리고 인질(hostage)에 의지함으로써 이루어질 것이었다. 그럼에도 불구하고 분명한 것은, 공중의 집회 앞에서의 재판과 가계 간의 또는 친족 간의 협상은 그 성질에 있어서 몹시 적대적인 경향이 있었다는 것이다. "양측은 양보하지 않기로 결심하고 아무것도 용서하거나 잊지 않기로 결심함으로써 완강한 적개심을 가지고 서로를 대면하였다."[67]

게르만 관습법에서의 복수(친족에 의한 복수)와 화평(친족에 의한 배상 처리) 사이의 극단적인 관계는 많은 현대의 친족 사회에서 존재하는 불신과 신뢰의 강력한 변증법의 한 예이다. (『슬픈 열대』를 쓴 인류학자는 현대 사회에 존재하는 미개 부족집단을 관찰하였다) 클로드 레비스트로스(Claude Lévi-strauss)는 다음과 같이 썼다. "관찰자는 가끔 매우 충격을 받았다. 친족 사회를 구성단위로 하는 미개인들의 경우, 원주민들은 중립적인 관계를 상상하는 것이 불가능했고, 더 정확히 말하자면 아무런 관계없음을 상상하는 것이 불가능하다는 사실이다." 우리 문명인으로서의 관찰자들은 분명한 친족 관계가 없는 것이, 우리들의 의식에 있어서 중립적인 관계나 또는 아무런 관계를 맺지 않고 있는 상태를 가능케 한다는 느낌을 가지고 있는데, 이것은 비현실적이었다. 미개인의 생각에도 이와 같

---

67) Gordley, "Anglo-Saxon Law", p.23.

을 것이라고 가정하는 것은 검토한 적이 없다. 친족 중심의 사회에 있어서는 가족 관계의 모든 위상이 어떤 집합적인 권리와 의무를 확정하는 반면에, 가족적 관계를 결여한다는 것은 증오나 적대감을 의미한다는 것이다. 레비스트로스는 다음의 문장을 마르셀 모스(Marcel Mauss)에서 인용한다. "상당한 기간에 걸쳐서, 그리고 상당한 숫자의 사회에 있어서 사람들은 이상한 심리의 프레임 안에서 서로 만나는데 때로는 과장된 공포와 그리고 똑같이 과장된 관용성을 가진다. 이 과장된 공포와 과장된 관용은 그들 눈에는 아무에게도 바보같이 보이지 않지만 우리 눈에는 바보같이 보인다. …… 전적인 신뢰나 전적인 불신이 존재할 뿐이다. 어떤 미개인이 팔을 내리고 공격적인 마법 쓰기를 포기하고는 모든 것을 버리게 된다. 이때 통상의 환대에서부터 딸이나 재산을 주어 버리는 데에까지 나아간다."[68]

2.9 게르만의 사회-불신

고대 게르만 사회에서 이와 같은 '신뢰-불신' 신드롬은 운명은 예측할 수 없다는 압도적인 믿음과 가깝게 관계되어 있다. 그리고 운명에 대한 믿음은 반대로 물과 불에 의한 것과 같은 보통 아닌 시련(ordeal)을 법절차에 있어서의 증거의 주된 방식으로 쓰는 데서 무엇보다 잘 나타난다. 무죄와 유죄를 판가름하는 때에 쓰이는 시련의 두 가지 주된 타입은 물과 불을 쓰는 것이다. 불의 시련은 높은 지위의 사람들에게 쓰이고, 물의 시련은 평민에게 썼다. 그 유래에 있어서 불의 신과 물의 신을 각각 불러내어 참여시키는 것

---

68) Claude Lévi-Strauss, *The Elementary Structures of Kinship*, (Boston, 1969), p.482.

이다. 불의 시련에 의해서 재판받는 사람들은 눈을 가리고 맨발로 뜨겁게 불타오르는 화덕 위로 통과하게 한다. 또는 손에 빨갛게 달아오른 쇠자루를 쥐고 가게 한다. 그래서 만약 그들이 불에 댄 자국이 적절하게 치료되면 그들은 무죄로 선언된다. 평민을 위한 재판방식인 물에 의한 시련은 찬물과 뜨거운 물 두 가지로 행해진다. 찬물 재판에 있어서 피의자의 신체가 물이 흐르는 방향의 반대방향으로 기울면 그는 유죄로 판명된다. 왜냐하면 자연 자체의 물이 그를 받아들이지 않았기 때문이다. 뜨거운 물 재판에서는 피의자의 맨손과 맨발을 끓는 물에 집어넣어서 다치지 않았다면 무죄로 판결된다. 더 후기의 방식은 더 분명한 시련의 형태를 취하고 주로 성직자에 의해서 행해지는데 극미량의 음식으로 행하는 시련이다. 즉, 한 온스의 빵이나 치즈를 먹이고 다음과 같은 기도를 한다. "가까이 오소서, 오 주여, 만약 이 사람의 선서가 부정한 것이었다면 그가 이 빵이나 치즈를 삼키지 못하게 하소서." 만약 그가 그 빵이나 치즈를 삼키지 못하거나 소화하지 못한다면 그는 유죄가 된다. 이와 같은 원시적인 거짓말 탐지기의 방식은 참으로 잘 작동했다고 한다. 어떤 경우에도 13세기에서 이런 시련 재판을 폐지하는 데에는 상당한 저항이 있었다고 한다.

2.10 시련 재판

시련 재판은 피터 브라운의 말에 의하면, '성스러운 것과 비속한 것을 뒤섞는' 특징적인 예였으며, '사람의 경험에 있어서 객관적인 것과 주관적인 것 사이의 경계선을 흐리게 하는 것'이었다. 시련 재판은 신의 심판을 결정하기 위한 신성하고도 극적인 의식에 의존하였다. 그러나 시련 재판은 '은혜롭게도 천천히 하는 것'이었으며 '조작의 여지를 허용하였고 상황이 진척하는 것 또한 허용하였다.' 시련 재판의 결과는 보통 공동체의 집약적인 의사적 컨센서스에 의해서 해석하는 방식이었다. 대체로 문맹자들인, 얼굴을 대하고, 만나는 작은 숫자의 집단들은 폭력, 사기 또는 마법 처벌의 문제를 초자연적인 필요성에 대한 믿음과 실제적인 공동체적인 필요성 양자를 모두 일치시키는 방법으로 취급하였다.[69]

시련에 의한 재판 체제는 의식적인 선서('compurgation')에 의한 재판과 결합되거나 또는 대체되었다. 처음에는 전 단계 선서가 나온다. 예를 들면 가축 절도에 대한 bot를 주장하는 당사자는 다음과 같이 선서한다. "이 성스러운 성물 앞에서 우리 주에 의해서 나는 온전한 부족의 권리를 가지고 사기나 속임수 없이 그리고 어떤 사악함도 없이 (가축들을 가리키며) 저 가축들을 피고가 나에게서 훔쳐 갔다는 것을 주장하는 바입니다." 반대 당사자는 그다음 이 주장을 부인하는 선서를 하게 된다. 예를 들면, "주님의 이름으로 나는 주장하건대 내가 시키지도 않았으며 하지도 않았으며 교사자도 아니며 행위자도 아니었으며 원고의 가축이 어디에서 불법으로 몰아겼는지 알지를 못합니다." 또는 "내가 가축을 소유한 대로 그것은 나의 물권에 속하며 그래서 부족의 권리에 의해서 나의 것이며 또한 내가 키우는 것입니다."[70]

이와 같은 선서로 소송은 개시된다. 그다음에 모여든 공중은 어

---

69) Peter Brown, "Society and the Supernatural: A Medieval Change", *Daedalus*, Spring 1975, p.135.

70) George W. Rightmire, *The Law of England at the Norman Conquest*, (Columbus, Ohio, 1932), p.37에서 인용.

떤 당사자에게 증거에 대한 선서를 허용할 것인가를 결정한다. 약정된 날에 양 당사자가 출석하고 선서가 허용된 당사자가 주어진 방식에 따라서 선서를 하게 된다. 어쨌든 선서를 마치기 위해서 그가 필요한 것은 선서 도우미들을 상당히 확보하고 재판방식을 지지한다고 선서하게 된다. 필요한 선서 도우미가 얼마나 되느냐는 당사자의 배상금(wer)에 달렸고, 재판의 대상이 되는 침해에 달려 있다. 다음과 같이 그들은 선서할 수 있다. "주님의 뜻에 의해서 선서는 깨끗하고 치우치지 않았다고 원고와 피고가 선서하는 바이다."[71]

모든 예비선서 후인, 마지막 선서 그리고 선서 도우미에 의한 지지 선서는 흠 없이 반복되어져야 된다. 즉 '실수하지 않고' 해야 되는 것은 성공의 조건이다. 모든 선서는 시적인 형태로 말해져야 되는데 자주 인용을 하게 된다. 예를 들면, 토지 명의를 확인하는 소에서 쓰이는 선서는 다음과 같다. "그래서 내가 땅을 가진 것은 그가 땅을 가졌던 것과 같고 그가 땅을 팔 수 있도록 가졌으며, 나는 그것을 소유할 것이다. 그리고 결코 그것을 포기하지 않을 것이다. 땅을 파거나 경작하지 않을 것이며 잔디밭도 아니며 작은 언덕도 아니며 밭고랑도 아니며 피트 길이도 아니며 민물도 아니며 습지도 아니며 나대지도 아니며 빈 공간도 아니며, 불모의 고원도 아니며 산이나 늪지의 우묵한 곳도 아니며, 땅이며 물가가 아니며 수면이나 물이 아니다."[72]

---

71) Ibid., p.36.

72) Sir Francis Palgrave, *The Rise and Progress of the English Commonwealth*, (London, 1832), p. cxxxv에서 인용.

2.11 감각적 요소

증거 제시의 형식성과 형식의 극적인 성격은 법이 거의 전적으로 입으로 말해진다는 사실과 연관되어 있다. '법이 문서로서 기록되지 않는 한' 메이틀런드(Maitland)는 말했다. "법은 극적으로 말해지고, 행동으로 표현되어져야만 한다. 재판과정이 그림으로 보여주는 것 같은 성질을 가져야 되고, 그렇지 않으면, 정의라는 것은 눈에 보이지 않게 된다." 메이틀런드의 언급은 19세기의 게르만 역사가이며 언어학자인 야콥 그림(Jakob Grimm)의 말에 메아리치고 있다. 그림은 게르만법에 있어서의 '감각적 요소'에 대해서 말하고 있는데 이 감각적 요소는 보다 '성숙한 법체계'에서 현저한 추상적이거나 개념적 요소와 대비되는 것이다.[73] 법원칙을 시적인 이미지로 표현하는 것은 기억에 각인시키는 데 도움이 되었다. 자주 쓰이는 상투어 중에서 "부탁받은 적도 없고, 판 적도 없으며, 그래서 나는 내 눈으로 보고 내 귀로 들은 대로"라는 구절이 있었다. '상스럽고 불결한 사기(foulness or fraud)', '가옥과 가정집', '바르고 정당함(right and righteous)', '지금부터 이후로(from hence or thence)' 법은 많은 속담 언어에 포함되어 있었다. 고대 아일랜드법은 시의 형태로 표현되었다.

---

73) Jakob Grimm, *Deutsche Rechtsaltertümer* (1828; 3rd ed., 1881), introduction. 또한 Grimm, "Von der Poesie im Recht", *Zeitschrift für Geschichtliche Rechtswissenschaft*, 2 (1816) pp.10~11을 보라.

2.12 극적이고 시적인 성질

게르만법의 극적이고 시적인 성질은 그것 내용의 조형성과 관계 있다. "사람들은 시간과 장소에 관계되는 구절들을 표현할 때, 잠시 어떤 특별한 일들로 방을 떠났다는 식으로 두루뭉술하고 부정확한 방식으로 표현하는 버릇이 있다. 두루뭉술하고 부정확한 표현 양식을 더 예로 들면, 거리 개념을, 공작이 걷거나 날 동안이라 한다든가, 고양이가 뛰어오르는 거리라든가, 돌이나 장도리가 던져진 거리라든가 또는 낫을 쥐고 휘두르는 거리라든지 하는 표현을 쓴다. 또한 법의 존속 기간을, 바람이 불어오고 세상은 그것을 견디는 기간만큼이라고 표현한다든지 땅의 넓이를 말이나 당나귀를 타고 가는 거리로 얘기한다든가 하는 것이다."[74] {역자 주: **이러한 '두루뭉술하고 부정확한' 표현의 방식은 당시의 게르만 농민들이 아직 과학적인 관찰법을 숙달하지 못하고 주관과 객관의 이원주의를 잘 알지 못할 때 어울리는 것**이다} 게르만시대의 유럽의 농민들에게 생활은 아직 덜 구획 지어진 것이었으며 이후의 문명시대보다 모든 것들이 전체적으로 뒤엉겨져 있는 상태였다. 따라서 시적이고 상징적인 스피치는 과학적인 방식보다는 훨씬 더 전반적인 삶과 총체적인 존재 또는 무의식과 긴밀하게 연계되어 있음으로 해서 문자로 쓰는 언어보다는 훨씬 더 편리했고, 특히 법에 관계된 재판의 규모와 같이 엄숙한 경우에는 더욱더 그러했다고 할 수 있다.

---

74) Rudolph Huebner, *A History of Germanic Private Law*, trans. F. S. Philbric (Boston, 1918), pp.11~12.

2.13 상징적·의례적 성격

게르만법의 상징적이고 의례적인 성격의 예는 부동산 양도 때 나타난다. 나뭇가지나 뗏장 또는 토탄 한 덩어리를 매도자가 매수자에게 여러 사람이 보는 데서 손으로 직접 넘겨주는 행동 또는 모자나 장갑을 넘겨주는 의식적 행동을 한다. 또는 교회 강단 위의 테이블 크로스 또는 교회에서 쓰는 종의 로프를 여러 사람이 보는 데서 손으로 만진다든지 하는 행동으로 토지 양도 행위를 직접 행동으로 제3자에게 보여 준다. {역자 주: 이른바 공시효과이다} 과부가 죽은 남편이 진 부채 변제 채무로부터 자유롭기를 바랄 때에는, 죽은 남편의 집 열쇠를 남편의 시신을 옮기는 상여 위에다가 여러 사람 앞에서 놓는 행동을 한다. 법적인 거래(예를 들어서 저당권 설정 계약의 실행에 있어서)에는 지팡이를 사용한다. 또는 저당권의 확인과 계약의 확인에 있어서 박수를 친다. 또한 땅의 소유권을 취득했을 때나 공직에 취임했을 때 땅 위에 앉는다든가 의자에 앉는다든가 하는 방식으로 여러 사람이 보는 앞에서 예식을 사용하는 경우이다.[75]

게르만법의 연극적이고 시적인 요소가 재판 때 쓰이는 언어를 일상적 언어 이상으로 밀어 올려서 법과 일상생활 사이에 거리를 만들게 했다. 물론 다른 모든 사회에서도 법은 매일의 일상생활로부터 구별되는 것이 필요하고, 구별은 어떤 종류의 의식을 치름으로써 또한 공식 의식에 의해서 구별되는 것이며, 이 제식과 공식 의식에서는 사람들의 믿음이 반영되는데 언어를 어떤 효과를 가져

---

75) Ibid., pp.11~12.

오기 위해서 특정 방식으로 쓸 때, 그 언어의 힘은 '법적'으로 분류되는 효과를 가져온다는 믿음이다. 어떻게 보면 특정 방식에 따른 특정 효과를 위한 언어의 힘이라는 점에서 이것은 마법이나 마술과 비교된다. 법이 효력을 가지고 제대로 기능하려면 이런 종류의 언어의 마술은 필요하다고 본다. 문명사에 있어서 구별되는 각 시대는 이런 의미에서 각각 시대의 마법을 가지고 있다고 보는데 이 마법은 궁극적으로 현실화될 수 있는 특별한 종류의 개념을 반영하고 있다. 게르만인의 개념은 생활의 중심에 본질적으로 예측할 수 없을 정도로 자의적인 운명을 천명하였고 게르만인의 법적 마술은 그러한 개념을 반영하고 있다.

게르만인들의 재판은 친족에 의한 복수의 상징적인 연속이었다. 재판 양 당사자는 각자에 대해서 선서를 행하였다. 이것은 폭력보다는 나은 것이었다. 시련 재판의 결과는 전투 자체의 결과와 마찬가지로 운명에 의한 결정이었다. 제임스 고드리(James Gordley)가 말한 바대로 "가계 간의 끊임없는 갈등은 각 당사자의 희생으로 lof를 얻는 데에 기울어졌고, 갈등 자체는 자연의 모든 세력들이 참여하는 우주적인 원칙이었다.[76] 궁극적으로 운명의 자의적인 힘은 결정적이었다. 앵글로색슨족의 시어에 의하면 다음과 같다.

> 선 대 악; 청년 대 나이 든 사람들;
> 그리고 생과 사; 빛과 어둠;
> 군사 대 군사; 적 대 적; 적개심과 적개심은 항상 싸울 것이다.
> 토지를 주장하고 잘못된 것을 복수하며
> 현명한 사람은 이 세상의 투쟁을 생각해 볼 것이다.[77]

---

76) Gordley, "Anglo-Saxon Law", p.31.
77) "Maxims", p.48, Cotton MSS, The British Library, London.

dom(doom)은 {역자 주: 어원은 운명 또는 운명을 예견함에서 나왔는데} 심판을 뜻하게 되었고, 똑같은 단어가 재판의 결과를 가리키는 데에 쓰였다. 베오울프의 단어에 의하면 다음과 같다.

운명은 자주 구출한다.
만약 그의 용기가 출중하다면 심판되지 않은 사람을 구원한다.[78]

2.14 영웅적 측면과 동지애

이것이 게르만법의 영웅적 측면이다. 그것은 적과 적이 영예를 위해서 죽도록 투쟁하는 것을 말하며, 그러나 각 투쟁 당사자는 그 운명이 아무리 쓰디쓴 것이라 할지라도 운명의 명령을 받아들이도록 준비되어 있다.

그러나 다른 측면이 있었는데 가계 내부에서 표명된 동지애와 신뢰의 공동체이다. 그리고 이 공동체는 씨족 전체나 부족 전체로 이전된

---

78) *Beowulf*, lines 2140-41. 또한 *The Icelandic Saga: The Story of Burnt Njal*, trans. Sir G. W. Dasent, new ed. with intro. by G. Turville-Petre (Edinburgh, 1957) 보라. 여기에서 영웅주의와 영웅적 복수의 정신은 부족회의의 판단(ting) 앞에서 드라마같이 전개되는 것으로서 구체적 예가 드러난다. 고대 게르만 서사시, *the Icelandic Edda*에서 비슷한 모습이 보이는데, 이 서사시는 폭력, 복수, 그리고 절망적인 영웅주의의 스토리들로 채워져 있다. 프란츠 보르케나우(Franz Borkenau)는 다음과 같이 강조한다. 아이슬란드의 신화 시집은 죄와 (죄에 대한) 개인적 책임에 대한 강한 의미에 의해서 지배되고 있고, 더 연대가 후기인 「니벨룽겐 이야기(*Nibelungenlied*)」에 나오는 주인공 지크프리트(Siegfried) 전설과 비교된다. 이 무용담에서 죄는 전반적으로 부인되고 살인자는 영웅일 수가 있다. {역자 주: 고대 중국 영웅담에서는 어떠한가?} 보르케나우는 병행되는 예를 아이슬란드 무용담에서 근친상간과 가족 살해가 복수와 근친결혼 그리고 가족 내부의 살인 같은 데서 7~8세기 이후에는 기독교의 고해성사에 의해서 처벌될 수 있는 범죄 중에서 발견되는 것을 주목한다. See Franz Borkenau, "Primal Crime and Social Paranoia in the Dark Ages", *End and Beginning*, ed. Richard Lowenthal, (New York, 1981), pp.382~391. 가톨릭에서의 고해에 따른 속죄에 대해서는 이 장 후면에서 논의한다.

다. 따라서 공중의 모임의 재판정(moot)은 하나의 가계처럼 행동하였다. 공중 집회는 그 자신의 평화를 가졌는데, 이것은 frith라 하고(현대 도이칠란트에서는 Friede라고 한다) 공중 집회는 분쟁을 결정하기 위해서만은 아니고 충고를 행하고 의논하며 문제를 친교의 방식으로 토론했다. 공중 집회는 정의를 확립하는 데에 관계되었고 (정의는 고 게르만어로 riht라고 하고 현대 영어에서는 'right', 즉, 올바름 또는 권리를 의미하며, 현대 독일어에서는 Recht라고 하는데 권리 또는 올바르다는 뜻이다) 재판에서의 현명한 사람은 witan 이라고 하는데(그 뜻은 '알고 있는 사람' 또는 '증인'과 같은 뜻이었다) 이 현명한 사람의 역할은 가계의 공중 모임을 모으는 노력에서 그들의 의견을 말하였다. 또한 씨족과 부족은 불법행위자에 대해서 집단적으로 행동함으로써 그 자신을 방어하려고 노력하였다. 재판에서 소리치는 것은 ‒ 앵글로색슨법에서는 '외침' 또는 '목청을 높여 소리치는 것'(예를 들어서 'out! out!'이라고 한다)‒ 모든 사람의 범법자를 추적하는 데 참가할 것을 호소하는 시그널이었다. 이것과 계통을 이루는 것은 가장 심각한 범죄의 경우에 범법에 대한 특징적인 벌금이었는데 이론적으로는 적어도 아무도 범법자와 의사소통을 하는 것이 허용되지 않고 따라서 무법자는 기아로 죽도록 내버려두었다.

2.15 보호와 평화

mund(보호 또는 방어)와 frith(평화)의 상징주의는 가계와 씨족 집단 재판을 특징화하는 동시에 보증인과 보증금, 저당 그리고 인질에 대한 상징주의였다. 그것은 선서를 하고 또한 극적인 행동으

로 악수를 한다든가 다른 의례적인 방식으로 평화를 표시하는 상
징주의였다. 선서를 하는 것은 참석자로 하여금 신의 보호 아래 둔
다는 것을 의미하며, 이 신은 처음에는 다신이었으나 나중에는 하
나의 신이 되었다. 신 앞의 선서에 의해서 재판 당사자는 그들이
복종할 만큼의 신뢰를 가지게 되고, 복종의 대상은 시련 재판이든
보증금이든 저당물권이든 인질이든 방어와 배상금으로 받아들인다
는 것을 의미한다. 그들은 선서에 기초하고 있는 가계나 씨족 생활
의 가장 근본되는 것을 위협하지 않고서는 그들의 선서를 위반할
수 없었다. 즉, 선서 위반은 그들 공동체생활의 가장 기초되는 것
을 위협하는 것이었다.

2.16 가계와 영주권(領主權)

씨족 내부의 가계 또는 가(家)의 중요성은 영주의 권력과 영역공
동체의 점점 증가하는 중요성을 흐리는 것은 아니다. 봉건시대의
초기부터 세습적인 귀족 체제가 있었고, 시간이 지남에 따라서 전
쟁과 같은 봉사와 희생으로 얻는 영주권이 혈연에 의한 영주권만
큼 중요하게 되었다. "영주, 즉 주군에 대한 충성은 서사시의 일관
된 주제이다"라고 로인(H. R. Loyn)이 썼다. 알프레드 대왕(Alfred the
Great, 871~900)의 치세 때부터 — 또한 첨가되어야 될 것은 프랑
크족들 사이에서는 한 세기 이전의 샤를마뉴의 치세 때부터 — "사
회를 주형물로 만드는 데 있어서 움직이는 정신이 되었다. 즉, 사
람들은 친족이 공격받았을 때에는 사람들의 영주 또는 주군에게
대한 것을 제외하고는 친족을 위해서 싸워야 한다"고 알프레드 대
왕의 법은 말한다. 알프레드의 후계자 이후에 주군이 없는 사람들

은 점점 더 정상적인 것이 아닌 것으로 취급되었다. 사회는 충성의 유대에 의해서 결속되었는데 일반인의 영주에 대한 충성과 귀족과 자유민 중간에 있는 호족(지방에 있는 왕이 임명한 관리)인 영주인 경우에 왕에 대한 충성의 유대로 결속되어 있었다.[79] 한편에 있어서는 토지 분배와 관계된 영주권이라는 유대에 의해서 최하위의 소영주로부터 가장 큰 토지를 원래 분배한 대영주로서의 왕에 이르기까지의 유대가 존재하였고, 지배권이나 통치권의 계층구조로 일정 영역의 공동체의 유대는 여러 단계를 거쳐서 이윽고 전체 영토의 통치자로서의 왕에까지 이르렀다. 그러나 Loyn이 말하듯이 "친족의 권력과 세속적인 영주권 간의 갈등이 없었다."[80] 또한 비슷하게 어떤 사람을 둘러싼 친족의 권한과 지역 영역공동체 간의 갈등도 없었다. 영주의 가계는 동족공동체 내부의 여러 가계들과 비슷했으며 전체 영토의 통치자로서의 왕의 가계는 부족공동체 내부의 가계들과 비슷했다. 영주든 왕이든 모두가 재판에 있어서는 똑같은 패러다임의 속해 있었다. 즉, wyrd, lof, mund, frith, bot, wer, borh, wed가 패러다임이었다. 이 모든 것들은 상호방어와 상호봉사 의무의 선서에 기초하고 있었다. 또한 이 모든 것들은 법질서의 부분이었고, 이 법질서는 '이항 대립 또는 이분법적인 대립 당사자'[레비스트로스(Lévi-Strauss)의 구절]에 의해서 갈등을 해결했다. 이때의 이항 대립이라면 불화 또는 싸움이냐, 화해 또는 싸움의 타협이냐의 이분법이며 시련 재판에 의해서 증거를 삼느냐 또는 이웃이나 친구의 선서로 면책이 되느냐의 이분법이다.[81] 이 법

---

79) Loyn, *Anglo-Saxon England*, p.217.

80) Ibid., p.300.

81) Claude Lévi-Strauss, *Structural Anthropology*, trans. C. Jacobson and B.

질서의 다른 특징적 제도는 불법 또는 위반이 발견되었을 때 법정에서 큰소리로 외치는 것이며(라틴어로 clamor, 이 말에서 청구라는 법 언어 'claim'이 나왔다. 앵글로색슨 언어로서는 hcream이며 그 말로부터 날카로운 소리를 치다, 또는 절규하다는 'scream'이 나왔다), 재물의 몰수를 포함한 법익 박탈 그리고 타인이 처벌의 위험이 없이, 살해할 수 있는 정도의 책임 또한 그것에 의해서 위법행위가 행해진 물건이나 노예에 의해서 희생이 있는 경우 희생자에게 굴복하는 것 등이 포함되어 있다. 이것을 noxal surrender라고 하고, 후일 로마법에서 가계에 속하는 아들이나 노예가 불법을 행했을 때 불법의 희생자에게 그 아들이나 노예를 넘겨주든가 그렇지 않으면 손해를 전액 배상하는 제도를 말한다.

2.17 고대법

법사학자들은 이런 타입의 법에게 고대법 또는 고풍의 법(Archaic Law)이라는 명칭을 주었다. 주된 면모에서 11세기 후반에 앞서는 시기 동안의 게르만인들의 특징일 뿐만 아니라, 영국의 켄트(Kent)에서 인도의 카슈미르(Kashmir)에 이르는 지역의 모든 인도-유럽 인종들이 한 시기나 혹은 다른 시기의 발전 단계에서의 특징이다. 물론 장소에 따라서 엄청나게 많은 지역적 차이가 있고, 시간에 따라서 또한 많은 변화가 있기는 했으나 그럼에도 불구하고 공통적인 법의 스타일이 있었다.[82]

Schoeph (New York, 1963), p.132.

82) Calvert Watkins, "Studies in Indo-European Legal Language, Institutions, and Mythology." In George Cardona, Henry M. Hoenigswald, and Alfred Seen,

3. 게르만법에 있어서의 역동적인 요소들: 기독교와 왕권

3.1 부족 회의

게르만인들의 부족 회의는 공공모임(moot)인데 특별한 사례에 있어서 결정과 판결(dooms 또는 judgement)을 내렸을 뿐만 아니라 역시 둠스(dooms)라고 불렸던 일반적인 명령을 포고하였다. 그러나 결정 사

---

eds. Indo-European and Indo-Europeans (Philadelphia, 1970), p.321을 보라. 왓킨스는 인도-유럽 인종에게 공통적인 복합 법개념의 여러 예를 든다. 예 중에 하나가 noxal surrunder이다. {역자 주: 집단 최초의 권능은 복수에 호소한 것이었다. 원래 침해한 사람 자신의 생명이나 그의 가계에 속하는 다른 구성원의 생명이나 신체의 일부가 요구되었었다. 눈에는 눈, 이에는 이가 요구되었다. 침해행위가 가축이나 나무와 같은, 사람이 아닌 것에 의해서 야기되었을 때에는, 침해의 도구는 그것 자체가 몰수 또는 박탈되도록 요구되었다. 이것을 '해악물 양도(noxal surrender)'라고 한다} 이 예에서는 서로 전혀 교섭하거나 교류한 적이 없는 두 사회가 그 사회의 언어학적 용어에서 똑같은 용어(라틴어의 *sarcire*와 힛타이트 문명의 *sarnikzi*를 말한다)를 쓰고 있으며, 그 용어는 그 사회구조에서 똑같은 위치를 가지는 것을 보여 준다. {역자 주: noxal surrender는 타인에게 해악을 야기한 노예나 가재도구 또는 동산을 넘겨주거나 포기하는 것이다} 왓킨스는 언어학적인 등식과 제도적인 유사성이 동시 발생해서 일치한다는 것은 상호영향 주고받기가 연대기적인 이유에서나 지정학적인 이유에서 불가능할 때에도 공통적인 기원을 나타내준다고 한다. 왓킨스가 든 예는 "인도-유럽계 사회에서의 손해배상의 제도는 라틴족과 힛타이트 족의 원시공동체만큼 오래된 것이다. 그리고 이것을 지식의 현재 우리 상태에서 말한다면 손해 배상의 제도는 공통된 인도-유럽계 시대에 속한다고 말할 수 있다."(ibid., p.333). 인도-유럽 인종의 고대법(Archaic Law)에서 나타나는 공통된 특징은 현대에서도 존재하는 원시사회에 의해서 공유되고 있다. 그럼에도 불구하고 근현대 인류학자들은 인도-유럽 인종의 고대법 연구를 통째로 회피하여 왔다. 부분적인 이유는 그 연구는 사회적 진화를 지지하는 이론을 포함하고 있기 때문이고, 또 다른 부분적 이유는 이런 현대사회의 원시사회 연구가 '현장에서(in the field)' 이루어질 수 없기 때문이다. 원시법(Primitive Law)을 쓴 Diamond는 예외이다. 그는 실제로 이것을 시도한 당대의 유일한 인류학자이다. 그는 연대기적으로 볼 때 고대에 존재했던 고대법을, 20세기 이후의 최현대에 존재하는 원시법과 나란히 병렬해서 놓음으로써 연대기를 뛰어넘은 연구를 시도하였다. 그러나 그가 강조하는 데에 실패한 점도 있다. 즉, 고대법의 가장 중요한 특징은 재판정을 형성해서 그것이 분쟁을 조정하는 중심적 역할을 하는 것이고, 최현대의 원시법의 법질서에서는 이와 같은 형식을 통한 재판에 의한 결정의 모습이 나타나지 않는다는 것이다(이것은 소송이나 심판에 있어서도 마찬가지이다).

레이든 혹은 일반 명령이든 이것을 합친 둠스(dooms)는 근대적 의미에 있어서의 입법으로 간주되지는 않았다. **둠스(dooms)는 차라리 고대 관습을 신성한 선서에 의해서 확인하는 것이었다.** 둠스(dooms)는 신들의 의지였고 또는 기독교의 도입 이후에는 유일신의 의지였다. 둠스(dooms)는 객관적인 실재(實在)를 가지고 있었다. 부족모임의 현명한 사람은 입법자로 불리지 않고, 법을 말하는 사람으로 불렀다. **그들이 말하는 법은, 그것이 오래된 관습이기 때문에 구속력이 있었고, 그것이 신의 뜻에 의해서 구성된 것이기 때문에 오래되었다고 생각하였다.** '올바른 법과 권리(right)'는 천천히 그리고 은밀하게 변화했다. 명백하고 공공연한 법질서의 변화는 매우 강력한 정당화 과정을 요구하였다. '심지어 법을 고치는 것, 개정하는 것조차도 하나의 심판이나 판단으로 생각하였다.' 즉, 지금까지 노출되지 않았던 법의 그 요소를 말하는 것이며, 그것의 '증인' 또는 '알고 있는 사람' 또는 '현명한 사람'이라는 뜻의 비탄(witan)을 통한 부족의 재판행위를 말하는 것이다.[83] 그러나 두 가지의 밀접하게 상호 연결된 요소가 의식적이고 명백한 변화를 가져온다.

3.2 기독교의 영향

첫째 하나는 법개념에 미친 기독교의 영향이다. 다른 것은 지역적인 것을 초과하며 부족을 초과하는 제도로의 왕권의 발전이며,

---

83) J. E. A. Jolliffe, *The Constitutional History of Medieval England*, 3rd ed., (London, 1954), p.24. 또한 Fritz Kern, *Kingship and Law in the Middle Ages*, trans. S. B. Chrimes, (Oxford, 1939), p.151을 보라. "중세 초기에 있어서 법이란 오래된 것이다. 새로운 법이라는 것은 용어 자체의 이율배반이었다. …… 모든 입법과 법적인 개혁은 그 때까지 무시되어 왔던 옛 시절의 오래된 좋은 법을 회복하는 것으로 생각되었다."

이 왕권은 여러 잡다한 부족의 사람들을 포함하는 넓은 영역을 함께 묶어서 통합하는 역할을 했다. 사람들은 다음과 같이 상상할 것이다. 즉, 5세기와 10세기 사이의 유럽 전역에 걸쳐 서서히 전파된 새로운 종교는 게르만인들의 부족법의 존재 자체를 위협할 것이다. 부족법은 원시 씨족의 서로 투쟁하고 있는 신들이라는 신화에 기초하고 있었고, 또한 강, 나무, 산들을 예배하였었다. 또한 부족법은 왕이란 신성한 강림을 한 것이라는 개념 안에 있었으며, 친족 집단과 영주의 권력에 의한 유대에 대해서는 절대적인 충성을 행하고, 무엇보다도 운명에 대해서는 다른 어떤 것도 능가할 수 없는 믿음을 가지고 있었다.

3.2.1 게르만의 신화

기독교는 이와 같은 게르만 부족법의 낡은 신화를 대체했는데, 이제 모든 사람의 아버지로서의 보편적인 창조자가 그의 아들 예수 그리스도의 형태로 지상에 내려왔으며, 그를 예배하는 것은 모든 지상적인 구속으로부터 자유를, 운명으로부터의 자유를, 마침내는 죽음 그 자체로부터의 자유를 가져온다는 복음으로 대체하였다. 이러한 새로운 생각들은 게르만 사람들에게는 이상하고 추상적으로 보였음에 틀림없다.

그러나 기독교는 역시 더 실제적이고 현실적인 원칙을 가르쳤다. ─즉, 언덕, 계곡, 삼림, 강, 바위, 바람, 폭풍, 해, 달, 별, 야생동물들, 뱀, 그리고 자연의 모든 다른 현상들은 신에 의해서 창조되었으며, 인간을 위한 것이었다. 또한 그리고 이들 자연 현상은(게르만인들이 믿었듯이) 적대적이고 초자연적인 어떤 신적인 존재가 자주 출현하는 자연이 아니었으며, 따라서 정착하지 않고 떠돌아다니면서 전쟁을 하는 부족들이 두려움 없이 땅에 정착하는 것이 가능하다고 가르쳤다.

3.2.2 정착의 시작

기원후 5세기와 6세기, 7세기, 8세기에 수만 명의 기독교 승려들에 의해서 이와 같은 복음이 설교되고 실지로 생활하였는데 초기의 승려들은 그들 자신이 게르만인들이 살던 황무지에 정착해서 처음에는 은자로서 다음에는 승려들의 공동체에서 생활했으며, 많은 다른 사람들이 그들과 함께 땅을 경작하는 데에 같이 함께하도록 권유하였다. 이와 같은 사정으로 **기독교의 수도원 중심은 유럽 대륙에서 농민공동체가 출현하는 중요한 요인 중의 하나였다.** 북쪽의 아일랜드에서 잉글랜드의 웨일스에 걸쳐서 퍼져 살면서 **이전의 게르만인들의 종교를 지배하였던 자연에 대한 미신에 대항해서 수도원 운동은 투쟁하였고,** 또한 그때까지 통용하던 이교도의 달력에 반대를 하였는데, 이교도의 달력은 자연과 사계절에 기초하고 있었으며, 기독교의 달력은 성경적 사건과 성자들의 생활에 기초하고 있었다.[84] **더하여 기독교는 공동체의 개념, 즉, 친족과 부족과 특정 지역을 초과하는 교회의 개념으로서 게르만 사람들에게 호소하고 흥미를 끌었다.** 한편에 있어서 기독교는 게르만의 이교주의에 대비해서 **왕들을 신들의 후예로서 취급하는 것이 아니라 단지**

---

84) 이 시기의 수도원 운동에 대해서는 Christopher Dawson, *The Making of Europe: An Introduction to European Unity*, (1932; New York and Cleveland, 1956), pp.176~186을 보라. 보다 더 자세한 설명에 대해서는 Brendan Lehane, *The Quest of Three Abbots*, (New York, 1968).

인간으로 취급했으며, 왕들 역시 그들의 죄에 대해서는 다른 인간들과 마찬가지로 신에 의한 처벌을 받는다는 것을 강조하였다. 다른 한편 게르만인의 지배자들은 그들 영역의 각각의 부족민들의 최고의 종교적 수장으로서 지위를 유지하였는데, 이것은 주교를 임명하며, 성찬식 기타 다른 중요한 종교적 행사를 주도함으로써였다. 더하여 게르만 지배자들은 더 많은 요구들을 하기 시작하였는데, 즉 원래 그들에게 속하지 않았던 다른 친족이나 부족 그리고 다른 영역의 신민들에게 복종 의무를 요구하였으며, 그들로 하여금 기독교의 참다운 신앙을 요구하였으며, 사람들이 이미 개종했을 경우에는 그들을 교회 안에서 하나로 묶기 시작하였다.

3.2.3 기독교 신앙과 실행

일반적으로 기독교 신앙과 실행은 게르만인들에게 커다란 호소력을 가졌다. **기독교 신앙과 실행은 처음으로 게르만인들에게 생에 대한 그리고 죽음에 대한 적극적인 태도를 가져왔고,** 이것은 게르만인들의 존재에 있어서의 비극과 신비를 설명할 수 있는 더 큰 목적을 가져다주었다. 기독교 이외에 그 이전까지의 게르만인들의 이교적인 신화는 가혹하고 황폐했으며 침울한 것이었다. 알프레드 대왕(Alfred the Great)의 말에서 그의 보에티우스(Boethius)의 번역에 붙인 유명한 부록에서 다음의 정열을 감지할 수 있다. **"모든 기독교인이 그러하듯이 내가 말하노니 우리를 지배하는 것은 운명이 아니라 신적인 목적이다."** 그러나 동시에 기독교적인 우주관과 기독교 윤리는 게르만인들이 파악하기에 쉽지가 않았다. 만약 심각하게 받아들인다면, 기독교는 게르만인들이 이전에 가졌던 신앙의 체계뿐만 아니라 게르만인들의 모든 사회질서를 뿌리에서부터 위협할 수가 있었다.

그러나 만약 기독교가 게르만인들의 이전의 사회제도에 대한 위협이었다면, 왜 기독교는 게르만인의 부족장과 지배층의 가계들 간에서 개종자를 만드는 데에 성공하였을까. 이러한 질문은 잘못된 전제에서부터 출발한다. 즉, 첫째, 기독교는 게르만 사회제도에 대해서 위협이 아니었다. 중요한 것은 이 대목에서 게르만시대의 기독교와 근대 서양 기독교를 혼동하지 말아야 하며, 이 경우에 현대 서양 기독교라는 것은 로마 가톨릭이든 개신교이든을 막론하고이다. 사실 게르만시대의 기독교라는 것은 동방 정교회(Eastern Orthodoxy)와 훨씬 더 가까웠다. ─동방 정교회의 당시의 모습에 있어서는 오늘날 수세기가 지난 이후의 모습에 있어서다. 즉, 당시의 게르만 지역의 기독교는 그때까지 존재하던 사회제도의 개혁과는 거의 상관이 없었다. 또한 게르만시대의 기독교는 1차적으로 교회의 통일이나 교권 중심의 오리엔테이션이 아니었다. 그 메시지는 앞으로 올 세상 ─천국과 지옥─ 의 생활에 관해서였고, 기도를 통해서 미래의 생활을 준비하는 것 또한 개인적인 겸손과 순종을 통해서 준비하는 것이었다.[85] 최초 1,000년간의 기독교 역사에 있어서 동방 정교회의 지역

---

85) 앵글로색슨 역사가들이 만든 스토리는 7세기 초에 로마의 선교사 파울리누스(Paulinus)가 노덤브리아(Northumbria)의 이교왕과 그의 추종자들에게 보낸 메시지에 관계되어 있다. 파울리누스가 말을 마쳤을 때 참새 한 마리가 연회장을 통해서 날아들어 왔다고 한다. 그리고 한 늙은 자문관이 말했다. "인간의 삶이란 것은 다음과 같다. 사람이 겨울에 벽난로에 불을 밝히고 식탁에 앉아 있을 때 밖은 얼음비가 폭풍처럼 내리고 있다. 참새 한 마리가 밝은 홀을 통해서 날아 들어와서 빛과 온기에서 잠시 머물다가 다른 문을 통해서 날아 나가 겨울의 어둠 속으로 사라져 버린다. 이와 같이 인간의 삶이란 것도 일순간 머무는 것이고, 그 이전에 무엇이 있었는지 그 이후에 무엇이 있었는지 우리는 알 수 없다. 만약 이 새로운 가르침이 무엇인가를 말해주고 있다면, 그것을 따르도록 하자." Bede, *Historia ecclesiastica gentis Anglorum*, ed. Charles Plummer, (Oxford, 1896), Ⅱ, 13.

에 있어서나 혹은 유럽 지역에 있어서나 가장 높은 기독교적 이상은 무엇보다도 신성한 사람의 생애와 수도원 중심의 생활에 의해서 상징되었었고, {역자 주; 동방정교회 문화인 러시아의 「카라마조프가의 형제들」에서의 조시마 교부의 역할} 강조점은 눈앞에 지나가는 속세로부터 정신적으로 물러나는 생활에 강조점이 있었다. **그러나 수도원 중심주의와는 별도로 조직으로의 교회는 거의 전적으로 해당 사회의 사회적 · 정치적 · 경제적 생활과 통합되어 있었다.** 교회는 정치적 질서와 반대편에 서지 않았으며 정치적 질서 내부에서 있었다. 종교는 정치, 경제 그리고 법과 연합되어 있었으며, 이 3자는 서로서로 하나가 되어 있었다. 교회의 재판관할권과 교회가 아닌 왕국의 재판관할권은 서로 얽혀 있었다.

3.2.4 성자들

교회는 신성함을 가르치고 성자들을 산출하였다. **신성함이나 성자들은 북유럽이나 서유럽의 사람들에게는 새로운 것이었고, 이지역의 유럽인들은 이전에는 단지 전쟁의 영웅들을 포함한 그리고 왕들을 포함한 영웅들을 영예롭게 하고 숭배하였다.** 그러나 교회 또한 이러한 영웅주의와 영웅숭배를 반대하지 않았다. 교회는 단지 대체물을 내세웠는데 그것은 더 높은 이상이었다. 비슷하게 교회는 친족에 의한 복수와 시련 재판을 반대하지 않았다. 교회가 가르치기를 친족 복수나 시련 재판은 구원을 가져올 수 없으며, 구원이란 신앙과 선한 업적에 있어서 오는 것이다. 그러나 실제로 교회의 다수의 주교와 사제들은 그 시대를 특징지은 부패와 폭력에 전적으로 개입되었다. 이러한 현상은 불가피한 점이 있는데 왜냐하면 고위 성직자와 사제들은 보통 지배적인 정치가들에 의해서 그들 정치가들의 우인과 친척 중에서 뽑았기 때문이다. 따라서 게르만 사람들이 기독교화되는 동시에 같은 시기에 기독교도 게르만화되었다.[86] 그러나 **수도원 운동은 그것의 원칙과 함께 모범을 보임으로써 희생이나 봉사 그리고 이웃사랑과 같은 기독교의 이상들을 가르치려고 시도하였으며 동시에 농업의 기술을 게르만인들에게 향상시켰다.** 그러나 6세기부터 10세기 사이에 유럽 전역에서부터 번성한 수도원들은 각각 수도원 자체의 규칙을 가지고 처음에는 세상의 법을 고치라는 어떤 프로그램도 제공하지 않았다. 대신 **수도원들은 닥쳐올 세상의 삶을 준비하기 위해서 일과 기도의 근면한 삶을 본보기로 보였다.** 이러한 점에서 게르만인들의 법제도를 바꾸지 않고 가치를 낮추는 효과를 가졌다. 실로 기독교는 시련 재판이나 친구들에 의한 면책 선서 같은 게르만인들의 법제도를 지지하였는데, 그 제도들 밑에 있는 게르만인들의 신성성에 대한 개념을 강화함으로써였다. 게르만인의 종교와 게르만인의 종교를 대체한 기독교가 바꾼 것은 무엇인가? 자연의 영역 내부에서 초자연적인 힘이 내재하고 있으며, 인간이 감각할 수 있는 세계라는 것은 마르크 블로크(Marc Bloch)의 표현에 나타난, "그것 뒤에 정말 중요한 일들이 일어나고 있는 가면에 불과하다"라는 생각을 바꾼 것이다. 신의 심판(judicium dei)이라는 것은, 이러한 자연 현상에 내재하고 있으며, 내적으로 머물고 있는 초자연적인 힘에 대한 믿음에 근거하고 있었다.[87] 게르만들이 이전에 재판과정으로 가졌던 시

---

86) Heinrich Boehmer, *Das germanische Christentum, in Theologische Studien und Kritiken*, 86, (Halle, 1913), pp.165∼280을 보라.

87) Marc Bloch, *Feudal Society*, trans. L. A. Manyon, (London, 1961), p.83을 보

련에 의한 재판이라든가 선서 도우미라든가, 결투라든가 그리고 승리자(챔피언)에 의한 재판이라는 것이, 증인들에게 질문함으로써 진실을 발견할 수 있는 '합리적 절차'에 양보하고 자리를 내준 것은 언제부터인가. 이것은 단지 교회가 신앙의 강조를 게르만인들의 초자연적인 무서운 힘에 대한 믿음에서부터 초월적인 절대자로 이동시킴으로써 가능했다. 그러나 11세기 이전의 기독교가, 유럽 사람들의 부족법에 무엇이건 아무런 적극적인 영향을 끼치지 못했다고 부인하는 것은 아니다.

3.3 관습의 기록

오히려 반대로 기독교는 실질적인 변화를 가져왔다. **첫째로, 기독교로의 개종은 부족의 관습을 기록하는 자극을 주었다.** 후세 사람은 이것의 예를 프랑크의 최초의 기독교 개종왕이었던 클로비스(Clovis)가 채택한 살릭(Salic)법에서 볼 수 있다. 잉글랜드의 켄트의 지배자였던 에델버트의 법(Laws of Ethelbert)에 있어서도 그러한데 그는 잉글랜드의 최초의 기독교 왕이었다.[88] 그리고 4세기 뒤에 루

라; Howard Bloch, *Medieval French Literature and the Law*, (Berkeley, Calif., 1978), p.19.

[88] 130년 뒤에, 존경할 만한 베데(The Venerable Bede)는 저술하기를 에델버트에 대해서 "그가 그의 백성들에게 베푼 많은 혜택 가운데서 그는 로마인들의 예에 따라서 그의 자문관들의 충고와 함께 그의 백성을 위한 판단과 심판을 입법하였다."(decreta illi iudiciorum iuxta exempla Romanorum cum consilio sapientium constituit) Bede, *Historia Ecclesiastica*, Ⅱ, 5. 월렌스-해드릴은 다음과 같이 지적한다. "로마인의 예에 따라서"란 구절은 입법이 로마인의 방식에 따라서 입법되었다는 것을 의미하는 것이 아니고, "오히려 에델버트는 살릭법과 다양한 부르군디족, 고트족, 그리고 롬바르드족의 예를 좇았다고 볼 것인데, 이러한 예들은 어거스틴이 이태리에서부터 가져온 것이라 한다." J. M. Wallance-Hadrill, *Early Germanic Kingship in England and on the Contienent*, (Oxford, 1971), p.37을 보라. 월렌스 해드릭은 덧붙이기를 에델버트의

스카야 프라우다(Russkaia Pravda, 러시아의 법)에서 키예프의 근거를 둔 러시아 제국의 최초의 기독교 왕이 나타났다.[89]

3.3.1 기록 문화의 정착

한 가지 뚜렷한 사실은 **기독교는 지금 열거한 지역에서 기록 문화를 가져왔고 기록 문화가 정착됨으로써 관습(특별히 관습적으로 행해지던 통화의 액수 계산)을 고치는 것을 가능하게 했다.** 기록 문화 없이는 존재하는 관습 자체가 객관적으로 명료하지 않았기

90개의 장 중의 적어도 19개 장이 살리카법과 병행하는 것을 가지고 있으며, 또한 다른 게르만족들의 법과 병행하는 것들이 있다고 한다. 그는 쓰기를(p.39), "사례를 보면, 로마인의 심성에 있어서 회심과 법 사이에 존재했던 연결고리를 알 수 있다. 역시 마찬가지인 것은, 골(Gaul)과 스페인과 그리고 이탈리아, 그리고 실로 영국의 켄트에서도 그러했다." 그럼에도 불구하고 영국법에 끼친 외국 영향을 반대하기 위한 노력에서 두 사람의 지도적인 영국 법사학자들은 에델버트의 법은 '순전히 그 기원에서 이교도적인 것이며', 그리고 '추측컨대' 597년의 기독교의 잉글랜드의 유입 이전에 공포되었다고 주장하는 데에까지 과도히 나아간다. Henry G. Richardson and George O. Sayles, *Law and Legislation from Ethelbert to Magna Carta*, (Edinburgh, 1966). 이 관점을 다투기 위해서 월렌스 해드릴은 다음과 같이 지적한다. 에델버트의 법은 프랑크와 부르군디와 그리고 다른 게르만법을 모두 포함하는 법 전통의 몸체 안에 존재한다고 한다. 그레고리오 대교황(Pope Gregory the Great)은 어거스틴(Augustine)에 의해서 대표되는 40명+통역의 선교 사절단을 보낼 때 에델버트 왕의 회심을 확실히 하기 위해서 그 영국 왕에게 진정한 신앙으로 돌이킴에 의해서 영국왕은 심지어 로마 황제 콘스탄티누스가 축복받은 것처럼 역시 축복받을 것이라고 썼다. 월렌스 해드릴이 썼듯이, 교황은 그로써 "새로운 회심은 콘스탄티노플의 황제가 그들 중에 아버지가 되는 가톨릭 왕들의 가족으로 들어가는 것이다. 이 시기의 교황과 황제 간의 서신 교환을 보면 의문의 여지가 없다. …… 정치적으로 이것은 의미가 적거나 아무것도 아닐 것이다. 그러나 한 가지 확실한 경우는 새로운 회심은 콘스탄티노플의 황제가 원천이 되는 쓰인 법의 전통에 들어가는 것이다. 이것은 에델버트(Ethelbert)의 법은 그가 회심하고 난 이후로 연대가 확정되어야 되는 이유이다. 법 책들은 로마의 것이었고 특별히 기독교 로마의 것이었으며, 게르만 왕들에게의 선물이었다." 또한 A. W. B. Simpson, "The Laws of Ethelbert", in M. S. Arnold, T. A. Green, S. A. Scully, and S. D. White, *On Laws and Customs of England: Essays in Honor of Samuel E. Thorne*, (Chapel, N. C., 1981), pp.3~17을 보라.

89) George Vernadsky, *Medieval Russian Laws*, (New York, 1947)을 보라. {역자 주: 김철, 『러시아 – 소비에트법 – 비교법문화적 연구』(서울: 민음사, 1989)를 보라}

때문이다. 또한 이 기록 문화가 분쟁 해결의 협상 방법을 확정하게 했다. 또한 기록 문화의 정착이, 가장 심각한 형태의 범죄를 처벌하는 공적인 당국의 재판관할권을 강화했다. 더하여 성경에 쓰인 성스러운 기록은 새로운 형태의 신성한 성질을 관습에 덧붙이는 방식을 제시하였다. ―성경의 기록이라는 것은 신성성에 있어서 그 자체가 하나의 제식이며 의식이었다. 두 번째로, 존재하는 부족들의 관습을 문자로 써서 불확실성을 없애는 형태로 확정한다는 것은 존재하는 관습에 대한 분명한 ―때로는 분명하지 않은 경우도 있었으나― 변화를 가져오는 기회를 주었다. 기독교의 목회자는 왕의 조언자가 되고 당시의 미개한 문화 수준의 종족 및 부족 국가에서 문자로 확정하고 객관화시키는 재능을 가지고 있었으며 이들은 보호가 필요했다. 실로 특별히 수도원의 수도사들은, 어떤 의미에서는 부족 체제 바깥에 있었기 때문에 특별한 보호를 필요로 했다. 수도사들은 어느 정도 친족이 없는 사람들이었다[그러나 세속적인 목회자들('secular clergy') ―수도사 아닌 사람들― 은 보통 결혼을 하였다]. 다음과 같은 에델버트의 법(Laws of Ethelbert)의 시작은 우연이 아니었다. "하느님의 재산과 교회의 재산을 절도하는 것은 12배로 배상하여야 한다."

3.4 관습법의 변화

기독교가 관습법(folklaw)에 가져온 모든 변화들은 모두가 정치적인 요인에 돌릴 것은 아니었다. 장기적인 전망에서 볼 때 아마도 도덕적 요소들이 훨씬 더 큰 역할을 했다. 게르만인들의 '법조문들(codes)'은 정당하고 보다 인간적인 법가치들을 훨씬 높이 평가해서 강력한 훈계와 권고를 포함하고 있다. 예를 들면 알프레드 대왕의 법(Laws of King Alfred)은 성서의 10계명으로 시작했으며 모세의 법을 다시 고쳐 말하는 것으로 시작하였으며 사도행전을 요약하는 것으로 시작하며 수도원의 참회자들에 대한 인용문으로 시작하며 또한 교회의 다른 법들로 시작하고 있다. 알프레드 대왕의 법 자체는 비록 더 이전의 법 모음을 다시 되풀이하고 있지만, 다음과 같은 놀라운 조문을 포함하고 있다. '매우 공평하게 판단하고 심판하라', '부유한 자에게 어떤 판단을 내리고 부유하지 않은 자에게 다른 판단을 내리는 심판을 하지 말라', '너의 친구에게 어떤 판단을 내리고 너의 적에게는 다른 판단을 내리지 말라.'[90]

기독교는 부족법, 관습법, 민속법의 불변성이라는 가정을 깨뜨렸다. 6세기와 7세기 사이에서 점차로 다음과 같은 일이 일어났다. 그 이전의 게르만법은 성별, 계급별, 인종별, 연령별에 따른 압도적인 편향을 가지고 있었는데 기독교 교리에 의해서 영향받게 되었다. 이때의 기독교 교리란 여자와 남자, 노예와 자유민, 부유한 자와 가난한 자, 아동과 성인 모두가 하느님 앞에서는 모든 사람이 근본적으로 평등하다는 교리이다. 이러한 신앙은 여자와 노예의 지위에 대해서 영향을 미쳤으며 빈곤자와 도움받을 수 없는 사람들에게도 영향을 미쳤다. 또한 기독교는 선서 또는 맹세에 의해서 재판정에서 증거를 채택하는 데에 대해서 중요한 영향을 미쳤다. 왜냐하면 맹세 또는 선서가 기독교적인 형태를 띠기 시작하고 교회에 의한 강제 또는 제재(制裁)에 의해서 지지되었기 때문이다. 맹세 또는

---

90) 알프레드(Alfred)는 그의 법에 황금률을 또한 포함시켰다. "타인이 너에게 하기를 원치 않은 것을 너 또한 타인에게 하지 말라." 그리고 추가하기를, "지금 여기 하나의 심판과 판단으로부터, 그는 모든 사람을 올바르고 공평하게 심판했다고 기억될 것이다; 그는 다른 판결서를 필요하지 않게 된다." 알프레드의 법은 *Laws*, pp.62~93에서 발견된다.

선서는 교회에서, 제단에서, 또는 성물 위에서 사제들에 의해 시행되었으며, 그리고 또한 허위 맹세에 대한 하느님의 징벌에 호소함으로써 이루어졌으며, 허위 선서는 교회에서의 고해성사를 통한 보속이라는 절차의 대상이었다. 실로 선서는 시련 재판과 함께 재판의 주된 방식으로 자리를 잡았다. 시련 재판은 그들을 위해서 맹세할 친족을 가지지 못한 사람들을 위해서 존속되었다. (또는 어떤이유로든지 친족 외의 선서 대행자를 만들어내지 못하는 사람들을 위해서) 또는 그들의 선서를 통째로 믿을 수 없는 나쁜 평판을 가진 사람들에게 시련 재판이 존속하였다. 또한 어떤 특정한 범죄를위해서도 지속되었다. 그러나 다른 사례들에 있어서는 증거 채택의 공통적인 방식으로, 친구나 이웃의 선서로, 피고는 무죄가 되는 면책선서가 쓰이게 되었다. 이전과 마찬가지로 선서를 대신해주는 사람은 주로 친족 집단에서 나왔으며, 선서를 대신해준 것에 내재하고 있는 것은 강한 정도의 성실 또는 충실 의무가 존재하고 있었다. 그러나 교회는 위증에 의해서 신을 모독하는 위험을 알았고 그래서 어떤 사람이 위증하는 경우에는, 그 죄를 그의 사제에게 고백할 의무를 과했으며, 참회와 보속의 명령 그리고 보속의 행위로 일정한 행위를 하는 과정을 두었다. 더하여 증언에 있어서 허위로 선서하는 것뿐만 아니라 재판에 있어서 모든 방해 역시 참회와 고해해야 할 죄로 간주하였다. 예를 들면 사회적으로 받아들일 수 있는 정도의 희생물을 제공한 뒤에도 친족 복수에 집착하는 것은 하느님에 대한 범죄가 되었고 그 범죄는 사제에게 고백되어야 되며 금식이나 다른 종류의 참회를 위한 보속행위를 해야 하는 것으로 규정되었다.

3.5 왕권의 역할

11세기 말 이전의 시대 동안 부족법 또는 관습법의 발전에 있어서 왕권의 역할을 기독교가 또한 높였는데, 이때 특별히 씨족 또는 부족에 있어서의 재판이 자비에 의해서 완화되는가를 감시하여야 되고, 빈자와 무의탁자가 부자와 강자에 대해서 보호되는가를 감시하여야 하는 왕의 책임을 고양했다. 8~11세기에 있어서 프랑크와 앵글로색슨의 왕들은 일상적이 아닌 특별한 사례들에 있어서 판관으로서 행동하게끔 하느님에 의해서 임명되었다고 간주되었다. 왕들이 그들의 통치 영역에서 움직임에 따라서 - 프랑크와 앵글로색슨의 왕들은 별다른 커뮤니케이션 수단이 없었기 때문에 끊임없이 돌아다녔는데 - 왕들은 자비를 베풀기 위해서 재판의 사례들을 청취하였다. 즉, (성경에서 지적한 대로) 과부와 고아, 그리고 보호할 만한 가족이 없는 사람들의 사례와 또한 보호할 만한 영주가 없는 사람의 사례, 다른 경우로 배상금 지불로 만족스럽게 끝나지 않을 최악의 범죄들의 사례들을 직접 심문하였다. 이러한 역할은 신민의 족장으로서의 왕들이 가지는 정신적 재판관할권의 일부였다.

또한 정치적으로 기독교는 큰 역할을 하였다. 즉, 지배자를 부족장(dux)에서 왕(rex)으로 바꾸는 데 공헌하였다. 일단 기독교로 개종하면 왕은 더 이상 출신 부족의 존엄성만 대표하는 것이 아니었다. 왕은 더하여 모든 부족과 적어도 많은 부족에게 확장되는 권위를 가지는, 따라서 보편적인 신성성을 대표하였다. 개종한 왕은 효과적으로 제국의 수장이 된 것이다. **기독교는 이처럼 여러 다양한 부족을 통합하는 이념이 되었다.** 768년에서 816년까지 프랑크인들을 다스렸고, 800년에 대관식을 마치고 프랑크 왕국의 황제가 되었던 샤를마뉴 대제는 기독교의 기치 아래에서 그의 제국 내의 다양한 신민들을 동원해서 이민족에 대한 전쟁에서 통합된 군대를 만들었다. 이때의 전쟁은 아랍인들에 대한 전쟁, 색슨인들에 대한 전쟁, 덴마크의 데인인들과 슬라브인들에 대한 전쟁이었다. 반면에 영불 해협을 가로질러 잉글랜드 중부에 옛 왕국이던 머시아의 왕들(Mercian kings)[한 세기 뒤에는 색슨인의 왕으로서 알프레드 대왕(Alfred the Great)이 나왔는데]은 잉글랜드의 다양하고 잡다한 종족들에 대해서 군사적인 헤게모니를 확립하였으며, 이를 통해 마침내 스칸디나비아로부터 온 침략자들을 물리쳤다. 제국을 통한 왕권의 보편성은 팽배하게 되었다. ─즉, 부족민들의 충성이나 지방민들의 충성이나 또는 가계의 충성심을 집중하게 되었다. 이때의 보편성은 군사력에만 기초한 것이 아니라 왕 또는 황제가 교회의 우두머리로서 가지는 정신적인 권위 위에 기초하고 있었다. 샤를마뉴(Charlemagne) 황제는 교회의 의사결정 기구를 소집하고 교회법을 만들었다. ─ 심지어 그전에도 그는 로마의 대주교(The Bishop of Rome)의 제의에 의해서 황제의 관을 받는 것을 동의하였다. 크리스토퍼 도운이 쓰듯이, "샤를마뉴의 영국식 이름인 찰스는 교황을 그의 사제로 간주하였으며, 레오 3세에게 교회를 다스리고 방어하는 것은 왕의 일이며 왕을 위해서 기도하는 것은 교황의 의무이다"라고 했다. 비슷한 양상으로 알프레드 대왕은 잉글랜드에 있어서의 교회의 우두머리였다.[91]

---

91) Dawson, *Making of Europe*, pp.190~201을 보라. 샤를마뉴 치하에서 프랑크족의 나라는 "비잔틴 제국보다 심지어 더 큰 정도로 교회 국가(church-state)가 되었다. …… 왕은 국가의 수장일 뿐만 아니라 교회의 수장이었다. 그리고 왕의 입법은 성직자의 행동에 대한 가장 엄격하고도 가장 세세한 규칙을 확립했으며, 교의 상의 독트린과 제식에 관한 규제를 확립하였다. …… 모든 제국의 정부는 대체로 교회와 관계있는데, 왜냐하면 주교는 프랑크 제국의 구성요소인 300개의 카운티의 지방행정에 있어서 똑같이 권한을 가지고 있었다. 한편 제국의 중앙 정부는 궁정과 왕립 교회의 성직자들

에델레드(Ethelred)의 법에 진술된 대로(기원후 1,000년), 기독교 왕은 기독교 신민들 간에 있어서는 그리스도의 대리인이며 기독교 왕은 그리스도에 반대하는 범죄에 대해서는 최고의 성실성으로 복수해야 한다.[92] 전체적으로 볼 때 교황과 황제 간의 약간의 긴장에도 불구하고 성직자들은 황제라는 개념을 지지했는데 이것은 교회 자체에 대한 황제의 지도권을 포함하는 것이었다.

의 수중에 있었다. …… 지방 행정의 컨트롤과 감시에 의해서 카롤링거 왕조의 제도인 독특한 제도인 Missi Dominici에 의해서 확보되었다. Missi Dominici는 제국 내의 모든 나라들을 순회한 것은 나중의 영국의 순회 판사와 같았고, 여기에 있어서도 가장 중요한 역할은 주교와 수도원장에게 맡겨졌다." 도슨은 알쿠인(Alcuin)을 인용한다. 그는 샤를마뉴 황제의 앵글로색슨인으로, 위대한 고문이었는데, 세상에 세 개의 지고한 파워가 있다고 했다. -로마에 있는 교황권, 콘스탄티노플의 황제 그리고 샤를마뉴 황제의 제왕적 위엄- 그리고 이들 중에서 마지막 것이 가장 높은 것은, 샤를마뉴는 그리스도에 의해서 기독교 백성(populus christianus)들의 지도자로 지명되었기 때문이다. 알쿠인은 로마의 황제라는 구절을 기독교 황제라는 구절로 바꾸었는데, 이것은 로마와 로마인들을 초과하는 샤를마뉴 자신의 제국을 지칭하는 것이다. 영국에 있어서 '교회에서의 성스러운 제식을 하는 왕권(sacral kingship)'과 알프레드 대왕의, 교회의 머리로서의 역할에 대해서는, William A. Chaney, *The Cult of Kingship in Anglo-Saxon England*, (Berkeley and Los Angeles, 1970, esp. chap. 6, "Sacral Kingship in Anglo-Saxon Law")를 보라. 채니는 다음과 같이 쓴다. "게르만 왕권에 있어서 가장 근본적인 개념은 왕권의 종교적 기능과 정치적 기능이 분리되지 않고 있는 상태이다. …… 왕은 신도 아니고 전능하지도 않다. 그러나 왕은 카리스마적인 권력으로 충만되어 있으며, 그의 카리스마적 권력에 그의 부족이 안녕을 의지하고 있는 것이다. 이것은 왕의 만나(mana)였다. …… {카리스마적 권력은} …… 왕 자신뿐만 아니라 '왕족 전체'에 스며들었는데, 왕족이란, 그를 가려내어 선출한 그 친족 전체를 말한다." 교회 안에서 성스러운 제식을 행하는 왕권은 기독교시대로 넘어온다. 세속적 영역과 정신적 영역 사이의 구별이 없으며, 왕은 두 영역에 있어서 그리스도의 대리인이다. 왕은 "교회뿐 아니라 세속적 사항에 대해서 입법하여야 하고 -이것은 신과 왕 아래 있어서의 그의 왕국의 안녕의 전체성에 관한 입법이 된다."(p.192) "왕은 여전히 신적인 위탁 아래에서 종족의 머리였으며, 따라서 종교적 기능과 왕권의 기능의 분리라는 것은 이교주의에서는 생각할 수 없는 것이다. …… 지배자는 그의 백성에 대해서 신학적이며 종말론적인 역할을 하는 것으로 기대되었다."(p.247).

92) Ⅷ Aethelred 2, in Agnes J. Robertson, ed., *The Laws of the Kings of England from Edmund to Henry Ⅰ*, (Cambridge, 1925), p.119.

3.6 왕권의 권위와 교회권의 권위

왕권의 권위와 교회권의 권위 양자 모두가 법제도가 발전 전개하는 데에 대해서는 역동적인 요인들이었다. 특별히 8세기 이후에 왕은 그들의 왕가, 왕궁, 친구들, 가신들 그리고 심부름꾼들을 넘어서서, 즉, 그들은 가계법(household law)을 넘어서서 그들의 평화에 대한 권한을 확장하였다. 6세기와 7세기에 있어서도 왕들은 혈연에 의한 인과응보 방식을 규제하려고 강력한 노력을 행했다. 예를 들면 왕들은 그들 자신의 왕권의 평화 질서가 교란되지 않았을 때에도 어떤 범죄에 대해서는 사람과 가계로부터 배상을 실행하였다. 점차로 점점 더 많은 침해와 범죄들이 왕 앞에서 재판받을 수 있는 것으로 되어 갔다. 반역, 고의로 살인하는 것, 그리고 간통은 중요한 범죄였다. 8세기와 9세기에 프랑크 황제들이 그리고 9세기와 10세기에 또한 앵글로색슨 왕들이 그들 통치 영역 전역에 걸쳐서 왕에 의한 평화유지를 할 책임을 떠맡게 되었다. 에드가 왕(King Edgar)의 973년의 대관식 때 캔터베리 대주교 던스탠(Dunstan)이 만든 선서에서 에드가(Edgar) 왕은 다음과 같이 서약하였다. 즉, 진정한 평화('true peace')는 그의 왕국에서 모든 기독교 신민('Christian people')에게 보장되어야 하고 약탈과 강도, '모든 부정당한 행동들'은 금지되었으며, '정의와 자비'가 모든 재판을 지배하여야 된다고 서서하였다.[93] 프랑크의 황제들도 어떤 기간 동안에는 비슷한 선서를 행했다. 이윽고 지방의 부족 모임을 감독하거나 부족민이나 지방민들에게 대한 왕의 영향을 유지하기 위한 다른 행정적 수단을

---

93) Ibid., p.43.

행할 때 왕의 관리의 임명절차에서 이와 같은 선서를 보충하는 방법들이 발견되었다. 더하여 봉건주의에 내재해 있던 구조, 즉 왕은 역시 봉건주의 구조를 이루고 있는 영주들의 서열에서 최고의 영주 역할을 하는 사실이 역시 왕의 평화를 유지하는 기능을 강화하는 데에 도움이 되었다.

왕과 주교들은 새로운 법을 공포하고 재판정을 개정하였다. 왕권과 교회권에 속한 관료주의의 필요성이 새로운 법제도를 만들어내었는데, 이전의 부족 문화나 지방문화의 제도보다 훨씬 더 발전되고 세련된 것이었다. 예를 들면 왕의 대리인이 배심원(juries)을 소환하였으며 증인을 심문하였다. 왕의 명령, 즉 칙령은 교회가 만든 결정과 명령과 함께 주요한 법의 원천을 구성하게 되었다. 이처럼 왕이 임명한 관리들의 법(Amtsrecht)이 관료법이라는 뜻이라고 루돌프 좀이 명명하였다. 이 관료법이 부족법(Volksrecht)[94] 또는 관습법 또는 민중법과 함께 성장하게 되었다. 관리들의 법과 부족법 또는 관습법 또는 민중법의 많은 면들이 로마법에 의해서 영향을 받았는데, 로마법은 북방으로부터 침략해온 게르만 사람들에 의해 정복된 영역에 존재하고 있었다. 많은 로마의 법규들이 지켜졌다. 예를 들면 부도덕하고 불법인 거래는 무효이다. 폭력이나 위협으로 이루어진 판매나 증여는 무효이다. 또한 파산한 채무자는 그의 채무에 대한 이자를 지급하여야 한다. 실제로 로마법의 계수 또는 동시에 로마법의 비속화 또는 대중화가 이루어지고 있었다.[95] 근대에

---

94) Rudolph Sohm, "Fränkisches Recht und römishces Recht", ZSS (*rom*), 1 (1880), 1.
95) Ernst Levy, "Reflections on the First Reception of Roman Law in Germanic States", *Gesammelte Schriften*, I, (Cologne, 1963), pp.201~209를 보라: Levy, "Vulgarization of Roman Law in the Early Middle Ages", ibid., pp.220~247: Levy, *West Roman Vulgar Law: The Law of Property*, (Philadelphia, 1951):

있어서의 비슷한 사례가 대칭적으로 나타나는 것은 19세기 말과 20세기 초에 일본과 중국에서의 서양형(Western type) 법을 계수하는 데서 나타난다. 이때 서양 형태(Western type)의 법은 관리들이나 상류 계층 관계인들은 규율했으나 국민들 전체로 볼 때는 이전까지 그들을 지배했던 전통적인 법질서에 사실상 별로 영향을 주지 못했다고 할 수 있다.

3.7 봉건주의 시대의 특징

유럽에 있어서의 법 또한 그러했다. 11세기 후반까지 무엇이라 부르든 전체로서의 신민들의 법의 기초적 특징은, 여전히 부족에서 나오든 지방에서 나오든 봉건주의 시대의 특징을 그대로 갖고 있었다. 친족 관계에서 유래하는 유대가 한 사람의 법적인 지위를 1차적으로 규정하고 또한 1차적으로 보장하는 방식이 지속되고 있었다.96) 이때 왕들은 신민들의 실질적인 법인 관습법 또는 부족법

Levy, *Weströmisches Vulgarrecht: Das Obligationenrecht,* (Weimar, 1956).

96) Loyn, *Anglo-Saxon England,* p.292를 보라. "한 사람의 좋은 행동을 보증하며, 또한 그 사람이 불법행위를 당했을 때나 살해되었을 때 복수를 할 수 있는 친족의 존재는 최중요하였다. …… 만약 한 사람이 수감되었을 때 그의 친족들이 그를 먹여 주었다. 성역에 피신처를 구한 이후나, 그 자신의 집에서 포위된 이후나, 공개적으로 평화로운 항복을 한 이후에 그의 적들에게 납치된 경우에, 당사자의 친족들은 30일 이내에 통지를 받아야만 했다. 만약 어떤 사람이 도난으로 체포되었든가, 마술 부림으로 기소되었다든가, 선동으로 기소되었다면, 그의 친족들이 그를 위한 보증인이 되어야 된다. 만약 그 친족이 그것을 거절한다면, 그는 형벌적인 노예로 또는 사형을 선고받는다. 만약 어떤 사람이 형사상 노예의 최초의 해에 살해된다면, 그의 친족들이 그의 사례에 대한 배상금을 받게 되어 있다. …… 젊은 나이에 죽은 경우에 친족들이 그 후예들을 유지할 책임을 진다. …… 친족들은 확실히 토지 재산권에 대해서도 확장적인 권위를 가진다. 한 사람의 법에 있어서의 지위를 확보하는 데에 있어서 …… 또한 법정에서, 당사자가 무죄라는 것을 선서하고 주장할 수 있는 면책을 위한 선서자 또는 법정에서 당사자의 평소의 선량한 이름을 증언할 수 있는 면책 선서자를 그에게 가능하게 하는 일에 있어서, 이러한 사회적 관계의 중요성 때문에, 친족은 불법행위에 대한 배상금(wergeld) 지불과

을 만드는 데 1차적인 행동은 하지 않았다. 즉, 계약이나 물권이나 혹은 토지에 관한 영주권 또는 지주권이나 토지에 관한 소작권 또는 지대에 대해서는 실질적으로 왕이 정한 법이 없었다. 또한 범죄와 불법행위에 대해서도 왕이 정한 법은 아주 적었다. 이 시대 왕들이, 왕국을 구성하고 있는 더 작은 단위인 지방의 영역들을 왕의 대리인에 의해서, 어떤 정도로 행정체계 수립에 성공하였을 때에도, 왕의 대리인들은 왕을 대신해서 통치한다고 생각되는 지방 영주에 의해서 무시되든가 또는 지방에 존재하는 권력은 그들 자신의 주인이 되었다. 왕들이 자주 선포하였던 법의 쓰인 모음, 즉 법전의 어떤 형태는 일반에게 보다 더 잘 알게 하고 더 확고히 형체를 띄게 할 목적으로 관습법들을 전개한 것인데, 근대적 의미에서의 입법이 아니었고 차라리 평화를 유지하며 정의를 행하며 범죄를 저지하기 위한 권고와 훈계 같았다.

불법행위에 대한 복수(vendettas)를 행한다는 두 가지 밀접하게 관계된 제도에 있어서, 가장 중요하며 또한 굉장한 측면을 맡게 된다. 만약 한 사람이 폭력에 의해서 살해된다면, 그다음 단계는 살해된 사람의 친족이 살해자의 친족에 대해서 복수를 행할 권리(the right to wage a feud)를 가졌다. {역자 주: 불법 행위에 대한 복수의 권리는 중세 유럽 이후에도 살아 남아서 지역적으로는 코르시카 섬이나 시칠리아 섬에서 관습법 상 인정되기에 이르렀다. 문학작품으로는 메리메(Mérimée)의 콜롬바(Colomba)에서 나타난다. 훨씬 후대에서 나폴레옹 이후의 과도기의 불법행위에 대한 복수를 스토리로 취급한 예는 알렉상드르 뒤마(Alexandre Dumas)의 몽테크리스토 백작(Le Comte de Monte-Cristo)을 들 수 있다. 따라서 게르만 관습법 이후 잉글랜드를 포함한 서유럽 전역에서 불법 행위를 당한 당사자 및 친족의 복수의 권리는 법 인류학적으로 보아 동아시아인들이 생각하는 것보다는 훨씬 현저하다} 이러한 복수를 위한 전투는, 진정시켜서 조정할 수 있었다. (복수 전쟁을 위한) 창은 매수할 수가 있었다. 그리고 (불법행위의 대가로서의) 배상금은, 이러한 진정과 조정을 위해서 친족에 의해서 친족에게 지불할 수 있는 금액이 되었다. 그것은 피의 값이었다." 여기서 로인(Loyn)은 앵글로색슨법을 기술하고 있다. 그러나 그의 기술은, 프랑크의 법이나 5세기 또는 6세기부터 10세기 또는 11세기 사이의 유럽의 모든 종족과 부족의 법에 똑같이 적용될 수 있는 것이다.

3.8 약한 왕권

　메이틀런드가 밝힌 대로 왕 또한 간구하고 기도할 수밖에 없었는데 왜냐하면 왕은 명령할 수도 처벌할 수도 없었기 때문이다. 실로 게르만법은 다음과 같은 조문을 포함하고 있는데, 즉 어떤 사람이 지방 재판정에서 모든 기회를 다 소진하고 났을 때에는 그는 구제를 위해서 왕에게 가서는 안 된다고 하고 있다.

　의문의 여지없이 중앙에 존재하는 권위가 약한 한 가지 요인은 경제적이고 과학기술적인 것이었다. 8세기, 9세기 그리고 10세기 11세기 동안의 상업의 증가, 도시의 숫자와 인구의 성장과 농업기술의 향상에도 불구하고 또한 수공업의 성장과 과학과 학문에 있어서의 일반적인 진보에도 불구하고 **경제는 거의 전적으로 지방에 매여 있었으며**, 당시에 존재하던 과학기술은 중심부와 주변부 사이의 유효한 커뮤니케이션을 허락하지 않았다. 이러한 경제적이고 과학기술적인 요인은 저변에 존재하는 종교적이며 정치적인 요인과 관련되어 있다. **중앙정부 당국의 정당성은 기독교에 기초하고 있으며 기독교의 세계에 대한 비전은 게르만 부족주의의 세계관과 날카롭게 갈등하고 있었다.** 즉, 게르만 부족주의의 신조는 명예와 운명에 있었으며, 동시에 **중앙정부 당국은 법의 독립적인 역할의 개념을 가지고 있지 않았으며, 이때 법의 독립적인 역할이란**, 사회적 · 경제적 · 정치적 경과를 합리화하며 제어하는 **기독교적인 개념과 가치를 효과적으로 만드는** 것을 말한다. 법의 역동적인 요소는 체계화되지 않았으며 약했다. 즉, 역동적이 아니라 정태적인 요소들이 지배하였다. 법은 사람들의 무의식적인 마음을 표시하는 것으로 1차적으로 생각되었다. 즉, 사람들의 '공통의 양심(common conscience)'의 산물로 생각되었다(이것은 프리츠 케른의 표현이다).[97] 대비될 수 있는 것은 **법은 의식적인 이성의 표현이거나 의지의 숙성된 표현**이라는 것이다. 이 시대의 법은 사람들의 무의식적인 마음을 표시하는 것으로 1차적으로 생각되었다. 그 점에 있어서 **법은 예술과 같았고 신화와도 같았고 그리고 언어 자체와 같았다.**

4. 속죄의 법과 부족법 및 관습법과의 관계

4.1 속죄의 체제

11세기 말 이전의 유럽에 널리 퍼져서 유효했던 법질서의 성질에 대한 더 깊은 통찰은 서유럽 교회(동방 정교회를 제외하는 당시 보편적 기독교를 의미한다)에 의해서 도입된 속죄의 체제를 더 면밀히 검토함으로써 얻어질 수 있다. 로마 주교(The Bishop of Rome)의 지위는 '동등한 주교들 중 첫 번째(Primus Inter Pares)'로 매우 큰 특권을 가졌으나 **11세기 말 이전에는** 아직도 서방을 통틀어서

---

97) 케른(Kern)은 쓰기를, "관습법은 퇴화한 폐물이 된 법으로 조용히 옮아간다. 그리고 퇴화한 법은 망각으로 가라앉고 평화롭게 사거한다. 그러나 법 그 자체는 젊음을 계속하는데 (어느 시대에 항상 그랬듯이) 법 자체는 오래된 것이어야 한다는 믿음 안에서 활력을 가진다. (법 자체는 오래된 것이라는 믿음이라 하나) 그러나 법 자체는 오래된 것이 아니다; (어떤 의미인가?) 새로운 법을 오래된 법에 영원히 접목하는 것이다. 무의식의 창조적인 샘으로부터 분출하는, 현대법의 신선한 계류이다. 대부분의 경우 기록된 법이나 기록된 차트에서 나타나는 고정된 한계에 의해서 수로가 확정될 수 없는 성질이 관습법이다. …… 관습법은 태고 때부터 존재하는 원시림을 닮았다. 원시림은 완전히 벌목될 수도 없고, 전체 모습을 별로 변경하지도 않으면서 끊임없이 도로 젊어져서 활기를 띠게 되고, 100년이 지나면 전면적으로 전혀 다른 숲이 될 것이다. 비록 외관적으로는 원시림은 똑같은 '오래된' 숲이나 그 내부에서는 한편에 있어서 서서히 성장하는 것이 동반하고, 다른 한 부분에서는 알아볼 수 없게 쇠퇴하는 것이 진행된다." Kern, *Kingship and Law*, p.179.

그 이후에 나타난 것과 같은, 왕권과 분리되고 독립된 단위로서 조직된 로마 가톨릭교회는 없었다. 즉, 로마 가톨릭교회는 (이후에 교황의 교회지배권이 가졌던 것과 같은) 통일된 법적 단위는 아니었다. 오히려, 개별적인 주교관할구, 지방교회들 그리고 수도원들의 눈에 보이지 않는 정신적 · 신앙적 공동체였고, 개별 주교 관구나 지방 교회나 수도원들은 한편으로는 부족이라는 법 단위, 지역이라는 법 단위 그리고 봉건제도의 법 단위에 복속하고 있었고, 다른 한편으로는 왕권과 황제권에 복속하고 있었다. 속죄의 시스템은 수도원에서 유래하였다. 개별적인 수도사들의 공동체는 자체의 축소된 법질서를 갖고 있었는데 그것은 근로와 기도의 규칙('rule')이며 수도원 행정의 규칙이었으며, 또한 훈련과 단련 및 속죄의 규칙이었다. 하나하나의 수도원은 독립적 성격을 가지고 있었는데 교구의 주교만이 마지막 통제권을 가지고 있었다. 6세기에서 출발해서 여러 개의 주된 대수도원장들은 수도원 규칙의 모음들을 간행했는데 이것은 '속죄에 대한 총칙' 또는 '죄를 회개하는 규칙의 총칙(penitentials)'이라고 불리고, 여러 가지 다양한 종류의 죄목에 대해서 각기 다른 속죄방식을 부과하고 있었다.[98] 처음에는 여러 가지 다양한 형태의 좋지 않은 행실과 품행에 대해서 각기 다른 회수의 매 때리기가 행해졌다. 시간이 감에 따라서 신체적 벌은 더 다양해져 갔고, 신

---

98) 속죄 총칙에 대해서는 비교적 작지만 가치 있는 영어 문헌이 있다. John T. McNeill and Helena M. Gamer, *Medieval Handbooks of Penance: A Translation of the Principal Libri Poenitentiales and Selections from Related Documents* (New York, 1938); Thomas P. Oakley, *English Penitential Discipline and Anglo-Saxon Law in Their Joint Influence* (New York, 1923); John T. McNeill, *The Celtic Penitentials and Their Influence on Continental Christianity* (Paris, 1923); 맥닐에 의한 여러 논문이 *Medieval Handbooks*의 서론에 인용되어 있다. 6세기에서 10세기까지의 수도원 운동에서의 속죄에 대한 총칙의 역할은 다음에서 선명하게 그려져 있다. Lehane, *Quest of Three Abbots.*

체적 유형이 아닌 벌이 더해졌다. 자주 있는 보통의 속죄 방식은 어떤 기간 동안 금식 또는 단식하는 것이었고 다시 거기에 자선 또는 적선을 구하러 내보내는 것, 선행 그리고 희생자에게 배상하기가 더해졌다.

4.2 수도원주의

이렇게 해서 기독교의 수도원주의는 분쟁 해결과 처벌에 대한 **오래된 공동체적 방식을 폐기하지 않고** 수도원 자신의 절차를 내어 놓았는데, 이 절차는 인과응보나 복수를 완화시키는 것보다 더욱 영혼을 가진 사람을 배려하는 것과 관계되어 있었다.

이윽고 수도원에서 쓰이던 죄를 회개하는 규칙은 수도사들의 훈련뿐만이 아니라 모든 기독교 신민들의 규율과 훈련을 위해서 쓰이고 간행되게 되었다. 11세기까지 서방교회에 속하는 사람들의 성직자 가운데서 통용되고 있는 수십 개의 이러한 속죄 규칙들이 있었다. 이 속죄 규칙은 (수도원 운동 그 자체와 마찬가지로 퍼져 나갔는데) 아일랜드와 웨일스와 그리고 스코틀랜드에서 앵글로색슨과 프랑크의 왕국으로 퍼져 나갔고, 프랑크 제국의 동부 영역에서부터 스페인으로 롬바르디아로, 그리고 로마 자체, 그리고 스칸디나비아까지 퍼져 나갔다. 수도원과 함께 전파된 속죄의 규칙은 성직자들이 개인 자격으로 수집하고 수록한 규칙을 모은 것이며 그 성질은 공식적인 것은 아니었다. 또한 이것의 성질은 구속력에 의도가 있었다기보다도, 교회 규칙에 따라서 자기 죄를 고백하는 고해성사를 한 교구민들에게 어떤 속죄의 방식을 알려주는 점에서 사제들을 안내하는 데에 목적이 있었다. 이러한 회개 규칙 총칙은 장소와 그리고 시간적으로 몇 세기냐에 따라서 엄청나게 그 성격이 달랐다. 가장 오래된 서방교회의 회개 총칙의 원천은 기독교시대의 첫 번째 몇 세기에 걸쳐서 동방교회나 서방교회 모두에 있어서 교회가 실제로 행한 관행에서 발견이 된다. 이때의 목적은 악질적이고 가중한 죄들에 대해서 공개적인 참회와 회개를 요구하는 것이었다. 교회사의 초기 몇백 년 동안에 모든 참회자는 1년 중 특정 시간이나 혹은 정해진 시간대에 주교에게 출석하는 것이 요구되고 주교는 엄숙하고도 공들인 교회의식에서, 참회자들의 죄의 경중에 따라서 여러 가지 다양한 조건의 단식 명령이나 성찬식의 박탈 같은 선고를 행하였다. 예를 들어서 바실 대왕의 교회법서(Canonical Letters of Basil of the Great)는 강간, 간통, 중혼 그리고 근친상간과 같은 여러 가지 성범죄와 결혼상의 범죄에 대해서 여러 가지 다양한 속죄 규칙을 열거하고 있다. 또한 마술을 쓴다든가 우상을 경배한다든가 또는 묘지를 침범한다든지 같은 종교적 범죄에 관해서 또한 그러했으며, 훨씬 후기에는 세속적 범죄라고 불리던 것, 즉 여러 가지 종류의 살인, 절도, 위증, 낙태 그리고 유아살해에 대한 속죄 규칙도 열거하였다. 참회라는 가톨릭교회의 신성한 의식은 하느님과 이웃과 함께 영원히 화해하는 것을 가능케 하는 것으로 생각되었다. 따라서 단 한 번의 세례가 있는 것처럼 **단 한 번의 참회가 있었으며** 결과적으로 참회는 일반적으로 삶의 마지막 순간까지 연기되었다.[99]

---

99) Bernhard Poschmann, *Penance and the Anointing of the Sick*, trans. Francis Courtney, S. J. (New York, 1964), p.104를 보라.

4.3 공개적인 참회

공개적인 참회의 관행은 5세기 이후의 서방교회에서는 단속적으로 계속되었다. 켈트족의 영향 아래서 공개적 참회의 관행은 개인적 속죄에 의해서 대체로 대치되고 개별적 속죄는 개개인에 의해서 엄밀히 사제에게 고백하는 것에 의해서 대치되며 이때 사제는 고백된 죄에 대한 보속의 행위를 하라고 비밀리에 의무를 부과하였다. 서방교회의 참회 규칙에 의해서 포섭되는 범죄의 형태는 더이전에 앞섰던 동방교회의 모델에서 나왔으나 새로운 형태도 추가되었다. '세속적(secular)' 범죄도 역시 종교상의 죄였다. 실로 세속적 범죄를 뜻하는 말('crime')과 종교적 의미의 죄('sin')는 맞바꾸어가면서 쓰였다. 그러나 참회에 대한 규칙은 종종 중요한 죄, 즉 '주된 범죄(capitalia crimina)'와 중요하지 않은 범죄(peccata minora)를 구별했다. 주된 범죄는 행위에 관한 용어로 규정되지 않고, 마음의 상태나 동기에 관한 용어로 규정되었다. 항상 7개의 범죄가 있었는데 - 오만(pride), 질시(envy), 상스럽고 야비함(unchastity), 분노(anger), **쓰디쓰게 빈정댐 또는 신랄**(bitterness; accidia는 때때로는 세상의 슬픔이라는 뜻으로 tristitia seculi로 불렸음), 폭식과 식탐(gluttony), 탐욕 또는 허욕(avarice)[100] - 특별한 타입의 행위인 경우, 즉 살인의 경우에 속죄의 규칙은 행위자가 행위를 범했을 때의 행위자의 동기와 기타 다른 상황에 따라서 달라졌다. 사제에 의해서 부과되는 개별적 특수한 속죄 방식은 속죄에 대한 규칙에 따르되 사제 자신의 재량에 맡겨졌다. 속죄에 대한 규칙은 재판 절차를

---

100) Ibid., p.64. See the Penitential of Cummean (ca. 650), in McNeill and Gamer, *Medieval Handbooks*, p.98.

확립하지 않았다. 비록 때가 지나면서 어떤 타입의 질문을 사제가 해야 되는가를 속죄 규칙이 밝히게 되었지만 절차는 참회실의 방식이었다. 속죄 규칙은 신부에게 고백되는 죄에 적용될 수 있었다. 전형적으로 고해성사 때 하는 개인의 고백은 비공식적이고 개인적인 성질이었으며 따라서 고해성사를 맡는 신부는 그것을 누설하지 않을 신성한 의무에 구속되어 있었다. 그러나 어떤 속죄 규칙에 있어서는 (특별히 9세기와 10세기의 프랑크 왕국의 속죄 규칙은 사적인 참회에 중점을 두는 켈트인들의 전통을 반대하였는데) 공개적인 속죄와 참여는 악명 높은 죄[101])를 위해서 준비되어 있었다. 그러나 공적 속죄든 사적 참회이든 간에 속죄 시스템은 마지막에는 고백을 행한 개인 참회자이자 행위자의 고백과 속죄로서의 보속을 행한다는 동의에 놓여 있었다. 물론 **9세기 10세기의 사회상에서는 이러한 동의를 하게끔 하는 공동체의 강력한 사회적 압력이 존재하였다.**

4.4 속죄와 보속

비록 속죄 규칙은 어떤 주어진 죄에 대해서 어떤 종류의 속죄를

---

101) 보니파스(Boniface)는 앵글로색슨의 수도사로서 지금 도이칠란트에 속하는 지역의 회심에 있어서 주된 역할을 했고, 사적인 참회에 중점을 두는 켈트 방식에 반대하였다. 813년에 샤를마뉴 황제의 성당 참사 회의에 의한 프랑크 왕국의 법령집은 '공개적인 죄, 공개적인 고백'의 요구를 담고 있었고, 847년에 마인츠의 공의회는 공적인 범죄에 대해서는, 공적인 회개가 있어야 한다고 판결하였다. 그러나 McNeill, *Celtic Penitentials*, p.173은 명시하기를, 이들 조항은 정규적으로 강행되지 않았다고 했다. 그러나 공개적인 회개와 참회는 적어도 전적으로 자발적인 일로서는 계속해서 수행되었다. 그래서 10세기 프랑크의 어떤 참회 총칙은 다음과 같다. "사순절의 시작 때 공개적 회개와 참회를 하고 있거나 이미 한 모든 회개자들은 맨발로 고개를 땅으로 떨군 채 삼베 포대기를 입고 교회의 문 앞에서 그 도시의 주교 앞에 나아가야 한다." Regino's Ecclesiastical Discipline, Canon 295, in McNeill and Gamer, *Medieval Handbooks*, p.315.

위한 보속을 명하였는데 즉, 며칠, 몇 달 또는 몇 년이라는 숫자를 명시한 단식을 밝히고 있지만 동시에 속죄 규칙은 아주 넓은 범위에 걸친 다른 대체적인 수단의 속죄도 길을 열어 놓았다. 대체 수단은 기도와 철야, 시편 읽기, 그리고 순례기를 읽기이다. 속죄 규칙은 또한 희생자에 대한 배상 및 보상과 희생자의 친척들을 도울 것을 포함하고 있다. 따라서 구타의 경우 행위자는 희생자의 의료비를 지불할 것을 명령받고 희생자의 근로를 행할 것을 그리고 배상할 것을 명령받는다. 훔친 물건이나 사기로 취득했거나 은닉한 재산은 원상복귀[102]를 명하였다. 또한 초기부터 한 타입의 속죄 보속에서 다른 타입의 속죄 보속으로 대체를 허용하는 관행이 필요한 경우에는 발전되었다. 예를 들어서 어떤 고백자가 아파서 단식할 수 없을 때에는 성경의 시편을 몇 번 읽는 것으로써 대체할 수 있었다. 점차로 금전적 지불로 전환하는 것이 도입되었으며 이것은 부족법의 방식에 따른 것이었고, 배상금 지급은 예외적인 경우에만 친족에 의해서 허용되었다. 여러 형태의 대리인에 의한 참회, 보속이 이어졌는데 사제들에 의한 대리 속죄를 포함하게 되었고, 이것은 죄인을 대신해서 미사를 위한 노래를 부르는 것이다. 단식과 기도의 장기 언도를 대체하는 것은 가끔씩 기괴한 형태를 취하게 되었는데 예를 들면, 물에서 잔다든지 또는 극히 작은 집에서 자게 한다든가 혹은 무덤의 시체와 함께 밤을 지내게 한다든가 또는 십자가형으로 팔을 꼬고 서서 일곱 번 시편을 암송한다든지(이런 것을 정직한 십자가 철야기도라고 했다. honest cross vigil) 하는 것들이다.

---

102) Oakley, *Penitential Discipline*, p.169를 보라. 살인의 경우에는 보통 타입의 회개에 덧붙여서 침해자는, 살해당한 사람의 친구들을 만족시킬 것이 요구되었다. (이것은 아마도 배상금을 말하는 것이다) 그리고 살해당한 사람의 아버지와 어머니에게 봉사를 해야 한다.

캐논법, 즉 교회법의 근현대의 역사가들은 이런 장치가 참회와 은총을 '인위적인 형식성'으로 격을 낮추는 것이라고 비판하였다. 그러나 속죄의 체제는 게르만시대에 나중에 그러했던 것처럼 똑같은 중요성을 가진 것이 아니라는 것은 인정하는 것이 중요하다. 한 가지만 얘기한다면 범죄에 대해서 금전적 배상을 한다든지 집단적 배상을 한다는 것이 게르만법에 있어서는 중심적 특징이었다. 다른 사항으로는 11세기 후반의 앞선 시기에 속죄를 통한 규율은 규범과 그 절차의 과학적 체계가 되지는 않고 있었다. 즉, 성찬식을 행하기 전에 자기 죄를 고백할 의무, 즉 고해성사의 절대적 의무는 아직 확립되지 않았다. 성찬식 일반은 아직 법제도화하지 않고 있었다. 속죄의 체제는 다양한 주교 관구와 수도원들 그리고 가능하면 교구들에 있어서도 방식이나 심지어 원칙에 있어서도 상당한 정도의 다양성을 허용하게 했다. 무엇보다도 사제는 죄를 고백하고 보속하려는 참회자에게 그의 죄의 경위로부터 그를 면죄할 권한을 가지고 있다고 생각되지 않았다. 사제가 할 수 있는 일은 참회의 결과로서 하느님이나 성 베드로나 혹은 성인 중 한 사람이 죄인을 죄로부터 해방시킬 것을 기도할 수 있을 뿐이다. 후기 게르만시대에서야 비로소 ―11세기 말과 12세기를 말한다― 교회가 스스로를 법적인 단위로 확립시킨 이후에야 비로소 그리고 대표권 또는 대리권의 법적 개념이 충분히 발달되고 난 이후에야 그리고 또한 성찬식이 법제도화된 연후에야 사제는 다음과 같이 말하는 것이 가능해졌다. "나는 그대를 죄로부터 해방한다(Ego absolvo te)."[103] 즉, 용서한다는 뜻이다. 속죄

---

103) Cf. McNeill, *Celtic Penitentials*, p.185. 초기의 방식은 다음과 같은 가정법에 있었다. 'Ipse te absolvat' or 'Absolvat te sanctus Petrus et beatus Michael archangelus.' 13세기 초에는 다음과 같은 선언적 공식을 사용하는 것이 보통이었다. "Ego absolvo te auctoritate domini Dei nostri Jesu Christi et beati Petri Apostoli et officii

와 보속의 기초 개념은 속죄와 보속은 영혼에게 약(medicine)이 된다는 것이다. 따라서 보름스(Worms)의 부르크하르트(Burchard)의 속죄 총칙은 기원후 1100년에 쓰이는데 다음의 말들로 시작한다. "이 책은 '교정자이며 내과의사(the Physician)'로 불린다. 왜냐하면 신체에 대한 충분한 교정책과 영혼에 대한 치료책을 포함하고 모든 사제를 심지어는 교육받지 않은 사람들까지도 가르쳐서 하나하나의 인격들, 즉, 성직자로 임명되었든 되지 않았든, 가난하든 부유하든, 소년·청년 또는 성숙한 사람이든, 노령의 허약이든 건강하든 또는 병약하든, 모든 연령의 그리고 남녀 모든 성에 걸쳐서 어떤 사람들이든지 사제가 도움을 줄 수 있는 방법을 포함하고 있다."[104] 처벌이라는 생각은 치료 또는 치유라는 생각에 종속된 것이었고 치유는 하느님에 대한 올바른 관계를 확립하는 것으로 보였으며 이때는 삶 전반에 걸쳐서 그리고 다가올 내세의 삶을 포함해서 얘기하는 것이었다. 속죄 및 보속 체계의 마지막의 것은 파문이었는데 파문은(성찬식, 결혼, 장례, 기타에 걸친) 교회의 주요 성사에 참가하는 권리를 박탈하는 것이며, 이것은 -임시적으로- 죄인의 하느님과의 관계와 죄인의 교회의 관계를 그가 화해를 위해서 신앙과 행동으로 다시 준비할 때까지 단절하는 것을 목표로 한다. 파문은 극단적인 조치였으며 법상의 권리를 모두 박탈하여 법의 보호 밖에 두는 것과 비슷한 효과를 가졌다. 왜냐하면 파문을 당한 사람에게 일반의 저주가 쌓일 뿐만 아니라 파문당한 자를 도우려는 누구에게

---

nostri."

104) McNeill and Gamer, *Medieval Handbooks*, p.323을 보라. "영혼의 약이 된다"는 공식은 더 이른 시대로 소급한다. 그래서 쿠메안(Cummean)의 회개 총칙은 다음과 같이 시작한다. "여기에 영혼에게 건강을 주는 약의 프롤로그가 시작된다." (ibid., p.99).

대해서도 역시 저주가 행해지기 때문이다. 대부분의 경우에 있어서 속죄 제도는 더 정교했다. 총칙적인 이론이 있었는데 그것은 당시의 의료와 관계된 의학적인 생각에서부터 나온 것이다. 즉, "상극은 상극에 의해서 치료된다." "의사의 의무는 뜨거운 것을 식히고, 찬 것을 따뜻하게 하며, 물에 젖은 것을 말리는 것이며, 건조한 것에 습기를 주는 것이다."105) 예를 들면, 콜롬반의 속죄 총칙의 규정(Penitential of Columban)에서 "수다쟁이는 침묵형으로 선고받고 평화를 교란하는 자는 신사적인 행동을 할 것을 선고받으며 폭식하는 자는 단식을, 잠이 많은 사람은 깨어서 주의하고 있도록 언도된다."106) 피를 흘렸을 경우에는 무기의 폐기가 정상적으로 요구되고, 성(性)적으로 행실이 나쁜 데에 대해서는 결혼생활로부터의 단절이 선고된다. 그러나 넓은 범위에 있어서의 다양한 선택과 대체적인 방법도 허용되었는데 이것은 범법자 개인에 따라서였다. 속죄 총칙의 서문이 베데(Bede)에게 얘기하는 대로이다.

> 왜냐하면 모든 사람이 하나나 또는 똑같은 저울에서 무게를 달아야 하는 것은 아니다. 비록 그들이 똑같은 한 가지 과오에 관계되어 있더라도 오히려 다음과 같은 경우에는 차별이 있어야 한다. 즉, 부자와 빈자 사이에; 자유민과 노예; 작은 아동, 소년, 청년, 젊은 사람 그리고 늙은 사람; 바보, 지적인 특징이 있는; 일반인, 사제, 수도사; 주교, 장로, 가톨릭의 부제보, 독회자, 성직자로 임명된 사람과 임명되지 않은 사람; 기혼자와 미혼자; 순례자, 처녀, 동정녀 또는 수녀; 약한 자, 병자 그리고 건강한 자. 사제는 죄의 특징에 따라서 차별을 두어야 한다. 역시 사람의 특징에 따라서 차별을 두어야 한다. 절제하는 사람과 절제할 수 없는 사람을 차별하여야 하며, 고의로 한 행위와 우연에 의해서 한 행위를 구별하여야 한다; (죄가 범해

---

105) 이것은 트랄레스의 알렉산더(525~605)의 공식이었다. 그는 그 시대의 가장 위대한 의학의 권위였다. Ibid., p.44.

106) Penitential of Columban (ca. 600), A. 12, ibid., p.251.

졌을 때) 공공연히 했는가, 비밀스럽게 했는가; 어떤 정도의 양심의 가책을 가지고 죄를 지은 사람이 필요에 의해서 또는 의지에 의해서 고치려고 했는가(죄의 장소와 시간).[107]

모타이머(Mortimer) 주교가 말하기를 "이와 같이 철학적인 결의론과 도덕신학은 캐논법에서 그들의 방식을 정착한 것이다."[108]

4.5 속죄의 법과 부족법

속죄의 법은 속죄에 대한 총칙에서 규정화된 대로, 많은 점에서 이미 기독교 시절 이전부터 발전해왔던 관습법과 부족법과 날카롭게 대비되었다. 관습법과 부족법은 일차적으로 친족에 의한 응보를 컨트롤하기 위한 것이었다. 교회의 속죄에 관한 법은 일차적으로 사람의 영혼을 돌보기 위함이었다. 관습법은 제재(制裁)의 기초를 해악의 정도를 주안점으로 정했다. 교회의 속죄에 대한 법은, 제재의 근거를 그 범죄 행위의 성질과 정도에 주안점을 두고 정했다. 관습법과 부족법은 명예와 운명이라는 개념에 근본적으로 기초하고 있었고, 교회의 속죄에 관한 법은 뉘우침과 용서라는 개념에 근본적으로 기초하고 있었다. 관습법은 일차적으로 부족 공동체나 지방 공동체 혹은 영주권 공동체 내부에서 벌어지는 폭력적인 갈등을 진압하거나 예방하는 데에 목적이 있었다. 교회의 속죄에 관한 법은 일차적으로 신앙심이 깊은 신앙 공동체의 정신적 복지를 유지하고 개인 영혼을 영원한 삶을 위해 준비하는 데에 목적이 있었다.

---

107) Ibid., p.223.
108) Robert C. Mortimer, *Western Canon Law*, (London, 1953), p.28.

그러나 이러한 대비에도 불구하고 속죄에 관한 법과 관습법은 똑같은 문화에 속했다. 즉, 모든 주요한 '세속적' 범죄들 -살인, 강도와 같은 것들- 은 역시 속죄 제도에 의해서도 보속 및 배상되어야 되는 죄였고, 모든 주된 '교회법적인' 범죄들 -성적인 범죄와 결혼과 관계된 범죄들, 마술부리기와 마법, 수도사에 의한 선서의 파기 또는 그와 같은 것들- 같은 것들은 역시 관습법에 의해서도 금지되는 범죄였으며 세속적 처벌에 상당하는 것이었다. 실로 형법을 집행한 '세속적' 당국들은 사실에 있어서는 대부분 성직자들이었다. 따라서 세속법과 종교 또는 영혼의 법을 분리할 수가 없게 되거나 또는 세속법과 교회법을 분리할 수 없게 되는 것은 이 시대의 서양사에서 나타나는 대로이다. 관습법과 속죄의 법은 말하자면 똑같은 근거를 들고 있었다. 물론 두 가지 법체계는 각기 다른 방식으로 행해졌다. 기원후 6세기에서 11세기 초까지 이 시대의 저술들은 두 가지 방식으로 '세상의 법(worldly law)' 또는 '사람의 법(man's law)'을 한쪽에서 말하고 다른 한쪽에서는 '하느님의 법(God's law)'을 말했다. 그러나 오늘날 국가와 교회로 불리는 것들은 양자 모두가 똑같이 두 가지 종류의 법에 관심을 가지고 있었다. 이와 같은 사정을 잘 설명해주는 것은 앵글로색슨 왕이었던 에델레드(Ethelred)의 법의 구절에서 나타난다. "따라서 어떤 식으로든지 이후에 신의 올바른 법이나 인간의 올바른 법을 위반하는 사람은 그로 하여금 열성적으로 속죄 보상하게 하라. …… 속죄 보상은 하느님의 속죄법에 의하든 세상의 교정책에 의하든……"[109] 따라서 속죄에 관한 법은 왕에 의해서 강제되었고 또한 왕에 의해서 신

---

109) Ⅵ Ethelred 50, in Robertson, *Laws of the Kings*, p.104.

의 명령에 위반하는 행위나 인간의 명령에 위반하는 모든 범죄에 대해서 적용될 수 있는 것으로 선언되었다. 다른 설명은 샤를마뉴 황제가 지방행정을 감독하기 위해서 파견한 도미니크 수사의 연설에서 발견된 것이다. "우리들은 여기 파견되었다. 우리들 주군인 샤를 황제에 의해서 너희들을 영원히 구제하기 위해서였다. 우리들은 너희들이 하느님의 법에 따라서 도덕적으로 살기를 권면하며 또한 동시에 세상의 법에 따라서 정당하게 살기를 권면한다."[110] 이와 같이 프랑크와 앵글로색슨의 왕들은 종종 교회법에 속한 속죄 제도가 세상법의 위반자에 대해서도 집행되는 것을 요구하는 법들을 공포하였다.

관습법은 집행방법이 약한 수준에 머물러 있었는데 관습법의 효과를 유지하기 위해서는 속죄에 관한 법이 지지해줄 것이 필요했다. 이것은 특별히 부족법과 관습법이 기초하고 있는 선서에 신성성을 유지하기 위해서 더욱 그러했다. 이러한 사정을 넘어서서 속죄에 관한 법은 부족 및 관습법이 협상에 의해서 분쟁해결을 하는 것을 강조하는 데에 대해서 다시 강화시켰다.

4.6 속죄법과 신뢰

속죄에 관한 법은 '신뢰-불신' 신드롬 중에서 '신뢰' 측면을 강력하게 권장하였다. 속죄에 대한 총칙들은 배상에 대한 게르만인들의 용어를 차용하여 (앵글로색슨의 경우 bot를 들 수 있다) 속죄 및 보상의 언어로서 사용하였다. 즉, 관습법과 부족법에서 쓰이던

---

110) Dawson, *Making of Europe*, p.190을 보라.

bot가 이제는 신에 대한 위반의 경우에 배상금으로 쓰이게 되었다. 때때로 그것은 앵글로색슨의 속죄법에 있어서 하느님에 대한 보상 (god-bot)로 불렸고 이것은 교회법뿐만 아니라 앵글로색슨법 전반에 있어서 그러했으며, 때때로는 단순히 bot로 불렸다.{역자 주; 이 단어의 동사형은 gebeten이며, 그 의미는 '무엇인가 참회한다(repent)', '보속하다 또는 보상하다(expiate)' 또는 '보상하다, 배상하다(antone for)'이다.} 하느님에 거역하는 죄에 대해서 사제가 과하는 보속 또는 보상(bot)은 보상과 배상의 요소와 함께 정당한 상태로의 반환 또는 되돌림이라는 의미가 있었다. 이와 같이 희생자나 그의 친족 집단에 대한 상당한 정도의 배상 또는 보상은 희생자나 그의 가족 집단이 존중해야 되는 화해의 제의라고 할 수 있었다. 역시 배상 또는 보상은 죄인이 하도록 요구되는 제의이며, 희생자나 그가 속한 친족 집단이 받아들여지도록 요구되는 것이었다. 또한 이 모든 요구는 부족법이나 관습법이 아니라 신의 법에 의한 요구였다. 따라서 다음과 같은 사실은 놀라운 것이 아니다. 즉, **관습법과 부족법에서의 배상은 교회법상의 속죄 보속으로부터 이끌어낸 보상과 화해의 개념으로 침투되어** 있다. 12세기의 두 번째 10년에 이를 때, 즉, 1120년에 이르러서 헨리 1세의 법(Leges Henrici Primi)이라 불리는 매뉴얼이 반복적으로 다음과 같은 사실을 강조하였다. 즉, 영국법은 소송보다도 우위 있는 화해 방법을 더 선호한다('amor or amicitia to judicium'). 1120년은 관습법과 부족법의 구 시스템이 적법성의 새로운 아이디어에 의해서 도전받고 있을 시대였다. 영국 왕의 궁정에서 아마도 성직자였을, 그러나 이름이 알려지지 않은 저자는 속죄법의 전통에 따르고 있는데 그는 다음과 같이 썼다. "모든 소송의 원인은 우선적으로 우의 있는 일치(pax)에 의해서 해결되어야 한다.” “지방인 군 재판정에서 서로 쟁송한 사람들을 우의에 근거한 합의(amor)로 모으게 하며, 또는 그들이 합의하는 재판을 하게 한다.” “그러나 만약 양보의 선서(Oath of reconciliation, juramentum pacationis)가 요구될 때에는, 침해자는 선서하여야 하고 또한 고발자(accuser)가 똑같은 위치에 있을 때는 그도 배상의 제의를 수락하여야 하며 그렇지 않으면 어떤 다른 치유도 없다.” “누구든지 다른 사람에 대해서 그의 과오로 배상하려고 하면 …… 그리고 그 이후에 우의 있는 동의의 목적을 위한다면 화해의 선서와 함께 무엇인가 제공하여야 한다.”

범행자는 다음과 같이 선서한다. “만약 형사고소인이며 고발자가 똑같은 위치에 선다면, …… 그는 배상의 청약(offer)을 수락하든지 아니면 어떤 사죄로의 배상을 거절한 것인지…….” “그러나 조정의 선서(juramentum pacatiomis)가 요구될 때에는, 범죄자는 서약을 해야 한다. …… 즉, 형사고소인(원고인)이 같은 입장이라면 …… 그가 배상금의 제공을 수락하든지 또는 어떤 배상을 거절할 것인지……(를 감안하겠다는 선서이다).” “누구든지 그의 비행과 범죄를 타인에게 배상한다면(할 때가) …… 그리고 나중에 피해자에게 우의 있는 일치(amicitia)를 실행하려는 목적으로 피해자에게 화해와 일치(pacis)의 선서와 함께 무엇인가 제공할 때는, 제의를 받은 사람(피해자)에게 받은 모든 것을 돌려놓고 어떤 모욕(contumelie)의 흔적을 지니지 않는 것이 칭찬받을 만한 것이다.” “그들(고발자와 피고)이 우의 있는 동의(amicable agreement)를 선택할 수 있을 때를 …… 이것은 법에 의한 결정(judicum) 자체와 같이 구속력이 있게 된다.”

“이웃 사이에 생긴 분쟁에 관해서 …… 분쟁당사자들은 그들 땅의 경계선에 있는 코트(법정)에서 만나야 한다. 그리고 먼저 고소한 사람이 우선권(justice-first)을 가진다. 만약 분쟁이 다른 곳에서 취급되게 하려면, 당사자들 그들의 지주인 영주(lord)의 재판정으로 옮겨가야 한다. …… 그리고 영주의 재판정에서 우의 있는 동의(friendly agreement) 방식으로 그들을 일치시키거나(eos amicitia congreget) 그것이 안 되면 형식적이고 공식적인 심판절차가 당사자 사이에 서게 된다(sequestret judicium). 만약 다른 사정이 있다면 당사자들은 필요하다면 촌락(hundred; county와 shire의 구성 단위) 재판정으로 옮겨가야 한다.”

"왜냐하면 법의 규칙에 의하면 한 사람이 부지불식간에 불법행위를 행하였을 때 의식적으로 배상을 해야 한다. 그러나 그는 불법행위로 인하여 죽은 자의 수중에 있는 자비와 동정에 점점 더 맡겨지게 된다. 그러나 우리가 다음과 사실을 이해하는 정도에 따라 자비와 동정의 필요성은 증가한다. 즉, 인간 일반의 본성을 잔인한 운명(고의 아닌 불법행위를 일으킨)에 (배상의) 혹독함을 가져오는 것에 대해서, 그리고 배상의 혹독함에 대해서 모든 사람의 우울하고 비참한 통탄으로 병 걸리는 것을…….”[111]

4.7 화해냐 재판이냐

헨리 1세의 법(Leges Henrici Primi)이 나오기 100년 이상 이전에 에델레드의 법조문(A Code of Ethelred)이 선언한다. "귀족과 자유민의 중간계급인 향사가 두 가지 선택 -사랑이냐 법이냐- 을 가질 때", -즉, 화해냐 심판이냐- "그가 사랑을 선택할 때 그것은

---

111) *Leges Henrici Primi*, ed. and trans. L. Downer, (Oxford, 1972), p.81, 101, 143, 173, 177, 271.

심판과 같은 구속력을 가진다."112)

도리스 스텐튼(Doris Stenton)은 이 구절의 중요성을 쓰고 있다. 이 구절은 라틴어로 헨리 1세(Henry Ⅰ)의 법에 다시 나타나는데, 중요성은 다음과 같다. 즉, 재판에 의한 결정은 "일방 당사자에게 불만을 남기고, 마음속에서 트러블을 만들게 하는 경향이 있다는 사실이다." 스텐튼은 계속해서 주의한다. 10세기와 11세기의 앵글로색슨족의 소송 기록에서 나타나는 대로 "주의할 만한 사실은 재판에서 완전히 승리한 한 당사자가, 마침내는 소송 대상이 된 토지를 그의 소송 반대 당사자로 하여금 종신토록 소유하도록 하는 협상에 도달하는 사례가 아주 자주 나타난다는 것이다."113)

스텐튼 부인이 앵글로색슨법에 대해서 쓴 것은 동시대의 프랑크 왕국과 다른 유럽에서의 사례에 관한 보고서에서 확인되고 있다. 스티븐 화이트(Stephen White)가 언급한다. 10세기와 11세기의 영국과 유럽 대륙에서의 소송은 공식적으로 행해지는 화해로 자주 종결이 된다. 공식 화해는 선물의 교환으로 상징되는데, 선물 교환은 우정과 상호 신뢰의 명백한 증거이다. 이러한 공식적 화해는 중재자들이 훌륭한 역할을 함으로써 이루어지고, 중재자들은 때로는 '우인들과 이웃들'로 지칭된다고 화이트는 덧붙인다.114)

---

112) Doris M. Stenton, *English Justice between the Norman Conquest and the Great Charter, 1066-1215*, (Philadelphia, 1964), p.7에서 인용.

113) Ibid., p.8.

114) Stephen, D. White, "'Pactum ⋯⋯ legem vincit et amor judicium', The Settlement of Disputes by Compromise in Eleventh-Century Western France", in *American Journal of Legal History*, 22 (1978), pp.301~302.

4.8 참회법과 관습법

그러나 고해성사에서 유래한 참회 보속의 법과 사죄 배상에 대한 교회법(church's law of penance)이 6세기에서 10세기까지 관습법과 부족법에 미친 영향을 과장하지는 말아야 할 것이다. 신의 법과 세상의 법을 가르는 기독교의 방식은 세상법이 더 부드러워지는 경향을 고무하고 지지한 것은 사실이었다. 이것은 특히 막스 그룩맨(Max Gluckman)이 현대 세계에 존재하는 미개 사회를 언급할 때 '부족 내부의 평화'라고 했을 때 특별히 그러하다.115) 그러나 기독교는 6세기와 10세기에 걸친 그 시대에 게르만의 부족법과 관습법을 근본적인 구조에서 변경시키지 않았다. 불가능했던 것은 제도로서의 교회는 − 사회 외부에 있었던 수도원과 달리 사회 내부 제도로 존재했기 때문에− 전적으로 게르만 사회에 융합되고 부분으로 전체 사회에 통합되었기 때문이다. 개략적으로 살펴본다면 기독교의 세계관과 게르만족의 세계관과의 갈등은 믿을 수 없을 정도로 날카로웠다. 즉, 교회의 카리타스(caritas)는 게르만족의 명성 · 면목 · 체면 · 사회적 신용을 내용으로 하는 명예심과 날카롭게 대립한다. 교회가 선포하는 자비(mercy)는 게르만족의 경험인 운명과 대립한다. 교회가 가르치는 평화롭고 조화 있는 자연질서는 게르만족이 경험한 악마적 힘이 출몰하는 자연질서와 상극하였다. 교회가 가르치는 영원한 구원은 친족집단과 왕권과 얽혀 있어서, 준수를 강요하는 지상의 가치와 상극하였다.

그러나 상극하는 세계관의 갈등은 사회적 행동으로 옮겨지지는 않

---

115) Max Gluckman, *Custom and Conflict in Africa*, (Oxford, 1955), p.1, 5.

았다. 사회제도와 관련해서 이 시대의 기독교는 -대부분의 경우- 본질적으로 수동적 입장을 취하였다. 샤를마뉴 대제 때 왕을 '기독교 제국'의 지배자로 개념을 두는 것이 발전된 이후에는, 이교적인 사회제도는 계속해서 지배적으로 팽배하였다. 월레스-해드릴(Wallace-Hadril)이 쓰기를, 왕권은 "교회 사람들이 규정하는 의무와 권리를 가진 공식적 지위로 변화해왔다. …… 그렇다면 우리는 게르만의 왕이라기보다 기독교 왕이라고 불러야겠는가? 아직 게르만 왕이라고 생각된다. 왜냐하면 전쟁은 아직도 세상 사회에서 주된 자리를 차지한다. 전쟁은 아직 지속적 생존이나 팽창의 수단인 만큼이나 생존의 방식이다."[116] 비슷하게 형법과 재산법 그리고 심지어 혼인법에서는 친족의 구속력은 계속해서 지배적이었으며, 마지막에는 친족에 의한 응보방식이나 친족에 의한 화해방식도 강제되어 왔다. 교회는 배우자들의 승낙과 동의에 의한 혼인을 설교하였다. 그러나 혼인당사자의 많은 양친들은 계속해서 그들의 자녀들이 이미 아동기에 있을 때 성혼하게 했다. 교회는 자연을 신성화하는 데 쐐기를 박고 마법을 행하거나 미신을 행하는 것을 죄로 규정하였다. 그러나 게르만인들은 계속해서 악마의 힘을 믿으며, 바위와 나무의 힘을 믿으며, 부족의 마술과 미신을 행하였다. 그리고 점차로 교회는 이교적인 미신들의 많은 것에 -특히 법의 영역에서- 자신을 동화시켰으며 이교적 미신들을 기독교의 방식과 제식으로 옷 입히게 되었다.

---

116) Wallace-Hadrill, *Early German Kingship*, p.151.

4.9 기원후 1000년의 부족법 현황

기원후 1100년과 1150년의 전망에서 관찰한다면 기원후 1000년의 북유럽과 서유럽 사람들의 부족법·관습법은 참으로 미개하고 원시적으로 보일 것이다. 기원후 1000년에는 전문적이고 직업적인 법학자의 직업이라는 것은 없었다. 판사와 변호사나 고문으로 행동할 훈련받은 법률가의 계층이 교회 법정, 왕의 재판소, 도시 법정, 장원 법정, 상사재판소와 어떤 법원에도 없었다. 또한 법원칙을 모은 유기체, 즉 Corpus Juris로서의 법이라는 개념이 없었다. 이 법원칙을 모은 집합체에는 다양하고 서로 상호 모순되는 관습과 법들이 정리되어 있는 의미에서 법의 유기체라고 할 만한 것이다.

법학 교과서도 없었고, 편찬할 교수도 없었다. 신학과 철학과 따로 구별해서 연구해야 할 객관적인 것으로의 법의 개념이 없었다. 실로 신학과 철학 그 자체가 아직 뚜렷한 학문적 영역으로 여겨지지 않았다.

더욱이 12세기의 전망에서 볼 때, 기원후 1000년의 북유럽과 서유럽의 주민들에게는 입법제도와 재판제도라는 것은 발달되지 않은 원형적인 초보 수준이었다. 비록 왕들이 법을 (명령으로) 공포하였으나, 주로 이미 존재하고 있는 관습을 재확인하거나, 고치기만 했고, 그것은 자주 있는 일은 아니었다. 교황, 자유도시 거주민들, 주교들의 입법 권한은 이미 성서에 나타난 기존 규칙들을 재확인하거나 약간 고치는 일에 한정되었다. 기존 규칙들은 교부들에 대한 것과 교회 위원회에 의한 것도 있었다. 왕권이나 교회권이 제정법의 유기체를 체계적으로 발전시키는 임무를 가진다는 생각이 없었다. 소위 법전(codes)이라고 불리는 것은 세속법이든 신의 법이든 간에 특수한 관습들과 특수한 개별적 규칙들을 불완전하게 모아 놓은 것으로, 그 성질상 법 원칙이나 법개념의 정확한 의미 규정이 없는 생략된 형태였다. 비슷하게 재판 과정에 관계해서 전문적인 법원 또는 법정이 없었다. 즉, 전문적인 판사와 법관이 상시 근무하는 법원이 없었다. 분쟁이 되고 있는 눈앞의 사례가 법의 일반 원칙의 발달된 시스템에 따라서 심판되고 결정되어야 한다는 생각 자체가 없었다. 물론 범죄를 처벌하기 위한 규칙과 절차는 확립되어 있었다.

또한 해악에 대한 배상과 합의를 강제하는 것과 임종에 재산을 나누어 주는 행위, 그리고 사법적 권리와 관계된 여러 다른 문제들에 대한 규칙과 절차는 있었다. 유럽의 각 부족, 민족은 그들 자신의 다소 복잡한 법 질서(order)를 가지고 있었다. 그러나 어떤 유럽 부족과 민족도 체계를 갖춘 법 －즉, 법 체계－ 을 가지고 있지 않았다. 이때 체계라 함은 의식적으로 명백히 진술되고 조직화된 구조를 가진 법제도로서 다른 사회제도와 명백히 구별되고, 오로지 그 과업을 위해서 특별의 훈련된 사람의 단체에 의해서 키워진 것을 말한다. 초기 유럽 부족법·관습법의 형태뿐 아니라 그 내용조차도 11세기와 12세기 이후에 발달된 서양법 전통의 표준으로 볼 때는 미개하고 원시적으로 보인다. －그래서 후일의 법학자들은 초기 유럽 부족법·관습법을 야만적이라고 명백히 못 박았다. 12세기와 그 이후에 이르러서 증거 채택에 있어서 시련에 의한 방식, 일정한 수의 친구나 이웃의 선서를 피고의 무죄 증거로 갈음하는 면책 선서의 방식이나 결투나 전투로 해결하는 방식과 같은 '마법에 의한－기계적 방식'의 증거 양식은 마침내 부인되고 대체되었다.

친족집단의 책임과 지방 관습 또는 봉건 관습이 자동적으로 강제하는 힘은 절차법과 실체법의 더 '합리화한 – 합리적으로 만든' 표준에 자리를 내주게 되었다. 고해성사에서 유래한 사죄와 배상에 대한 교회의 법은 6세기에서 10세기에 이르는 동안 죄를 회개하는 성사에 관한 총칙(penitentials)에 명백히 나타나 있는데, 11세기와 12세기의 교회법(canon law) 학자들에게는 회죄 총칙이라고 불리는 것을 광범위하게 변화시켰다. 그러나 더 넓고 다른 전망이 채택되었다면 – 그 전망은 훨씬 후대에 전개되었던 서양법 전통의 전망은 아니었고, 비서양 문화(non-western culture)의 법개념과 법제도의 전망이었는데 – 그 이전의 부족법·관습법에서의 부정적인 면모들은 덜 충격적이게 되었다는 것이다. 다수의 비서양 문화에서처럼, 6세기와 10세기 동안의 유럽인들의 기본적인 법은 보다 높은 곳에서 과해진 규칙의 유기체가 아니라, 그들이 속한 커뮤니티(공동체)의 공통된 의식으로서의 '공통된 양심(common conscience)'의 온전한 부분이었다.

6세기와 10세기 사이의 유럽 사람들은 그 자신들이 공공적 집회에 모여 입법도 하고 재판을 하였다. 그래서 왕들이 법에 대한 권위를 행사할 때도 그 목적은 사람들의 관습과 법의식을 가이드하는 것이 주된 목적이고 법을 다시 만들기 위한 것은 아니었다. 친족 관계의 굴레와 늪지에 기인하는 영주권의 어떤 소단위에서 나오는 구속과 지역적인 공동체에서 나오는 구속들이 이 시기에 있어서 바로 법 자체였다. 이들 관계에서 나오는 구속과 보증이 침해될 때는 당장 우선적인 반응은 복수를 기도하는 것이다. 그러나 복수의 기도는 – 보통 그러했던 것처럼 – 금전적 제재를 위한 협상과 화해를 위한 조정에 양보하는 것으로 생각되어졌다. 재판 형식에 의한 결정과 선고는 자주 화해 조정 절차에서의 한 단계였다.

또한 공동체의 평화는 일단 교란되면, 궁극적으로는 외교에 의해서 회복되는 것으로 되었다. 누가 옳은가 누가 그른가의 의문을 넘어서서 서로 싸우고 전투하고 있는 분파들의 화해 · 조정의 문제가 있었다. 똑같은 상황이 현대의 아프리카, 아시아 그리고 남아메리카뿐 아니라 과거 역사와 현재에 있어서의 많은 고대 문명에 속하는 유형의 법에서도 볼 수 있다.

법의 전문 영역화와 전문 직업화 및 조직화와 체계화 이전의 사정은 다음과 같다. (비전공자인) 일반인들의 태도 · 가치와 믿음들 그리고 말하자면 일반 민중의 무의식적 생각과 일반인들의 가공적이고 신화적인 생각의 경위에 더 많은 영역이 남겨져 있었다. 이런 사정이, 공개적으로 행하는 의식(儀式) 및 제식(祭式)과 공식적인 상징에 높은 정도로 의존하는 법 절차와 그런 의미에서 고도로 테크니컬한 법 절차가 나타나게 되었다. 그러나 이것을 보면 생각이 나겠지만, 절차법이 아닌 실체법은 점토의 성질과 같이 무엇인가 형체를 만들 수 있는 정도로 유연하며, 따라서 테크니컬한 성질은 아니었다. 즉, 권리와 의무는 법의 원천이 되는 텍스트의 문자에 매일 수가 없고, 대신에 공동체 가치의 반영이었으며, 프리츠 케른 (Fritz Kern)의 말에 의하면, '무의식 또는 하부 의식(sub-consciousness)의 창조적 샘'에서 분출하는 것이다. 케른은 인정하기를 유럽 역사의 이 초기시대의 관습법은 종종 '애매모호하고, 혼란스럽고 정리되어 있지 않으며, 실행하기 힘들고, 기술적으로 서투른' 것이었다. 그러나 이 시대의 관습법은 또한 '창의적이고, 탁월하고 빼어났으며, 인간의 요구에 맞는' 성질도 있었다.[117] 또한 이들 관습법의 특징

---

117) Kern, *Kingship and Law*, p.180. 케른은 '중세의' 법에 대해서 말하고 있다. 그러나 그는 명백히 초기 중세의 민속법을 언급하고 있다. 이 시대는 11세기 후반보다 앞

은, 역시 현대의 문자를 가지지 않는 문화들, 즉, 아프리카, 아시아, 남미뿐만 아니라 이미 진화된 문자문명을 가지고 있는 중국, 일본 그리고 인도와 같은 고대문명에 있어서도 그들의 법개념과 법절차에 똑같이 적용될 수 있다. 이처럼 서양인의 눈에는 약점으로 보이는 게르만 부족법 및 관습법의 많은 특징들은 비서양인의 눈에는 강점으로 나타났다.

법개혁 운동이 없다든가 발달된 법의 장치구조가 없다든가 강력한 중앙적 입법 당국이 없다든가, 또한 권한을 행사하는 강한 중앙의 사법 당국이 없다든가, 종교적 신념과 정서에서 독립한 법의 유기체가 없다든가, 조직적이고 체계적인 법과학이 없다든가 하는 것은 단지 동전의 한 면이다. 동전의 다른 면은 삶이 분리되지 않고 온전하다는 느낌이 있는 것이며, 법이 삶의 모든 다른 국면과 서로 상호 연결되어 있다는 느낌이 있는 것이며, 법 제도와 법 절차뿐 아니라 법 규범과 법 결정이 모두 우주의 질서 있는 문화에서 종합되고 통합되어 있다는 느낌이다. 법은 예술, 신화, 종교, 그리고 언어 자체와 마찬가지로 유럽 사람들을 위해서 존재하는 것이었는데, 이것은 유럽 사람들의 역사의 초기 단계에서 그러했고, 법은 죄를 결정하고 심판을 행하기 위해서 규칙을 만들고 적용하는 일만을 위해서 존재하는 것은 아니었다. 또한 법원칙 몇 개를 사용하여 사람들을 이쪽과 저쪽으로 분리시키는 수단이 아니었고 오히려 사람들을 같이 포괄하는 일로서, 즉 화해를 위한 조정의 일이었다. 이와 같이 법은 우선적으로 입법과 재판상 결정의 경과라기보다는 조정과 중재 과정의 하나로, 커뮤니케이션의 양식으로 우선적으로 생각되었다.

선 시기이다.

4.10 오리엔트와의 공통점

이런 점에서 게르만과 다른 유럽의 관습법은 어떤 점에서 서양이 아닌 동양의 법 철학들과 공통점이 많다. 중동(Middle East)의 이슬람교의 수피(Sufi)교도의 전통에서, 물라 나스루딘(Mulla Nasrudin)에 대한 스토리에서는, 최초의 재판 케이스에 참가해서 듣고 있는 치안 판사로 주인공을 그리고 있다. 원고는 너무나 설득적으로 주장하여서, 나스루딘은 "나는 네가 옳다고 믿는다"라고 외쳤다. 재판정의 서기가 피고는 아직 변론 개시하지 않았으니, 나스루딘이 자제하기를 간청하였다. 피고의 주장을 듣고 나서, 나스루딘은 다시 감동받아서 "나는 네가 옳다고 믿는다"라고 외쳤다. 재판정의 서기가 그냥 지나갈 리가 없었다. "경애하는 재판장님, 양쪽이 동시에 다 옳을 수가 없습니다." "나는 네가 옳다고 믿는다." 나스루딘이 말하였다.[118] 양쪽 다 옳다. 그러나 양쪽 다 옳은 것은 불가능하다. 대답은 질문함으로써 발견될 수 없다. 누가 옳은가? 해결책은 원·피고 양쪽의 명예, 체면을 살려주고 그렇게 함으로써 그들 간의 올바른 관계를 회복시켜 찾을 수 있다.

불교와 유교 사상 양자의 강한 영향 아래에서 살아온 아시아 사람들의 전통에서는, 사회통제(social control)가 일차적으로 일반 규범의 시스템을 통하여 권리와 의무를 배분하는 데 있지 않다. 오히려 가족구성원들 간의 올바른 관계, 봉건 영주의 영지에 사는 가계들 간의 올바른 관계 – 이 봉건 영지는 지역 공동체에 속하고 있으며, 또한 황제의 휘하에 있다. – 를 유지하는 데에서 사회통제가 주로 발견된다.

---

118) 이 이야기는 다음에서 말해진다. Robert E. Ornstein, *The Psychology of Consciousness*.

4.10.1 사회적 조화

사회적 조화(social harmony)가 '각자에게 그의 것(to each his due)'을 주는 것보다 더 중요하다. 실로 '각자'는 그가 속한 사회에서 구별된 존재로 인식되지 않고 하늘의 원칙(Principle of Heaven)에 복종하는 사회관계를 구성하는 시스템을 이루는 그중 하나의 부분으로 인식된다. 따라서 아시아의 고대문명에서는 삶의 전통적인 측면, 집단적 측면과 직관적 · 직감적 측면이 강조되고 지적이며, 분석적이며, 법적 측면은 전통 · 집단 · 직관과 구별되지 않고 이것들에 종속되게 되었다.[119)]

이런 상황은 11세기 말과 12세기 초에 있었던 위대한 분출(the great explosion) 이전의 유럽 사람들에게도 역시 진실이었다. 위대한 분출 이전에는 부족 또는 부족 신화(folk myths)가 유럽인들의

---

119) (신비적인 것과 시적인 것을 포함해서) 직관적이며 또한 분석적인 의식의 두 가지 측면에 대해서 그리고 인간 신체의 양면과 두뇌의 두 개의 영역의 관계에 대해서는, Ornstein, *Psychology of Consciousness*를 보라. 또한 Jerome Bruner, *On Knowing: Essays for the Left Hand*, (Cambridge, Mass., 1962), pp.2~5를 보라. 브루노는 오른손의 상징주의를 행동에 관계하며 또한 법에 관계시키며, 과학에 관계시킨다. 왼손의 상징주의는 감정과 직관 그리고 마음에 관계한다. 프랑스 말의 법에 해당하는 것 ‑droit‑ 은 방향을 가리키는 단어인 'right' 사이의 관계를 주목한다. (법과 방향에 관한 관계는 독일어의 Recht, 러시아어의 pravo, 그리고 영어의 right에서도 진실이다. 영어의 right는 한때 오래된 표현인 'common right'에서처럼, 넓은 의미의 법을 의미하였고, 아직도 법적으로 보호되는 주장을 의미하는데, 즉, 재산권을 뜻하는 'a property right' 또는 계약에 의한 권리인 'contract right'에서 나타난다) 그러나 브루너는 다음과 같이 이해한다. 즉, 과학적 지식 ‑그리고 아마도 법도 마찬가지로‑ 은 오른쪽 손(right hand)만으로 도달할 수 없다. 그의 서문에서 쓰기를, "어린 시절부터 나는 오른손과 왼손의 상징과 사실에 매혹되었다. 오른손은 행위자이며 다른 왼손은 꿈꾸는 자이다. 올바름(the right)은 질서와 법에 맞는 것이다. 즉, 법을 뜻하는 *le droit*, 그것의 아름다움들은 기하학의 아름다움이며, 엄격하며 단정한 의미 내포이다. 오른손으로 지식을 향하여 내미는 것은 과학이다. 그러나 과학에 대해서 단지 그쪽만 많이 말하는 것은 무엇인가 지나치는 것이다. 과학의 열광을 간과하는 것이다. 왜냐하면, 과학의 가장 위대한 가정들은 왼손에서 수행되는 (시적인 것과 신비적인 것을 포함한 직관적인 면에 있어서의) 자질이기 때문이다."

사고를 지배하고 있었다. 기독교의 전교 이전에는, 또한 이후에도 상당한 기간 동안 유럽인들의 민족신화(Folk myths)는 마법(magic)과 논리(logic)를 선명히 구별하지 못했으며 운명(fate)과 형법의 원칙을 극명히 구별하지 못했다. 이 시기의 기독교조차도 －원래 동방 종교의 하나로서는－ 신앙과 이성을 선명하게 구별하지 않았다.

   그러나 다음과 같이 말하는 것이 가능할까? 즉, 그 사회질서가 사회생활의 모든 측면을 융합하든가 조화한다는 '동양적 또는 동방적(Eastern)' 개념을 반영하고 있다는 어떤 사회에서도 법이 존재한다고 하는 것이 가능할까? 예를 들어 보자. 북나이지리아의 티브(Tiv) 씨족은 씨족(clan)과 씨족 관계 －즉, 촌수－ 에 대한 충성과 씨족 배상금(clan reprisals) 그리고 초자연적인 힘에 의한 처벌을 피하기 위해서, 부족 의식에 의한 배상을 기반으로 하는 사회통제(social control)를 가지고 있다. 그래서 재판을 위해, 따로 구별되는 정부제도가 없어서, 재판소가 없고, 그들 언어에 법을 지칭하는 언어가 없는 경우[120]이다. 이런 사회도 법이 존재한다고 할 수 있는가? 이 티브족은 어떤 규칙들은 구속력이 있다고 받아들이고, 어떤 결정들은 권위 있는 것으로 그리고 이들 규칙과 결정이 유효한 것으로 선언하는 어떤 절차들을 받아들이고 있다. 그럼에도 이 씨족은 그들이 수락한 이 절차, 결정, 규칙을 종교, 정치, 경제와 가정생활에서 구별하지도 않고 '법'이라고 부르지도 않고 있다. 그렇다면 현대 서양 문명권의 우리도 법이라고 부르지 말아야 할 것인가? 우리가 법이라고 부르는 것(what we call law)은 티브족에서와 다른 사회들에서, 전적으로 다른 부분들, 즉, 종교·정치·가족과 같이 섞어서

---

120) Paul Bohannan, *Justice and Judgement among the Tiv*, (London, 1957)를 보라.

교직 또는 능직으로 직조해 버렸다고 말하면 안 될까? 다이아몬드 (A. S. Diamond)는 법을 행위의 일반 규칙으로 정의한다. 규칙의 파괴는 공동체가 일정한 절차를 거쳐서 부과하는 제재와 강제에 규칙적으로 직면한다. 법을 이렇게 정의하면 "티브족은 법을 가지고 있지 않다"고 확정적으로 말할 수 있다고 다이아몬드는 말한다. 서양 문명 세계의 오리엔테이션을 가진 사람에게는 "언어의 온전한 의미에서의 법이란, 국가의 기관이 강제할 수 있는 행위의 일반 규칙과 원칙이다." 이와 같이 법을 정의(definition)한다면 게르만법 (앵글로색슨과 프랑크족의 법)을 제외하게 되고, 단지 법의 출발선 인근에 존재하는 것이 된다.[121]

4.11 헨리 메인

100년 훨씬 이전에, 헨리 메인 경(Sir Henry Maine)의 발견은 다음과 같다. 어떤 사회질서의 패러다임에서, 법은 대체로 종교제도, 경제제도, 가족제도와 같은 사회제도와 절차에 배태되어 있고, 따라서 넓게 확산되고 퍼져 있는 경우가 있다. 서양 문명이 발달시킨 법 시스템이 본격화되기 이전에도, 역사적으로 이러한 사회질서가 선행하였다. 동서양 모두 같은 점이 있는데, 즉 고대 로마, 고대 그리스 그리고 힌두 법조문들은 "본질적 특징이 크게 다른 것에 개의치 않고, 종교적 사항에 속하는 칙령이나 단순히 도덕적 명령과 조례와 민사에 속하는 명령들을 혼합한 형태이다." "법은 도덕에서 절단 분리하고 또한 종교를 법에서 절단 분리한 것은, 인간의 정신적 진보의 후기 단계에 속한다."[122]

---

121) Diamond, *Primitive Law*, p.61, 195, 317 (n. 10), 320.

4.12 다이아몬드의 반박

메인에 대해서 다이아몬드(Diamond)는 다음과 같이 반박한다. 고대의 법전이나 법조문은, '종교에 관한 일들'에 대해서는 별로 해당사항이 없고, '전적으로 세속적 사항'이며 '법과 종교에 대한 혼동이 별로 없으며' 무엇이 법인지, 무엇이 종교인지의 질문에 봉착할 일이 없다[123]고 한다. 여기에 대해서 메인 경은 효과적으로 반박한다. 즉, 근대 이후의 관찰자가 볼 때, '전적으로 세속적인 일의 영역'으로 보이는 것 – 예를 들면 자유민을 살해하면 100실링의 살인 배상금을 친족에게 치르는 것– 은 사실은 그 사회의 도덕적, 종교적 규칙과 전적으로 같이 얽혀져 있는 것이다. 이러한 법규칙(살인배상금)이 근대 이후의 법규칙과 다른 것은, 행정부가 없다든가, 강제할 법기구(legal machinery)가 없다든가[데니스 로이

---

122) Henry Sumner Maine, *Ancient Law: Its Connection with the Early History of Society and Its Relation to Modern Ideas* (Boston, n. d.), p.15.

123) Diamond, *Primitive Law*, pp.47~48. 다이아몬드는 메인의 다음과 같은 언급을 비판한다. 즉, 초기의 법은 "존재하던 관습들을 단순히 수집한 것이며"(p.45) 그리고 일반적으로 "법이란 그 이전에 이미 존재하였던 행위에 대한 규칙에서 뽑아낸 것이며, 그 행위 준칙은 동시에 법적이며 도덕적이며 성질상 종교적인 것이다."(p.vii) 실로 다이아몬드는 메인의 명제가 의심스럽고 그것을 비판하는 것은 "당대에 와서는 거의 필요하지 않다"(Ibid)라고 한다. 그러나 메인은, 그를 비판하는 사람이 아는 것보다도, 훨씬 더 조심스러웠다. 왜냐하면 첫째로 메인은 게르만법에 대해서 얘기하고 있는 것이 아니라 고대 로마, 그리스, 그리고 힌두법과 12표법, 솔론의 법, Menu법에 대해서 말하고 있었기 때문이다. 두 번째로, 역사적으로 '법(law)'(여기서 메인은 법이라고 할 때 'code'를 말하지 않는다)이란 것은 이미 존재하던 행위규칙으로부터 뽑아낸 것이라는 명제는 스스로 명백한 것이다. 즉, 가장 최초의 법규칙이 어떤 입법자의 머리로부터 갑자기 툭 튀어나왔다고 가정하지 않는 한 그러하다. 미리 존재하던 행위의 규칙은 도덕적인 성격을 갖고 있으며 종교적인 성격도 갖고 있고, 또한 동시에 법적인 성격을 가지고 있다는 것은 다이아몬드는 부조리하다고 간주하고 있다. 그러나 다이아몬드의 주장은 '도덕적이며 종교적인 것'과 '성직자와 관계된' 또는 '교회 일에 관계된 것'의 두 측면을 혼동한 것이다. 메인과 다이아몬드의 견해는 뒤따른 각주에서 더 논의된다.

드(Dennis Lloyd)의 주장][124] 또는 물과 불의 시련이나, 일정 수의

124) Dennis Lloyd, *The Idea of Law*, (London, 1970), p.235. 로이드는 쓰기를(p.232):
"어느 시기에 공통적으로 가졌던 견해는 다음과 같다. 초기 사회에서 법규범과 도덕규
범과 그리고 종교규범 사이를 구분한다는 것은 불가능했다. 왜냐하면 이들은 아주 밀
접하게 같이 짜여 단일한 직조물을 이루고 있기 때문이다. …… 그러나 습관적으로
준수한다는 것이, 공동체의 종교적 신앙에서 나왔다는 것과 공동체의 신앙으로부터 상
당한 정도 구속하는 성질을 얻었다는 것은 다음과 같은 사실을 반드시 의미하지 않는
다. 즉, 헨리 메인 경과 같은 그 이전의 사람들이 상상한 것 같지 않다는 것이다. 즉,
원시사회에서는 종교적 규칙과 세속적 규칙을 구별하는 것이 가능하지 않다는 가정이
다. …… 공동체의 종교적 금기를 구성하는 규칙들, 그리고 그 규칙의 위반이 위반자
에게 직접적 처벌을 초자연적인 힘의 손에 맡겨지는 그런 경우는, 공동체의 사회경제
적 조직을 규율하는 규칙, 그리고 그 규칙의 강행이 세속적 권위 -부족이나 씨족 그
자체, 추장이나 씨족, 부족장, 또는 장로 또는 원로 그룹들- 혹은 상해를 입은 사람
의 가장 가까운 친족의 손에 있는 그런 경우와 자주 구별될 수가 있다." 이때 주의할
것은 메인에 대한 인용은 잘못된 것이다. 왜냐하면 메인은 초기 원시사회에서 초자연
적인 제재에 의해서 강제되는 종교적인 터부와 부족 또는 친족에 의해서 강제되는 사
회경제 조직의 규칙을 구별하는 것이 가능하지 않다고 쓰지 않았다. 그가 실제로 쓴
것은 (로이드, 다이아몬드, 그리고 다른 사람들이 부르듯이) 세속적인(secular) 규칙들
은 공동체의 종교적 신념에서 끌어내 온 것이고, 규범의 구속하는 성질의 많은 것들
역시 종교적 믿음에서부터 취한 것이라고 했다. 원시사회에 있어서의 규칙과 종교적
믿음은 로이드의 탁월한 표현대로 "서로 같이 얽혀져서 단일한 직조물로 짜여 있었
다." 다이아몬드와 메인의 차이, 그리고 그보다 덜한 정도로 로이드와 메인의 차이는
뚜렷한 사실을 인정하는 데서 오는 차이라기보다는 법의 성질과 목적에 대한 생각과
개념의 차이에서 오는 것이다. 다이아몬드와 로이드 두 사람 모두 법의 성질 증명이
되는 특징은, 정부의 관리에 의해서, 규칙을 깨뜨렸을 때 제재를 가하는 것이라고 보
고 있다. 이와 같이 로이드는 쓰기를(p.235), "넓게 말하면, 원시 관습과 발달된 법의
결정적 차이와 대비는 원시 관습이 법의 실질적 특징을 가지고 있다는 점이 아니고
오히려 원시 관습은 제재에 의해서 지탱되어지지 않는다는 사실이 아니고, 단순히 (원
시 관습시대에는) 중앙화된 정부가 없다는 사실이다. …… 법을 창조하거나 또는 법을
강행하기 위한 아무런 중앙의 힘을 가진 기관이 없었다." 이와 같은 문맥에서 보건대,
다이아몬드의 법에 대한 정의는 역시 본질적으로는 실증주의자의 것으로 보인다. 법이
란, 제정되어서 국가에 의해서 강행되는 규칙으로 이루어져 있다. 그러나 메인은 법의
본질적인 특징을 한 그룹의 사람들 -재판관들- 의 존재로 간주했다. 이 재판관들은
"진행 중인 싸움이 결정될 수 있는 원칙을 배타적으로 소유하고 있는 사람들이다."
(*Ancient Law*, p.11) 이와 같이 보면, 메인은 법에 대한 실증주의적인 정의가 많은
원시법들을 고려하지 않고 추방하는 것을 보여준 최초의 사람이었다. 또한 이와 반대
로, 그것의 원천과 성질을 고려하지 않고 모든 관습을 포용할 수 있는 법의 정의는 아
무것도 고려에서 제외하지 않는다는 것을 보여준 최초의 사람이었다. 이와 같이 메인
은 사실상 게르만인의 관습법에 대해서는 거의 쓴 것이 없음에도 게르만법의 원천을
다이아몬드가 그랬듯이 초기의 법규칙에서 1차적으로 발견하지 않고, 법규칙이 반영하
고 지도하려고 했던 부족 공동체의 결정들과 판결들에서 찾은 듯했다. 게르만인들의
규칙의 지배는 (메인이 말했을 것 같은 것은) "이미 이전에 존재하고 있던 행위의 규

친구나 이웃의 선서로 피고가 무죄가 되는 면책선서에서처럼 강제 방식이 종교적이나 법규칙 자체는 세속사(다이아몬드의 방식)[125]라든가를 지적하는 것만으로는 불충분하다. 중요한 포인트는 다음과 같다. 상해죄에 대한 금전적 배상의 법규칙이라는 게르만인들의 시

범으로부터 도출된 것"이며, 선재하던 행위 규범이라는 것은 법적인 동시에 도덕적이며 또한 성질상 종교적인 것이었다. 규칙(Code)을 '법'(law)으로 만든 것은 다음과 같은 사실이다. 즉, 갈등의 경우에 있어서 관습을 선언하고 적용할 책임을 가진 사람들의 지식을 인도하고 반영한 심판과 판단들로 규칙이 구성되어 있었기 때문이다. 그러나 프랑크인과 앵글로색슨인들의 공동체에 있어서의 결정은, 종교적인 시스템 – wyrd, lof –, 그리고 시련과 친구 등의 면책 선서라는 시스템의 종합적 부분이라는 것을 보여줌으로써, 법이라는 것은 그 성질에 있어서 동시에 법적이며 도덕적이며 종교적인 성질을 갖고 있었던 행위의 규칙 또는 규범으로서 이미 미리 존재하고 있었던 것으로부터 '뽑아낸 것'이라는 사실을 보여 주었을 뿐만 아니라, 실로 법 그 자체들이 도덕적이며 종교적 믿음과 '같이 짜여' '단일한 직조물로 형성되어 있었다는 것'을 증명했다고 Berman은 생각한다. 그의 법에 대한 정의 때문에 다이아몬드는 게르만 부족의 규칙을 더 넓은 법적(그리고 실로 도덕적이며 종교적인) 질서의 부분으로 보기보다는 그것들 자체를 법으로 취급하기에 이른 것 같다. 그래서 그는 규칙의 모음인 법전에 없는 것은 법에 있어서 중요하지 않다고 주장하기에 이른다. 이때 특별히 초기에 규칙 모음인 법전은 절차에 관해서 별로 포함하지 않았다는 사실을 특별히 지적한다. 그래서 그는 "그 시대의 야만들의 법의 지배에 있어서는, 절차라는 것은 일의 본질적인 것이 아니었다고 한다. – 이것은 자명하게 보일 정도로 단순한 진실로 보일 뿐했으나, 메인이 쓴 잘 알려진 자료들이 퍼뜨리는 데에 도움을 준 넓게 퍼진 원시법에 대한 견해 – 즉, 원시인들에게 절차의 지배라는 것은 중요성에 있어서 실체법의 지배보다 선행한다. 즉, 실체법은 처음에는 절차의 갈라진 틈새에 은닉되어 있는 듯한 모습을 띠고 있다는 메인의 말은 다이아몬드와는 반대이다. 절차가 일의 에센스가 아니라는 것이 '자명하다'고 말하는 다이아몬드의 유일한 기초는 규칙 모음에 절차에 관한 것이 얼마 없다는 것이다. 그러나 그 규칙 모음이, 법의 모든 중요한 측면을 처리하려고 계획되었다는 가정 자체가 전적으로 기초가 없는 것이다. 게르만법의 규칙 모음은, 법의 실체적인 규칙을 밝혀야 되는 측면을 다루려고 의도된 것이다. 게르만법전의 조항 중 압도적 다수는 살인과 상해, 성적 범죄(강간, 간통, 유혹) 그리고 절도를 다루고 있다. 이런 것들을 제외한 많은 것들은 전적으로 생략되거나 거의 취급하지 않고 있다. 예를 들어서 반역 같은 것은 취급하지 않고 있다. 봉건적 관계는 일반적으로 생략되고, 토지법은 거의 언급되지 않고 있다. 진실은 다음과 같다. 다양한 형태의 상해에 대해서 정확한 액수의 배상액을 밝히는 실체적인 규칙의 형성은 씨족 간에 있어서나 가계 간에 있어서의 갈등을 풀기 위한 협상의 절차에서 중요한 부분이라고 할 수 있다. 따라서 메인과 함께 다음과 같이 말할 수 있다. 규정에 나타난 법의 모습은 절차의 갈라진 틈새에 은닉되어 있는 모습을 띨 수 있다."

125) Diamond, *Primitive Law*, p.326 and elsewhere.

스템은 wyrd, lof, wer, bot, mund, frith, borth, wed의 패러다임의 일부이다. 즉, 운명(fate)과 명성, 체면(honor)을 축으로 하는 시스템의 일부이다. 이 운명－명예·명성 시스템은 법과 종교, 정치, 경제, 씨족 그리고 가계에 대한 충성을 융합하고 있다. 여기에 대해서 다이아몬드는 구약성경의 헤브라이법(Hebrew Law)의 많은 것은 역시 '세속법(secular law)'이라고 주장하는데 조리에 맞지 않는 것 같다. 왜냐하면 헤브라이 사람들은 이러한 구별(즉, 세속법과 교회법의 구별)이 존재한다고 인식하지도 못했고, 그런 구별은 받아들이지 않았을 것이기 때문이다. 헤브라이 사람들에게는 성경의 모든 단어가 신성한 것이었다.

4.13 버만의 주장

해롤드 버만(Harold J. Berman)의 주장은 다음과 같다. A.D. 6세기에서 A.D. 10세기까지의 유럽 여러 민족들의 관습법은, 종교 및 도덕과 구분할 수 없게 합체된 상태였다. 그럼에도 불구하고 유럽의 관습법은 법이었고 법적 질서였고 사회생활의 법적 차원이었다. 또한 더하여 다음의 일은 의미가 있다. 사회생활의 법적 차원으로 －심지어 가족 단위로부터 이웃이나 학교든－ 어떤 공동체의 구성원이 가지는 정서의 공유를, 즉 사람들은 상호적인 권리와 의무로 구속되어 있으며 권리, 의무는 사람들 스스로가 인정한 권위로부터 도출된 것이라는 정서의 공유를 확인한 것이 의미가 있다.

아이 하나가 평등의 원칙과 일관성의 원칙과 약속과 규칙에 대한 집착이라는 원칙에 호소하자마자 어떤 일이 일어나는가? 예를 들어 보자. 아이 하나가 장난감 하나에 대한 권리를 주장하는 이유로, 형은 이미 그 장난감을 가지고 놀았으며 형제들은 늘 교대로 가지고 놀았으며 이제는 그 아이의 순서이며 아버지가 그렇게 말했다고 이유를 댈 경우, 즉, 권리(right)나 법(law)에 호소하는 것은 의미가 있다. 그러나 이러한 주장은, 아동 양육의 어떤 체계들에 있어서 장려하지 않는 것은, 특히 공자의 유교 윤리에 강하게 영향받는 경우에 그러할 것이다. 아이의 권리 주장이 어떤 양육체계에서 좌절된다는 것은, 이 사건은 사회의 질서 만들기에 내재하고 있는 어떤 원칙을 반영하기 때문이다.

어떤 가족이나 －또는 촌락 공동체가－ 유교 윤리에 의해 통제된다는 것은, 규범 법칙으로서의 법을 가지지 않는다는 것은 아닐 것이다. 그러나 어떤 가계나 촌락 생활의 규범적 차원이, 서양인의 눈에서 볼 때는 서양법의 성질을 가지지 않는, 중국 전통 문화에서 고유한 Fa(중국어 法의 발음어)와 Li(중국어 禮의 발음어)[126]에 전적으로 종속하고 있다는 것을 나타내고 있다. 또한 나이지리아의 원시부족 티브족이 규범법칙으로의 법을 가지지 않았다는 것은 아닐 것이다. 오히려 티브족의 법적 권리와 법적 의무는, 종교제도와 다른 사회제도 및 종교가치나 다른 사회가치와 구별할 수 없도록 섞어서 직물로 짜여 있기 때문이다. 또한 유럽의 게르만 민족들의 관습법과 전통 중국법이나 나이지리아 티브족의 법이나 다른 비서

---

126) Fung Yu-Lan, *A History of Chinese Philosophy*, trans. Derk Bodde, 2 vols. (Princeton, N.J., 1953)를 보라. 하늘, 즉, 자연적 우주는 인간의 일과 서로 상호작용한다고 말한다. 하늘은 유덕한 사람을 결정하고, 사악한 사람을 처벌한다(ibid., Ⅱ, pp.500~508). 법(法, fa)과 예(禮, li)의 의미에 대한 잘 요약된 것은, Derk Bodde and Clarence Morris, "Basic Concepts of Chinese Law", in James T. C. Liu and Wei-ming Tu, eds., *Traditional China* (Englewood Cliffs, N. J., 1970), pp.92~108. {역자 주: Chull Kim, "Law & Religion in East-Asian Confucian Culture" in 『한국 법학의 반성』(서울: 한국학술정보, 2009.09)}

양법 질서를 연결시키는 것은 다음과 같다. 부족법·관습법은 친족관계와 영주와의 관계와 왕에 대한 충성에 부수·종속하며, 운명(의 신)에 의해서 지배되는 세계에서의 명성·체면을 위한 영웅적 투쟁과 구별되지 않고 섞어서 짜여 있기 때문이다.

4.14 관습의 신성성

지금 예를 든 비서양문화의 다양한 법질서를 공통적으로 표현하는 데 단 하나의 구절이 쓰인다면, 관습의 불가침의 신성한 성격이다. 관습은 신성하며 따라서 관습이 명하는 규범은 신성하다. 소포클레스의 구절에서 "이들 법은 현재나 과거만을 위한 것이 아니고, 영원히 살 것이다. 이들 법이 먼저 처음 우리에게 나타났는가는 아무도 모른다."(안티고네) 이런 타입의 법질서에서 법은 중심이 되는 어떤 권위 있는 당국에서 의식적으로 만들거나 다시 만든 것이 아니다. 물론 때로는 입법이 있기도 하나, 대부분 법은 반복되는 행위 유형과 행동의 본보기가 되는 규범과 공동체의 민속 및 습속(folkway)과 사회적 관행(moves)에서 성장한다. 더하여 이와 같은 비서양권 타입의 법질서에서 관습은 법학자(jurist))에 의한 의식적이고 조직적이며 끊임없는 합리성 테스트(rational scrutiny)에 매여 있지 않다. 관습은 너무나 신성불가변이어서 심지어 신성하다고 호칭할 수도 없을 지경이 되었다. 관습은 질문을 가질 수 없을 정도로 단순히 절대적인 것이다.

그러나 게르만의 부족법·관습법은 관습법(Customary Law)의 다른 어떤 모델이나 다른 어떤 원형에 쉽사리 맞아들이지 않는다. 즉, 고대법(古代法, Archaic Law)이나 원시법(primitive law)을 포함해도 그렇다. 또한 게르만 관습법이 기독교의 영향 아래 들었다는 이유만을 감안하더라도 그렇다. 유럽 전역에 걸친 기독교의 대두와 전파는 독특한 사건이었고, 어떤 일반적인 사회이론으로도 설명할 수 없는 것이었다. 게르만인의 세계관을 제한 수축시키고 삶을 두 영역으로 분리함으로써 관습의 최종적 신성불가침에 도전하였다. 즉, 친족관계, 영주권과의 관계와 왕권과의 관계의 궁극적 신성불가침에 도전하였다. 기독교는 또한 자연의 궁극적인 신성불가침에 도전하였다. 예를 들면 시련에 의한 심판에서 자연의 신성성을 대표하는 물과 불의 신성한 자연력이라는 것에 도전하였다. 그러나 기독교는 이러한 심판 방식이 궁극적으로 신성불가침하다는 생각에 도전한 것이지, 물과 불에 의한 심판 방식 전부를 부인한 것은 아니었다. 반대로 오히려 교회는 (시련에 의한 심판을 포함해서) 부족 습속의 가치와 신성시되는 부족의 제도를 실제로는 지지하였다. 교회는 부족의 제도와 가치를 지지함과 동시에 한층 더 높은 대체물을 설정함으로써 부족적 지지와 제도에 도전하였다. 즉, 신의 영역, 신의 법, 그리고 이윽고 올 세계의 삶을 더 높은 대체물로 설정하였다. 삶이 영원한 삶과 임시적이며 지나가는 삶의 두 영역으로 분리되면서, 임시적인 지상의 삶은 따라서 평가가 절하되면서 그러나 다른 방식으로는 직접적으로 영향을 받지 않았다. 즉, 영원성과 임시적 성격의 구별은 사회에서의 생활에서 일어난 것이 아니고 사람의 영혼에서 일어났다. 그럼에도 사회 안에서 생활은 중요한 방식에서 간접적으로 영향을 받았다. 부족 관습법의 기본적 구조는 변경되지 않은 채로 지속하였으나 관습법의 특별한 항목이 많은 것들은 기독교 신앙에 의해서 강력하게 영향받았다.

4.15 게르만 부족법과 기독교의 영향

만약 기독교의 모든 영향의 발자국이, 게르만 부족 관습법에서 공제·제외될 수 있다면, 게르만 관습법은 법질서의 하나나 그 이상의 원형들로 굴러떨어질 것이고, 이 원형(archetypes)들은 이미 사회이론가들에 의해서 제시되어 있었다. 즉, 게르만 관습법은 12표법(Twelve Tables) 시대의 로마법과 초기 힌두법 그리고 고대 그리스법과 같은 고대법(古代法, Archaic Law)의 영역으로 정직하게 떨어질 것이다. 게르만 관습법이 원시법(Primitive Law)으로 추락하는 것은 덜할 것이다. 게르만 관습법은 발생 초기의 봉건주의에 특유한 타입의 법으로 보일 것이다. 실로 게르만 관습법은 관습법(Customary Law)의 한 예가 될 것이다. 그러나 방금 든 이런 모델들 −고대법, 관습법(Customary Law), 기타− 은 6세기와 10세기에 걸친 프랑크인, 앵글로색슨인, 그리고 다른 유럽의 민족과 종족의 법제도에는 단지 부분적으로만 적용될 것이다.

또한 고대법(古代法)의 여러 모델들은, 속죄 총칙(penitentials)이나 왕권이 공포하는 종교적 법이나 또는 정부의 모든 국면에서의 성직자의 중심적 역할 같은 것에 대한 여지가 없다. 무엇보다도 기독교는 법에 대한 긍정적이고 적극적인 가치를 부착시켰는데, 이런 태도는 날카롭게 대비되는 것이다. 이때 다른 사회들의 제도적 구조의 일반적 모습은 유럽의 기독교화된 국민들의 구조와 비교되는 것이다.

만약 유럽 역사의 게르만−프랑크시대의 교회의 상황과 이스라엘 역사의 부족시대의 모세 제사장시대와 비교하여 충격을 받는 것은 교회의 법에 대한 태도의 불확정적인 애증의 동시 공존성과 교회의 '저세상 지향성'에 의해서이다. 실로 그 시대의 기독교 신앙의 본질적 부분은, 이 세상의 법을 어떤 근본적인 방식에 의해서도 개혁을 시도하려는 가치를 부인하는 것이었다. 세상의 법은 공정하고 심지어 신성불가침한 것으로 받아졌다. 세상의 법은 단지 신의 법의 가치와 비교될 때만 실패가 드러나는데, 신의 법만이 사악한 사람들을 지옥불에서 구원할 수 있을 것이기 때문이다.

11세기 말과 12세기 초에 극적으로 변화한 것은, 법에 대한 태도와 교회의 세상에 대한 관계에 대한 태도였다. 교회는 교회 자신과 세상을 법에 의하여 개혁하려고 착수하였다. 교회는 황제권, 왕권, 봉건영주권과 자유도시의 권력으로부터 독립하여, 눈에 보이며, 독립된 단체이며, 법적 단위로 자신을 확립하였다. 자율적인 법체계가 선포되었는데, 처음에는 교회 조직 내부에서, 다음에는 여러 가지 다른 세상의 조직 내부에서였고, 부분적으로는 각 조직의 응집력을 위해서 부분적으로는 여러 조직의 개혁을 성취하기 위해서, 부분적으로는 그 모든 조직 전부 사이의 균형과 평형 상태를 위해서 법체계가 선포되었다. 그러나 이와 같은 새로운 발달과 전개는, 발달의 기초가 그 이전의 이른 시대에 놓여졌기 때문에 가능했다. 안정적인 공동체(커뮤니티)의 형성을 위한 초석이 확립된 것은 그때였다. 그 초석은 통합된 '기독교 공동체(populus christianus)'로서, 그 안에서는 교회의 국가로부터의 분리도 없고, 다른 형태의 사회통제와 법의 분리도 없는 상태였다. 사회학적이고 역사적 견지에서 볼 때 이러한 통합된 사회의 존재는 이후에 다양하고 경쟁적인 교회법과 세상법의 시스템을 창출하기 위한 필요한 선행과목이었다. 이러한 미리 존재한 통합체가 없었다면, 새로운 법체계란 것들도 단지 기계적이고 관료제를 위한 것이 되었을 뻔했다. 또한 새로운 법체계는 응집, 개혁 그리고 균형과 평형(equilibrium)이라는 궁극적인 목적을 이루기 불가능해졌을 것이다.

　12세기 말에, 서양법 전통의 전사(前史, prehistory)는 특별한 중요성을 가지게 되었다. 이전의 과거 두 세대 동안에 서양 사회는 인종, 계급, 성별 그리고 세대 간의 근본적인 구분에 의해서 점점 더 특징화하게 되었다. 신앙의 구속력은 약화되었고 친족의 유대와 구속과 기반으로의 땅과 자연의 구속성은 모호하고 추상적인 여러 민족주의에 자리를 내주게 되었다. 안정적인 공동체의 붕괴와 함께 서양은 더 이상 사정없이 부패시키는 사회적 힘과 경제 및 정치적 힘에 반대하여 정신적 가치를 보호하는 방식으로서의 법에 대한 확신을 못 가지게 되었다. 물론 과거로 돌아갈 수는 없다. 적어도 서양 문명의 머나먼 출발기까지는 돌아갈 수 없다. 그럼에도 회의주의의 시대에 회의론자에게도 중요한 것은, 어떤 역사적 경로를 통해 서양인은 형태의 곤경에 빠지게 되었는가를 묻는 것이다. 그리고는 사람들이 "평화(peace)는 법(law)을 극복하며, 사랑(love)은 정의(justice)를 이긴다"고 진짜 믿었던 지나간 시대에 대한 향수에 대면해서 대결하는 것이 중요할 것이다.

제 3 장
서양법 전통의 기원과 교황의 혁명

토머스 베케트(Thomas Becket)의 순교(A.D. 1170).
교황권의 우위를 주장했음

제3장
서양법 전통의 기원과 교황의 혁명

10세기와 11세기 초에 강력한 운동이 일어났는데, 부패로부터 제외하려는 움직임이었다. 주도적인 역할은 **클루니의 대수도원 (Abbey of Cluny)**이 행하였는데, 본부는 남프랑스의 클루니에 있었다. **마침내 클루니 수도원단은 지방과 지역을 넘는 광범위한 영역에 걸쳤다는 점에서,** …… 한 지방이나 지역을 넘는 성격을 가지고 계층 질서를 가지며 또한 단체적 성격과 법인격을 가진 정부의 모델로서 작용한 클루니 수도원단의 중요성은 10세기 말경에 **하느님의 평화(Peace of God)**라는 아이디어가 성직자뿐만 아니라 세속 지배자들에 의해서 공식적 재가가 주어졌다(3장 본문 중에서).

여기에 대해서 **그레고리오 7세(Gregory Ⅶ)**는 **헨리 4세(Henry Ⅳ)**를 파문하고 폐위하였다. 헨리는 1077년 1월에 겸손한 참회자로서 교황이 머물고 있었던 **카노사(Canossa)**로 여행하고 3일 동안 맨발로 눈 위에서 그의 죄를 고백하며 그의 회개를 선언하기 위해서 석고대죄했다. 이처럼 그의 정신적 권위에 호소하자 교황은 헨리를 속죄하고 파문과 폐위를 면제하였다. …… 교황 그레고리오는 교황의 법정이 '모든 기독교국의 재판정'임을 선언하였다. 그

때부터 교황은 누구에 의해서든지 그에게 제기된 소송사건들에 대해서 일반적 재판관할권을 가지게 되었다. 그래서 그는 '만인의 통상적 재판관'이 되었다. …… 그러나 교황의 혁명의 와중에서 새로운 체계를 가진 캐논법과 새로운 세속법 체계가 나타났는데, 이때 직업적인 법률가들과 판사들의 계층과 함께 수직적 계층구조를 가진 법원들과 법학을 위한 학교, 법학 학술논문 그리고 원칙과 절차의 유기체를 발전시키는 자율적이며 종합적인 법개념이 나타났다. 이리하여 서양법 전통은 전면적 혁명의 맥락 안에서 형성되었는데, 그 혁명은 '사물의 올바른 질서', 또는 '세계의 올바른 질서'를 확립하기 위해서 투쟁한 것이다(3장 본문 중에서).

클루니 수도원
(Cluny Abbey, 910~12세기 건설)

헨리 4세
(Henry Ⅳ, Holy Roman Emperor, 1050~1106)

| 카노사의 굴욕
(Walk to Canossa, 1077) | 그레고리오 7세
(Gregory Ⅶ, 1028~1085) |

---

* 이 그림들은 역자가 독자의 이해를 위해 만든 것임.

이 지도의 의미는 A.D. 1200년경의 서유럽 문명의 영역과 그와 대칭되는 비잔틴 제국, 슬라브 영역, 회교영역을 대비하는 것이다. 수평, 수직, 빗금으로 표시되지 않은 흰색 부분이 서유럽 문명의 영역을 나타낸다

비잔틴 제국

회교 지역

슬라브와 러시아 영역

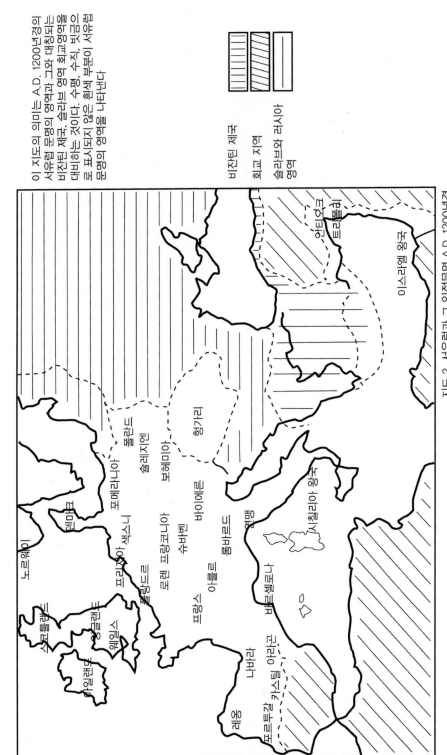

지도 2. 서유럽과 그 인접문명 A.D. 1200년경

11세기 이전 시대의 서유럽의 민족들 간에는 법이란 규제를 위한 뚜렷한 시스템도 아니었고 사상의 뚜렷한 체계로 존재한 것도 아니었다. 각 민족은 실로 민족 자신의 법질서를 가지고 있었는데, 이 법질서는 중앙 정부가 만든 때때로의 제정법과 무수한 불문법 규칙과 제도를 포함하고 있었다. 세속법이나 교회법에서나 마찬가지였다. 상당한 숫자의 법률용어와 법원칙이 예전의 로마법으로부터 유산으로 내려졌으며, 지방교회의 위원회 또는 교회회의와 주교들 각위가 발포(發布)한 캐논(교회법)뿐만 아니라 어떤 왕의 칙령이나 관습법에서 발견될 수 있었다. 그러나 세상법 영역에서나 교회법의 영역에서 똑같이 결여된 것은 법과 다른 사회통제 프로세스 및 다른 유형의 지적 관심과의 분명한 분리였다. 전체로서의 세속법은 부족관습이나 지방관습이나 봉건관습의 일반적인 것에서나 왕과 황제의 가계의 일반 관습에 각인된 것을 끄집어 낸 것은 아니었다. 비슷하게 교회의 법도 교회 생활 전반에 걸쳐서 넓게 확산적으로 분산되어 있었다. 권위 구조뿐 아니라 교회의 신학이나 교회의 도덕적 교훈과 교회의 예배식과 성찬식을 통하여, 교회의 법도 역시 중앙집권적인 입법에서 나온 것이라기보다 우선적으로 지방적이고 지역적이며 관습적이었다. 전문적인 재판관이나 법률가는 없었다. 상하 위계질서를 이루고 있는 법원과 재판정도 없었다.

　　역시 결여되고 있는 것은 원칙과 개념의 '특유한' 유기체를 이루는 몸으로서 법을 인식하지 않는다는 것이었다.

　　법학 학교라는 것은 없었다. 재판관할, 재판 절차, 범죄, 계약 그리고 나중에 서양법 체계에서 구조적 요소를 형성하게 되는 다른 주제와 같은 기초적인 법의 범주를 다루는 중요한 법학 교재들은 없었다. 즉, 법의 원천, 신법(神法)과 자연법의 인정법(人定法)에 대한 관계, 교회법의 세상법에 대한 관계, 제정법의 관습법에 대한 관계 -봉건법, 왕의 법, 도시법과 같은- 다양한 세속법의 서로 다른 것에 대한 관계에 발달된 이론이 없었다.

상대적으로 비조직화되고 비체계적인 성격의 법적 규제와 상대적으로 덜 개발된 법과학의 상태는 당시 지배적이고 팽배화한 정치와 경제 그리고 사회의 상황과 밀접히 연결되어 있었다. **정치 · 경제 · 사회 상황은 부족공동체 및 촌락공동체와 봉건제에 의한 공동체의 우선적으로 원래 지방적인 성격과도 밀접히 연결되어 있었다.** 즉, 이들 공동체들의 비교적 높은 정도의 경제적 자족도(self-sufficiency), 개별공동체 내부에서의 권위들의 융합, 중앙의 황제와 왕권의 관료들이 행사하는 정치적 · 경제적 제어력(control)이 상대적으로 약했으며, 황제와 왕권의 당국이 행사하는 통제는 본질적으로 군사적이며 종교적 성격을 가지고 있으며, 친족과 출신지역 그리고 전투에 있어서의 군대 동지애에 의한 비공식적 · 공식적 구속력이 상대적으로 강했다.

11세기 말과 12세기 그리고 13세기 초에 서유럽에 정치적 제도이자 동시에 지적인 개념으로서의 법의 긴절한 성격에 근본적인 변화가 일어났다. 법은 기억과 마음에 저장된 것 또는 이전에 묻어두었던 것을 끄집어내게 되었다. 정치적으로 볼 때, 처음으로 교회이든 세속이든, 강력한 중앙 권한 당국이 대두하였다. 이들 중앙당국의 통제는 파견된 관료들을 통해서 중앙에서 지방으로 도달하였다. 이런 것과 부분적으로 관련해서 전문적인 재판관과 실무를 행하는 법률가를 포함해서 전문적 법률가의 계층이 출현하였다. 지적으로 서유럽은 서유럽 최초의 법률 학교, 서유럽 최초의 법학 학술논문의 집필, 인류의 지적 유산으로 내려온 방대한 자료를 의식적으로 정리하기, 그리고 법개념이 발전하여 자율적이며, 통합되어 있는 법원칙과 법절차의 지속 발전되는 유기체로 생각되기에 이르렀다.

정치적인 요인과 지적인 요인의 두 요소들의 결합이 근대 서양법 체계를 만드는 데 도움을 주었다. 두 가지 요인 중 첫 번째 것이 로마 가톨릭교회의 캐논법(교회법)의 새로운 체계였다(그 당시에 처음으로 정규적으로 교회법 jus canocium이라고 불리게 되었다). 캐논법은 역시 그때 고법('old law', jus antiguum)과 신법('new law', jus novuum)으로 나누어지고, 전자는 그 이전의 텍스트와 법규로 이루어지고, 후자는 당대의 입법과 결정뿐 아니라 이전의 텍스트와 법규에 대한 당대의 해석들로 이루어졌다. 캐논법(교회법)의 새로운 체계가 나온 배경에 반대하여, 그리고 자주 캐논법과 라이벌 관계로 유럽 왕국들과 다른 정치 체제는 그들 자신의 세속적 법체계를 창출하기 시작했다. 동시에 대부분의 **유럽 자유시**에서, 각기 그들 자신이 정부 제도와 법제도를 가지고, 새로운 타입의 도시법을 형성하기 시작했다. 더하여 **(영주 – 영주로부터 영지를 받은 봉신 간의 관계를 주로 하는) 봉건 법제도와 (영주 – 영주의 땅을 경작하는 농민의 관계를 주로 하는) 장원 법제도**가 조직화와 체계화에 들어갔으며 새로운 체계의 상인법(mercantile law)이 발달되었는데, 이것은 자유도시 간, 지역 간 그리고 국가 간의 교역에 종사하는 상인들의 필요에 응하기 위해서였다. **봉건법, 장원법, 상인법 그리고 도시법이라는 체계의 출현**은 명백하게 다음의 사실을 지적한다. 즉, 정치적이고 지식관계적일 뿐 아니라 사회적·경제적 요인들이 법제도의 혁명적 발전이라고 불릴 수 있는 것을 만들어내는 데 작용하고 있었다.

환원하면 11세기 말과 12세기 그리고 13세기 초에 근대 법체계의 창조는 중심 역할을 하는 엘리트의 정책과 이론의 수행일 뿐 아니라 **현장에서 ('on the ground') 진행 중인 사회 및 경제적 변화에 대한 응수**(response)였다.

종교적 요인도 또한 작용하였다. 근세 법체계의 창조는 첫째로, 교회 내부의 혁명적 변화와 교회의 세속 당국에 대한 관계에서 일어난 변화에 대한 응수였다. 그리고 또한 여기에서 '혁명적'이라는 용어는 계급투쟁과 폭력의 모든 근대적 의미를 포함한다. 1075년에 교황당(papal party)에 의한 25년간의 선동과 선전 후에, **그레고리오 7세 교황(Pope Gregory Ⅶ)은 모든 교회에 대한 교황권의 정치적 우위와 법적 우위를 선언하고 성직자 계급이 세속 황제권과 왕권의 통제로부터 독립하도록 선언**하였다. 그레고리오 교황은 황제와 왕을 폐하는 권한을 포함하며 세속적 일에 있어서도 교황의 궁극적인 우위를 단언하였다. 여기에 대해서 색소니의 헨리 4세(Henry Ⅳ of Saxony) 황제는 군사 행동으로 대응하였다. 교황당과 황제당 간의 내전이 1122년까지 유럽 전역을 통하여 산발적으로 일어났고, 1122년에 도이칠란트의 보름스(Worms) 시에서 최종 협상에 도달하였다. 잉글랜드와 노르망디에서는 1107년에 베크의 콩크르다트(Concordat of Bec)는 교황과 국왕 사이의 국교 협약으로 임시적 휴전을 제의하였으나 교황권과 왕권의 갈등은 1170년대 주교 토머스 베게트(Thomas Becket)의 순교 때까지 최종적으로 해결되지 못했다. 서양 교회의 연대기에서 일어나는 위대한 변화는 전통적으로 힐데브란트 개혁(Hildebrand Refrom) 또는 그레고리오의 개혁으로 불리는데, 전자는 1050년 이후의 기간 동안 교황당의 지도자였던 도이칠란트의 수도사 힐데브란트의 이름을 따랐으며 후자는 1073년에서 1085년까지 교황으로 지배한 그레고리오 7세의 이름을 딴 것이다. 어쨌든 '개혁(reform)'이라는 용어는 심각한 평가절하인데 부분적으로는 교황당 자신의 욕구를, 그리고 나중의 로마 가톨릭 역사가들의 욕구를 반영하는 것으로 개혁 이전에 있었던 것과 개혁 이후에 있었던 사이의 중요하고 엄청난 단절을 의도적으로 평가절하하려는 것이다. 원래 쓰인 라틴어 *refomatio*는 '개혁(改革)'이라는 부분적 의미보다 더 내용이 크고 실질적인 단절을 의미하는데, 16세기의 프로테스탄트 종교개혁도 *reformatio*로 표기되는 것을 보면 알 수 있다. 같은 시기를 의미하는 '성직수여 투쟁 또는 서임 투쟁(Investiture Struggle)'은 그만큼의 용어상의 평가절하는 아니고 간접적이고 완곡한 언어 사용이다. 황제와 왕들이, 주교들에게 그들 권위의 상징을 '수여하는' 권한을 뺏어 오려는 교황의 투쟁을 지목함으로써 서임 투쟁이라는 구절은 교황당의 주된 슬로건과 연결시킨다. 즉, '교회의 자유(권)'이다. 그러나 이 극적인 슬로건조차도 혁명적 변혁의 전면적인 차원을 적절하게 전달하지 못하고 있다. 많은 주류 역사학자들이 이 혁명적 변혁을 유럽사에 있어서의 최초의 주요한 전기로 간주하고 있으며, 이런 역사가들은 근세 또는 근대(modern age)의 시작으로 인정하고 있다.[127] 피터 브라운(Peter

---

[127] 교황의 혁명이, 세계사에서 기왕의 위대한 혁명과 마찬가지의 위치에 선다는 선구적 연구는 오이겐 로젠스토크 휘시(Eugen Rosenstock-Huessy)에서 나왔다. {역자 주: 하버드와 다트머스에서 가르쳤으며, 해롤드 버만의 스승이다} Eugen Rosenstock-Huessy in *Die europäischen Revolutionen*, (1931; 3rd ed. rev., Stuttgart, 1960), and in *Out of Revolution: The Autobiography of Western Man*, (New York, 1938). 또한 그의 *Driving Power of Western Civilization: The Christian Revolution of the Middle Ages*, preface by Karl W. Deutsch, (Boston, 1949)를 보라. 또한 같은 입장은 Gerd Tellenbach, *Libertas: Kirche und Weltordnung in Zeitalter des Investiturstreites*, (Stuttgart, 1936), trans. with intro. by R. F. Benett as *Church, State, and Christian Society at the Time of the Investiture Contest*, (London, 1959) (reprinted as a Harper Torchbook, New York, 1970). 또한 같은 입장은 David Knowles and Dmitri Obolensky, *The Christian Centuries*, vol.

Brown)에 의하면 궁극적으로 개입된 것은 "성스러운 영역과 세속적 영역이라는 두 영역의 이탈과 해방(disengagement)"이었고 이로부터 원자 핵분열 과정[128]과 유사한 에너지와 창조성의 방출이 유래했다는 것이다.

1. 교회와 제국: 클루니 수도원의 개혁 운동

11세기 말 이전의 시대에는, 서양 기독교 국가의 성직자들 −주교들, 사제들 그리고 수도사들− 은 원칙적으로 교황권보다 훨씬 더 황제들, 왕들, 그리고 주도하는 봉건 영주들의 권위와 능력 아래에 있었다. 한 가지 예로 대부분의 교회 재산은 바로 황제들, 왕들 그리고

2. *The Middle Ages*, (New York, 1968), p.169. Walter Ullmann, *The Growth of Papal Government*, (London, 1955), p.262. R. Southern, *Western Society and the Church in the Middle Age*, (Harmondsworth, 1970). John M. Todd, ed., *Problems of Authority: An Anglo-French Symposium*, (London and Baltimore, 1962), pp.139~140. Marc Bloch, *Feudal Society*, trans. L. A. Manyon, (London, 1961), p.107. Hans Küng, *The Church*, (New York, 1967) p.384를 보라. C. H. Hanskins's *Renaissance of the Twelfth* Century, (Cambridge, Mass., 1927). 또한 Marshall Claggett, *Gaines Post, and Robert Reynolds, Twelfth-Century Europe and the Foundations of Modern Society*, (Madison, Wis., 1961); Colin Morris, *The Discovery of the Individual*, 1050~1200, (New York, 1972); Sidney R. Packard, *Twelfth-Century Europe: An Interpretive Essay*, (Amherst, Mass., 1973); Morman F. Cantor, *Medieval History: The Life and Death of a Civilization*, (New York, 1963)을 보라. Bloch, *Feudal Society*, p.103. R. Strayer, *On the Medieval Origins of the Modern State* (Princeton, N.J., 1970), p.22을 보라. Heinrich Mitties, *Der Staat des hohen Mittelalters: Grundlinien einer vergleichenden Verfassungsgeschichte des Lehnzeitalters*, 4th ed. (Weimar, 1953), translated by H. F. Orton under the title *The State in the Middle Ages: A Comparative Constitutional History of Feudal Europe*, (Amsterdam, 1975). Walter Ullmann, *Law and Politics in the Middle Age*, (London, 1975). 또한 Peter Brown, "Society and the Supernatural: A Medieval Change." *Daedalus*, Spring 1975, p.133 을 보라. Packard, *Twelfth-Century Europe*, p.321.

128) Brown, "Society and the Supernatural", p.134.

봉건 영주들에게 속해 있었다. 교회 바깥의 소유자로서 **황제와 왕, 봉건 영주들은 교회 토지를 통제하였을 뿐만 아니라 교회 인사권을 행사하여 자주 그들의 가까운 친인척 중에서 주교좌와 다른 성직에 속하는 사제직에 임명하였는데 이때 주교좌와 성직 공직이 그들 소유의 토지 및 영지에 있었기 때문**이다. 이러한 교회 내의 공직[즉, 녹봉(祿俸) 또는 성직록(聖職祿)이 따르는 성직, benefices] 임명권은 아주 좋은 이익이 따르는 것이었는데, 이들 교회 공직은 보통 교회 공직에 수반하는 토지로부터의 수익과 또한 노역을 제공받는 권리를 가졌기 때문이다. 이와 같이 한 교구를 관장하는 주교좌는 보통 대규모의 봉건 토지 재산이었고 여기에 속하는 장원의 영주가, 농업 경제의 행정을 맡았으며, 군사적 의무를 수행하며 또한 노역을 제공하는 농민들을 관장하였다. 주교좌 내부의 더 작은 교회 공직은, 보통 통상의 촌락의 교구 사제관이었는데 역시 매우 수익이 많아서 이익이 남는 재산이었다. 성직 수여권자는 농업 생산물을 분배받을 자격이 있었으며, 여러 종류의 경제적 봉사로부터 오는 수입에 대해서도 지분을 가지고 있었다.

교회의 정치경제적 복속에 더하여 교회는 내부구조에서 주된 역할을 하는 평신도들의 통제에 복종하고 있었다. 즉, 황제들과 왕들이 교회 공의회(council)와 평의회를 소집하였으며 교회법을 선포하였다. 동시에 주교들과 다른 저명한 성직자들이 정부 조직에 앉았다. 지방의 또는 남작 영지의 그리고 **왕이나 황제의 정부에서 주교(bishop)의 직은 자주 민간 행정의 주된 기관이었다.** 주교들은 봉건적 계층 구조의 중요한 멤버였다. 사제들의 결혼은 매우 널리 퍼져 있었는데 그들로 하여금 지방의 지배자들과 중요한 친인척 관계를 맺게 하였다. **황제와 왕들은 주교들에게 민간의 권한과 봉건**

적 권한을 수여하였을 뿐만 아니라 주교들에게 교회 내부의 권위와 권한을 수여하였다. 이처럼 종교적 영역과 정치적 영역의 융합이 있었다. 어떤 주교의 관할권에 대한 분쟁은 로마에서나 또는 지방 시노드(synod)에서 끝날 수도 있었으나 또한 이런 사정 때문에 주교 관할권의 문제가 왕이나 황제의 궁정에서 끝날 수도 있었다.

이러한 체제는 동로마제국에서 널리 퍼져 당연시되었던 시스템과 거의 유사하고 동로마제국의 체계는 나중에 서양에서 **정교융합 체제, 즉 체자로파피즘(caesaropapism)**[129]으로 비난되었다.

6세기에서 7세기 사이의 서유럽의 왕과 황제들을 '평신도들(laymen)'로 칭하는 것은 엄격한 의미에서 정확하지 않다. 이러한 호칭은 1075년 이후에야 교황이 왕과 황제들을 부를 때 사용한 것이며, 그 이전에는 황제와 왕은 논쟁의 여지가 없는 종교적 기능을 쭉 가져왔다. 황제와 왕이 성직자가 아닌 것은 사실이고 그것은 그들은 선서를 마친 사제가 아니기 때문이었다. 그럼에도 불구하고 황제와 왕들은 '**그리스도의 대리인(deputies of Christ)**', 성스러운 예식상의 존재였으며 그들은 그들 국민의 종교적 지도자로 간주되었다. 황제와 왕들은 구약의 사울과 다윗 왕처럼 기름 부음을 받아서 왕이 되었기 때문에 성스럽게 되었다고 말해지고 또한 치유하는 힘이 있다고 말해졌다. 특별히 황제는 기독교 세계의 최고의 정신적 지도자라고 주장했고 아무도 심판할 수 없으며 황제 자신이 모든 사람을 심판할 수 있으며 최후의 심판(Last Judgement)에

---

129) 역자 주: 당연히 동아시아의 상황에 생각이 미친다. 즉, 조선조에 있어서의 왕권과 이에 대비되는 종교적 권위 역시, 정교 융합의 방식과 유사하다고 할 수 있다. 그 이전의 상황이 어떠한가. 적어도 왕권의 권위와 종교적 권위가 분리되었다고는 할 수 없는 상태이다. 그리고 대부분의 경우 시대에 따라 차이는 있지만, 융합된 상태라고 가정할 수 있다. Caesaropapism이 살아 있는 예이다.

는 모든 사람의 책임을 지게 된다고 주장하였다.130)

샤를마뉴의 제국이나 헨리 4세의 제국은 초기 로마제국의 시저(황제)였던 아우구스티누스(Augustinus)나 또는 콘스탄티누스(Constantinus)와 혼동될 수는 없다. 비록 고대 로마와의 연속성과 계속성이라는 환상이 유지되었지만 카롤링거시대(Carolingian dynasty)의 용어였던 제국('empire', imperium)은 어떤 영토나 사람들의 연합을 지칭하기보다는 오히려 황제 권한의 성질을 지칭하는 것이었는데 실로 초기 로마 황제들의 권위와는 매우 달랐다. 로마제국의 카이사르와 달리 **샤를마뉴(Charlemagne) 황제와 그의 후계자들은 그들의 신민을 제국의 관료 제도를 통해서 다스리지 않았다.** 즉, 카롤링거시대에는 로마제국의 로마나 동로마제국의 콘스탄티노플에 비교할 만한 수도가 없었고, 이것은 실로 로마제국의 황제가 도시에 자리하고 있었던 것과 날카롭게 대비되면서 샤를마뉴(Charlemagne)와 그의 후계자들은 거의 그런 도시를 가지지 않았다. 대신에 황제와 그의 가(家)에 속하는 가계들은 황제의 광대한 영역을 한 주요한 지방에서 다른 곳으로 이동하였다. 즉, **황제는 끊임없이 움직이고 있었는데 프랑스, 부르고뉴, 이탈리아, 헝가리뿐만 아니라 그의 프랑크족 게르만인들의 주된 영토를 늘 여행하였다.** 당시의 경제는 거의 지방경제였고, **정치구조는 최고 권력을 부족이나 지방지도자에게 주는 형식이었으며, 황제의 역할은** 외적으로부터 제국을 방위하는 **부족 군대의 연합을 유지하는 것이** 큰 과제였으며, 동시에 이교주의의 위험성에 대해서 **제국의 기독교 신앙을 유지하는 정신적**

---

130) Southern, *Western Society*, pp.104~105를 보라. Schafer Williams, ed., *The Gregorian Epoch: Reformation, Revolution, Reaction?* (Lexington, Mass., 1964), p.63.

인 임무를 가지고 있었다. 황제는 재판정과 법원을 유지 장악함으로써 다스렸다. 황제는 제 국민들 중에서 **첫 번째이며 최상위의 판사였다. 광대한 제국의 영역을 여행할 때 그가 어떤 장소에 도착하자마자 그는 먼저 고소·고발 등의 사법적 문제를 들어보고** 재판 절차를 거쳐서 판결을 행함으로써 정의를 실현한다고 생각하였다. **황제는 또한 가난한 자와 약자, 과부들, 고아들의 보호자였다.**

이처럼 제국은 지리적인 단위가 아니었고 외적의 침략에 대해서는 군사적인 개념이었으며 이교도들에 대해서는 정신과 신앙의 권위였다. 1034년까지는 로마제국이라고 불리지 않았고 1254년 이전에는 신성로마제국(Holy Roman Empire)이라고 불리지 않았다. 즉, 1034년에 로마제국으로 불리다가 **1254년에 신성로마제국**으로 불리게 되었다.

10세기와 11세기 초에 강력한 운동이 일어났는데 **교회를 봉건적·지방적 영향으로부터 벗어나게 하려는 운동**이었으며, 당시에 존재하던 봉건적·지방적 영향에 불가피하게 따르는 부패로부터 제외하려는 움직임이었다. 이러한 운동의 주도적인 역할은 클루니의 대수도원(Abbey of Cluny)이 행했는데 본부는 남프랑스의 클루니에 있었다. 법적인 관점에서 클루니는 특별한 주의를 끄는데 그곳은 유럽 전역에 흩어져 있던 모든 수도원들이 단 하나의 유일한 수장에 복속하는 최초의 수도원 질서였기 때문이다. 910년에 클루니 수도원을 창설하는 데에 앞선 시기에는 각각의 베네딕트파 수도원들은 독립된 단위였으며 수도원장이 규율하는 독립된 단위였고, 통상적으로 그 지방을 관할하는 주교의 재판관할권하에 있었으며 다른 지역의 베네딕트 수도원들과는 단지 느슨한 연방적 관계를 가지고 있었다. 다른 한편 클루니 수도원들은 수도원 질서가 기초된 이후

약 1세기 이내에 1천 개 이상의 숫자로 불어났는데 모두가 클루니 수도원의 관할권 아래에서 선임자가 되는 원장에 의해서 규율되고 있었다. 이러한 이유로 클루니 수도원은 지방을 넘는 최초의 단체로 불려 왔다.[131] **마침내 클루니 수도원단은 지방과 지역을 넘는 광범위한 영역에 걸쳤다는 점에서 전체로서의 로마 가톨릭교회의 모델로 쓰이게 되었다.** 한 지방이나 지역을 넘는 성격을 가지고 계층 질서를 가지며 또한 단체적 성격과 법인격을 가진 정부의 모델로 작용한 클루니 수도원단의 중요성은 그것이 행한 또 다른 중요성과 비견되는데 유럽에서 **최초의 평화운동**을 지지했다는 것이다. 10세기 말경에 남프랑스와 중앙프랑스의 여러 다른 지역에서 열린 시노드(synod)에서 **하느님의 평화(Peace of God)**라는 아이디어가 성직자뿐만 아니라 세속 지배자들에 의해서 공식적 재가가 주어졌다. 여러 지역의 다양한 종교 회의(synod)에서 발포한 평화 칙령(peace decrees)은 세밀한 부분에서는 달랐으나 일반적으로는 모두가 **성직자나 순례자, 상인들, 유대인들, 여자 그리고 농민들, 또한 교회와 농업 재산에 대해서 전쟁을 벌이거나 보복 행위를 하는 행위를 금지시켰다.** 이 금지령(interdict)은 물론 파문의 고통을 법적 효과로 가지는 것이었다. 더욱이 평화 칙령은 일반적으로 선서라는 장치를 사용하였는데, 그 뜻은 사람들이 **교전이나 복수 행위를 하지 않고 평화를 유지할 것을 집단적으로 선서하게끔 요구되었다.** 예를 들면, 1038년 부르즈 위원회(Council of Brourges)로 대교구의 모든 성인 기독교인들은 이러한 선서를 행해져야 했고, 이 평화 선서를 실시하기 위하여 특별한 시민군에 들어가야 했다. 서유

---

131) Rosenstock-Huessy, *Out of Revolution*, p.506을 보라. Williams, *The Gregorian Epoch*, p.39에서 인용.

럼 거의 전역에 걸쳐서 전파된 평화운동은 비전투원의 보호에 덧붙여서 특정한 날에는 교전 행위를 금지할 것을 포함하게 되었다. 클루니 수도원의 수도원장 오딜로(Abbot Odilo of Cluny, 994~1049)에 의해서 만들어진 것으로 신의 휴전(Truce of God)은 먼저 토요일 정오부터 월요일 새벽까지 다음에는 수요일 저녁 무렵에서 월요일 아침까지뿐만 아니라 부활절(lent)과 크리스마스 4주전 일요일을 포함하는 기간인 강림절과 여러 성인들의 날에 교전 행위를 하지 않을 것을 정했다. 클루니 수도원과 교회 일반은 어떤 계층의 사람들을 병역의무로부터 면제하려는 노력을 했으며 그 계층의 사람들로 하여금 그들에 속하는 사람들이나 재산을 전쟁으로 공격하는 것을 면제했으며 또한 교전 행위를 어떤 시간에는 제한하는 노력을 했는데 이러한 것들은 10세기와 11세기와 같은 폭력과 무정부주의의 시대에는 부분적으로만 성공했다. 그러나 그 시대를 넘어선 미래에 있어서 평화 운동의 중요성은 엄청난 것이었고 특히 서양법 전통의 미래를 위해서는 그러했다. 평화운동에 있어서 요구한 집단에게 평화의 이름으로 집단적으로 선서하게 하는 경험은 11세기 말과 그 이후에 있어서 도시국가의 창립 시기에 있어서 도시 내부에서의 직업 집단과 동업 집단의 형성에 있어서 심대한 영향을 미쳤다. 이러한 평화 운동의 방식은 또한 공작들과 왕들 그리고 황제들에 의한 칙령을 발포(發布)하게 했는데 이것은 소위 귀족에 의한 평화 또는 왕에 의한 평화(Dukal or Royal Peace)를 통해서고 또한 땅의 평화 'land peace(pax terrae, Landfriede)'였다.

무엇보다도 클루니 수도사들과 다른 개혁수도원들은 신앙생활의 수준을 높이려고 노력했는데 봉건주의의 지배자와 지방의 영주들이 가지는 교회질서에 대한 권력을 공격함으로써였다. 권력자들의 힘은 특별히 교회 관직, 즉 사제 및 주교의 직위를 팔거나 사는 데서 뚜렷해졌는데 (성직의 매매는 'simony'라고 불렸다) 또한 성직자들의 결혼의 관행과 축첩하는 관행(니콜라이즘, 'nicolaism'이라 불렸다)에서 뚜렷했다. 사제 결혼과 축첩의 관행을 통해서 주교와 사제들은 지방정치와 친족 정치에 개입하게 되었다. 이러한 노력이 성공하기 위해서는 강력한 중앙권력이 지지하는 것이 필요했다. 이런 목적을 위해서는 교황의 권력이라는 것은 너무나 약했다. 실로 이 시점의 교황들은 로마 시의 귀족들에게 종속되어 있었기 때문이다. 이에 비해서 클루니 수도원들은 성공적으로 황제들, 즉 신성로마제국의 황제였던 샤를마뉴 대제의 계승자들의 지지를 얻어냈는데 샤를마뉴 황제의 계승자들은 현재 서도이칠란트, 동프랑스, 스위스 그리고 북이탈리아인 곳을 포함하는 영역을 지배하고 있었다. 대신에 클루니를 지지한 황제들은 그들 자신이 클루니를 지지하는 것을 즐거워했는데 이들은 다른 개혁운동에도 호의적이었다. 이와 같은 황제의 지지로 클루니의 수도원들은 때가 되자 로마의 귀족들로부터 교황을 임명할 권한을 뺏어내었다.

교회와 국가의 분리라는 근대적 생각과는 정반대로 서기 1000년의 교회는 당시 존재하던 정치적 권위에 대척되는 법적 구조를 가지고 단체의 모습을 가진 독자적인 존재로 인식되지 않았다. 대신 교회라는 뜻의 에클레시아(Ecclesia)는 기독교를 믿는 사람들(Christian People, Populus Christianus)로 생각되었고 이들은 세속 지배자나 교회의 지배자 양자에 의해서 지배되고 있었다. 서기 800년에 샤를마뉴 황제가 교황에 의해서 왕관을 쓰는 것을 승낙한 훨씬 이전에 황제의 헌신적인 신하였던 알쿠인(Alcuin)은 잉글랜드의 학자이자 성직자였는데 샤를마뉴 대제를 크리스천 제국(imperium christianum)의 지배자로 호칭했고 샤를마뉴 대제 자신은 서기 794년에 프랑크푸르트에 보편적('universal') 교회위원회를 소집하였는데 거기에서 황제는 신학 교리와 교회법에 있어서의 중요한 변혁을 포고하였다. 어떤 역사학자들은 다음과 같이 주장한다. 즉, 교황 레오 3세(Pope Leo Ⅲ)가 샤를마뉴를 황제로 만들었다고 하나 보다 진실에 가까운 것은 샤를마뉴(Charlemagne)가 레오 교황을 만들었다 하는 것일 수 있다. 그리고 기원후 813년에 샤를마뉴는 그 자신의 아들을 성직자의 은혜 없이 황제로서 즉위시켰다.[132] 실로 후기 게르만 황제들은 교황의 선출과정에서 교황으로 하여금 황제에게 충성의 선서를 하도록 요구하였다. 기원후 1059년 이전의 (이때 종교회의, church synod가 처음으로 금지되었다) 100년 동안 취임한 25명의 교황 중에서 21명이 황제에 의해서 직접 지명되었으며 다섯 교황은 황제에 의해서 해임되었다. 더욱이 그들 영토 안에 있는 주교들을 통제한 것은 게르만인들 황제만이 아니었다. 기독교국의 다른 지배자들도 똑같은 일을 행했다. 1067년에 정복왕 윌리엄(William the Conquoror)은 유명한 칙령을 발하였는데 그 내용은 노르망디와 잉글랜드에서 교황이 교회에 의해서 인정 절차를 밟아야 하느냐 마느냐를 결정할 권한을 국왕이 가진다고 했다. 또한 칙령의 내용은 국왕은 그가 소집한 종교회의(church synod)를 통해서 교회법을 만든다 하였고, 또한 국왕 휘하의 귀족과 관리들에게 부과된 교회의 형사 제재에 대해서 국왕이 거부권을 가진다고 하고 있다.

황제와 왕권이 교회를 통제하는 것은, 교회를 귀족이나 지방 정치, 경제의 부패시키는 영향으로부터 교회를 자유롭게 해방시키는

---

132) F. L. Ganshof, *The Imperial Coronation of Charlemagne*, (Glasgow, 1971)을 보라.

데 필요했다. 그러나 클루니 수도원들의 개혁에서의 이러한 기초적인 목표는 뛰어넘을 수 없는 장애에 직면했다. 성직자들은 모든 수준에 있어서의 정치경제 구조에 너무나 철저하게 같이 끼워져 조직 속에 들어가 있었기 때문에 정치경제 구조로부터 성직자 계층을 따로 떼어내는 것이 불가능해졌다. 10세기와 11세기의 위대한 개혁 황제들의 옹호 아래에서 수도원의 질서는 청소될 수 있었고 교황권은 강화될 수 있었다. 그러나 전체로서의 교회는 근본적으로 개혁될 수 없었는데 그 이유는 독립하지 않고 의존적이었기 때문이다. 성직 매매(simony)와 성직자 결혼 및 축첩(nicolaism)은 여전히 치명적인 문제였다.

성직자 결혼(nicolaism)은 좁은 의미에서의 도덕적인 문제일 뿐만 아니라 사회적 · 정치적 · 경제적 문제였다. **혼인은 사제들을 종족 및 친족 그리고 봉건구조 내부로 유인하는 효과를 가졌다. 또한 사제의 결혼은 사제의 자손과 친척들에게 교회 사제직을 승계시키는 문제를 가져왔다.** 적어도 사제직의 승계는 성직 매매(simony)에 어떤 한계를 가져오게 했다. 만약 어떤 교회의 성직도 자손에게 유산으로 넘겨줄 수 없다면 성직 임명(investiture)은 계속해서 황제나 왕권과 같은 교회 바깥의 권력에 맡겨져야 할 것인가? 더 근본적으로 황제와 왕들이 많은 숫자의 고위 성직자를 새로 임명하는 데 정신적으로 자격이 있는가? 이 의문은 만약 사제들에게 더 이상 결혼도 허용되지 않고 성직자의 자손들이 그들의 자리를 승계하지 못한다는 것이 확정되면 생길 수 있는 의문이었다. 또한 황제나 왕권이 아니라 보다 낮은 수준에서 봉건 영주들의 힘에 의해서 채워져 왔던 더 하위의 사제들의 자리는 어떻게 할 것인가?

성직자, 그중 특별히 교황의 황제와 왕권에 대한 복속과 관련해서 항상 긴장이 있어 왔는데 이 긴장은 황제나 왕권이 그때까지의 전통에 따라서 아무리 존엄하고 신성하다 하더라도 그들 자신은 결코 서약된 성직자들은 아니라는 것이다. 4세기 말에 밀라노의 주교(Biship of Milan)인 성 암브로즈(Ambrose)는 말했다. "왕궁은 황제에게 속하고 교회는 사제들에게 속한다." 그리고 나서 암브로즈 주교는 테오도시우스 황제(Emperor Theodosius)를 파문하였다가 황제가 회개를 하고 난 이후에야 파문의 저주를 면제하였다. 1세기 뒤에 교황 게라시우스 1세(Pope Gelasius Ⅰ)는 아나스타시우스 황제(Emperor Anastasius)에게 썼다. "두 가지 칼이 존재한다. (이 세상이 주로 지배되는) 존엄한 황제권과 사제들에 의한 성스러운 권력이 있다. 만약 주교 자신들의 그 지고한 지위가 신적인 위탁에 의해서 주어졌다면 하느님의 위탁이다. 공적 질서의 영역이 관계되는 한 당신들의 법을 존중하십시오. 내가 묻노니 어떤 연유로 당신들은 종교에 의해서 성스러운 신비를 행정적으로 처리할 책임을 지는 사람들에게 복종하여야 합니까?"[133] 이것이 '양검이론(two swords)'의 원천이다. 사제들은 성스러운 신비를 맡아왔다. 그러나 황제들이 교회법을 포함한 법을 만들었다. 프랑크인들에게 있어서 왕과 황제들은 자주 교황의 지지에 의존하였고 교황의 우위와 일반적으로 신앙의 문제에 있어서 주교의 우위를 인정하였다. 교회의 자율성이라는 생각은 또한 성경적 권위에 깊은 뿌리를 갖고 있었다. 그러나 실로 프랑크의 황제들 그리고 10세기와 11세기의 게르만 황제들뿐만 아니라 프랑스와 잉글랜드의 왕들 ― 스페인과 노르웨이,

133) Brian Tierney, *The Crisis of Church and State, 1050~1300, with Selected Documents,* (Englewood Cliffs, N. J., 1964), pp.13~14. 또한 Brian Tierney and Sidney Painter, *Western Europe in the Middle Ages, 300~1475,* (New York, 1978)을 보라.

덴마크, 폴란드, 보헤미아, 헝가리, 그리고 다른 지역의 지배자들-은 심지어 종교적 원칙의 문제에 있어서조차 비잔틴 황제들이 했던 것처럼 주교들을 지배하였다. 더하여 황제들과 왕들은 성직자들에게 그들의 성직에 따르는 특별한 영예를 수여하였다. 프랑크의 황제와 왕들은 주교들에게 그들 교회에 대한 감독권을 상징하는 반지와 지팡이를 하사하고는 "교회를 받으십시오!"("Receive the church!", "Accipe ecclesiam!")라고 했다. 이것은 세속의 검과 정신적 검을 똑같은 손에 두는 것이다. 이에 대한 정당화는 황제와 왕들은 신성한 지배자이며 '그리스도의 대리인(deputies of Christ)'이라는 것이다. 많은 주교들이 있었고 그들 중 로마의 주교가 동료 중 제1인자였으나, 황제는 한 사람이었고 왕국 하나에는 단지 한 사람의 왕이 있을 따름이다.

로마 주교는 '성 베드로의 대리인(deputy of St. Peter)'이라는 타이틀을 갖고 있었다. 12세기에 들어서서 비로소 로마 주교가 그리스도의 대리인 타이틀을 획득하였다. 그때가 이르러서 황제가 그리스도의 대리인이라는 타이틀을 가지는 것을 이제는 그만두게 되었다. 그리스도의 대리인으로서 교황은 두 개의 검을 다 같이 가진다고 주장하였는데, 한 개의 검은 직접적으로 구사하며 다른 한 개는 간접적으로 구사한다고 주장하였다. 그때야 비로소 세속을 지배하는 왕들은 많이 있었으나 교회를 지배하는 그리스도의 대리인은 한 사람의 교황이 되었다.

교회의 다른 주교들 사이에서 로마 주교의 제1인자인 성격은 4세기 때 처음 주장되고 아마도 심지어 3세기 때에도 주장되었으며 항상 그래 온 것은 아니었으나 때때로 다른 지도적인 주교들에 의해서 인정되어 왔다. 그러나 1인자라는 것 또는 우선성은 많은 다른 것들을 의미할 수도 있다. 서양의 교회가 대체로 중앙집권화가 아닌 분권화 상태로 지속이 되고 그 지역의 비성직자인 지배자들의 통제에 놓여 있을 동안 교황의 권위는 불가피하게 약했고 또한 황제의 권위와 밀접하게 연결되어 있었다. 그런데 황제의 권위 역시 약한 시대였다. 지방의 주교와 지방 교회가 지방의 영주들로부터 스스로를 해방시키려는 때때로의 투쟁은 때로는 황제의 권위에 호소하기도 하고 때로는 교황의 권위에도 호소하든가, 경우에 따라서는 양자 모두의 권위에 호소하는 형태를 띠게 되었다. 비교적 희소하게 이러한 갈등은 더 고위의 레벨로서 비화되곤 했다. 가장 현저한 예는 9세기 중반에 허위 교황의 교서(False Decretals) 또는 위조 교황의 교령(Pseudo Isidore)으로 알려진 위조 사건이었다. 이것은 서간과 칙령들의 방대한 컬렉션이었는데 허위로 4세기 이후의 교황들과 고위 성직자 회의에 돌려진 것이었다. 이것은 라임의 대주교(Archbisop of Rheims)의 노력에 직접적으로 반대하는 것이었으며 라임의 대주교는 당시 황제의 지지를 받고 있었으며 대주교의 노력은 그에게 속하는 성직자로 하여금 재판상의 분쟁을 결정하기 위해서 로마에 호소하는 것을 방지하는 것이었다. 이 목적을 위하여 서간집과 법령집의 편자는 방대한 문서를 위조하지 않을 수 없다는 사실은 그 이전과 당시의 교회 내부의 감독 권한의 성질을 말해주고 있다.

사실 그 위조된 교령(Pseudo-Isidore)은 로마에서 만들어진 것은 아니었고 200년 이상 경과한 이후까지 교황들에 의해서 일반적으로 인정되지 아니하였다. 200년 이상 경과한 이후에 교황당이 원래 텍스트의 목적과는 전혀 다른 목적을 정당화하기 위해서 사용하였다.

9세기의 후반에 교황 니콜라스 1세(Pope Nicholas Ⅰ, 856~867)

가 대주교와 주교들에 대해서뿐 아니라 -그들의 관구와 지위는 교황 자신의 동의 없이는 채워지지 않는다고 선언함으로써- 황제들에게도 왕들은 사제들을 재판하는 자리에 앉을 자격이 없으며, 사제들은 왕권의 재판관할권에서 제외된다고 선언함으로써 교황의 권위와 권한을 밝혔다. 그러나 다시 한번 이러한 천명은 당대에서보다도 그 후의 미래에 보다 중요하게 되었다. 교황들은 황제권과 왕권과 지방의 비성직자 영주권이 교회 위에 있는 현실을 바꿀 수 없었다. 실로 9세기 후반과 10세기 그리고 11세기 초기에 교황의 특권은 가장 낮은 주기에 있었고, 그것을 높이려고 한 것은 황제들이었다.

다른 주교들 중에서 로마 주교의 우선은 게르만 왕으로 하여금 수년마다 군대를 데리고 알프스 산맥을 가로질러서 내려오는 이유를 만들어 주었다. 즉, 롬바르드와 투스카니와 로마의 귀족들에 반대하여 로마(주교)의 수호자로서의 게르만 왕의 당당한 주장을 재천명하는 이유가 되었다.

황제들의 정신적 권위는 11세기에 이르러 점점 더 변칙적이고 이례적인 것이 되어 갔는데, 성직 매매와 성직자 혼인 및 부패는 너무 뿌리가 깊어서 황제들이 극복할 수 없었다.

1046년에 로마 주교의 황제에 대한 종속과 예속은 변칙적일 뿐 아니라 추문의 성질을 띠고 있었다. 헨리 3세는 그의 황제 대관식을 축하하기 위해서 로마에 도착하자, 교황 자리를 놓고 경쟁하는 세 사람을 폐하고 네 번째가 선출되도록 틀림없이 조치하였다.

헨리 3세(Henry Ⅲ)가 지명한 자는 교황직에 몇 개월 있다가 죽었고, 몇 주 뒤 두 번째 지명받은 자도 죽었는데, 두 사람 모두 로마의 일에 황제권이 관여한 것을 개탄한 도당에 의해서 독살되었다고 한다. 세 번째로 지명된 레오 4세(Leo Ⅳ, 1049~1053)는 헨리 3세의 가까운 친척이며, 친구였음에도, 교황권이 황제의 주교 관구라는 개념을 부인하고, 그 자신의 독립을 주장하였을 뿐 아니라 모든 주교와 사제들에 대한, 심지어 신성로마제국 밖에서도 그의 권한을 주장하였다.

레오 교황의 치세 동안 한 그룹의 그의 지지자들이 힐데브란트(Hildebrand)의 인도로 당을 형성하게 되고 교회를 통할하는 교황의 우위를 주장하게 되었다. 그들의 기법은 교황의 프로그램을 널리 홍보하는 것이었다. 이윽고 수백의 팸플릿을 포함하여 많은 논쟁적인 문헌들이 다양한 입장의 정파들에 의해 배포되었다. 이 시기를 "세계사에서 프로파간다의 최초의 위대한 시대"라고 불렀다.[134] 교황의 팸플릿은 기독교도들에게 축첩하거나 결혼 상태에 있는 사제들로부터 성찬식을 행하는 것을 거절하라고 강력하게 설득하였다. 금전 지급의 대가로 된 성직자 임명은 무효라고 하였으며 '교회의 자유'를 요구하였는데, 그것은 교황 영도 아래에서의 성직자들의 황제, 왕권 그리고 봉건 영주들로부터의 자유였다. 마침내 교황 니콜라스 2세가 소집한 1059년의 로마 회의(A Council In Rome)에서 처음으로 로마 추기경들이 교황을 선출할 권리를 선언하였다.

2. 교황의 양심 명령(The Dictates of the Pope)

힐데브란트(Hildebrand)는 1070년대에 교황 그레고리오 Ⅶ로서,

---

134) R. F. Bennett, in his intoduction to Tellenbach, *Church, State,* pp.xiv-xv.

10세기와 11세기 초 동안 클루니 개혁가들을 인도해왔던 황제권 그 자체에 반대하여, 교회개혁 운동의 전환을 꾀했다. 그레고리오 교황은 그의 선임자들보다 더 멀리 나아갔다. 그는 교황의 모든 기독교인들 위의 법적 우위와 교황 아래에서의 모든 성직자들의 세속 권위들 위의 우위를 선포하였다. 그레고리오가 말하기를 교황은 황제들을 폐할 수 있다고 하였다. 그리고 헨리 4세(Henry Ⅳ)를 폐위하는 데로 나아갔다. 더하여 그레고리오는 선포하기를 모든 주교들은 교황에 의하여 지명되어야 하며, 궁극적으로 교황에 복속하는 위치이며, 세속 권위에 복종하지 않는다고 했다.

그레고리오 7세(Gregory Ⅶ)는 교황의 보좌에 오를 준비가 잘 되어 있었다. 이미 교황 니콜라스 2세(Nicholas Ⅱ, 1058~1061)와 알렉산더 2세(Alexander Ⅱ, 1061~1073) 치하에서 계속하여 주도적인 세력이었다. 1073년 나이 50세에 그레고리오는 거대한 의지와 자부심 그리고 개인적 권위를 행사할 준비가 되어 있었고, 그는 후일 그 특징으로 악명이 높게 된다. 피터 다미안(Peter Damian, 1007~1072)은 1050년 이후 교황 우위권을 위한 투쟁에서 그레고리오와 연합해왔는데, 그레고리오를 한번 '성스러운 사탄'이라고 부르고 "당신은 언제나 내게는 명령 자체였다. 사악하나 합법적인 명령, 내가 당신에게 봉사한 것과 같이 신실하게, 내가 항상 신과 성 베드로에게 봉사했기를 빈다."[135] 어떤 근대 학자는 그레고리오를 압도적인 사명감을 가진 사람으로 묘사하고 영웅적인 견인력으로 밀고 나갔으며, 그 자신에게나 다른 사람들에 대한 영향에도 불구하고, 최소한 혁명가의 기질을 가지고 있었다[136]고 하였다.

---

135) Orville Prescott, *Lords of Italy: Portraits from the Middle Ages*, (New York, 1972), p.43에서 인용.

일단 교황이 되자, 그레고리오는 그의 목적을 달성하기 위하여 혁명적 전략을 주저하지 않고 쓰게 되었다. 예를 들면 1075년에 모든 기독교인들에게 명령하여 축첩 상태나 결혼 상태에서 살고 있는 사제들을 보이콧하고 성찬식이나 다른 목적에서의 그들의 공식 역할을 거부하라고 명령하였다. 이와 같이 사제들은 마누라와 자식들에 대한 책임과 그들 교구인들에 대한 책임 간에 선택을 요구받게 되었다. 이 교황령에 대한 반대의 결과로, 교회들 내부에 공개적인 폭동이 일어났고, 사제 결혼을 반대하는 사람들을 구타하고 돌로 치는 일들이 일어났다. 어떤 팸플릿 저술가는 "사제들의 미사에 도전하는 사람들에게 반대하는 해명"의 제목에서 "심지어 여자들의 물레 잣는 방에서나 공인의 작업 공방에서 거듭 얘기되는 것은, 모든 인간의 법의 혼동 …… 차츰 민중들 간의 갑작스러운 불안정과 동요, 주인에 대한 하인의 새로운 배반과 반역, 하인에 대한 주인의 불신, 친구와 동배들 간의 신뢰의 야비한 파괴, 신에 의해서 (성직자로) 서원된 힘에 반대하는 음모들이 아니겠는가? …… 이 모든 것들이 기독교의 지도자들이라 불리는 권위를 가진 사람들에 의해서 지지되고 있다"라고 말하였다.[137]

그 자신의 군대가 없는데, 교황권은 어떻게 자신의 주장을 지탱하였겠는가? 어떻게 교황의 우위권을 반대하는 사람들의 군대를 이길 수 있었겠는가? 강력한 반대에 직면하는 문제와 별개로, 어떻게 교황권은 그가 주장하였던 보편적 재판관할권(universal jurisdiction)을

---

136) K. J. Leyser, "The Polemics of the Papal Revolution", in Beryl Smalley, ed., *Trends in Medieval Political Thought*, (Oxford, 1965), p.53.

137) Ibid., p.42 인용. 또한 Karl F. Morrison, *Tradition and Authority in the Western Church, 300~1140*, (Princeton, N. J., 1969), pp.294~295를 보라.

행사하게 되었는가? 교황권은 어떻게 동방교회 지역을 제외하고는 전 서양 기독교 세계에, 그 세계는 재판관할권의 다른 주장이 또한 행해지고 있는데, 교황권의 의지를 유효하게 각인시키고 통용시킬 수 있었겠는가? 이 질문들에 대한 대답의 중요한 국면은 권위의 원천과 통제 수단으로의 법의 잠재적 역할이다. 11세기의 마지막 몇십 년 동안 교황당은 교회사에 쓰인 기록을 찾기 시작하였는데, 교황의 최상위권을 지지할 법적 권위를 위해서였다. 교황의 최상위권은 성직자 전부에 대한 것이며 성직자의 독립에 대한 것이며 또한 가능하면 사회의 세속 부분 전부에 대해서도 해당되는 것이다. 교황당은 (수도원의 스콜라 학자들에게) 법에 대한 과학을 개발할 것을 장려했는데 그 목적은 법에 대한 체계적 지식이 그들이 당면한 중요한 정책상의 난제를 수행하는, 살아 있는 기초(working basis)가 될 것이기 때문이다. 동시에 황제당은 역시 교황의 권력찬탈(usurpation)에 반대하는 명분을 지탱할 고대의 텍스트를 찾기 시작했다.

그러나 교황권 쪽이나 황제권 쪽이나 분쟁의 케이스를 다룰(rule) 법적인 공회소, 즉, 재판소나 법정이 없었고 교황 자신이나 황제 자신뿐이었다. 이것은 실로 당시 상황에 주된 혁명적 요소였다. 1075년에 교황 그레고리오 7세는 이러한 상황에 "그 자신의 가슴 속을 들여다봄으로써" 그래서 한 문서를 씀으로써 대응했는데 - 이것은 27개의 간결한 명제로 구성되고 교황 자신 이외 아무도 대상이 되지 않는- 교황의 양심 명령(Dictatus Papae, Dictates of the Pope)이다.

1. 로마 교회는 오로지 주님에 의해서만 세워졌다.
2. 로마 주교만이 정당하게 보편적이라 불릴 수 있다.

3. 로마 주교만이 주교들을 폐하거나 복위시킬 수 있다.

4. 로마 주교의 공식 사절은 낮은 직급이라도 회의에서 모든 주교보다 우선권을 가지며 주교들에 대해서 면직 선고를 할 수 있다.

7. 로마 주교에게만 시대의 요구에 따라서 새로운 법을 만드는 것이 허용된다.

9. 교황만이 모든 군주들이 그의 발에 입맞춤할 수 있는 존재이다.

10. 그의 이름만이 교회에서 인용되어야 한다.

11. 그는 황제들을 폐할 수 있다.

16. 어떤 종교(교회)회의도 그의 명령 없이 일반적이라 칭할 수 없다.

17. 어떤 장이나 책도 교황의 권위 없이 정전(正典)으로 인정될 수 없다.

18. 교황의 심판과 재판은, 다른 사람에 의해서는 개정될 수 없다. 그 자신만이 모든 사람의 심판과 재판을 개정할 수 있다.

21. 모든 교회의 더 중요한 사례들은 교황 좌(座)(Apostolic See)에 회부될 수 있다.

27. 교황만이 올바르지 않은 사람들을 그들 충성의 맹세로부터 면제할 수 있다.[138]

비록 그레고리오가 마지막에는 그 조항의 모든 항목마다 법적인 권위를 발견하려고 노력했지만 이 문서는 혁명적이었다.[139]

---

138) The Latin text of the *Dictatus Papae* is in Karl Hofmann, *Der Dictatus Papae Gregors VII*, (Paderborn, 1933), p.11. The *Dictatus Papae* is in English translation in S. Z. Ehler and J. B. Morrall, *Church and State through the Centuries*, (London, 1954), pp.43~44. reproduced in Tierney, *Crisis of Church and State*, pp.49~50.

139) Augustin Fliche, *La réforme Gregorienne*, II (Paris, 1933), 202를 보라.

3. 카노사의 황제의 굴복

1075년 12월 그레고리오는 오늘날 불리는 대로의 이름인 교황의
매니페스토(Papal Manifesto)의 내용을 황제 헨리 4세(Henry Ⅳ)에
게 보낸 편지에서 알려주었다. 그 편지에서 그는 황제와 황제가 임
명한 주교들의 로마에의 예속과 복속을 요구했다. 헨리는 그가 임
명한 26명의 주교와 함께 1076년 1월 24일 편지에서 대답했다. 헨
리의 편지는 "찬탈에 의해서가 아니라 신의 성스러운 기름 바름을
통해서 된 왕이, 현재는 교황이 아니라 거짓된 수도사인 힐데브란
트(Hildebrand)에게"라고 시작한다. 편지는 마치기를, "따라서 우리
들의 모든 주교와 우리 자신의 저주와 심판에 의해서 지탄받을 것
이며, 당신이 찬탈한 사도의 자리에서 내려와서 포기하라. 다른 사
람이 성 베드로의 보좌에 올라가도록 하라. 나 헨리는 신의 은총에
의한 왕으로 모든 우리의 주교들과 함께 당신에게 말하노니, 내려
가라, 또 내려가라(Descende, descende). 모든 시대를 통하여 저주받
은 자여"라고 하였다. 주교들의 편지도 비슷했는데 다음과 같이 끝
난다. "또한 당신이 공식적으로 선포한 대로, 우리들 중 누구도 당
신에게 지금까지 주교이지 않았기 때문에, 마찬가지로 당신은 지금
까지 우리들 누구의 교황도 아니었다."[140]

여기에 대해서 그레고리오(Gregory)는 헨리를 파문하고 폐위하였
다. 헨리는 1077년 1월에 겸손한 참회자로서 교황이 머물고 있었
던 카노사(Canossa)로 여행하고 3일 동안 맨발로 눈 위에서 그의
죄를 고백하며 그의 회개를 선언하기 위해서 석고대죄했다. 이처럼

---

140) The letter is reproduced in Tierney, *Crisis of Church and State*, pp.59~60.

그의 정신적 권위에 호소하자 교황은 헨리를 속죄하고 파문과 폐위를 면제하였다. 이 사건은 헨리로 하여금 헨리에 대해서 반역하여 일어났던 성직자들과 세속의 게르만인들에게 대한 그의 권위를 재천명할 기회를 주었다. 어쨌든 교황과의 이 투쟁은 짧은 기간 동안 단지 연기되었을 뿐이었다. 1078년에 교황은 다음과 같은 칙령을 발포하였다. "성직자의 누구도 주교직이든 수도원이든 교회이든, 황제나 왕이나 또는 비성직자 ─그가 남자든 여자든─ 로부터 서임을 받을 수가 없다고 우리는 공포한다. 그러나 만약 어떤 사람이 금지된 일을 한다고 추정되면 그는 이러한 금지된 임명은 사도의 권위와 관계없다는 것을 명백히 할 것이고, 그 자신 적절한 사죄가 행해질 때까지 파문에 놓일 것이다."[141] 교황과 황제 간의 갈등은 다시 재연되었고 그 결과가 성직 서훈의 전쟁(Wars of Investiture)이다.

성직 서훈 전쟁의 첫 번째 희생자들은 게르만 영역에서였고, 거기서 황제를 대적하는 자들은 황제가 교황과 논쟁 중인 것에서 이득을 취해서 라이벌의 황제를 뽑았으며, 그레고리오는 이윽고 그 라이벌인 황제를 지지하였다. 그러나 1080년에 헨리는 그의 라이벌을 패배시키고 알프스 산맥을 건너서 남쪽으로 이동해서 로마를 포위하고 함락시켰다(1084년). 그레고리오는 그의 연합군에게 도움을 청했는데 남부 이태리의 노르만 ─즉, 아풀리아(Apulia), 칼라브리아(Calabria), 카푸아(Capua) 그리고 시칠리아(Sicilia)─ 의 지배자에게 도움을 청했다. 노르만 군들은 헨리의 황제 군을 로마에서 몰

---

141) 그의 칙령은, 보라. *The Correspondence of Pope Gregory VII: Selected Letters from the Registrum*, ed. and trans. Ephraim Emerton, (1932; reprint ed., New York, 1969), p.133.

아내었으나, 곧 악명 높은 야만적인 행위로 로마를 약탈하였다. 황제 헨리는 게르만 왕들로부터 계속된 반란에 직면했고, 1106년에 그가 죽었을 때 그의 아들이 그에 반대하는 반란을 주도하고 있었다. 그 아들이 헨리 5세 황제(Emperor Henry V)로서 1111년에 로마를 점령하고 교황을 포로로 했다.

성직 서훈 전쟁의 즉각적인 정치적 이슈는, 황제와 왕들이 주교와 다른 성직자들을 그들 날인으로 임명하는 권력이었으며, 황제권과 왕권이 성직자를 임명할 때는 "교회를 받아라!(Accipe ecclesiam!)" 라고 선언하였다. 하지만 선언 뒤에는 선출이나 성직 임명 배후의 충성과 규율의 문제가 놓여 있었다. 이들 이슈들은 근본적인 정치적 중요성을 가지고 있었다. 제국과 왕국들은 당시 주로 성직자들에 의해서 다스려지고 있었기 때문에, 성직자 공무원들은 교회의 권위와 제국 또는 왕의 권위 양자 모두의 성격에 영향을 주었다. 그러나 정치보다 더 깊은 어떤 것이 개입되고 있었는데 말하자면 영혼의 구원이었다. 이전에는 황제와 왕들이 '그리스도의 대리인(Vicar)'으로 불렸다. 그래서 최후 심판(Last Judgement) 때 모든 신민의 영혼에 대해서 응답해야 되는 것은 황제나 왕이었다. 그러자 그 이전에는 그 자신을 성 베드로의 대리인이라고 쭉 불러 왔던 황제가 그리스도의 유일한 대리인이라고 주장하고 나섰는데 최후 심판 때 모든 신민의 영혼의 부름에 대답할 책임은 그에게 있다고 했다. 황제 헨리 4세는 교황 그레고리오 7세에게 서한을 보내서 교회 교부들(church fathers)에 의하면, 황제는 사람에 의해 심판될 수 없고 지상에서 황제만이 '모든 신민의 심판자'이다. 황제는 단 한 사람이다. 거기에 비해서 로마 주교는 단지 많은 주교 중의 첫 번째일 뿐이다. 이것이 실로 수세기 동안 주류로 행세하고 의문의 여지가 없었던 전통적 교리였다. 그러나 그레고리오(Gregory)는 황제를 비성직자인 왕들 중의 일인자로 보았으며 황제의 선출은 {역자 주: 신성로마제국에서는 황제는 세습이 아니고 선제후들에 의해서 선출되었다} 교황에 의한 확인을 받아야 하고 불순종의 경우에는 교황에 의해서 폐위될 수 있다고 보았다.[142] 이 주장은 다음과 같은 전형적인 스콜라 식의 형태로 주어질 수 있다. "왕은 비성직자일 수도 있고 성직자일 수도 있다." 그리고 왕이 성직자로 서원하지 않았다면 명백히 비성직자이며 따라서 교회 내부에서는 공직을 가질 수 없다. 이런 주장은 황제와 왕들에게 적법성에 대한 기초를 주지 않았다. 왜냐하면 성직자가 주요 기능을 하지 않는 국가인 세속국가(secular state)의 생각이라 하는 것은 실로 겨우 당시에 배태되고 있었지만 아직 태어난 것은 아니었다. 교황의 주장은 또한 교황에게 신정국가적 권력을 돌리고 있었는데 왜냐하면 교회의 기능을 정신적인 것과 세속적인 것으로 구분하는 것은 아직도 진행 중이었지만 정식으로 시작된 것은 아니었기 때문이다.

마침내 교황도 황제도 그들 원래의 주장을 유지하지 못하게 되었다. 1112년의 보름스의 협약(Concordat of Worms) 아래에서 황제는 추기경과 대수도원장은 교회에 의해서만 자유롭게 선출되는 것을 보장을 하였으며, 그는 성직자들을 임명할 때 신민의 영혼을 보살피는 힘을 상징하는 반지와 지팡이의 정신적 상징을 성직자들에게 주는 권리를 포기하였다. 교황은 황제가 선거에 출석하는 권리를 인정하고, 또한 선거가 다툼이 있을 때는 황제가 개입할 권리를 인정하였다. 더 나아가서 게르만의 고위 성직자, 즉 대주교, 주

---

142) James Bryce, *The Holy Roman Empire*, (New York, 1886), pp.157∼158에서 인용.

교, 총대주교, 도시 대주교 등은 황제가 그들에게 왕권을 나타내는 홀(笏)로서, 재산권과 사법권, 그리고 세속 권리에 대한 포괄적 봉건적 권리인 레갈리아(Regalia)를 부여할 때까지는 교회 당국에 의해서 성직에 임명되지 않게 되었다. 이때 레갈리아는 신하의 예와 신하가 영주에게 맹세하는 충성을 황제에게 바치는 상호적인 의무를 동반하였다. (충성의 맹세, 즉 신하가 영주에게 맹세하는 충성은 봉건적 역무와 부과금을, 고위 교회 직위와 동반하는 넓은 영지에 부과하는 것을 의미한다) 어쨌든 이탈리아와 버건디(Burgundy)의 고위 성직자들은 황제의 홀에 의해서 지위가 부여되지 않았으며, 교회에 의해서 그들이 성직에 임명된 이후 6개월 이전에는, 충성의 맹세와 신하가 영주에게 맹세하는 충성금을 바치지 않아도 되었다. 성직 임명의 권한을 공유하게 되었다는 사실, 즉 교황이나 황제 누구도 사실상 유효하게 거부권을 행사할 수 있었다는 것은 임명식의 문제와 임명 절차의 문제를 치명적으로 만들었다.

잉글랜드와 노르망디에서 1107년에 베크(Vec)에서 체결된 초기 협약 아래에서, 헨리 1세 왕은 그가 출석한 자유선거에 동의했고, 왕권의 상징이던 지팡이와 반지에 의해서 성직을 임명하는 것을 포기했다. 또한 나중에 도이칠란트에서처럼 왕은 고위 성직의 임명 이전에는 봉건 토지 영주가 받는 역무와 지급금을 받을 수 있었으나, 고위 성직(consecration) 임명 이후에는 받을 수 없게 되었다.

콩코르다트(concordats)는 교황에게 성직자를 지배하는 극단적으로 넓은 권위를 부여하였다. 이것은 또한 비성직자에 대한 상당한 정도의 권위도 포함하였다. 교황의 동의 없이는 성직자는 임명될 수 없었다. 교황은 주교들, 사제들 그리고 부제들과 다른 교회 공직자들의 기능과 권한을 확립하였다. 교황은 새로운 주교좌를 만들 수 있고, 오래된 주교좌를 나누든가 통합할 수 있었으며, 주교들을 교체하거나 폐할 수가 있었다. 교황의 권위는 새로운 수도원 질서를 제도로 만드는 데 필요했고, 이미 존재하고 있는 구질서의 규칙을 바꾸는 데 필요했다. 더욱이 교황은 모든 교회의 재산의 주된 분배자 및 시여자(principle dispenser)로 불리고 모든 교회 재산은 '그리스도의 세습 재산(petrimony of christ)'이 되었다.

교황은 또한 예배와 종교적 믿음의 문제에서 최고의 지위를 가지게 되었다. 그래서 어떤 중죄(성직자에 대한 폭력)에서부터의 면죄를 부여할 수 있었으며, 성인으로 시복할 수 있었으며, (사후의 신적인 처벌로부터의 구제와 같은) 대사면할 수 있었다. 1075년 이전에는 이들 권능 중 어떤 것도 존재하지 않았다.

가브리엘 르브라(Gabriel LeBras)에 의하면 교황은 모든 교회를 통치하였다. 그는 보편적 입법자이며, 그의 권능은 자연법과 (성서와 계시를 기록한 비슷한 기록에 나타난 신의 법을 의미하는) 실정법으로서의 신의 법에 의해서만 제한될 뿐이다. 교황은 일반 공의회들을 소집하고, 주제하였으며, 공의회의 결정을 강제하는 데에 필요한 확인을 행하였다. 칙명 또는 칙유(decretals)를 내려서, 많은 논쟁에 종지부를 찍었다. 교황은 법의 해석자였고 특별한 권능과 완화와 면제를 위한 특별한 면장(dispensation)을 부여하였다. 교황은 또한 최고의 판관이며 최고의 행정관이었다. 결코 마지막 결정이 선택적으로 열거될 수 없는 중요한 결정례(maiores causae)는 교황의 판단에 유보되었다.[143] 1075년 이전에는 이들 권능 중 어떤 것도 존재하지 않았다.

---

143) Gabriel LeBras, "Canon Law", in C. G. Crump and E. F. Jacob, eds., *The Legacy of the Middle Ages*, (Oxford, 1926), pp.333~334.

교황 그레고리오는 교황의 법정이 '모든 기독교국의 재판정'임을 선언하였다.[144] 그때부터 교황은 누구에 의해서든지 그에게 제기된 소송사건들에 대해서 일반적 재판관할권을 가지게 되었다. 그래서 그는 '만인의 통상적 재판관'이 되었다. 이것은 전혀 새로운 일들 이었다. 비성직(非聖職)의 사람들에게도 신앙과 도덕뿐 아니라 혼 인과 상속 같은 다양한 민사사건에서 교황은 재판권을 행사함으로 써 통치하였다. 어떤 관점에서는 열거된 일들에서 그의 지배는 절 대적이었다. 다른 측면에서는 교황은 세속 권력과 지배를 공유하였 다. 또한 아직도 세속 재판관할권에 속한다고 간주된 다른 영역에 서도, 교황의 권력과 권위는 자주 개입하였다. 1075년 이전에는 비 성직자인 일반인들에 대한 교황의 재판관할권은 황제와 왕들의 재 판관할권에 종된 것이었고, 다른 주요한 주교들의 재판관할권보다 크지 않았다.

정신적이며 종교적인 관할권과 세속적인 관할권의 분리, 병행 (concurrence)과 상호교차는 서양법 전통의 주된 원천이다.

4. 교황 혁명의 혁명적 성격

유럽사의 대규모 혁명에 해당하는 용어로서의 혁명은 한편에서 는 개혁(reform)이나 진화(evolution)와 구별하고, 다른 한편에서는 단순한 반란(rebellion), 쿠데타 그리고 반혁명(counter revolution)과 독재체제(dictatorships)와 구별하기 위해서, 네 개의 주된 특징을 가 진다.

---

144) E. Bernheim, "Politische Begriffe des Mittelalters im Lichte der Anschauungen Augustinus", *Deutsche Zeitschrift für Geschichte*, n. s. 1, (1896~1897), 7을 보라.

첫 번째 특징은 전면적인 성격이다. 정치·종교·경제·법·문화·언어·예술·철학의 영역 및 사회변화의 기본적 범주들이 서로 교차적으로 얽혀져서 일어나는 전면적인 변화 또는 변혁이다. 두 번째는 속도의 신속성이다. 혁명이 진행되어 감에 따라 급격한 변화가 나날이, 해마다 10년에서 다음 10년으로 일어나는 속도와 급작스러움이다. 세 번째는 맹렬함과 폭력성이다. 계급투쟁이나 내전뿐 아니라 팽창적인 외국과의 전쟁이라는 형태를 취한다. 네 번째는 지속성인데 두 세대나 세 세대에 걸친다. 그동안 혁명의 기반이 되는 권력들이, 혁명 원래의 유토피아니즘과 협상을 해야 할 필요성에 직면하면서, 혁명의 아버지들의 손자들이 그들 스스로 조부들의 대의에 헌신하는 것을 확인할 때까지 재확인되고 재정립되는 기간이다. 이때야 진화는 그 자신의 보조(步調)로 일어나게 되는데, **오른쪽에서의 반혁명(counter revolution)이나 새롭게 왼쪽에서 일어난 급진주의(radicalism)의 공포가 없어지는 때이다.**[145]

5. 교황 혁명의 전반적인 성격

역사적 변화의 기본적 이유를 탐구하는 것과 변화의 이유를 기본적이며 1차적 이유와 2차적 이유로 구분하는 것은 다음의 사실을 흐리기 쉽다. 즉, 대규모의 위대한 혁명은 아주 많은 요인들이 동시 다발적으로 작용하지 않고서는 일어나지 않는다. 이들 요인들을 정치, 경제, 문화 또는 다른 범주로 분류하는 것은 편의의 문제일 뿐이다. 그러나 **진짜 그림을 보여 주기 위해서는 열거되고 분류**

---

145) 이것은 Rosenstock-Huessy의 *Out of Revolution*의 주된 테마이다.

된 요인들이 서로 어떻게 얽혀 있는가를 노출시켜야 한다. 그렇게 못한다면 가장 중요한 포인트를 잃게 되는데, 왜냐하면 이러한 대규모의 위대한 혁명들은 전반적인 사건으로 경험되기 때문이다.

이처럼 교황 혁명을 정치적 용어로 관찰할 수도 있다. 즉, 교회 내부에서 또한 교회와 세속 정치단위 간의 권력과 권위의 거대한 이동으로, 또한 서유럽과 인접하는 주권들 간의 관계에서 결정적인 정치적 변화가 동반되었다. 교황 혁명은 당시까지 전개된 생산과 교역의 거대한 팽창에 대한 응답과 자극을 겸해서, 또한 수천의 새로운 도시와 성읍(town)이 출현한 데 대한 응답과 자극을 겸해서 사회경제적 용어로 관찰될 수도 있다.

문화적이고 지적인 전망에서 볼 때 교황 혁명은 최초의 유럽 대학들이 창조된 동기를 일으킨 힘으로 관찰될 수 있다. 동시에 신학과 법학 그리고 철학이 체계를 갖춘 학문분야로 출현한 것에 대한 동인(motive force)으로 관찰될 수 있다. 또한 새로운 문학양식과 예술 양식을 창조하게 한 동인으로 관찰될 수 있으며, 이윽고 새로운 사회적 의식(social consciousness)이 발달하게 한 동인으로 관찰될 수 있다. 이들 정치, 경제, 문화에 걸친 다양한 운동은 각각 분리해서 분석될 수 있다. 그러나 정치운동, 경제운동, 문화운동은 서로가 연결되어 있다는 것이 증명될 수 있다. 왜냐하면 상황에 있어서의 혁명적 요소를 구성하는 것은 정치 · 경제 · 문화의 요소 전부를 연결한 것이기 때문이다. 정치적 변화, 교회 내부와 세속 군주와의 교회와의 관계에서 권력과 권위의 주요한 정치적 변화가 일어난 것은 앞에서 설명하였다. 그러나 여기에서는 서유럽과 인접하는 나라들 사이의 관계에서 똑같은 때에 일어난 정치적 변화를 간단하게 언급하는 것이 필요하다.

수세기 동안 유럽은 끊임없는 군사적 침입에 시달려 왔는데, 노르웨이인들에 의해서는 북쪽과 서쪽에서, 아랍인들에 의해서는 남쪽에서, 그리고 슬라브인들과 마자르인들에 의해서는 동쪽에서부터이다. 서양 기독교 국가의 온전성은 기독교국의 가장 큰 적이었던 이슬람이 경계선의 한계에까지 도달하고 또한 보다 덜 강대한 적들, 즉, 슬라브인들, 헝가리인들 그리고 바이킹족들이 침략과 약탈을 위해서 결합되는 와중에서 단합된 요새로 유지할 수 있었다.[146] 군사를 동원하는 것은 황제의 역할이었는데 특별히 제국의 다양한 국민들로부터 기사들을 모집해서, 외부로부터의 이와 같은 압력에 군대로서 저항하는 것이었다. 황제는 또한 내부의 적을 가지고 있었는데, 서쪽으로는 프랑스 왕이 늘 우호적이지 않았으며 알프스를 넘어서는 북이탈리아의 군주들은 노골적으로 적대적이었다. 따라서 유럽은 북쪽에서 남쪽으로 가로지르는 주된 축에 의해서 분리되고 있었다. 11세기의 말엽에 어쨌든 교황은 (적어도 20년 동안 서유럽의 세속 지배자들에게, 비잔티움을 이방인들로부터 해방시키라고 끊임없이 압박을 가하고 있었는데) 마침내 제1차 십자군(1096~1099)을 조직하는 데에 성공했다. 제2차 십자군은 1147년에 조직되었으며, 제3차 십자군은 1189년이었다. 이들 십자군들은 교황 혁명 이후의 외국과의 전쟁이었다. 십자군은 교황의 권력과 권위를 증가시켰을 뿐만 아니라, 외부세계로 향하는 동쪽으로의 새로운 통로를 열었다. 그리고 지중해를 침략에 대비한 자연적으로 방어가 되는 장애물로 변화시켰다. 동시에 지중해는 서유럽이 군사적으로나 상업적으로 팽창할 수 있는 통로로 변화시켰다.[147]

---

146) Southern, *Western Society*, p.27.
147) Carl Erdmann, *Die Entstehung des Kreuzzugsgedankens*, (Stuttgart, 1936), pp.149~

십자군운동은 북유럽과 동부유럽 영역들(네덜란드, 스칸디나비아, 폴란드, 헝가리 그리고 다른 영역들)로의 집중적인 이주를 행하는 역할을 했다. 이들 영역으로의 이주는 11세기 말과 12세기에 이루어졌다. 또한 여기에서 교황권은 주도적인 역할을 했고, 특히 1098년에 만들어진 Cistercian 왕국 질서를 통해서 Cister 사람들은 교황의 정책에 대한 군건한 지지자였는데 농업기술, 관리기술 그리고 이주와 식민의 열성에서 알려져 있다. 이들은 황무지 지역을 개발 유용한 방식으로 발전하는 데 특별히 숙달되어 있었다.

6. 사회경제적 변화

이러한 거대한 정치적 변화는 경제에 있어서의 비교할 만한 변화 없이는 일어날 수 없었을 것이다. 또한 경제와 연결된 사회구조의 변화 없이도 일어날 수 없었을 것이다. 이러한 사회경제적 변화가 실제로 일어났으나, 정치적 변화와의 관계를 결정하는 것은 어렵다. 어떤 경우에는 사회경제적 변화는 원인이 되었다고 보일 수도 있고 다른 경우에서는 원인이 아니라 조건이었을 수도 있다고 보이며 또 다른 경우에는 원인과 조건이 아니라 결과 이후의 효과로 보일 수도 있다.

11세기 말과 12세기는 서유럽에 있어서 경제발전이 엄청나게 가속화된 시대였다. 서던(R. W. Southern)이 말하듯이 현대의 경제학자들이 저개발 국가에서 그렇게 안달하면서 찾는 자생적인 팽창의 순간이 서유럽에는 11세기 후반에 나타났다.[148] 새로운 과학기술의

153, 210~211, 285~286, 308~309 룰(rule), 보라(Erdmann의 책은 *The Origin of the Idea of Crusade*, (Princeton, 1977)라는 제목으로 영문 번역되었다).
148) Southern, *Western Society*, pp.34~35.

개발과 새로운 방식의 농업이, 농업생산성의 급격한 증가와 연이어 일어난 농업 잉여물의 교역의 팽창에 기여하였다.[149] 순차로 이들 요인들은 인구의 급격한 증가에 기여하였다. 비록 믿을 만한 통계는 적지만 서유럽 전체의 인구는 반 이상 증가했고 아마도 2배가 된 것으로 보인다. 이 기간은 1050년에서 1150년간의 100년이었다. 비교해볼 때, 이전의 100년 동안에는 농업의 조건과 군사적 침입 때문에 인구는 실제로 정지되어 있었고 때때로는 심지어 감소했었다. 팽창하는 인구는 수백 또는 수천의 도시와 성읍으로 흘러들어 갔고 이들 도시와 성읍은 4세기와 5세기 때의 로마제국이 쇠망한 이후 처음으로 나타난 것이다.

도시와 성읍들의 출현은 11세기 말과 12세기, 그리고 13세기의 가장 뚜렷한 사회경제적 변화일 것이다. 1050년에 서유럽에는 단지 2개의 큰 정착지가 있었는데, 베니스와 런던이 만 명 이상의 인구를 갖고 있었다. 그리고 24개 정도가 2,000명 이상의 인구를 가지고 있었다(4장 324페이지 <지도 3>을 보시오).

(비교해볼 때, 1050년의 콘스탄티노플은 수십만의 거주자를 가지고 있었다) 거의 모든 정착지는 인접한 시장을 끼거나 끼지 않은 촌락이든가 또는 성으로 보호된 장소였다. civitas(도시, 'city') 용어는 주교가 존재하는 주교좌를 위해서 준비된 말이었다. 당시 시칠리아의 도시들과 남부 이탈리아는 아직도 비잔틴이거나 아랍이었고 서양은 아니었다. 로마가 예외적이었는데, 도시의 규모로서는 적은 편이었고 다른 중요한 주교좌 도시의 규모나, 여러 주교좌지

---

149) Lynn White, *Medieval Technology and Social Change*, (Oxford, 1961), pp.57~69. M. D. Chenu, *Nature, Man and Society in the Twelfth Century*, ed. and trans. Jerome Taylor and Lester K. Little, (Chicago, 1968), p.43(first published 1957 as *La théologie au douzième siècle*).

역에 집결한 귀족들을 비교할 때 훨씬 더 크지 않았다. 잇따른 2세기 동안 서유럽 전역에 걸쳐서 큰 규모의 교역 및 제조업중심들이 나타났는데 어떤 것들은 10만 명 이상의 인구를 가졌었고 수십 개의 도시는 3만 명 이상의 인구를 가졌으며, 만 명 이상의 인구를 가진 도시는 수백 개가 되었다. 1250년까지 서유럽 총 인구의 5내지 10퍼센트 −아마도 300만 내지 400만인− 가 도시와 성읍에 거주하였다(<지도 3>을 보시오). 상인 계층은 1050년에는 비교적 간헐적인 행상들로 구성되어 있었는데 숫자가 엄청나게 늘어나서 11세기 말과 12세기에는 그 성격 또한 급격하게 변화하였고 처음에는 농촌에서 다음에는 도시와 성읍에서 그러했다. 내륙 상업과 해로를 통한 상업은 서유럽의 경제 및 사회생활의 중요한 측면이 되었다(이것은 동지중해 영역에 있어서 특별히 약 1000년 이상의 세월 동안 그러했다). 박람회와 시장은 중요한 경제 및 사회제도가 되었다. 신용, 금융 그리고 보험이 발달되었으며 이것은 특별히 장거리 교역에서 그러했다. 상업의 성장과 같이 일어난 것은 수공업을 기반으로 하는 제조업의 성장이었으며 이 성장은 제조업 종사자들의 길드 조합을 광범위한 영역에서 형성시키는 것과 동시에 일어났다. 자주 동업조합, 즉 길드는 도시나 성읍 정부에서 주류적인 역할을 했다.

11세기와 12세기에서의 상업의 팽창과 도시의 성장은 20세기의 경제 및 사학자들로 하여금 서양자본주의의 기원을 그 시대에 두게끔 했는데, 그들 중에는 Henri Pirenne가 있다. 그러나 11세기와 12세기라는 똑같은 기간은 역시 봉건주의에 절정기라고 많은 사람들에 의해서 간주되기도 한다. 실로 똑같은 12세기와 13세기에 장원 체제는 서유럽 농업에서 거의 보편적인 현상이 되었으며, 그 이전에는 농민들의 대부분의 비율이 자율적인 토지 소유자로서 그들 자신의 땅에 경작하면서 촌락에서 살고 있었다. 또한 똑같은 기간 중에 영주와 소작인 간의 봉건적 연대의 성질이 실제로 변화하였는데, 이것은 봉건주의에 동반하였던 군사적 의무나 다른 봉건적 의무를 금전으로 지불하는 것으로 대치하는 방식을 도입한 것에 의해서였다.

7. 문화적, 지성적 또는 학문적 변화

11세기 말과 12세기에 서유럽은 정치와 경제 영역에서의 폭발뿐만 아니라, 또한 문화와 지식 영역에 있어서의 폭발을 경험하였다. 최초의 대학들이 창설된 시기이며, 스콜라 철학의 방식이 처음으로 개발되었으며, 신학과 법학 그리고 철학이 처음으로 엄격한 방식에 의해서 조직화된 시기이다. 또한 이 시기는 근세 과학사상이 시작한 것을 증거로 하고 있다.[150]

건축양식의 변화는, 처음으로 로마네스크로 변화하고 다음에는 고딕 양식으로 변화한 시기이다. 또한 최초의 거대한 유럽 성당들이 건축되기 시작한 시기인데, 생 드니와 파리의 노트르담 그리고 캔터베리(Canterbury)와 더램(Durham) 성당들이 축조 개시되었다.

이 시기는 라틴어가 학자들이 쓰는 용어로서 근대화되고, 다른 일반 언어들과 문학들이 근대적 형태를 띠기 시작할 때였다. 더불어 이 시기는 위대한 서사시의 시대이며 [「롤랑의 노래(The Song of Roland)」, 「아서 왕 이야기(Arthurian Epics)」와 같은 서사시이다]

---

150) Chapter 4 of this book on the origins of Western legal science. Chenu, *Nature, Man, and Society*, pp.15~17를 보라.

궁정 서사시와 로망스의 시대로 베르나르 드 뱅따뚜르(Bernard de Ventadour)의 로망스를 들 수 있다.[151] 이 시기는 또한 성직자 아닌 평민들 사이에서도 문자 해독률이 놀랄 만큼 증가된 시기이며, 서유럽의 모든 나라들에 있어서 국민국가적인 문화적 정서가 나타나기 시작한 때이다.

사회적 의식에 있어서의 세 개의 다른 기본적 변화가 11세기 말과 12세기 초의 서유럽의 사람들의 문화적이고 지식과 관계된 생활의 변화에 기여하였다. 첫째, 성직자들 간에 단체 또는 집단적 자기 동일성의 감각이 성장하였으며, 집단으로서의 자기의식이 증가하였으며, 처음으로 성직자와 평민들 사이에 날카로운 대립의 감각이 나타났다. 두 번째로 세상을 개혁할 교회의 책임이라는 다이내믹한 개념의 변화가 일어났는데, (교회 책임의 1차적인 것은) 성직자들에게 있다고 간주되었다. 세상에 대한 책임은 1차적으로 비성직자인 일반인들에게 있다고 간주되었다. 또한 세 번째로 역사에 있어서의 시간에 대해서 새로운 감각이 발전했는데, 예를 들면 근대(modernity)와 앞으로 나아감, 전진 또는 진취 또는 진보(progress)라는 개념이 발달하였다.

8. 교황 혁명의 급작스러운 성격과 맹렬한 성격

11세기와 12세기 동안에 일어난 변화들의 전면적인 차원을 포괄하는 노력 때문에, 교황 혁명의 핵심에 있었던 여러 사건들의 종말론적 또는 파괴적 성격에 대해서 눈을 감을 수도 있을 것이다. 교

---

151) Marc Bloch, *Feudal Society*, p.93, 103을 보라. 또한 R. Howard Bloch, *Medieval French Literature and Law*, (Berkeley, 1977).

황 혁명의 핵심적인 어떤 사건들은 궁극적으로는 단지 변혁의 전반적 성격만에 의해서 설명될 수 있을 것이다. 그러나 이들 사건들은, 1차적으로는 정치적 목적을 달성하기 위한 노력의 직접적 결과로서 간주되어야 할 것인데, 이때의 정치적 목적이라는 것은 교황당이 '교회의 자유권'이라고 부르는 것이었다. '교회의 자유권'이라는 것은 성직자들을 황제나 왕권이나 혹은 봉건 제후의 지배권으로부터 해방시켜서, 교황의 권위 아래에서 통합하게 하는 것이었다. 그와 같은 정치적 목적을 설정함으로써, 그리고 그 목적을 실현하기 위한 노력으로부터 직접 수반한 사건들을 거론함으로써, 전반적 변혁이라는 맥락 안에서 우리는 권력 투쟁보다 훨씬 다른 것이 개입되었다는 것을 관찰할 수가 있다. 즉, 그것은 권력투쟁이라기보다는 **사물의 새로운 질서를 위한 묵시록적 투쟁이었다.** 즉, "새로운 하늘과 새로운 땅을 위한 투쟁이었다." 그러나 동시에 그 투쟁의 정치적인 표현, 즉 권력과 확신, 물질과 정신이 병존하였기 때문에 속도와 정열을 부여한 것이다.

물론 속도는 상대적인 것이다. 11세기 중반에 시작된 변혁 그리고 12세기 후반까지 확보되지 않았던 그 변혁은 점진적이라고 불릴 수도 있다. 그러나 어떤 혁명이 진행해 나가는 데 일정한 시간을 요한다는 사실은 그것의 급격함을 측정하는 필요조건은 아니다. 급격한 변화의 개념은 쉬운 말로 페이스(pace), 즉 변화의 속도에 관한 것인데, 여기서는 극심한 변화가 나날이, 또는 해마다, 또는 10년에 이어서 그다음 10년에 일어날 때의 이야기이다. 교황 혁명과 같은 거대한 혁명에 있어서는 생활은 가속되고 일들은 매우 빨리 일어나며, 하룻밤 새에 큰 변화가 일어난다. 첫째로 혁명의 출발에 있어서, 1075년의 교황의 양심 명령(*Dictatus Papae*)에 있어서,

이전의 정치질서와 법질서는 일절 폐기한다고 선언되었다. 놀라운 변화가 일어났다. 황제들은 교황들의 발에 입을 맞추도록 강요되었다. 교황은 모든 사람의 유일한 판관이 되었고('the sole judge of all'), 교황만이 '시대의 요구에 맞는 새로운 법을 만드는' 유일한 권한을 가졌다고 간주되었다. **지난 사회의 많은 특징들이 끈덕지게 계속되고 사라지기를 거절하였다는 사실 자체는 그것들을 폐지하려는 노력의 급격함을 변화시킬 수 없었으며**, 그러한 변혁 노력에 의해서 일어나는 충격조차도 그러했다. 두 번째로 지난 시절의 낡고 쓸모없는 것들이 폐지되면서 새로운 제도와 방책들이, 지난 것이 폐기되는 만큼 급격한 속도로 도입되었다. 그 혁명이 목적을 달성하는 데 여러 세대, 즉 오랜 기간을 요했다는 사실만으로는 그 혁명의 경과를 그냥 느슨하게 점진적인 것이었다라고 할 수 없는 이유가 여기 있다.

예를 들어서, 적어도 1074년 이후에는 교황이 특히 이방인에 반대해서 동방 기독교권을 방어하기 위해서 십자군을 조직해야 한다는 것은, 그레고리오 7세(Gregory Ⅶ) 교황의 프로그램 중의 부분이었다. 1085년에 그가 죽을 때까지 그레고리오는 유럽 전역에 걸쳐서 십자군의 생각을 촉진하였다. 그러나 그는 그것을 실행하는 데 충분한 지원을 결코 받아내지 못했다. 1095년에 이르러서야 그의 후계자였으며 헌신적인 추종자였던 우르반 2세(Urban Ⅱ) 교황이 제1회 십자군을 조직하는 데 성공하였다. 그렇다면 실제로 유럽을 회심시켜서, 군사적인 집단주의와 종교적인 모험으로 통일시키는 데는 20년 이상이라는 오랜 세월이 걸렸다는 것을 이야기할 수 있을 것이다. 그러나 다른 의미에서 십자군 이전의 유럽에서 십자군의 유럽으로의 변화는 실로 충격적일 만큼 급격하게 변화하였다고 할 수 있다. 최초의 순간부터, 십자군은 교황권의 널리 선언된 목적이 되었고 중복된 방향설정이 진행되었으며, 계속해서 새로운 희망과 새로운 공포와 새로운 계획과 새로운 연상들을 산출하였다. 일단 제1의 십자군이 시작되자, 변화의 보조(步調)가 가속화되었다. 서양 기독교 국가의 사실상 모든 부분에서부터 기사들을 동원하였으며, 육지와 바다를 가로지른 기사들의 여행과 마침내 헤아릴 수 없는 군사적 조우는 여러 가지 사건들을 특별한 시간으로 진행되었던 기간으로 압축하였다. 더하여 말하자면 십자군이 사건들의 일어나는 속도를 가속하는 대표적인 역할을 했다는 것은 현장에 있어서만의 일이 아니었다. 이것은 또한 고차적인 정치의 영역에 있었다.

예를 들면 교황권은 십자군 원정을 교황 혁명을 동방 기독교권에 수출하는 수단으로 쓰려고 노력했다. 교황은 그의 최고 우위권을 모든 기독교 국가에 선포하였다. 동방 기독교와 로마 기독교와의 분열은 1054년 사도신경(creed)에서의 성자(聖子, filioque 또한 성부로부터 and from the son이라는 뜻의 라틴어) 조항과 관계되고 동·서 교회 분열을 결정적으로 초래한 신학적 논쟁의 절정에 도달했는데, {역자 주: 원래 그리스어 사도신경에는 '성령은 성부로부터'라는 구절이었으나, 나중에 라틴어 텍스트에 '성령은 성부와 성자로부터'라고 성자가 첨가되었다}[152] 폭력과 정복의 형태를 띠었다. 또한 1099년에 서로마 기독교에 속하는 기사들이 예루살렘에 입성해서 새로운 왕국을 건설하고 예루살렘 왕국이라 했는데,

---

152) 원저 4장 Theological Sources of the Western Legal Tradition의 각주 28을 보라. Kenneth Scott Latourette, *A History of Christianity*, Ⅰ, (New York, 1975), 303을 보라; 또한 Pelikan, *Christian Tradition*, Ⅱ, pp.183~198.

적어도 이론상은 교황권에 종속하는 것이었다. 역사는 실로 매우 빠르게 진행하고 있었다. 제2차 십자군 원정이 시작되기 이전에 벌써 50년이 지났고, 제2차 십자군 원정이 끝나고부터 제3차 십자군 원정까지 40년의 기간이 걸렸다. 이와 같은 40년씩의 간격은 과거의 십자군 원정과 또한 닥쳐올 십자군 원정에 의해서 끊임없이 관심을 불러일으키는 것으로 특징지어진다. 12세기 전부를 통해서 십자군 원정은 어느 때나 이루어진다는 광범위한 느낌이 있었다. 또한 '교회의 자유'라는 슬로건에서 표현된 대로, 혁명의 주된 목적이 항상 존재했다. 슬로건에서 표현된 혁명의 목적은 하룻밤에 성취될 수 있는 그런 것은 아니었다. -실로 가장 깊은 의미에 있어서, 성취될 수 있는 어떤 것이 아니었다고 할 수 있다.- 혁명의 목적이라는 생각의 깊이는 그것이 지극히 단순함과 지극히 복잡함을 결합한 것으로서, 한편에 있어서는 그것을 이룩하고자 하는 투쟁이 지연될 수밖에 없고, 즉, 수십 년에 걸쳐서, 세대에 걸쳐서, 그리고 심지어 세기에 걸쳐서 지연될 수밖에 없으며, 다른 한편에 있어서는 급격한 계승 절차에서 나타나는, 가끔은 맹렬하고 폭력적인 변화의 성격을 가지고 있었다. 왜냐하면 교회의 자유라는 것은 각기 다른 사람들에게 각기 다른 것을 의미했기 때문이다. 어떤 사람들에게는 교회의 자유란 신정국가(theocratic state)를 의미했다. 다른 사람들에게 교회의 자유란 교회는 그 자신의 모든 봉건적 토지를 포기하고, 보유하고 있는 모든 부를 포기하며 마침내 교회가 가지고 있는 세상의 모든 권력을 포기하는 것이었다. 실로 이런 취지가 1100년대의 초기에 교황 파스칼 2세(Paschal Ⅱ)에 의해서 제기된 것이었으나 로마의 추기경과 당시 황제를 지지한 게르만의 주교들에 의해서 신속하게 부정되었다. 혹은 교회의 자유란 지금까지 예를 든 극단적인 양극에서부터 다 같이 거리가 있는 것을 의미할 수도 있었다. 교회의 자유가 1075년에서 1122년 사이에 변용을 계속했다는 사실은, 그 시대의 혁명적 성격을 보여 주는 증례의 하나로 들 수 있다.

십자군 원정과 별개로 교황의 혁명의 맹렬함과 동반하는 폭력성은 일련의 전쟁과 반란이라는 형태를 띠었다. 교황과 황제 측 또는 왕의 편들은 봉건제도에 기초한 군대를 사용했다. 당시의 도시에서는 기존 권력들, 예를 들면, 황제나 교황에 의해서 임명되고 또한 황제나 교황을 지지하는 지배적인 주교들에 대해서, 많은 폭력적인 대중의 반란이 일어났다. 교황의 혁명의 신속성이 그 혁명의 폭력성으로부터 분리될 수 있는가는 의심스럽다. 이것은 교황의 혁명에 있어서의 권력 투쟁이 내란 또는 내전 없이 수행될 수 있겠느냐고 말하는 것은 아니다. ─만약 영국 왕 헨리 4세가 그레고리오 교황에 반대해서 무력에 의해서 저항하지 않도록 설득되었다면 어땠을 것인가? 또는 만약 그레고리오 교황이 그와 동맹을 맺고 있는 노르만인들을 방위를 위해서 끌어들이지 않았으면 어땠을 것인가? ─ 만약 그런 일이 없었다면 역사적 사건들은 그것의 특징인 급격한 템포를 지니지 않았을 수도 있었을 것이다. 그럼에도 불구하고 교황 혁명에서, 그 이후에 그것을 계승한 서양사의 대규모의 혁명에서와 마찬가지로, 무력과 군대의 힘에 호소한 것은 혁명이 동반하는 변화가 지니고 있는 속도와 또한 혁명의 전체적이며 근본적인 성격과 밀접한 관련이 있었다. 부분적으로는 교황의 혁명이 동반한 변화의 신속성 때문이고, 부분적으로는 그 당시 기존의 질서가 원하지 않았으며 또는 여지를 마련할 수 없었던 변화의 총체성 또는 전체성 때문이다. 그리고 또한 힘이라는 것은 칼 마르크스의 언어를 빌린다면, 새로운 시대가 요구하는 '필요한 산파'가 되었다.

그러나 군대의 힘으로 나타나는 무력은 혁명당에게나 또는 거기에 반대하는 파에게나 마찬가지로 최후의 승리를 가져다주지는 않았다. **교황의 혁명은 새로운 세력과 구세력 간의 협상으로 끝났다. 만약 군대의 힘을 비롯한 무력이 산파였다면, 법은 출생한 아이를 궁극적으로 성숙에 이르게 하는 선생이었던 셈이다.** 교황 그레고리오 7세는 망명지에서 죽었다. 그에 반대하던 영국 왕 헨리 4세는 왕위에서 물러났다. 독일과 프랑스, 잉글랜드와 다른 곳에서의 순차적인 혁명의 낙착은 관계된 모든 당사자들이 그들의 가장 급격하고 극단적인 주장을 철회하게 되는, 쉽지 않은 협상에 비로소 도달했다. 군대의 힘을 비롯한 무력에 대해서 말할 수 있는 바는 유럽에 있어서 전쟁 당사자들이 협상을 기꺼이 하게 되는 지점에 이르기 위해서는, 내란 또는 내전이라는 경험을 겪고 나서 비로소 가능했다는 것이다. 즉, 무력 충돌을 해서 유럽 당사자국들이 만족할 만한 결과를 얻거나 승리하거나 할 수 없었고, 내전에 시달리고 나서야 비로소 유럽의 교황 혁명에 관계된 당사자국들이 협상을 원하게 되었다는 뜻이다. **협상의 단계에서 마침내 여러 개의 저울이 균형을 잡고 당사자들이 저울 눈금에 대해서 신뢰하게 된 것은 무엇에 의해서였던가. 당사자들의 이해관계를 저울에 단다든가, 저울의 눈금을 읽는다는 것은 상징적인 것이고, 서로 충돌하고 있는 이익을 상징적인 저울에 의해서 양을 잰다는 것은 {역자 주: 현대 한국의 법학도들이 가장 처음에 배우는 이익 교량(balance) 또는 법익 형량의 과정을 설명하는 것이고} 이것이 바로 법이 하는 역할이라는 뜻이다.**

9. 교황의 혁명의 지속 시간

11세기 말과 12세기의 서양 기독교 국가가 총체적으로 변용했다는 것 그리고 그 변혁의 신속성과 그 변혁이 함께 동반한 전쟁과 폭력은, 그것 자체로서는 서양사에서 최초로 나타난 혁명들의 성격을 정당화할 수 없을 것이다. 정당화할 수 없다는 것은 '이 기간 동안에 혁명적인 운동이 여러 세대에 걸쳐서 지속되지 않았더라면' 이라는 전제가 붙는다.

첫 번째로 어떤 혁명이 오랫동안 지속되었다는 것은, 그 혁명의 속도와 폭력성에 모순되지 않는 것처럼 보인다. 그러나 실로 혁명에 내재하고 있는 원칙들이 잇따른 세대들에 의해서 다시 확인되고 다시 확립되어야 한다는 것은 부분적으로는 혁명이 동반한 변화의 속도와 맹렬함, 그리고 혁명이 동반한 변화가 전반적이며 총체적으로 미친다는 것 때문이다. 더하여 혁명의 근본적 목적은 불가피한 협상의 면전에서는, -그 협상이라는 것은 혁명이 시작되었던 애초의 유토피아니즘과의 협상인데- 이러한 협상의 면전에서도 근본적 목표는 유지되어야만 하는 것이었다. 변혁이 전반적인 것이라는 성격은 혁명을 개혁과 구별하는 것이고 또한 혁명이 동반하는 급격함과 맹렬성 또는 폭력성은 혁명을 진화로부터 구별하는 것이고 또한 서양사에서의 거대한 혁명이 가지는 세대를 뛰어넘는 초세대적인 성격은 혁명으로 하여금 단순한 반란이나 쿠데타 또는 정책의 대변동이나 또는 반혁명이나 군사독재로부터 구별하는 것이다.

교황의 혁명은 서양사에서의 프로그램적 성격을 가진 세대를 뛰어넘는 최초의 운동이었다. 교황의 혁명은 약 1050년에서 1075년까지 25년을 소요했는데 이것은 한 세대를 필요로 했다는 얘기이다. 이 기간은 교황당이 그들의 혁명의 원칙이 현실이 되도록 요구하는 데에 걸렸던 시간이다. 다음에는 47년간의 투쟁이 잇따랐는데, 47년 뒤에 비로소 주교와 수도원장의 서임에 대해서, 교황과 황제권이 갈등한 단일한 문제에 대해서, 혁명을 시작한 교황 말고 다른 교황이, 혁명에 반대한 황제 말고 다른 황제와 동의에 도달했다. 즉, 성직자 서임을 둘러싼 교황과 황제의 전쟁이 평화 협상에 이르는 데에 47년이 걸렸다. **더 주의할 것은 재판 관할에 관해서, 즉 하나하나의 형사재판과 민사재판 관할권이 교회의 권력에 속하느냐 아니면 황제의 권력에 속하는가를 서유럽의 주된 왕국에서 명백하게 규정하는 데에는 더 오랜 시간이 걸렸다.** 영국의 예를 들자면, 형사 및 민사재판 관할권의 확정은 1170년 베케트(Becket)의 순교 때까지는 확정되지 않았는데, 기간으로 산정한다면 그레고리오 교황의 칙령, 즉 교황의 양심 명령(Dictatus)이 이 문제를 취급한 지 95년 이후이고, 영국 왕이었던 헨리 1세가 성직자 임명에 대한 서임 문제에서는 교황에게 양보한 지 63년 이후였다. 성직 서임에서 양보했다는 것은 왕권이 마침내 전 영국의 성직자의 최고 지배자라는 모습을 포기했다는 얘기이다. **마침내 교황권과 황제권 간의 협상이 모든 범위의 문제에서 이루어졌는데, 교회와 국가 간의 관계에 관해서뿐만 아니고, 교회는 제외하고 세속 질서 내부에 있어서의 여러 종류의 공동체의 서로 간의 관계에 대해서도 이루어졌다. 즉, 장원제도, 영주와 소작인의 단위, 상인들의 조합인 길드, 그리고 왕으로부터 특별한 지위를 약속받은 도시와 마을들, 지역을 기반으로 한 공국과 왕국들, 세속화된 제국을 의미한다.**

교황의 혁명의 아이들과 손자뻘들은 교황의 혁명을 뒷받침했던 원칙들을 정부제도나 법제도 또는 기구로 만듦으로써 원칙을 입법화했다. (역자 주: 이때 교황의 혁명을 뒷받침한 원칙이라는 것은 정교분리의 원칙이다.) 이때에 이르러서야 비로소 다음 세기를 위해서 다소간이라도 교황의 혁명은 안정적인 모습을 띠게 되었다. 그러나 자세히 보면 교황의 혁명은 결코 전적으로 안정적이라고 할 수 없다. 왜냐하면 교회의 권력과 세속권의 경계선 상에서는 항상 분쟁의 소지가 있었기 때문이다.

10. 교황 혁명의 사회심리학적 원인과 경위들

11세기와 12세기 동안에 대두한 새로운 사회의식에 대해서는, 대략 세 가지 측면에 대해서 언급이 되었다. 첫째, 성직자 측에서 볼 때는 새로운 의미의 단체적 동일성 의식 또는 아이덴티티의 감각이라는 생각이 생겼으며, 둘째, 세속의 세상을 개혁하고자 하는 성직자의 책임에 대해서 새로운 느낌이 대두했으며, 세 번째로 근대성 또는 앞으로 나아간다는 의미에 있어서의 진취 또는 진보라는 용어를 포함하여, 역사적으로 평가되는 시대에 대해서 새로운 감각이 나타났다. 성직자들의 아이덴티티의 성장, 개혁에 대한 성직자들의 책임의식, 그리고 근대성 또는 진취성에 대한 역사적 느낌을 말한다. 이 세 가지가 서양법 전통의 발전에 강한 영향을 끼쳤다.

첫 번째 측면인 성직자들의 단체적인 자기의식(또는 계급적인 의식이라고 불릴 만한 것)은 혁명의 계기 또는 경위에 있어서 혁명에 본질적인 것이었다. 물론 성직자들은 항상 그들의 그룹 아이덴티티의 감각을 가져왔었다. 그러나 그룹 아이덴티티라는 것은 정신적 통일체라는 뜻에서였고, 즉 신앙과 소명(calling)에 있어서의 통일체라는 것이었으며, 이때 정치적이나 혹은 법적인 통일체라는 느낌은 아니었다. 11세기 이전에 있어서의 성직자들은 정치적으로 그리고 법적으로 관찰할 때는 지방에 따라서 흩어져 존재했고 지방과 대척되는 의미에 있어서의 중앙의 교회 당국자와는 거의 어떤 연계를 가지지 않았다. 정신적 통일체라는 의미조차도 '정상적인' 성직자와 세속에 있는(secular) 성직자 간에 뚜렷한 구별이 있었다. 한편에는 '이 세상'에 대해서는 이미 죽었고, 영원한 도시의 구성원으로서 끝까지 사는 수도자와 수녀와 같은, 말 그대로의 '종교적인' 사람들이 '정상적인' 성직자로 있었고, 다른 한편에서는 그들이 살고 있는 지역과 영역의 정치생활, 경제생활 그리고 모든 사회생활에 깊숙이 개입하고 있는 사제들과 주교들이 세속적 성직자로서 존재하였다.

다른 어떤 단일한 요인보다도 훨씬 더 클루니(Cluny) 수도원에서 주도한 개혁은, 서양 기독교국의 성직자 간에 새롭게 생겨나고 있었던 단체적인 단위로서의 동일성 의식의 초석을 제공하였다는 것이다. **클루니 수도원 개혁운동 이전에는 서양 기독교국에 산재하고 있던 그 많은 성직자들 간에 성직자로서의 동일성이나 연대성 같은 것들은 그들이 속하고 있는 지역과 그 지역의 정치적, 사회경제적 사정 때문에 존재하지 않았다고 본다.** 클루니 수도원 개혁운동의 열정은 이미 설명한 바대로 **이 세상에 대해서는 이미 죽은 것과 다름없는 순수 성직자들과 이 세상에 깊숙이 관여하고 있는 성직자들에 대해서도, 똑같이 결국은 공통적인 역사적 운명을 가**

지고 있다는 새로운 의식을 부여하는 것을 도왔다. 이에 더하여 모든 클루니 수도원의 산재하는 지체들은 하나의 중앙에 존재하는 클루니 수도원장의 재판관할권에 속했기 때문에 클루니 수도원은 영역과 지역을 넘는 단일한 조직에 의해서 모든 성직자들을 일치시키고 일치 안에서 통일하는 모델을 제공했다.

클루니 수도원이 행한 개혁의 주된 목적을 채택하는 데 있어서, 교회 공직의 매매를 금지하고, 성직자의 독신을 관철하는 데 있어서, 1050년대와 1060년대의 교황당은 성직자의 단체적인 집단의식을 포함해서 초기 클루니 개혁운동의 도덕적인 자원을 사용하였다. 이미 표명된, 그러나 성취하지 못했던 개혁의 목표에 더해서 '교회의 자유권'이라는 새로운 외침이 가세하였다. 이때 교회의 자유라는 것은 교회가 비성직자들에 의해서 지배당하는 것으로부터의 자유라는 것이다. 이것은 성직자들의 집단 또는 계급의식에 호소하는 동시에 집단 또는 계급의식을 촉진하는 것이었다. 더하여 황제가 교회를 지배하는 것을 거부하는 바로 그 행위에 의해서, 그레고리오 교황은 카롤링거 왕조에서 행했던 정교일치라는 모델의 이상을 뒤흔들었다. 따라서 성직자는 선택의 기로에 직면하게 되었다. 교황 아래에서 단일한 일치를 택하느냐, 그렇지 않으면 만약 교황권이 황제권과의 전투에서 패배하는 경우에 유럽의 다양하고 확대된 영역에서 불가피하게 대두한 국가를 배경으로 하는 새로운 교회들에서 성직자로서의 정치적 불일치와 평화가 아닌 것을 하는 선택의 기로에서 성직자의 임명에 대한 황제권과 교황권의 투쟁을 가시화시킨 서임전쟁은 그 선택을 분명히 하게 하였다. 마침내 성직자 임명권의 문제는 각각 다른 영역에서, 세속적 정치 공동체를 대표하는 세속 지배자의 한 사람, 한 사람과 서양 기독교 국가의 모든 성직자를 대표하는 교황과의 각각 분리된 다른 협상을 통해서 타결되었다. 그래서 교황의 혁명은 그 자체가 그것이 기초로 삼았던 서양 기독교 국가의 성직자의 단체적이고 계급적인 의식을 확립하는 데 도움이 되었다.

성직자 계급은 유럽에서 정치적이며 법적인 일치와 통일체를 성취하기 위해서 최초에 지역을 초월하고, 종족을 초과하며, 봉건영주를 초과함으로써, 마침내 나라를 초과하는 계층으로서 형성되게 되었다. **성직자 계급은 그들 자신이 이전부터 존재해왔고 맹위를 떨쳤던 보편적인 권위인 황제에 대해서 언제든지 반대해서 일어설 수 있으며, 또한 패배시킬 수 있다는 것을 과시함으로써 지역과 종족, 봉건제도, 국가를 초과하는 집단이 되었다.** 한편 황제는 그를 지탱할 유사한, 지역과 영역에 매이지 않는 보편적인 계층을 가질 수가 없었다. 12세기에서 16세기에 걸쳐서 서양에 있어서의 사제들의 계층구조의 일치된 통일체는 예외적으로 몇 사람의 강력한 왕들에 의해서만 파괴될 수 있었다. 12세기와 13세기에서 로마에 형식상으로는 복종하고 있던 사제에 대한 황제의 지배권을 성공적으로 축출할 수 있었던, 시칠리아의 노르만 왕들조차도 주교의 선출에 있어서 논쟁이 있는 경우에 교황에게 복종할 것을 동의하였을 정도이다.

'계급 또는 계층(class)'이라는 용어가 교황의 혁명에서 쓰일 수 있는 것은, 독일(프로테스탄트)혁명, 영국혁명, 프랑스와 아메리카혁명, 그리고 러시아혁명과 마찬가지로 그 특징이 혁명에 관계된 개인들이나 엘리트들만의 상호관계뿐만 아니라, 해당 사회에서 주된 역할을 해온 규모가 큰 사회집단들의 상호작용에 관계되므로 쓰였다. 혁명이라는 것은 계급투쟁을 동반하며 새로운 지배계급이 대두한다는 마르크스의 통찰이 아직도 유효한가는 논쟁거리이다. 그러나 여기서 계층이나 계급이라 할 때, 마르크스가 좁은 의미에서 사용한 것처럼 경제적 부를 생산하는 생산수단에 대한 관계에서만 국한할 필요는 없는 것이고, 그것은 좁은 의미의 계급 또는 계층일 뿐이다. 11세기 말과 12세기의 서유럽에 있어서의 성직자는 실로 경제적 부의 생산에도 중요한 역할을 했는데, 왜냐하면 교회는 전 유럽의 땅 중에서 4분의 1 내지 3분의 1의 땅을 소유하고 있었기 때문이다. **25% 내지 33%의 경작 가능한 서유럽 문명사회의 땅은 교회에 속하고 있었다.** 따라서 주교들과 수도원장들은 중세를 특징지은 장원경제의 중심인 대규모의 장원을 소유하는, 말하자면 대토지 소유자였고, 이런 의미에서 성직에 속하지 않는 세속의 대토지 소유자와 똑같은 경제적 이익을 소유하고 있었다. 따라서 비성직자를 고위 성직에 임명하는 데 대한 투쟁은, 부분적으로는 경제 권력을 비성직의 대토지 소유자로부터 빼앗아서 교회로 다시 되돌리려는 투쟁이었다. 그럼에도 불구하고 **성직자들에게 그들의 집단적 특징 또는 계층적 특징을 부여한 것은 성직자의 경제적 이익이 일차적인 것은 아니었다. 오히려 성직자들에게 계층적 특징을 부여한 것은 정신적 재화의 생산자로서의 그들의 역할인데, 구체적으로는 고해성사의 역할로서, 또한 결혼식의 주된 거행자로서, 또는 영아의 세례자로서, 또는 임종에 앞선 의식의 목회자로서, 또는 성경에 나타난 주요한 교훈의 설교자로서, 또한 서양 사회의 신학의 전파자일 뿐만 아니라 서양 사회의 기본적인 정치적 법적 원칙의 전파자로서 활약했기 때문이다(마지막 부분의 역할은 특히 주된 기독교 사회가 다른 종교문화 사회로 확대해나갈 때 나타나는 특징들이다).** 성직자의 집단의식의 성장은 11세기와 12세기의 새로운 사회적 의식 중에 두 번째 측면과 관계되어 있다. 즉, **성직자의 천직으로 세속세계를 변화시켜야 된다는, 성직자의 사명에 대한 새로운 의식이 발전하게 된 것이다.** 한편에서 교회를 일차적으로 성직자와 동일시하는 새로운 경향과 함께 성직자들의 '계층구조'와 동일시하는 새로운 경향은 성직자와 비성직자 간을 엄격히 구별하는 것으로 이끌었다. 다른 한편에 있어서 이 구별은 다음과 같은 함의로 전개된다. 즉, 성직자 계층은 비성직자 계층에 대해서 단지 우위에 설 뿐만 아니라 책임을 진다. 다른 말로 성직자의 집단 및 계층의식은 동시에 사회의 미래와 관계된 의식, 즉, 현대적 의미에 있어서의 사회의식이 되는 것이다.

이것은 '세속'이라는 단어의 의미가 뚜렷이 달라진 데서 반영되고 있다. 고전 라틴어에서 서양어의 secular의 어원인 saeculum은 원래 의미가 '어떤 시기', '어떤 시대', '어떤 세대' 또는 '주어진 때의 사람들'이라는 뜻이었고 주어진 시대의 사람들이라고 할 때는 '더 젊은 세대'라고 쓰일 때와 같았다. 또한 서양어의 secular의 어원인 라틴어의 saeculum은 역시 '어떤 세기'를 의미하게 되었다. 기원후 2세기, 3세기 그리고 4세기의 교회의 교부들은 saeculum을 그때의 세상, 즉, '현재의 눈앞에 있는' 세계로 썼고, 이것은 하느님의 영원한 왕국과 비교되었었다(공간적 차원에서의 공간적 세계는 mundus라고 따로 불렀다) 성 아우구스티누스의 저작을 예로 들면 saeculum이라는 것은 실존을 의미하는 '존재'를 지칭했다. 이때 실존 또는 존재라는 것은 인류의 조상인 아담의 타락에서부터 최후의 심판에 이르는 과거, 현재 그리고 미래에 걸쳐서 통과여객처럼 지내는 인간존재의 총 합계를 의미했다. 여기에 대해서 피터 브라운(Peter Brown) 교수는 다음과 같이 썼다. "성 아우구스티누스에게 있어서 이 saeculum(영어 secular, 한국어 세속)은 심원한 뜻에서 사악한 것이다. 세속이라는 것은 벌을 받아야 될 존재이다. …… 세속이라는 것은 시에서 운율이 없는 것과 같고 어떤 합당한 이유 없이, 끝없이 아래위로 동요하는 것이다. …… 이에 비해서 신의 도시(City of God)에는 역사적 움직임이라는 단어는 없고 역사에 있어서 성취되는 목표에 대한 앞으로 나아감이라는 의미도 없다. 기독교도란 이와 같이 먼 나라의 구성원들이다. …… 기독교도들이란 비유로서 말하자면 자기가 태어난 곳이 아닌 다른 나라에서 이방인으로 살면서, 그 나라 사람들이 짐짓 관용과 모르는 체해 주는 것으로 존재하는, 말하자면 등록된 외국인과 같은 것이다."[153]

흔히 추정되는 것과 반대로 성 아우구스티누스는 하느님의 도시를 기독교회와 동일시하지 않았다. 또한 아우구스티누스는 신의 도시와 대비되는 지상의 도시를 당시에 존재하던 로마제국이나 혹은 일반적인 의미에서의 국가와 동일시하지 않았다. 아우구스티누스에게 있어서 교회와 로마제국은 다 같이 사악한 시대, 즉 세속에서 살고 있는 것이었다. 그러나 기독교도는 끊임없이 멀리 떨어져 있으나 사랑과 희망이라는 성질에 의해서 늘 존재하게끔 만들어진 어떤 나라를 동경한다는 사실로써 구별되는 것이다.[154] 따라서 성 아우구스티누스에게 있어서 진정한 기독교인이란 사제이든 사제가 아니든 간에 두 개의 '도시들'에 살고 있는 것이며 그것은 지상의 사회와 천상의 사회에 똑같이 살고 있는 것이 된다.[155]

---

153) Peter Brown, in Smalley, *Trends*, p.11.

154) Ibid., p.12.

155) De *Civitate Dei* 1. 35. 46. R. A. Markus, *Saeculum: History and Society in the Theology of St. Augustine*, (Cambridge, 1970), pp.20~21을 보라. 또한 G. L. Keyes, *Christian Faith and the Interpretation of History*, (Lincoln, Nber.,

성 아우구스티누스의 저작들에서 나타나는 세속에 대한 부정적인 견해는 실로 최초 천 년의 기독교의 역사에서 대부분의 기독교 사상가들에게서 나타나는 것이고, **이러한 세속에 대한 부정적인 견해는 원래적 의미의 성직자와 세속 성직자와의 사이에 엄격한 구별을 하는 데에 공헌하였다.** 원래적 의미의 성직자는 세속에서부터 멀리 떨어져서 살고 있으며 따라서 하느님의 도시에 가까이 있다. 11세기 말과 12세기 초에 **원래적 의미의 성직자뿐만 아니라 세속 성직자도 포함해서 같은 편으로 싸운 교황당이 가끔 황제와 왕들의 '임시적이고 일시적인' 지배에 대해서 얘기하고, 또 법에 있어서도 '임시적이고 일시적인' 법을 얘기한 이유가 되는데, 그들은 임시적 지배라든가 임시적 법이라는 말을 세속지배나 세속법이라는 말 대신에 썼다.** 엄격하게 말하자면 임시적이고 일시적이라는 형용사와 세속적이라는 형용사는 동의어가 될 수 있다. 임시적이라는 말이나 세속적이라는 형용사는 경멸적인 용어이다. 시간적으로 제한되어 있으며 인간 존재의 부패와 쇠퇴의 산물이라는 것이며 특별히 정치적 지배 영역에서 그러하다는 것이다. 임시적 또는 세속적이라는 것은 이제 모든 성직자를 제외한 일반인들에게 적용 가능한 것이 되었다. **임시적 또는 세속적의 반대말은 '정신적인'이 된다. 그래서 모든 성직자들은 정신적인 사람들, 즉 라틴어로 spirituales로 불렸다.** 다음은 그레고리오 7세의 유명한 서한이다.

> 왕과 군주들을 그들의 근원인 신을 무시하는 사람들로부터 이끌어내는 것을 누가 모르냐. 왕과 군주로서 그들의 기원이 되는 하느님을 무시하는

1966), pp.177~178을 보라.

사람들은 오만과 약탈과 배신행위와 살인에 의해서, 그들 동족의 어깨와 머리 위에 그들 자신을 세운 사람이다. 이들은 짧게 말하면 모든 종류의 범죄에 의해서 악마의 선동에 의해서 움직이며, 이 세상의 군주라는 것은 탐욕으로 눈먼 사람이며 뻔뻔스럽고 불관용한 사람이다. …… 지상의 왕과 군주들은 텅 빈 영광에 유혹되며, 정신의 세계에 속하는 것보다는 그들 자신의 이익을 더 앞세운다. 한편 경건한 사람들은 헛된 영예를 멀리하며, 하느님에 속하는 것들을 육신에 속하는 것보다도 위에 놓는다. …… 왕이나 군주들은 지상의 사건들에 훨씬 더 몰입된 사람이다. 정신의 세계에 속하는 것에 대해서는 별로 생각을 하지 않으며, 경건한 사람들은 기꺼이 천상에 속한 것들 위에 살며, 이 세상의 것들을 경멸한다.[156]

황제의 주권과 권위라는 것은 반대하는 사람에 따르면 정신적인 권위를 결여하고 있으며, 여기서 정신적인 권위라는 것은, 성스럽거나 또는 '하늘에 속하는' 성질들이다. 그레고리오 교황의 프로파간다를 맡았던 한 사람은 황제에게 다음과 같이 공식적으로 언급했다. **"황제인 당신은 당신의 권위가 700년 동안 도전받지 않고 지내왔다고 말한다. 그래서 황제인 당신은 황제권을 시효에 의해서 취득할 권리를 가졌다고 하느냐. 그러나 도둑이 훔친 물건의 소유권을 이전할 수 없는 것과 마찬가지로, 악마가 재산권을 정당하지 못한 권력에게 이전할 수 없다."**[157]

그리고 다시, **"정신적인 세계에 속하는 왕국에 있는 가장 작은 것도 황제 그 자신보다 더 크다. 그리고 두 가지 칼이 있는데 정신적 칼과 세속의 칼이며 후자가 황제에게 속해 있다."**[158]

교황의 혁명은, 교황이 수세기 동안 교회의 생활에서 주도적인 역할을 해왔던 신성로마제국의 기독교 황제나 또는 다른 기독교

---

156) Tierney, *Crisis of Church and State*, pp.68~69, 71에서 인용.

157) Eugen Rosenstock-Huessy, *Soziologie*, II, (Stuttgart, 1958, p.663에서 인용).

158) Ibid., p.662에서 인용.

황제의 역할을 감소시키려는 시도에서 출발하였다. 황제의 지위는 가장 낮은 성직자보다도 더 낮았다. 단순한 비성직자의 지위에까지 격하시키려는 시도였다. 황제나 왕들은 성직자가 아니기 때문에, 단지 세속에 속하는 것만을 가지고 있었고, 이것은 단지 임시적인 일들에 대해서 책임이 있으며, 이 세상의 일들에 대해서 책임이 있으므로, 당연히 황제와 왕들은 '정신적 검을 가지고 있으며 정신적 문제에 속하는 일에 대해서 책임 있는 사람들'에게 종속되어야 된다는 것이다. 왜냐하면 비성직자들은 신앙과 도덕의 문제에 있어서 성직자들보다 열등하며 세속적인 것은 정신적인 것보다 덜 가치가 있기 때문이다.

그러나 그레고리오 7세와 그의 지지자들은 다음과 같은 사실을 결코 의심하지 않았다. 즉, 세속 정부는 비록 정신적인 문제에 있어서 교회에 복종하더라도, 세속적인 문제에 있어서는 하느님의 권위를 대표한다는 것을 의심치 않았다. 즉, 세속 지배자의 권력은 신에 의해서 확립되었으며, 세속법은 궁극적으로 이성과 양심에서부터 흘러나왔으므로, 복종되고 준수되어야 한다. 그레고리오 교황은 그가 맹렬하게 세속 군주들을 평가절하하였음에도 불구하고, 그는 세속 사회의 미래에 대해서 희망에 차 있었다. 세속 사회의 미래라는 것은 교황의 후견 아래에 있는 것이었다. 이러한 점에서 그레고리오 7세와 그의 추종자들은 성 아우구스티누스와 극단적인 대척점에 있다고 할 수 있다.

실로 교황의 주장의 가장 역설적인 것은, 정신적인 검뿐만 아니라 세속적인 검 또한 궁극적으로는 교회에 속하고 있으며, 교회가 세속적 검을 세속 지배자에게 부여하였다는 주장으로, 이는 역설을 담고 있다. 솔즈베리(Salisbury)의 조언의 말에 의하면 "왕은 사제가 가지고 있는 권력의 심부름꾼이며, 성스러운 직책 중에서 사제의 손에서는 무가치하게 보이는 바로 그 부분을 행사하는 사람일 뿐이다."159)

무가치하다. 그럼에도 불구하고 성스럽다. 정신적인 것과 세속적인 것을 구분하는 그 자체는 교회가 그 자신의 자유를 주장할 때는 완강히 유지하다가 그러나 교회의 권력을 확장하려고 할 때는 자주 위반하였는데, 즉, 이 두 개의 검의 구별은, 교황이 이 세상의 죄 많음이 세속 정책을 추구하는 세속 지배자들에게서 연원한다고 하여, 교황이 세속 지배자에 의한 재판관할권을 행사하려는 시도를 반대할 때 유효하였다.

마침내 교황주의자들과 그들의 반대자들 사이의 투쟁에 조정과 협상이 이루어졌다. 서양의 정치과학 그리고 특별히 그중에서도 국가와 세속법에 관한 최초의 근세 서양이론이 탄생하게 된 것은, 이러한 이원론적인 투쟁의 결과로 나타난 협상으로부터이다. 레이서 (K. J. Leyser)가 쓴 것과 같이 "고전적 의미에 있어서의 정치사상은 11세기와 12세기 초의 이와 같은 이원론적인 논쟁에서부터, 별로 앞뒤가 맞지 않는 경과를 거쳐서 나타났다. 그것도 섬광처럼 일순간에 갑자기 나타났다고 한다. …… 11세기와 12세기 초에 이를 때까지 이와 같은 세속 국가의 이론은 없었고, 단지 태어날 준비가 되어 있던 차에 큰 위기의 결과로 나타난 것이다."160)

세속의 새로운 의미는 세속적 권위와 이와 반대되는 정신적 권위의 지지자들 사이의 투쟁에서부터 각각 도출된 것이다. 성속(聖

---

159) *Policraticus: The Statesman's Book of John of Salisbury*, trans. John Dickinson, (New York, 1963), p.9를 보라.

160) K. J. Leyser, in Smalley, *Trends*, p.60.

(俗)에 관한 교황의 구별을 전면적으로 부정하거나 황제나 왕의 지배의 성스러운 성질을 계속 주장하는 사람들은 일반적으로 패배하였다. 그러나 성속의 두 영역 사이의 실질적인 경계, 즉 기능의 배분은 서로 반대하는 세력들 간의 조정과 협상에 의해서 달성되었다. 두 영역 간의 실제적인 기능 배분은 문제의 성격 바로 그 자체 때문에 추상적으로 정의될 수는 없다. 이미 말한 성직자의 집단 아이덴티티의 감각과 그리고 세상을 변화시킬 성직자의 임무에 대한 감각이 양자에 가까이 관계되어 있는 것이 11세기와 12세기에 출현한 새로운 사회의식이라는 제3의 측면이다. 이 사회의식은 말하자면 역사적 시간에 대한 새로운 감각이며, 처음으로 근대성의 개념이라든지 앞으로 나아간다는 뜻에서의 진취 또는 진보(progress)의 개념을 포함했다. 이러한 것들은 역시 교황 혁명의 원인이자 또한 결과를 겸하고 있다.

새로운 시간에 대한 개념은 세속이라는 의미의 변화와 또한 세상을 바꾸는 소명에 대한 새로운 감각에 내포하고 있다. 정치사회에 대한 비교적 움직이지 않는 정태(靜態)적 견해는 보다 역동적이고 다이내믹한 견해에 의해서 대치되었다. 사회제도의 미래에 대한 새로운 관심이 나타나게 되었다. 그러나 또한 역사에 대해서 근본적인 재평가가 있게 되었고, 미래뿐만 아니라 과거에 대해서도 새로운 오리엔테이션이 있게 되었으며 인류의 미래의 과거에 대한 관계에 대해서 새로운 인식을 가지게 되었다. 이전의 세기들에 있어서도 때때로 행해져왔던 '고대 또는 비근대적인' 것과 '근세 또는 근대적인' 시대에 대한 구별은 이때의 교황당의 문헌에서는 매우 자주 나타나게 되었다. 역사를 보는 눈이 달라졌던 것이다. 12세기에 서양의 역사를 과거로부터 출발해서 여러 단계를 거쳐서

새로운 미래로 움직여 가는 것으로 보는 최초의 유럽 역사가들이
나타났다. 예를 들면 세인트 빅토르의 후고(Hugo of St. Victor), 프
라이징의 오토(Otto of Freising), 하펠베르크의 안셀무스(Anselm of
Havelberg) 그리고 플로리스의 요아힘(Joachim of Floris) 같은 사람
들이다. 이런 12세기의 학인들은 역사를 여러 단계에 걸쳐서 앞으
로 나아가는 것으로 보았으며 여러 단계는 그들 자신의 시대에 절
정을 이루는 것으로 보았다. 이들은 그들 자신의 시대를 모던 타
임스(modern times), 모더니티(modernity, modernitas)라고
하였다. {역자 주: 12세기의 이들은 그 이전의 시대를 고대(ancient)
로, 그리고 그 자신들의 시대를 오늘날 우리들이 그러한 것처럼 이
전의 시대와는 구별되는 현대로 보았다는 것이다. 따라서 이들이
처음 쓴 모던(modern) 또는 모더니티(modernity)는 한국에서 개화기
에 번역하듯이, 근대라고 하면서 이전의 전통사회와 구분하던 전반
적 상황을 생각하여야 할 것이다. 그러니까 모던(modern) 또는
모더니티(modernity)는 어떻게 번역하던 간에 그 최초의 뜻은 긴
역사가 여러 단계를 거쳐서 새로운 시대에 도달했다는 역사의 새
로움을 강조하는 것이다.} 플로리스의 요아힘과 그의 제자들은 성
령(The Holy Spirit)의 새로운 시대가 성자(The Son)의 시대를 대체
하려고 하고 있다고 간주했으며, 성자의 시대는 이미 마지막에 이
르렀다고 보았다. 프라이징의 오토는 세속 역사는 이미 성스러운
역사 시대로 돌입했고, 그 두 가지가 서로 엉켜져 있다고 했다.[161]
 17세기의 영국혁명과 마찬가지로 교황의 혁명은 혁명이 아니라

---

161) Chenu, *Nature, Man, and Society*, pp.162~201을 보라. R. W. Southern,
"Aspects of the European Tradition of Historical Writing. 2. Hugh St. Victor
and the Idea of Historical Development", TRHS, 5th ser., 21 (1971), 159.
Walter Freund, *Modernus und andere Zeitbegriffe des Mittelalters*, (Cologne, 1957).

과거 질서의 복고인 것처럼 행세하였다. 그레고리오 7세는 크롬웰과 마찬가지로, 교황 자신이 새로운 것을 창출하려는 것이 아니라 앞선 수세기 동안에 침해되었던 고대의 자유들을 다시 복구하는 것에 불과하다고 주장하였다. 영국의 청교도들과 그들의 계승자들이 13세기와 14세기의 보통법에서 선례들을 발견하고, 그 선례들은 대부분 그 시대나 혹은 튜더, 스튜어트의 절대주의의 시대 동안에 전체적으로 무시되었던 것처럼 그레고리오 교황 시대의 개혁가들은 대체로 서양의 카롤링거 왕조나 후기 카롤링거시대(Caroliger)에 무시되었던 더 이른 세기들의 교부들의 저술에서 선례들을 발견하였다. 이념적인 강조점은 전통에 주어졌는데, 그러나 전통은 직전의 과거를 억압하고 인접한 과거보다 더 이른 시대로 회귀함으로써 비로소 확립할 수 있는 것이었다. 9세기와 10세기의 프랑크 왕국과 게르만의 신학자들과 교회법 학자들은 단지 무시되었다. 여기에 더해서 교부들의 저술은 교황당의 정치적 프로그램을 지지하고 일치 확인하는 쪽으로 해석되었으며, 만약에 특별한 교부의 저술이 교황당의 계획에 방해가 되는 경우에는 거부되어졌다. **역겹거나 불쾌한 (종족들의) 관습에 대해서는, 그레고리오 혁명의 개혁가들은 터툴리안(Tertullian)과 성 키프리안(Cyprian)의 어구를 인용하여서 관습을 넘어서 진리에 호소하였다.** 즉, "그리스도는 말씀하셨다. '내가 진리이다.' 그리스도는 '나는 관습이다'라고 말씀하지 않으셨다." 그레고리오 7세는 이 구절을 황제 앙리 4세에 반대하기 위해서 인용하였다. 베케트는 이 구절을 헨리 2세 왕에 반대하기 위해서 인용하였다. **이 구절은 거의 모든 유효한 법이 관습법이었던 시대에 특별한 힘을 가지고 있었다.**

교황 혁명 당시의 개혁가들이 급진적으로 새로운 그들의 비전에 멀리 떨어진 과거의 의상을 입힌 것은 서양사의 위대한 혁명 중에서 교황의 혁명으로 시작되는 혁명들의 품질 보증서가 되는 것이 특징이다. 개혁가들이 멀리 떨어진 과거에서 빌려온 것은 (교황의 혁명의 경우와 같이) 고대의 법적 권위이든, 또는 고대의 종교적 텍스트이든, 또는 (독일 종교개혁에서와 같이) 성서 자체이든, 또는 고대 문명에서의 텍스트이든, (프랑스혁명의 경우와 같이) 고전 그리스의 것이든, (러시아혁명의 사례에서와 같이) 유사(有史) 이전의 계급 없는 사회의 선례이다. 이와 같은 대규모의 모든 봉기에 있어서 과거의 것을 복고 혹은 복원한다는 생각 −회귀(回歸)한다는 것, 그리고 더 이전의 출발점으로 돌아간다는 의미에서의 혁명− 은 미래에 관한 동태적인 개념과 연결되어 있다.

여러 혁명의 역사 편찬을 정치적으로 쏠림이 있는 것으로 비판하는 것은 충분히 쉬운 일이다. 또한 혁명의 역사 편찬을 순전히 이념적인 것으로 비판하는 것도 또한 그러하다. 그러나 이러한 비판은 혁명가들에게 근대 또는 현대의 역사가들에 의해서 비로소 표명된 객관성이라는 기준표를 부과하는 것이 되며, 역사에 있어서의 객관성 또는 객관적 기준이라는 것은 그 자체가 시대의 산물이고, 그것 자체의 바이어스(bias)를 가지고 있다. 더하여 중요한 인식은 혁명을 주도하는 사람들은 그들이 과거를 재해석하고 있으며, 그리하여 '역사적 기억'을 새로운 상황에 맞추고 있다는 것을 충분히 알고 있다는 점이다. 중요한 것은 서양사의 가장 결정적인 전환점에서 먼 과거로 투사하는 것은 그 투사를 먼 미래로 매치시키기 위해서 필요한 것이었다는 점이다. 과거나 미래의 양자가 말하자면 현재의 사악함에 반대해서 싸우는 데에 동원된 것이다.

11. 근세 또는 근대 국가의 출현

교황의 혁명은 근세 또는 근대 서양 국가를 탄생하게 했다. 그런데 역설적이게도 근세 서양 국가에서 나타난 최초의 국가의 예는 교회 그 자체가 된 것이다.

한 세기 전에 메이틀런드(Maitland)가 말했듯이 **중세 교회를 포함하지 않는 방식으로 국가를 개념해서, 받아들일 만한 정의(定義)를 하는 것은 불가능하다.** 메이틀런드가 의미한 것은 교황 그레고리오 7세 이후의 교회를 의미한다. 왜냐하면 **그의 통치 이전에는 교회가 세속 사회와 융합되어져 온 상태이고, 주권이나, 근세 또는 근대 국가의 형성에 근본적이고, 독립적인 입법권을 결여하고 있었다. 그레고리오 7세 이후에야 교회는 근세 국가의 가장 드러나는 특징들의 대부분을 가지게 되었다.** 그레고리오 7세 이후의 교회는 독립적이며, 계층구조로 되어 있으며, 공식적인 권위체임을 주장하였다. 교회의 수장으로서의 **교황은 입법권을 가지고 있었고, 실로 그레고리오 교황의 계승자들은 새로운 법의 끊임없는 흐름을 공포하였으며,** 이것은 때로는 교황 자신의 권위에 의해서 때로는 그들 자신이, 소집된 교회 평의회(공의회, council)와 시노드(synod)의 도움을 받아서 그렇게 했다. **교회는 또한 입법권뿐만이 아니라 행정적인 계층구조를 통해서 이미 입법한 법들을 시행하고 집행하였다.** 이러한 법집행을 통해서 **교황은, 그를 대표하는 자들을 통해서, 근세 주권적인 지배권을 행사하였다. 더 나아가서 교회는 교회의 법을 해석하고 적용하였으며, 이것은 로마에 있는 교황의 쿠리아(Curia, 원로원)에서 정점을 보여 주는, 사법적인 계층구조**

를 통해서였다. 이와 같이 종합해볼 때 교회는 근세 또는 근대 국가의 입법권, 행정권 그리고 사법권을 모두 행사하였다. 더하여서 교회는 합리적인 법학체계에 집착하였다. 이것은 캐논법(canon law)을 의미한다. 교회는 신민들에게 십일조(tithe)와 다른 부담금의 형태로서 세금을 과하였다. 세례증명서와 사망증명서를 발급함으로써, 교회는 실질적으로 일종의 호적 또는 주민등록의 형태를 가지고 있었다. **중세에 있어서 세례는 일종의 시민권을 부여하는 것이고, 1215년에 정형화된 방식에 의하면 모든 기독교도는 그의 죄를 고백하여야 되며** 적어도 1년에 한 번 부활절에는 영성체를 모시게 하는 의무를 지움으로써 시민권의 조건을 삼았다. **중세의 신민은 파문에 의해서 유효하게 시민권을 박탈당할 수 있었다. 때때로 교회는 심지어 군대를 양성하기도 했다.**

그러나 **교회를 근세 국가로 부르는 것은 여전히 역설이다.** 왜냐하면 근세 국가가 고대 국가와 구별되며, 또한 중세 게르만이나 프랑크 국가로부터 구별되는 일차적인 특징은, **국가의 세속적 성격 때문이다.** 고대 국가나 게르만-프랑크족의 국가는 종교적 국가였으며, 그 종교적 국가에서는 최고의 정치적 지도자가 종교적 교조와 함께 종교적 의식을 유지하는 책임을 지고 있으며, 또한 정치적 지도자 자신이 신적인 또는 반신적인 존재로 간주되고 있었다. 최고의 정치 권위에서부터 종교적 기능과 특징을 제거하는 것이 교황 혁명의 주된 목적 중 하나였다. 교황의 혁명 이후에는 황제나 왕들은 -로마 가톨릭 원칙을 추종하는 사람들에 의해서는- 비성직자이며 일반인으로 간주되었으며 따라서 정신적인 문제에 있어서는 아무런 능력과 권한이 없는 것으로 간주되게 되었다. 교황의 이론에 따르면 교황에 의해서 머리가 되는 사제들만이 정신적인 문제에 있어서 권능을 가지는 것이었다. 그럼에도 불구하고 이것 자체는 근대적 의미에 있어서의 '교회와 국가의 분리는 아니었다.' 첫째로, '온전한 근대적 의미에서의 국가'는, 즉, 세속 국가들의 체계 안에서 존재하는 세속 국가라는 뜻에서의 국가는 이때 아직도 출현하지 않았다. 비록 (시칠리아의 노르만 왕국과 노르만족의 잉글랜드와 같은) 두 세 개의 나라가 근세 또는 근대적 정치 및 법적 제도를 만들기 시작하고 있었고 여러 타입의 세속 권력이 있었는데, 봉건 제도에서의 영주권과 자율적인 자유시 정부 그리고 막 대두하고 있는 민족과 영역을 기반으로 한 국가들이 있었으며, 이들 간의 상호 관계는 다음과 같은 사실에 의해서 강력히 영향받고 있었다. 즉, 이들 모든 세속 권력의 구성원 전부는 지배자들을 포함해서 많은 점에서 아치형으로 위에 존재하는 종교 국가에 매여 있었다.

두 번째로, 비록 황제, 왕들 그리고 다른 비성직자 지배자들은 그들의 정신적 권위를 빼앗겼지만 그럼에도 불구하고 매우 중요한 역할을 계속했는데 — 이것은 성직 임명의 이중적인 체제를 통해서였다. — 대주교들, 수도원장들 그리고 다른 성직자들의 임명에 있어서 그러했으며 실로 교회 정치 일반에서 또한 그러했다. 그리고 반면에 성직자들은 계속해서 세속 정치에서 중요한 역할을 계속했는데, 세속 지배자에게 충고 또는 조언자로서 봉사하거나 혹은 자주 고위 세속 관리로서 봉사함으로써였다. 예를 들면 영국 수상은 중요성에 있어서 국왕 다음이었는데, 실질적으로 보면 항상 고위 성직자였다. 캔터베리의 대주교나 또는 요크의 대주교 같은 고위 성직자였고, 이것은 16세기까지 계속되었다.

세 번째로, 교회는 중요한 세속 권력을 보유하였다. 주교들은 계속해서 그들의 영지에서는 영지민과 농노들의 영주였고, 그들의 영지를 구성하는 거대한 토지를 관리하는 경영자였다. 이러한 사실 이상으로 교황권은 모든 나라들에게 세속 정치에 영향을 미치는 권력을 행사하였다. 실로 교황은 지상(至上)의 존재이며 따라서 임시적인 결정권에 대해서 정신적 결정권, 즉 중세적 용어로 말하면 양검 이론에 있어서의 정신적 칼의 우위성을 주장하였다. 비록 교황은 이런 권력을 행사할 때에는 주로 세속 지배자를 통해서 하는 간접적 방식으로 지상(地上)에 있어서의 우위권을 주장하였지만,[162] 이와 같이 교회가 최초의 근세적인 서양 국가였다는 언급은 정당화될 수가 있다. **교황의 혁명은 근세 세속 국가가 이윽고 출현하는 초석을 놓았는데 이것은 황제들과 왕으로부터 그들이 이전에 오랫동안 행사해왔던 정신적 영역에 있어서의 권능을 철회하게 함으로써였다. 더하여 세속 국가가 출현하였을 때에는 세속 국가는 교황 지배의 교회의 정부구조와 비슷한 정부구조를 가지고 있었다.** 어쨌든 이 경우에는 교회가 영원한 생명, 즉 영생과 관계된 영혼의 공동체로서 행하는 교회의 정신적 기능을 빼면 그러하다는 뜻이다. 교회는 교회 국가(Kirchenstaat)라는 역설적인 상호 모순된 성격을 가지고 있었다. 교회는 정신적 공동체로서 또한 동시에 현세적 기능도 행사하였으며, 교회의 통치구조는 세속 국가의 형태와 비슷했다. 반면에 세속 국가는 정신적 권능을 가지지 않는, 세속적 정치 공동체라는 역설적인 성격을 가지고 있었다. 세속 국가의 모든 신민들은 역시 국가와는 분리된 정신적 권위 아래에서 살고 있는 정

---

162) Geoffrey Barraclough, *The Origins of Modern Germany*, (Oxford, 1947), p.114를 보라. Southern, *Western Society*, p.143. 또한 Tierney, *Crisis of Church and State*, p.183, 188~189를 보라. 7장을 보라.

신적 공동체를 역시 구성하고 있었다.

이와 같이 교황의 혁명은 교회 내부에서, 그리고 국가 아래서 그리고 온전히 교회도 아니고 온전히 국가도 아닌 특이한 사회 안에서, 세속 가치와 정신의 가치 간에 긴장이 계속되는 상태의 유산을 남겨주게 되었다. 그러나 교황의 혁명은 역시 정부제도와 법제도의 형성에 있어서 유산을 남겼는데, 이때 정부와 법제도라는 것은 교회에 해당되기도 하고, 세속에 해당되기도 했으며, 이러한 제도들은 긴장을 해결하고 시스템 전반에 걸쳐서 평행상태를 유지하는 데에 쓰인 것이다.

12. 근세 법체계의 대두

교황의 혁명이 근세 서양 국가를 탄생시킨 것처럼 역시 근세 서양법 체계를 탄생시켰으며 최초의 서양법 체계는 캐논법, 즉, 교회법의 근세 시스템이었다.

이전의 수세기부터 계속해서 교회는 매우 많은 법들을 축적하였는데, 이것들은 캐논들이다(규칙이라는 의미이다). 그리고 교회 평의회와 교회 시노드(synod)가 만드는 명령들 그리고 (로마의 고위 성직자를 포함해서) 각각의 주교들이 내리는 명령과 만드는 결정들 그리고 교회에 관한 기독교 황제들과 왕들의 법들로 이루어져 있었다(우리가 여기서 주의할 것은 교회법의 구성으로서 주교들의 명령 및 결정과 교회 시노드의 명령이 황제와 왕들의 법과 동시에 존재한다는 것이다). 동방 정교회를 제외한 서양의 교회는 또한 사제들을 위한 핸드북으로서 많은 속죄와 참회에 있어서의 총칙이 될 만한 규칙을 만들었는데, 여기에는 다양한 죄들을 개념 규정한 것과 그 죄들에게 따르는 여러 종류의 벌들을 규정하고 있었다. 이 모든 법들은 궁극적으로는 (구약과 신약을 포함한) 성경에 포함되어 있는 교훈과 훈계에 매여 있다고 간주되었으며 또한 성서와 함께 초기 교부들의 저술에서 발견된다고 생각되었다. 교회법의 연원이 되는 초기 교부들은 스미르나의 폴리카프(Polycarp of Smyrna), 카르타고의 터툴리안(Tertullian of Carthage), 니사의 그레고리오(Gregory of Nyssa), 히포의 어거스틴(Augustine of Hippo) 들이었다.

교회법, 즉 캐논들이 그 기원을 가지고 있는, 위에서 열거한 교부들의 권위 있는 저서들은, 6세기와 10세기에 걸쳐서, 서양 기독교 국가 전역에서 신학적 독트린의 공통적인 몸체와 라틴어로 행하는 예배 의식을 공통의 것으로 하는 것, 또한 (살인, 교회에서 하는 선서나 서약을 깨뜨리는 것, 절도와 같은) 중죄에 관한 공통된 규칙, 그리고 교회 질서 내부의 훈련과 교회질서의 구조를 공통적으로 확립하는 데에 공헌하였다. 서유럽 전역에 있어서 사제들은 참회의 고백을 들으며, 신자들에게 (세례·견진·성체·고백·병자·신품·혼인의 일곱 가지) 성사를 베풀었다. 서유럽 전역에서 주교들은 사제, 즉 신부들을 다스렸으며 교회를 세워서 봉헌하였으며, 그리고 주교들의 교구 내부의 분쟁들을 중재하였다. 서유럽 전역에서 주교들은 수좌 대주교(Primates)에게 책임을 지게 되었다. {역자 주: 수좌 대주교라 함은 캔터베리 대주교(Archbishop of Canterbury)와 같은 모든 잉글랜드의 수좌와 함께 요크의 대주교(Archbishop of York)와 같은 잉글랜드의 수좌 주교를 지칭하며 다른 뜻으로는 거대도시의 주교들을 의미한다} 그리고 이 모든 주교들은 로마의 주교에게 동등한 자들 중 첫째로서 충성을 바치고 있었다. 어쨌든 기원후 1000년의 시점에서는 교회법의 전반적인 유기적 몸이나 또는 교회법의 어떤 부분이라도 서로 연관이 있는 체계 아래에서 요약하려는 시도를 한 어떤 책이나 연작물도 존재하지 않았다. 실로 상당한 숫자의 캐논법 모음이 있었고, 특별히 교회 공의회가 만든 캐논들과 지도적인 주교들이 만든 칙령들을 모아 놓은 것도 상당히 있었다. 보통 이들 캐논 모음은 단순히 연대기적으로 정리되었는데, (공의회나 시노드가 만든) 캐논들, 교황의 서간문들, 교부들의 말씀들과 같은 범주로 단순하게 정리되었다. 그러나 어떤 캐논법 모음에서는 몇 개의 주제별로 구분한 것도 있었다. 성직 임명을 뜻하는 서품식, 교회 법정, 예배에 쓰이는 기도문 또는 기도서, 혼인, 유언 그리고 우상숭배와 같은 주제가 있었다. 이들 캐논법 모음의 어떤 것도 서유럽 전역에서 보편적으로 유효하다고 인정되지 않았다. 이들 캐논법의 거의 모든 것은 단지 지역적 효력이 있었을 뿐이다.

11세기 말 이전의 시기에 있어서의 이와 같은 교회 정부의 법이 가졌던 중앙화되지 못하고 분권화된 성격은 당시 교회의 정치적 생활이 가지는 분권화된 성격과 밀접하게 관련되어 있다. 원칙적으로 주교들은 교황보다는 황제들이나 왕들이나 또는 주도적인 영주들의 권위와 권력에 더 매여 있었다. 그리고 세속 권력이 개입하지 않았던, 정신적이며 종교적 일들에 있어서조차 그러했으나, 주교는 그 자신의 교구에서 상당한 정도의 자율성과 자치권을 가지는 것이 상례였다.[163] 교회의 보편성이라는 것은 1차적으로 정치적이나 법적인 일치 또는 통일에 있지 않았고, 오히려 정신적 유산의 공통

---

163) 개괄적으로 Robert L. Benson, *The Bishop-Elect: A Study in Medieval Ecclesiastical Office*, (Princeton, N. J., 1968)을 보라.

점, 교리와 예배의 공통점, 그리고 성사에 있어서의 공통점에 놓여 있었다. 그러나 정치적이며 법적인 의미에서의 일치와 통일은 무엇보다도 정신적인 보편성을 보존하고 유지하는 것과 관계되어 있었다. 이러한 점에서 서로마를 중심으로 한 서양 교회는 동방교회와 유사했다. 교회의 법은 대체로 신학적인 독트린과 기도문서와 그리고 일곱 가지 성사로 짜여 있었는데 조직상의 일들과 주교들의 권한 및 권위와는 단지 2차적으로 관계되었으며 어느 경우에도 재산법의 원칙이나 범죄와 불법행위나 절차나 유산과 같은 것의 규칙은 거의 포함하지 않았다. 이미 말한 교회의 2차적인 관심과 3차적인 관심에 있어서는 교회법은 자주 세속법과 전적으로 융합된 상태였으며, 세속법 자체가 정치적, 경제적 그리고 사회적 관습에서 분산되어 있었다.

그러나 교황의 혁명의 와중에서 새로운 체계를 가진 캐논법과 새로운 세속법 체계가 나타났는데, 이때 직업적인 법률가들과 판사들의 계층과 함께 수직적 계층구조를 가진 법원들과 법학을 위한 학교, 법학 학술논문 그리고 원칙과 절차의 유기체를 발전시키는 자율적이며 종합적인 법개념이 나타났다. 이리하여 서양법 전통은 전면적 혁명의 맥락 안에서 형성되었는데, 그 혁명은 '사물의 올바른 질서' 또는 '세계의 올바른 질서'를 확립하기 위해서 투쟁한 것이다.[164] '올바른 질서'는 사회를 새롭게 구분하는 것을 의미하였는데, 교회의 권위와 세속의 권위를 분리하는 것을 뜻하였다. 또한 올바른 질서라는 것은 교회의 권위를 정치적이며 법적인 독

---

164) Rosenstock's *Europäischen Revolutionen* (1931). The second is from Tellenbach's *Libertas: Kirche und Weltordnung*, (1936). 11세기 개혁가들의 구절은 '올바른 질서'였다.

립된 단위로 제도화하는 것이었으며, 또한 올바른 질서란, 세속 사회를 변혁시키는 데에 대한 교회의 권위가 지는 책임을 믿는 데에 있었다.

교회법 체계와 세속법 체계의 이원론은 교회법 질서 내부에서, 그리고 더 특정해서 말한다면, 교회법정과 세속법정이 공존하는 재판관할권 내부에서 다양한 세속법 체계를 발전시키는 것으로 전개되었다. 더욱이 법의 체계화와 합리화는 복수의(plural) 서로 경쟁적인 법체계들 간의 단순하지 않은 복잡한 평형상태를 유지하기 위해서 필요하였다. 마지막으로 **교황의 혁명에 의해서 도입되었던, 사물의 '올바른 질서'는 법을 체계화하고 합리화하는 것을 의미하였는데** 체계화와 합리화는 여러 원칙들을 종합화하는 기초에서 서로 갈등하는 다른 권위들 간의 조정과 화해를 허용하는 것이었다. 가능한 어떤 곳에서든 '모순과 불일치'는 그것들이 포함하고 있는 요소들을 파괴하지 않고 해결되지 않으면 안 되었다.

요약한다면 '교황의 혁명'의 와중에서 서유럽에서 대두한 새로운 형태의 법과 새로운 의미의 법은 다음의 목표를 위한 수단으로 필요했다. 목표라 하는 것은 1) 다양한 집단적인 충성의 대상을 가진, 넓은 범위에 걸쳐서 확산되어 존재하는 인구들을 중앙의 권력에 의해서 통제하는 것, 2) 성직자의 집단적 동일성과 자기 정체성을 세속과 분리된 상태로 유지하여서, 그들의 집단적 사회의식에 새로운 법적 차원을 더하는 것, 3) 서로 상충하며 경쟁하는 교회의 정치공동체와 세속적 정치공동체 간의 관계를 규율하는 것, 4) 세속 권력으로 하여금, 각각의 재판관할권 안에서 평화와 정의를 부과하는 임무를 보다 신중하고 계획적인 방법으로 수행 가능하도록 하는 것, 5) 교회로 하여금 세상을 개혁하는 교회의 선포된 임무를 보다 신중하고 계획적인 방법으로 수행하는 것을 가능하게 하는 것들이다.

'교황의 혁명'의 가장 중요한 경위와 결과는 서양사에 혁명 자체의 경험을 소개하고 도입한 것이다. 세속 역사를 쇠퇴의 경위로 보는 낡은 견해에 대비해서, 역동적인 성질을 가지고 있는, '시간에 있어서의 앞으로 나아간다는 진취의 의미' 그리고 '세상의 변혁에 대한 믿음' 같은 것들이 도입되었다. 이제 더 이상 이전과 같이 '현세적 삶'은 최후 심판 때까지 불가피하게 쇠퇴할 수밖에 없다고 생각되어지지 않았다. 반대로 처음으로 이 세상에서, '내세에 있어서의 구원'을 위한 전제조건을 성취하는 목표를 향하여 이 세상에서 역시 진취와 앞으로 나아감이 이루어질 수 있다는 것이 생각되었다.

시간과 시대의 새로운 의미와 미래에 대한 새로운 의미를 가장 극적으로 예를 들어 주는 것으로서는 새롭게 등장한 고딕 건축구조를 들 수가 있다. 거대한 성당들은 **위로 움직이는 살아 있는 다이내믹한 정신과 성취의 느낌, 특히 궁극적인 가치를 육화 내지 물화하는 느낌**을 표현하였는데 성당 건축물의 위로 솟아오르는 뾰족탑과 벽 날개와 그리고 길게 연장된 반원형의 아치들이 그러했다. 주목할 만한 것은 이러한 표현 양식의 고딕 건축물들은 여러 세대와 여러 세기에 걸쳐서 건축되도록 미리 계획되었다는 것이다. **인류의 진취와 앞으로 나아감에 대한, 그리고 궁극적으로 구원으로 나아가는 데에 대한 새로운 믿음의 상징으로** 덜 극적이나 더 중요한 것을 든다면, 같은 시대에 건축된 거대한 법적인 기념물을 들 수 있다. 그 이전의 서양 세계에 있어서의 관습법에 대비해서뿐만 아니라, 유스티니아누스 이전과 또는 이후의 로마법에도 대비해서 볼 때 11세기 말과 12세기 그리고 그 이후의 서양의 법은 다음과 같은 성질을 가졌다고 생각되어졌다. 즉, '유기체와 같이 발달되는' 시스템인데, 이것은 늘 **진행상태이며, 원칙과 절차들의 유기체로서 성장하고 있으며** 또한 이미 비유한 바 있는 대로, **여러 세대와 세기에 걸쳐서 건축되는 대성당들과 같은 진행형의 시스템으로 생각된 것이다.**

제 4 장
유럽 대학에서의 서양법 과학의 원천

그라티아누스
(Magister Gratianus before A.D.
1160 in Bologna)
『일치하지 않는 교회법의 일치』
Concordia discordantium
Canonum, A.D. 1139~1140)

토머스 쿤(Thomas S.Kuhn)
『과학혁명들의 구조』(1970)
"서양법의 혁명과 진화의 상호교호 관계는 서양과
학사의 혁명과 진화의 상호교호 관계에 평행하는
것이다."(Berman)

제4장
유럽 대학에서의 서양법 과학의 원천

기원후 1080년에 법전 중 한 권이 발견되었을 때, 당시의 상황은 구약에서 오랫동안 발견되지 못했던 한 장이 다시 발견되었을 때 받을 수 있는 그런 반응과 똑같은 반응을 받았다(4장 본문 중에서).

"최초의 법 선생들은 무엇을 가르쳤을까?" 같은 질문은 현대 한국인의 귀에는 다소 이상하게 들릴 것이다. 특히 법학을 공부하는 목적이 가장 빠른 입신출세의 길로 알고 달려드는 그런 문화의 법학과 법학방식에 대해서 당연하게 여기는 경우에는 더욱 기이하게 들릴 것이다. 동아시아 개화기 이후에 이른바 계수된 서양법의 학습은 동아시아 유교 문화권의 국가들에 있어서는 의심할 나위 없이 가장 유효한 사법 또는 행정 관료로 입신하는 지름길이었기 때문에 현재 지금 여기서 유효하게 쓰이고 있는 법이 아니라면 아무런 가치가 없으며 그것은 곧 출세의 도구가 되지 않는다면 그런 공부를 할 아무런 동기를 발견하지 못한 데서 이유를 찾을 수 있다. 서양의 역사에서 대학에서 최초로 가르치고 체계적으로 공부하고 연구한 것은 놀랍게도 그 당시 바깥에서 즉각적으로 통용되고 있는 주도적인 법질서를 연구하는 것이 아니었다(4장 본문 역자 주 중에서).

그 시작에서부터 볼로냐 대학의 법학교는 그것이 대학 내부의 법학교라는 의미에서 유니버시티였다. 이 말은 대부분의 학생들이 이미 이전에 인문학의 교육을 보통 수도원 학교나 성당 학교에서 받은 적이 있었다. 이와 같이 자유 교양(liberal arts) 과목의 연구는 12세기 이후에 법학, 신학 그리고 의학이라는 새로운 '과학들(sciences)'을 공부하는 선수 과목이 되었다. 한편 파리에서는 1100년 초에 **아벨라르**(Pierre Abélard)가 그의 관할권을 관장하는 주교에게 거역하고 주교의 뜻을 거슬러서 '정규과목이 아닌 반대과목(countercourse)'을 가르치려고 시도했다. 파리 대학이 12세기에 출현한 것은 이와 같은 아벨라르의 대결에서부터 나온 것이다(4장 본문 중에서).

17세기 과학이나 19세기 과학은 12세기의 법학자들에 의해서 처음 개발된 과학적 방법이 없었으면 불가능했을 것이다. 조셉 니담 (Joseph Needham)은 왜 근대 과학이 전통 중국 문명 또는 인도에서 발달하지 못하고 단지 유럽에서 발달했는가의 질문에 대한 답을 찾으려고 했다(4장 본문 중에서).

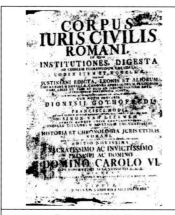	
Corpus Juris Civilis (1080년에 재발견)	볼로냐 대학의 법학교 (1087년 시작, 12~13세기에 융성)

성 안셀무스(캔터베리의 안셀무스, St. Anselm of Canterbury, 1033~1109)	피에르 아벨라르 (Pierre Abélard, 1079~1142)

---

* 이 그림들은 역자가 독자의 이해를 위해 만든 것임.

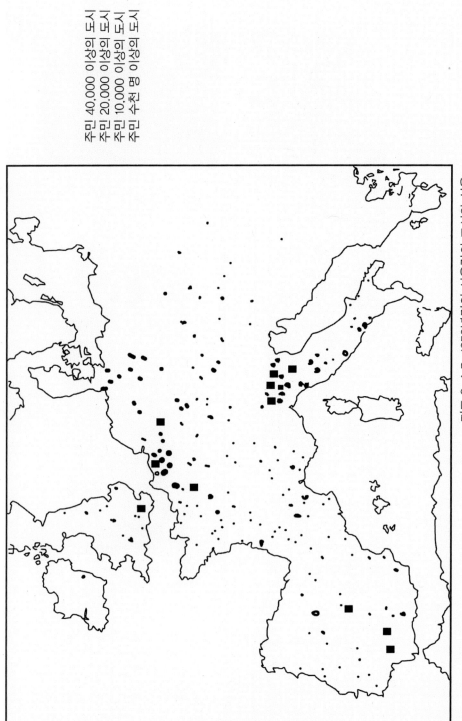

주민 40,000 이상의 도시 ■
주민 20,000 이상의 도시 ●
주민 10,000 이상의 도시 ·
주민 수천 명 이상의 도시 ·

지도 3. A.D. 1250년경의 서유럽의 도시의 성립

메이틀런드(Maitland)는 12세기를 '하나의 법적 세기'라고 불렀다. 그러나 실제로는 그 표현 이상이다. 12세기는 더 말할 나위 없이 단 하나로 존재하는 법적인 세기였고, 그 의미는 서양법 전통이 형성된 바로 그 세기였다. 그러나 서양법 전통을 시작하게 하는 위대한 혁명적 사건들과 최초의 위대한 법에 있어서의 성취들은 실제로는 12세기에 일어난 것이 아니고, 11세기의 마지막 수십 년간에 일어났다. 교황 그레고리오 7세(Gregory Ⅶ)의 칙령과 시칠리아, 잉글랜드 그리고 노르망디의 노르만족 지배자들의 중앙집권적인 행정조치들 그리고 다음과 같은 위대한 교회법 법률가들의 학문적인 업적, 즉 샤르트르의 이보(Ivo of Chartres), 그리고 위대한 로마 법률가 이르네리우스(Irnerius, 약 1060~1125)의 학문적 업적을 말한다.

11세기 말과 12세기 초의 근세 서양법 체계의 출현은 최초의 유럽 대학의 출현과 긴밀한 관계가 있다.[165] 서유럽에서 처음으로 법이 대학에서 가르쳐졌다는 사실 이외에 법이 실무가를 위한 지침서로서 가르쳐졌다는 의미가 아니고 과학 또는 학문으로서 가르쳐졌다는 의미이다. 이때 과학(또는 학문)이라는 것은 체계를 가지고 다른 것과 구별되는 지식으로서의 성격을 말한다. 지식 과학으로서의 법학은 개별적인 결정, 준거 규칙들, 그리고 입법례들이 객관적으로 연구되는 것이며, 일반원칙과 진리의 용어로서 설명되어지는 것인데, 이때 일반원칙과 진리라는 것은 법체계 전반에 걸쳐서 기본이 되는 것을 의미한다. 이와 같이 새로운 법과학으로 훈련받고 나서 대학 졸업자들의 연이은 세대들이 때마침 출현하고 있

---

165) 역자 주: 법체계의 출현이 대학의 출현과 긴밀한 관계가 있다는 것은 동아시아나 한국인들에게는 생소하고 믿을 수 없는 일일 것이다.

는 교회 정부와 세속 정부에서 자문역이나 심판관, 변호인, 행정담
당자 또는 입법 초안자로 일하기 위해서 재판소와 다른 공직에 진
출하였다. 법과학으로 훈련받은 졸업생들은 그들이 배운 것을 어떻
게 활용하였는가. 우선 계속 쌓여 가는 엄청난 양의 법규범들을 정
리해서 일관성과 구조를 가지게 하는 데에 사용하였다. 그다음에는
이전의 시대에 사회적 관습이나 일반적으로 정치제도나 종교제도
에 전적으로 흩어져서 존재해왔던, 구시대의 오래된 법질서들에서
부터 새로운 법시스템을 깎아서 조각해내는 데에 기여하였다.

　물론 **법의 규칙이라든지 법의 절차와 같은, 말하자면 법적인 자
료(data)라는 통상의 의미에서의 법은 과학이 될 수가 없다.** 이것
은 동물의 행동이나 행태 자체가 과학이 될 수 없는 것과 마찬가
지다. 법과학이라는 것은, 만약 그것이 존재한다면 이미 말한 법적
인 데이터 또는 자료를 과학적으로 연구하는 것이 될 것이다. 즉,
법에 관한 과학적인 지식을 모은 것이다. 이것은 물질에 대한 지식
을 과학적으로 연구한 것이 물리학이며, 동물 생활에 대한 지식을
과학적으로 연구한 것이 생물학이 되는 것과 마찬가지이다. 그러나
과학을 어떻게 보느냐의 견지에 따라서 중요한 차이가 있을 수가
있다. 즉, 법에 관한 데이터와 다른 사회적 데이터, 그리고 물리학
적인 데이터의 문제이다. 이 차이는 다음과 같은 사실에서 생기는
데 사회적 행동에 참여하는 사람은 그들이 행하는 사회적 행동을
의식하고 있고, 따라서 행위자의 의식 자체가 사회적 데이터의 본
질적인 부분이다. 더하여 인간의 의식이라는 것은 그것 자체가 하
나의 과학이 가지는 특징을 가질 가능성이 있고, 또한 그 특징을
획득하려고 노력할 수도 있다. 사회적 행동자는 그들 자신이 행하
고 있는 것에 대한 그들 자신의 관찰 자체에 지식의 성질, 즉 체계

적이며 객관적이며 검증 가능한 성질을 더할 수도 있다. 실로 11세기 말과 12세기 초에 법학에서 일어난 것이 바로 이러한 일들이다. 법에서의 규칙, 개념들, 결정들 그리고 절차들은 데이터로서 존재하고 있었고, 그러한 의미에서 과학과는 정반대의 상황에 있었고, 그러나 그 시대에 법과 관계된 활동에 참여한 사람들의 의식은, 데이터 상태로 존재하는 것들에 대해서 체계적인 생각을 할 수 있게 되었고, 데이터에 대한 지식의 축적에 대해서도 체계적인 접근을 할 수 있게 되었으며 이러한 의미에서 과학의 성질을 띠게 되었다. 더하여 법에 대한 체계적인 지식인 과학 자체가 또한 그것 자체로 법에 대한 데이터로 취급되었다. (예를 들면 법학자들의 학술논문 자체가 법에 대한 중요한 자료로 여겼다) 이해과정은 해석과정과 같이 일어났으며 해석과정은 적용의 문제와 같이 존재했었다. 예를 들면 모세의 십계명은 살인을 금지하였으나, 성경의 다른 구절들은 정당방위의 경우나 고의 없이 우연한 사고로 저질렀을 때에는 면책될 수 있는 경우를 정당화하고 있다고 과학적으로 관찰할 수가 있는데, 이 성경에 대한 과학적 관찰 자체가, 적용 가능한 법원칙을 서술하고 있는 것이다. 즉, 이때 나타나는 적용 가능한 법원칙은 살인은 (성경에 의하면) 일차적으로 불법이나, 특수한 상황에서는 정당화되거나 또는 면책될 수도 있다는 것을 알 수 있다. 이와 같이 과학적 관찰 그 자체가 법이 될 가능성이 있다는 사실이 법과학을 자연과학과 구별하는 기점이 된다. 실로 20세기에서 '법적인 과학'과 '법에 대한 과학'이라는 구절이 영어와 아메리카어의 관용어에서 거의 사라지고 프랑스어와 독일어, 이탈리아어 그리고 러시아와 다른 서유럽어에서는 이 구절들이 아직도 계속해서 널리 쓰이고 있는 이유가 될 수도 있을 것이다. 이와 같은 서유럽어에 있어서 과학을 가리키는 단어가 상당히 넓은 함의를 가지고 있고, 따라서 사람들은 법과 메타 - 로(meta-law) 간의 구분을 보다 쉽게 할 수 있으며, 즉 실제로 적용되는 대로의 법과 인식되고 의식되는 법과의 차이를 쉽사리 알 수 있다는 얘기가 된다. 이 예는 독일어의 법(Recht)과 법학(Rechtswissenschaft)의 차이이고, 프랑스어에 있어서의 법(Droit)과 법학(La Science Du Droit)의 차이이다.

기원후 1000년대의 말기와 1100년대에 법이 가르쳐지기 시작하고, 서유럽에 있어서 특별한 과학으로서 연구되기 시작했다고 얘기하는 것은 여러 가지 질문을 야기한다. 이 시대는 지배적인 법질서가 정치와 종교로부터 단지 처음으로 분리되기 시작할 때이기 때문이다. **최초의 법 선생들은 무엇을 가르쳤을까?** 당시만 하더라도 교회 쪽이든 세속종교 쪽이든 주로 통하는 법과 법제도들은, 그 성질에 있어서 지방적이며 관습과 관계되어 있었으며 종교적 신조와 구별되지 않고 융합된 상태에서 종교적 관행과도 구별되지 않고 있었으며 또한 정치생활, 경제생활 그리고 사회생활에 있어서 다른 것들과 구별되지 않고 있을 때였기 때문이다.[166]

11세기가 끝나갈 무렵, 이탈리아 대학의 도서관에서 발견된 오

---

166) 역자 주: "최초의 법 선생들은 무엇을 가르쳤을까?" 같은 질문은 현대 한국인의 귀에는 다소 이상하게 들릴 것이다. 특히 법학을 공부하는 목적이 가장 빠른 입신출세의 길로 알고 달려드는 그런 문화의 법학과 법학 방식에 대해서 당연하게 여기는 경우에는 더욱 기이하게 들릴 것이다. 동아시아 개화기 이후에, 이른바 계수된 서양법의 학습은 동아시아 유교 문화권의 국가들에 있어서는 의심할 나위 없이 가장 유효한 사법 또는 행정 관료로 입신하는 지름길이었기 때문에 현재 지금 여기서 유효하게 쓰이고 있는 법이 아니라면 아무런 가치가 없으며 그것은 곧 출세의 도구가 되지 않는다면 그런 공부를 할 아무런 동기를 발견하지 못한 데서 이유를 찾을 수 있다. 서양의 역사에서 대학에서 최초로 가르쳐지고 체계적으로 공부하고 연구한 것은 놀랍게도 그 당시 바깥에서 즉각적으로 통용되고 있는 주도적인 법질서를 연구하는 것이 아니었다. 최초의 서양 대학에 있어서의 법학 교육은, 지금까지 동아시아와 한국 문화에서, (말하자면 심리적 투사 때문에) 주의하지 못했던 중대한 차이가 있다.

래된 옛 문서에 포함된 이미 지나간 시절의 역사적인 법을 가르치고 연구하는 것이 최초의 서양 대학의 법학 교육이었다.[167] 최초의 유럽 대학의 법학 교육이 주로 사용한 원고들은, 어쨌든 법에 대한 자료들을 모은 것이었는데 엄청난 분량의 법에 대한 자료 모음은 연대를 훨씬 소급해서 기원후 534년, 즉, 서양의 대학이 법학 교육을 시작한 약 500년 이전에 이미 로마 황제 유스티니아누스가 주도해서 만든 법에 대한 자료의 집성이었다. 기원후 534년에 콘스탄티노플(Constantinople)의 동로마 황제였던 유스티니아누스(Justinianus)가 집성한 로마법은, 10세기나 11세기에 지배적인 효력을 가졌던 게르만족의 관습법과는 매우 다른 것으로, 우선 그 성질은 체계를 이루고 있었으며 그것도 고도로 발전되어서 현학적일 정도로 복잡한 구조를 가지고 있는 체계였다. 이와 같이 우리의 관찰기준 연도로부터 약 500년 전의 로마법은, 서로마제국뿐만 아니라 동로마제국에서도 어떤 식의 주도적인 역할을 했다. 어쨌든 서기 476년에 서로마의 마지막 황제가 폐위되고, 그 사건 훨씬 이전에 이미 고전로마 문명은 고트(Goth)족과 반달(Vandal)족, 프랑크(Frank)족, 색슨(Saxon)족, 그리고 다른 게르만족들의 원시적이며 부족을 중심으로 하는 문명에 의해서 추월되어 버렸다. 6세기 이후의 서유럽에서, 즉, 게르만인들의 부족법과 관습법이 주도하는 시대에, 로마법은 단지 조각조각으로 살아남았고, 남유럽을 포함해서 비잔티움으로 불리는 동로마제국에서만 겨우 유효한 체계로서 계속 꽃피워 나갔다. 로마법의 개별적 규칙과 개념의 어떤 것들은 서유럽의 교회 정

---

167) 역자 주: 만약 한국이나 일본의 개화기에 대학에서, 이와 같은 르네상스 법학을 가르쳤다면 어떻게 되었을 것인가? 오늘날 고급 관료와 사법관을 배출한 주된 경로였던, 한국 개화기의 일본과 한국의 법학 교육은 도저히 초창기부터 공식 교육으로서 인정받지 못했을 것이다.

부나 세속 정부의 입법에서 때때로 모습을 보일 뿐이었으며, 당시 프랑스와 북이탈리아에서 살고 있던 사람들의 관습법에서도 때때로 모습을 보일 뿐이었다. 기본적으로는 게르만인들의 계승이었던 카롤링거(Carolinger) 왕조나 후기 카롤링거 왕조에서, 프랑크의 왕은 로마 황제들의 권위를 계승한다는 생각들이, 역시 로마법의 개별적인 법언과 원칙들을 부흥시키는 것을 도왔으며 특별히 제국의 권위에 대해서 그러했다. 게르만족들의 왕들에 의해서 포고된 법들은 다소 느슨하게 정리한 법 모음 같은 것들로서 상당한 숫자의 고대 로마의 법규칙과 개념을 포함하게 되었다. 그러나 하나의 전체적인 온전한 체계로서의 로마법은, 이탈리아에서 훨씬 후대에 유스티니아누스의 업적이 법전으로서 발견되었을 당시만 하더라도, 서유럽에서는 매우 제한적인 유효성을 가질 뿐이었다. 텍스트 자체는 이미 사라져버렸고 따라서 용어들은 새로운 의미를 가지게 되었다. 예를 들면 로마시대의 몇 가지 법적인 역할을 지칭하는 용어들에 대해서는 서유럽에서 딱 맞는 용어들이 없었다. 로마시대 때 프라이토르(praetor)라는 말은 행정·사법을 겸한 행정장관 또는 단순한 치안판사를 의미하는데, 여기에 맞는 서유럽어가 없었다. 또한 로마법에서 유리스트(jurist)는 로마시대 때에는 법 문제에 대해서 조언과 도움을 주는 자였는데, 여기에 딱 맞는 서유럽어가 없었으며, 로마어의 오라토르(orator)에 해당하는 말은 변호인이라는 뜻인데 여기에 맞는 근세 서구어도 없었다. **당시에 지배적인 법제도는 주로 게르만족에서 유래하든가, 혹은 프랑크 왕국의 것이었다. 따라서 유럽에서 처음으로 체계적으로 법을 연구할 때 그 대상이 된 것은, 당시에 유효했던 게르만의 관습법이나 프랑크 왕국의 관습법 또는 왕의 법이 될 수가 없었다. 그것들은 너무나 부족이나 종족의**

관습에 기초하고 있어서 보편성이나 체계성을 결여하고 있었다. 따라서 연구대상이 된 것은, 훨씬 더 이전에, 즉 약 500년 전에 고대 로마 문명에서 발달시키고 큼직한 책이나 혹은 전집에나 기록되어 있는 고문서로서의 법체계일 수밖에 없었다.

그러나 치명적인 중요성을 가지는 것은 그들이 살고 있는 시대보다 500년이나 앞선 그리고 그들이 살고 있는 문명과는 다른 고전 문명의 텍스트를 연구한 법률가들은 그들의 동시대인들이 일반적으로 그렇게 했던 것처럼, **로마제국이라는 고대 문명이 서유럽에 있어서나 또는 동로마에 있어서나 그들 시대까지 살아남았다고 믿었다는 사실이다.** 살아남았다는 것은 특별한 의미를 가지는데, 새로운 형태로, 즉, 한 사람의 영혼이 그의 신체가 멸하고 난 이후에도 살아남을 수 있다는 그런 의미에서이다. 그보다 더 중요한 것은 그들은 **로마제국시대에 편찬된 법이 보편적이며 영구적인 성질을 갖고 있다고 믿었다는 점이다.** 그들이 유스티니아누스의 법을 택한 것은, 기원후 534년에 비잔티움에서 적용할 수 있는 법으로서만 한정한 것이 아니라 모든 시대와 모든 장소에서 적용 가능한 법으로 간주하였기 때문이다. 다시 말하자면 그들은 유스티니아누스의 법을 진리(truth)로 간주하였다. 그들이 성경을 진리로 간주한 것과 플라톤과 나중에 아리스토텔레스(Aristoteles)를 진리로 간주한 것과 똑같은 방식이었다. 예를 들면 비록 서기 534년에 유스티니아누스가 토지 소유권에 대해서 집대성하면서 기록한 것은, 서기 1100년의 투스카니(Tuscany)나 노르망디(Normandy)에 있어서 유효하였던 봉건제도 안에 있어서의 재산권의 규제와 아무 관계도 없었지만, 그렇다고 해서 유스티니아누스(Justinianus)의 시민법은 당시에 그들이 보기에는 '법'이 아니라는 것은 아니었다. 실로 유스티니아누스의 법은 진실한 법(true law) 그리고 이상적인 법(ideal law) 그리고 이성의 육화와 같은 것이었다. 더하여 투스카니(Tuscany)와 노르망디(Normandy) 그 자체가 로마의 계속으로 생각된 것은 교회나 또는 기독교 왕국이 이스라엘의 계승으로 생각되던 것과 같은 이유였다. **기원후 1080년에 유스티니아누스 법전 중 한 권이 발견되었을 때, 당시의 상황은 구약에서 오랫동안 발견되지 못했던 한 장이 다시 발견되었을 때 받을 수 있는 그런 반응과 똑같은 반응을 받았다.** 그리하여 영국법에 대한 13세기의 요약 중 가장 위대한 저자인 브랙턴(Bracton)의 『잉글랜드의 법과 관습에 대한 논문(*Treatise on the Customs of England*)』은 유스티니아누스의 디게스타(Digesta)로부터 약 500개의 절을 인용하고 있고, 인과관계를 따지지 않고 단순히 유스티니아누스의 법이 잉글랜드에 있어서도 '올바른 법'이며, 심지어 그것들 중의 많은 것들은 영국에 있어서의 왕의 법정에서는 적용 가능할 수 없음에도 불구하고, 영국의 법으로 당연하게 여기고 있었다.[168] 실로 브랙턴은 다음과 같은 사실을 주장하지 않으면 안 되었다. 왕의 재판소에서 적용 가능한 영국의 관습은, 고대 로마법의 텍스트에서 포함된 법만큼 실제적으로 법을 구성한다는 것을 주장하지 않으면 안 되었다.{역자 주: 한국에서 간과된 점이다}

서양법 전통의 형성에 두 가지 다른 요소들이 필요했다. 그중 하나는 분석과 종합의 방법이었는데 이것은 고대 로마의 법 텍스트에 적용되었으며, 근대나 현대에 와서는 다소 실망스럽게 '스콜라주의(scholasticism)'이라고 불리는 방식이다. 서양법 전통의 형성에 꼭 필요했던 두 번째 중요한 요소는 이미 말한 스콜라주의의 방식

---

168) Samuel E. Thorne, ed., and trans. *Bracton on the Laws and Customs of England*, I, (Cambridge, Mass., 1968), xxxvi을 보라.

이 로마법 체계에 적용된 장소적 맥락인데, 즉 대학(university)이라는 장소적 맥락이다.

이미 말한 세 가지 요소들 - 첫째, 유스티니아누스시대의 법에 대한 저술을 재발견한 것, 둘째, 그 텍스트를 분석하고 종합하는 데에 있어서의 스콜라주의의 방식, 셋째, 유럽 대학에 있어서의 법을 가르침- 이 서양법 전통의 뿌리에 존재한다. **로마법은 영국을 포함해서 전 유럽에 기본적 법용어와 어휘에 많은 것을 주었다.** 스콜라의 방법은, 서양 전역에 걸쳐서 오늘날에 이르기까지 법적 사고의 거역하지 못할 이미 확립된 모드로 유지하여 왔다. 대학들은 선생과 학생들을 포함해서 법학 연구자들을 전 유럽에서부터 불러 모아서 법학의 선생과 학생 간의 접촉뿐만 아니라 신학, 의학 그리고 인문학의 교사와 학생들로 하여금 오늘날의 용어로 하자면 전문적이고 그 당시의 풍조로 얘기하면 하나의 소명(calling)으로서 법학 연구를 부여한 것이다.{역자 주: 소명으로서의 법학 연구가 최초의 동기였다.}

1. 볼로냐의 법학교

새로 발견된 로마법에 대한 텍스트가 복사되어서 11세기 말 가까이 이탈리아와 다른 곳의 여러 도시에서 연구되기 시작하였다. 학생들이 같이 모여서 1년 동안 교사를 고용하였다. 이때 채택된 법형식은 교수와 학생들의 파트너십(로마법에서는 societas라고 했다)의 형식을 취했다. 과르네리우스(Guarnerius)라는 이름이었으나, 역사적으로는 이르네리우스(Irnerius)로 알려진 한 교사가 특별히 약

1087년에 북이탈리아의 볼로냐(Bologna)에서 가르치기 시작했는데 명망을 얻었다. 유럽 전역에서 학생들이 그에게 몰려들었다.[169] 그의 학교는 그가 죽고 난 이후에도 계속되었다. 12세기와 13세기의 어떤 시점에 볼로냐의 법학도의 숫자를, 현대에서 추산한 것은 1,000명에서 10,000명에 이른다.[170] 외국인이었기 때문에 대부분의 학생들은 불안정하고 불확실한 법적 지위의 상태에 있었다. 예를 들면, 어떤 외국인 학생도, 그의 출신 나라의 어느 누구의 부채에 대해서도 책임을 질 수 있는 위치에 있었다. 만약에 볼로냐의 상인이 런던 상인에 대해서 청구권이 있는 경우에, 이 상인은 볼로냐 대학에 있는 어떤 영국 출신의 법학도에게도 손해배상을 청구할 수가 있었다. 이와 같은 위험이나 또는 다른 종류의 위험에 대비해서 스스

---

169) "볼로냐 이전에도 로마, 파비아, 라벤나와 같이 법학 연구의 다른 중심지가 있었다. 또한 이르네리우스 이전에도 볼로냐의 법학자들이 있었는데, 페포(Pepo)를 들 수 있고, 그는 '볼로냐의 밝고 빛나는 빛'이었으며, 디게스타가 처음으로 다시 나타났던 바로 그 케이스의 결정례에서 1065년과 1076년에 이름이 보인다." Charles Haskins, *The Renaissance of the Twelfth Century*, (Cambridge, Mass., 1927), p.199. 그럼에도 불구하고 법을 수사학에서 구별하고, 법이 독립된 연구 주제로서의 지위를 부여하였으며, 더 이상 발췌문이나 개략에 의존하지 않고 콜푸스 유리스 텍스트 자체에 의존해서 그 텍스트의 전체가 작은 부분을 설명하는 데에 쓰일 수 있게 한 것은 이르네리우스(Irnerius)라고 한다. 볼로냐의 법학교에 대한 영어로 된 가장 좋은 설명은, Hastings Rashdall, *The Universities of Europe in the Middle Ages*, (Oxford, 1936), I, pp.87～267. 같은 주제의 고전적 저작은, Friedrich Carl von Savigny, *Geschichte des römischen Rechts im Mittelalter*, 2nd ed., III, (Heidelberg, 1834), pp.137～419. 짧은 설명으로 훌륭한 것은, David Knowles, *The Evolution of Medieval Thought*, (New York, 1962), pp.153～184. 볼로냐에 있어서의 법학 교수뿐만이 아니라 볼로냐 체제를 다른 유럽 대학으로 이식한 것에 대한 귀중한 연구는, Helmut Coing, ed., *Handbuch der Quellen und Literatur der neueren europäischen Privatrechtsgeschichte*, I, (Munich, 1973), pp.39～128.

170) 13세기 초의 오도프레두스(Odofredus)는 볼로냐에 10,000명의 학생이 있었다고 보고한다. 이 숫자는 어떤 학자는 의심하고, 천 명 정도로 추산하는 경우가 있다. Coing, *Handbuch*, p.81. 그러나 10,000명이라는 추산은 다른 학자들에 의해서는 의심되지 않고 있다. P. Heinrich Denifle, *Die Entstehung der Universitäten des Mittelalters bis 1400*, (Berlin, 1885), p.138; and Albano Sorbelli, *Storia della Università di Bologna*, vol. 1, *Il Medioevo: Secc. XI-XV*, (Bologna, 1944), p.209.

로들을 보호하기 위해서, 학생들은 인종적 기원과 지리적 기원을 기초로 해서 '나라별로' 서로 떼를 짓게 되었다. 프랑크인들, 피카드(Picard)인들, 프로방스(Provencal)인들, 알레망(Alemann)인들(게르만인들), 앵글(Angle)인들, 스페인인들 그리고 다른 국적들이 있었는데 모두 20개 이상의 종족 또는 나라였다. 마침내 이들은 두 개의 단체 또는 조합(길드, guild)으로 뭉쳤는데 한 단체는 알프스 산맥 이북의 모든 학생으로 구성되어 있었고, 다른 하나의 길드는 알프스 남쪽의 모든 학생들로 구성되어 있었는데, 이 두 개의 단체의 형태는 유니버시타스(universitas)의 형태였다. 이 유니버시타스는 로마법의 용어로는 법인격을 어떤 결사나 단체에 주는 것을 의미하였고 오늘날의 용어로는 법인 또는 사단법인을 의미한다. 교수들은 이 당시 학생들의 길드였던 유니버시타스의 멤버가 아니었다.

법인을 설립해서 법인격을 부여받는 이점과 미덕은 볼로냐의 학생들에게는 명백했다. 중세의 표준으로는 10대였으나, 그들은 적극적인 정치생활의 준비가 되어 있는 성숙한 청년들이었다. 단체로서 연합하기에 이들은 볼로냐 시 정부와 유효하게 협상할 수 있었으며, 법학교의 행정을 주도할 수 있었다. 이리하여 볼로냐는 학생들이 주도하는 중세의 고급 학문을 위한 제도의 원형이 되었다. 이것은 약간 늦게 파리에서 창설된, 교수들에 의해서 주도되는 대학과는 대조되었다. 그러나 학생 주도의 유니버시타스(universitas)에게나, 교수 주도의 그것이나 똑같은 '유니버시티(university)'의 이름이 모든 이러한 학문 연구기구에게 주어졌다. 그 원천에 있어서 유니버시티라는 용어는 현대에 있어서와 같은 의미의 유니버시티에 적용되었는데; 그 뜻은 제도 전부 또는 기구 전부가, 지방적으로만 인정되는 것이 아니고 보편적으로 인정되는 교육을 의미하는 뜻에서 보편성과 일관성을 강조하게 되었다(studium generale, 'general education'). 여러 개의 'department'는 존재할 필요가 없었다. 즉, 신학부 하나, 법학부 하나만으로도 보편적 교육(studium generale)이라고 불릴 수 있었다.

학생 유니버시타스 또는 법인 또는 조합은 볼로냐 시 정부로부터 차트(chart), 즉, 면허장 내지 특허장을 받았는데 이 특허장은 교수들과 계약을 할 수 있게 하고, 학생 하숙집의 임대료를 규제할 수 있게 하고, 가르치는 과목의 숫자를 결정할 수 있게 하고, 각 과목에서 커버하는 자료를 결정할 수 있게 하였으며, 강의의 시간을 정하고 휴일의 숫자를 정하며, 책을 빌리거나 사는 가격을 규제하도록 허용하였다. 교수들은 그들이 들어가는 각각의 클래스에서 학생들로부터 직접 수업료를 받았다.

학생 길드는 또한 길드의 구성원에 대해서 광범위한 민·형사 재판관할권을 부여받았다. 이래서 학생들은 외국인으로서 받게 되는 민사적 행위 무능력으로부터 면제받았으며, 그 효과에 있어서는 그들 자신의 자연적은 아니나 의제된 시민권을 취득한 것이 되었다.

볼로냐 시가 학생 유니버시타스에게 준 특허장은 다음과 같이 명시하고 있었다. 즉, "학생 길드는 다음의 사항에 책임을 진다. 학생 구성원 간의 형제와 같은 우애의 함양, 상호 모임, 결사와 우호의 증진, **병자와 가난한 자를 돌보는 것**, 장례식의 거행, 그리고 원한 관계, 증오에 의한 쟁투의 근절, 시험 장소로 갈 때와 올 때의 법학 최종 학위 후보생을 안내하고 보호하는 것, 그리고 학생 길드의 모든 사람들의 정신적인 복지"에 대해서 책임이 있다.[171]

---

171) Rashdall, *Universities of Europe*, pp.159~160.

교수들도 그들 자신의 모임, 즉 결사를 형성하였는데 이것을 교사들의 칼리지(college)라고 했고, 이 칼리지는 법학 학위 졸업생 후보에 대한 시험권과 인증권을 가지고 있었다. 또한 수험료 징수권이 있었다. 당시 볼로냐 법학교의 졸업 학위(doctor's degree)는 가르치는 직업으로의 허가였기 때문에 교수들은, 말하자면 가르치는 사람인 자신들의 조합의 미래 구성원을 결정할 권한을 가지고 있었다. 만약 학생들이 어떤 특정 교수가 그의 의무를 다하지 않다고 느꼈다면, 그들은 클래스를 보이콧하고 결과적으로 지불을 거절할 수 있었다. 그래서 만약 시작종이 울렸는데도 강의가 신속하게 시작하지 않는다던가, 또한 종료벨이 울리기 전에 강의가 끝났거나, 또는 만약 강의의 어떤 과목이 학기가 끝날 때까지도 전 과정이 커버되지 않았다면 교수는 학생 길드에 의해서 벌금을 물게 했다.

학생 유니버시타스의 행정위원회는 일반 평의회(general council)였다. 학생들이 속하고 있는 각 출신 '나라별로' 두 사람의 멤버를 일반 평의회에 선출해서 보냈다. 일반 평의회는 교장에 해당하는 렉토(rector)를 선출하였는데, 학생들의 출신 각 나라별 집단은 후보자를 지명할 권리를 가지고 있었다. 교장은 적어도 스물네 살이어야 하고 그때까지 5년간 그 유니버시타스에 재적하고 있어야 되었다. 학사 학위는 교장이 수여하였다. '교수들을 탄핵하는 자들(Denouncers of Professors)'이라고 불리는 학생위원회가 있었는데, 이들은 교수들의 직업적 불규칙성을 보고하는 일을 했고, 교장에 의해서 지명되었다.

학생 대학의 중요 의사기구인 일반 평의회는 다수결에 의해서 결정했다. 큰 문제들은 전체 학생의 총회(congregation)에 의해서 결정되었으며, 전체 학생 총회의 출석은 강제성이 있었으며, 각각의 학생이 발언권과 투표권을 가지고 있었다. 일반 평의회는 유니버시타스(universitas) 제정법을 입법할 권한을 가지고 있었다. 유니버시타스의 제정법 또는 제정 규칙은 그 유니버시타스의 경제적 중요 사항을 규제하였는데 예를 들면 수업료와 급료들, 책을 빌려주는 비용, 주거 임대차 비용, 그리고 금전대차의 조건 등이었다. 유니버시타스의 제정 규칙은 학생과 교수의 기강을 규율하였으며 또한 교과 목적 커리큘럼도 여러 면 규제하였다. 어쨌든 학생 자율 정부에 대한 주요한 제한은, 총회에 의해서 채택된 어떤 제정법, 즉, 제정 규칙은 그것이 제정된 이후 20년 이내에 변경되지 못한다는 규칙이었고, 단 하나의 예외는 모든 학생들과 모든 교수들의 만장일치의 동의에 의해서만 인정될 수 있었다.

학생 권력의 원천은 부분적으로 경제적인 데서 왔다. (볼로냐의 대학이 시작된 기원후 1087년 이후의 유럽을 생각한다면) 유럽 각지에서 모여든 이 학생들은 부유한 가계의 아들이든가 그렇지 않으면, 가계가 아닌 재단(보통은 수도원들이었는데) 이 학비를 대고 있는 상태였고, 볼로냐 시로 봐서는 매우 큰 소득원이 되었다. 약 20개국 이상의 유럽 각지에서 온 학생들은, 불만이 있으면 쉽사리 다른 나라로 떠나 버릴 수 있었다. 떠날 때는 교수들을 그들과 함께 데리고 떠날 수 있었다. 기숙사, 식당 그리고 강연회장은 볼로냐 시 당국이나 시의 기업가들이 소유하고 있었고 학생들의 것이 아니었기 때문에 만약 학생들이 떠나버리면 시 당국으로 봐서는 심각한 경제적 위기를 초래할 수 있었다. 나중에는 교수들은 시 당국으로부터 급료를 받게 되고, 학생들과 떠나지 않겠다는 서원을 시 당국에 하고 나서, 거기에 구속되기에 이르렀다. 사태의 이러한 전개는 유니버시타스에 대한 학생 지배에 있어서 급격한 쇠퇴를 가지고 왔다.

교회 정부의 계층 구조는 또한 법학 교육을 컨트롤하는 데에 중요한 역할을 하였다. 12세기 유럽 전역에 걸쳐서 교육의 상황은 세속 정부의 권력에 의해서라기보다는, 교회 정부에 의해서 감독되고 있었는데 유럽 전역에 있어서 이와 같은 상황의 유일한 예외는 이탈리아 도시들이었다. 어쨌든 볼로냐에서 학생 유니버시타스가 시작된 이후 1세기가 더 지나서 1219년에 교황은 칙령을 내렸는데, 어느 누구도 볼로냐의 대주교 바로 밑의 부제(Archdeacon of Bologna)에 의해서 시험에 통과되어서 면허를 받지 않고서는 가르치는 직업에 취임할 수 없다는 내용이었다. 실로 대부제(大副祭)(또는 볼로냐 이외의 다른 이탈리아 대학의 경우에는 비슷한 교황의 칙령에 의해서 주교)는 그 자신이 시험 문제를 내지 않았으며, 시험의 모든 과정을 주재하였을 뿐이었다. 그럼에도 불구하고 1219년의 교황의 칙령은, 교수들의 집단으로부터 그들이 법학교에 졸업학위를 부여하는 독립적인 역할을 박탈하였고 교회가 주는 '가르치는 면허장(Licentia Docendi)'이 이후부터 다른 곳에서와 같이 이탈리아에서도 필요하게 되었다. 유럽의 대부분의 지역에서 주교들에 의한 대학의 원격 지배는 주기적인 학생 반란으로 연결되었다.

교회 정부가 대학을 지배하는 것보다 역사적으로 더 중요한 것은, 이미 이전에 존재하던 교육제도와 기구와 비교해볼 때 대학들의 (어떠한 이전의 지배로부터의) 상대적인 자유권이었다. **11세기 이전의 시기에 있어서 유럽에 있어서의 공식적 교육은 거의 전적으로 수도원에서 이루어졌다.** 11세기와 12세기에 성당 학교가 만들어지고 점차로 인정을 받게 되었다. 큰 성당은 바로 주교가 앉는 자리였기 때문에 자연히 성당 학교는 주교의 직접적인 감독권 아래에 있었던 것으로, 수도원 학교가 수도원장의 직접적인 감독 아래에 있었던 것과 같다. 어떤 교사도 주교나 또는 수도원장에 감히 거역할 수가 없었다. 반면에 볼로냐의 유니버시티는 투스카니의 여공작(Duchess of Tuscany)이며, 그레고리오 7세 교황의 친구였던 마틸다(Matilda)가 이르네리우스(Irnerius)로 하여금, 볼로냐에서 로마법을 가르쳐 달라고 초청할 때부터 시작되었다고 말해진다. 따라서 100년 이상 동안 볼로냐에 있어서의 가르치는 방식은, 교권의 직접적인 지배로부터는 자유로웠다. 실로 간접적인 압력이 있기는 있었다. 이르네리우스 그 자신은 그가 교황에 반대하는 황제의 대의명분을 지지했기 때문에 파문당했었다고 말해진다. 그러나 일반적으로 볼로냐의 법학자들은 서로 반대되는 견해를 지지할 수 있을 정도로 자유로웠는데, 이것은 로마법의 여러 규정들이 황제의 주장이나 또는 교황권의 주장을 정당화하는 정도에 따라서였다. 한편, 파리에서는 1100년 초에 아벨라르(Peter of Abelard, Pierre Abélard)가 그의 관할권을 관장하는 주교에게 거역하고 주교의 뜻을 거슬러서, '정규과목이 아닌 반대과목(countercourse)'을 가르치려고 시도했다. 파리 대학이 12세기에 출현한 것은 이와 같은 아벨라르의 대결에서부터 나온 것이다.[172] 이리하여 유럽 대학들은 출발에서부터 교수들이 서로 반대되는 입장을 택하는 데에 자유로운, 교육기구로서 그 자신을 확립하게 되었다. 이러한 사정은 그 이전의 것과는 대조적인데 그 이전의 상황은 각각 하나의 학교가, 한 사람의 교사나 또는 그 사람이 가르치는 단 하나의 이론에 의해서 독점되었다.

　그 시작에서부터 볼로냐는 그것이 대학의 학교라는 의미에서 유

---

172) Ibid., pp.50~54, 275~278을 개괄적으로 보라. 또한 각주 7을 보라.

니버시티였다. 이 말은 대부분의 학생들이 이미 이전에 인문학의 교육을 보통 수도원 학교나 성당 학교에서 받은 적이 있었다는 것을 의미한다. 수도원 학교나 성당 학교에서 커리큘럼은 7가지 '자유 교양(liberal arts)'으로 구성되어 있었다. 즉, (라틴어)문법, 수사학(rhetoric), 논리(변증법 dialectics's로 불림), 대수, 기하, 천문학 그리고 음악이었다. 어쨌든 많은 당시의 학교들은 최초의 3개 과목, 즉 문법, 수사술과 변증법으로 불리는 논리에 치중하였고 이것들을 '세 개의 기본(trivium)'이라고 불렀으며, 세 개의 기본과목은 성서와 교부들의 저술들, 그리고 플라톤, 아리스토텔레스, 키케로 그리고 다른 그리스 로마 저술가들에 기초하고 있었다. 이와 같이 자유 교양(liberal arts) 과목의 연구는 12세기 이후에 법학, 신학 그리고 의학이라는 새로운 '과학들(sciences)'을 공부하는 선수과목이 되었다. [파리 대학에 있어서와 같이 리버럴 아트가 모두 합쳐서, 네 번째의 유니버시티 전공이 되었을 때 역시 이것은 다른 세 개의 전공, 즉 법학, 신학, 의학으로 들어가는 선수과목(先修科目)으로 남아 있었다] 볼로냐는 애초에는 법학 이외의 다른 교수를 포용하지 않았고, 마침내 다른 전공이 형성되었을 때도, 법학과 다른 전공 학부와는 아무런 제도적인 연관 관계가 없고, 단지 법학 전공의 학생들이나 다른 전공의 학생들이 똑같은 행정책임자, 즉 볼로냐의 대주교 아래의 대부제(大副祭, Archdeacon of Bologna)로부터 학위를 받는다는 것이 같았다.

법학 교육의 볼로냐 시스템은 유럽 전역의 다른 도시들로 이식되었는데, 즉 이탈리아의 파두아(Padua), 페루아(Perugia), 그리고 피사(Pisa), (스페인의) 살라망카(Salamanca)와 (프랑크에 속하는) 몽펠리에(Montpellier)와 오를레앙(Orléans)과 (현대에는 체코에 속하는) 프라하, (현대 오스트리아의) 빈과 (현대 폴란드의) 크라쿠드(Craków)

와 (현대 도이칠란트의) 하이델베르크였다.[173] 그러나 알프스 이북의 모든 대학들은 비록 볼로냐의 법학 커리큘럼과 교수방법을 따랐지만, 파리 대학에서 본을 보여준 방식의 조직을 채택하였는데, 당시 존재했던 네 개의 전공학부 −신학, 법학, 의학 그리고 리버럴 아트− 의 교수들과 학생들은 단일한 조직 몸체에 포용되어서 공통의 우두머리와 공통의 학교 정부에 속하게 만든 것이다.[174] 옥스퍼드에서는 1100년대의 중반, 즉, 1150년대까지 바카리우스(Vacarius)가 로마법을 가르쳤는데 그는 이전에 볼로냐에서 학생이었다. 다음 세기, 즉, 1200년대까지 옥스퍼드에서는 아직 법학 전공이 확립되지 않았으며 이 사정은 케임브리지도 마찬가지였다.

2. 커리큘럼과 가르치는 방법

볼로냐에서 처음부터 가르친 것은 6세기에 유스티니아누스의 법률가들에 의해 편집된 로마법의 텍스트였다. 실로 법학교가 주로 그 텍스트를 공부하려는 목적을 위해서 세워졌다는 것 같았다.

텍스트의 원고는 네 부분으로 구성되어 있었다. 첫 번째는, 법전(Code)을 뜻하는 코덱스(Codex)로 유스티니아누스(Justinianus) 이전의 로마 황제들의 법령과 결정을 신고 있는 12권으로 이루어져 있었다. 두 번째는 신법령(Novels)의 부분으로, 유스티니아누스 황제 자신이 공포한 법들을 담고 있으며, 세 번째는[175] 로마 법학 제요

---

173) Ibid., pp.159~160.

174) 파리 대학은 1200년에 필립 왕으로부터 어떤 특권을 부여받았고, 1215년에는, 로마 교황의 사절로부터 첫 번째의 정관을 부여받았다. 파리 대학 설립의 원천은 12세기 초입 아벨라르까지 소급한다.

175) 역자 주: 이 번역이 한국에서 낯익은 것은 일본인들이 제국시대에 통용시킨 듯하다.

(提要, Institutes)로 불리고, 네 번째 부분은 학설 휘찬176)으로 불리는 Digesta로, 총 50책은 광범위한 질문에 대한 로마 법학자들의 의견에서 발췌한 다수를 수록하고 있다. 현대 영어 역에서 법전, 즉 Codex 부분은 1,034페이지에 달하며, 신법령, 즉 Novelle 부분은 562페이지, 로마 법학 제요로 불리는 Institutes의 부분은 173페이지, 그리고 학설 휘찬 Digesta 부분은 2,734페이지에 달한다.177)

11세기 말과 12세기의 유럽 법학자들의 관점은 그들이 이 모든 것들을 단일한 몸체로 취급하는 데 영향을 주었다.

그러나 1차적인 주된 중요성은 일종의 로마법의 짧은 입문인 법학제요 Institutes에 주어진 것도 아니고, 개별적인 황제가 만든 제정법과 칙령을 수록한 법전 Codex도 아니요, 개정 법률 Novelle도 아니고, Pandecten으로도 불리는 Digesta에 주어졌다. 학설 휘찬으로 번역되는 Digesta는 물권, 유언, 계약, 불법행위와 오늘날 민법으로 불리는 다른 분기(分岐)뿐 아니라 형법, 헌법과 로마시민을 규율하는 법의 다른 분야와 관계된 수천의 법적 명제에 대한 로마 법학자들의 의견을 광범위하게 모아놓은 집합체이다.

Digesta의 내용은 라틴어로 Jus Civilis라고 했는데 '시(市)의 법(municipal law)' 또는 '로마 시민의 법'이었으며, Jus Gentium이라고 불리는 '만민법(萬民法, the law of nations)'을 제외하면 모든

그 뜻은 로마법학개론과 가까운 듯하다.

176) 역자 주: 이 번역 역시 일본인들이 제국시대에 통용시킨 듯하다. 학설을 모아서 편집했다는 뜻 같으나 실제 내용은 다소 차이가 있다.

177) S. P. Scott, ed., *The Civil Law*, 17 vols., (Cicinnati, Ohio, 1932)를 보라. 시민법 대전의 법전(Code)과 신법(Novels) 부분의 원고는, 서양에서 보존되어 왔다. 또한 유스티니아누스 법전의 법학제요라고 불리는 인스투테스가, 기본적인 형태를 그대로 따라한 가이우스의 인스투테스(Institutes)도 역시 잔존하고 있다. 그러나 시민법 대전의 네 개의 책 중에 가장 중요한 디게스타(Digesta)의 원고는 사라졌다.

사항을 커버하였다. 만민법은, 로마인 아닌 사람들에게 적용하며, 단지 부수적으로 언급될 뿐이었다. Digesta는 근대적인 의미에서의 법전은 아니었다. Digesta는 내적으로 완벽한 일관성을 제공하거나, 체계적으로 정리된 법개념과 원칙들 그리고 규칙을 제공하려는 시도는 아니었다. Digesta가, 법전 부분인 Codex와 신 법령집인 Novelle와 법학원론인 Institutes와 함께 로마 시민법의 '몸체'인 시민법 대전으로 동 아시아에서 번역되는 {역자 주: 시민법 대전(市民法 大典)이라는 번역어조차도, 완벽하지 않다. 대전(大典)이라는 한자어는 일견 대법전(大法典)의 생략어로 오인될 수 있다. 보다 근사치는 시민법 대집성(大集成)이 아닐까 한다} Corpus Juris Civilis로 불리게 된 것은 대학의 설립 이후에 서유럽에서만이었다.

Digesta가 발전시킨 법적 명제(命題 prepositions)들은 매우 자주 실제로 일어난 사례들에 있어서의 (오늘날 불리는 대로의 이름인) 판결 내지 "결정 취지" 'holdings'였다. Digesta에서 다른 명제들은 사법관 또는 정무관(政務官,[178]praetor[179])이라고 번역되는 공무원(magistrate)들이 한 언급들인데, 앞으로의 사례들에서 판결 취지가 어떻게 규칙으로 작용할 것인지에 대한 것으로 'edicts'라고 했다. 예를 들면 다음과 같다. "사법관(praetor)은 말한다. '만약 당신이나 당신의 노예가, 누군가로부터 당시에 그가 가지고 있었던 재산을 강제로(폭력으로) 빼앗았다면, 나는 단지 1년 동안만 소송할 권리를 주겠다. 그러나 (1년이) 지나간 이후에는, 폭력으로 원고의 것을

---

178) 역자 주: 이것은 일본 교수(宮島 直機)의 번역이다. 정확하지는 않으나 참고로 제시한다.

179) 역자 주: 로마시대 praetor는 여기에 맞는 서유럽어가 없었다. 또한 한국어도 없다. 4장 유럽대학에서의 서양법 과학의 원천 p.115 참조. 로마법에서 로마 시의 공무원이며, 수석사법공무원(chief judicial magistrate)이며, 광범위한 형평법상의 재판관할권을 가지고 있었다. Black's Law Dictionary Fifth Edition p.1058.

빼앗았던 사람의 손에 결과적으로 무엇이 돌아가게 되었나를 감안해서, 소송할 권리를 주겠다.'" 이러한 명제들에 이어서 다양한 법률가의 의견으로부터의 인용들이 따르게 된다.

예를 들어서 사법관(Praetor)의 언급에 대해서는 울피아누스(Ulpianus)란 법률가가 다음과 같이 말한 것이 인용된다. "이 금지명령(interdict)이 폭력에 의해서 박탈당한 사람의 혜택을 위해서 확립된 것은, 이러한 상황에 놓인 그를 오로지 구제하기 위함이다. 이 금지령은 그가 소유권 회복을 가능하게 하기 위해서 고안된 것이다. 이 금지령(interdict)은 모든 종류의 폭력과는 관계없으며, 단지 소유권을 (폭력에 의해서) 박탈당한 사람들을 위해서 공인된 것이다. 이 금지령(interdict)은 단지 흉악한 폭력에만 관계된다. 건물과 땅의 소유를 당사자가 빼앗겼을 때이고 다른 것은 안 된다."180) 다른 법률가도 역시 똑같은 부분에 대해서 코멘트를 한다. 예를 들면 폼포니우스(Pomponius)는 다음과 같이 말한 것으로 인용된다. "그러나 당신이 무기에 의해서 탈취당했을 때는, 당신은 그 땅을 회복할 권한이 주어진다. 이것은 심지어 당신이 원래 그 땅의 소유권을 폭력(vi)이나, 은밀하게(clam) 또는 불확실한 소유권(precario) 아래에서 취득하였더라도 같다."181)

존 도슨(John P. Dawson)이 썼듯이, 로마의 법률가들은 대부분의 그들의 주의(注意)를, "이론적 종합이 아니라 개별 사례들의 일관성이 있고 질서 있는 취급에 돌렸다. 그들의 전적인 마음의 충동은

---

180) 역자 주: Interdict란 금지 명령을 의미하는데, 이 문맥에서 금지란 용어가 쓰인 이유는 다음과 같다. 즉, "폭력에 의해서 그의 땅을 뺏긴 사람은, 일정한 시간이 경과한 뒤에는, 폭력에 의해서 그것을 찾을 수 없다"란 명제는 금지 명령의 형식으로 구성되어 있다.

181) D. 42. 16. Concerning the Interdict Vi et Armata [By Force and by Armed Force] 유스티니아누스 편찬의 라틴어 텍스트는 Paul Krueger, Theodor Mommsen, Rudolf Schoell, and Wilhelm Kroll, eds., *Corpus Iuris Civilis*, (Berlin, 1954~1959).

경제에 가 있었다. 언어 경제뿐 아니라 아이디어의 경제를 향하고
있었다. 그들의 가정은 고정되어 있었고, 사회적 · 정치적 질서의
주된 목적들은 의문에 부쳐질 것이 아니었으며, 법적 아이디어의
새로운 시스템은 너무나 잘 알려져 있어서 많은 토론을 요구할 수
없었다. 그들은 문제 해결사(problem-solvers)였으며 그것은 바로 현
존하는 시스템 안에서 움직이며, 인류의 필요나 운명과 같은 궁극
적인 문제들을 해결하려고 하는 것이 아니었다."

로마의 법률가들은 케이스 바이 케이스(case by case)로 일했으며,
도슨 교수는 "로마 법학자들의 '특정한 사례에 대한 강력한 집중'
에 주의하는데, 사례들은 때로는 가상적인 것이었으나 실제 있었던
소송으로부터 가져온 것이 많았다고 한다. 로마 법률가들은 사례들
을 하나하나, 케이스 바이 케이스로 다루었으며 인내심과 날카로운
통찰력을 가지고, 그리고 전해 내려온 전통에 대해서 심원한 존중
심을 가지고 다루었다"[182]고 한다.

도슨 교수의 언급은 이어진다. "사례들은 법률가들 자신의 결론
과 마찬가지로 간략히 언급되었다. 공들여서 이유를 붙인 정당화
작업은 필요하지 않았다. 왜냐하면 엘리트 그룹 바깥에 있는 사람
들에게, 법학자는 자신의 권위로 충분했고, 엘리트 그룹 내부의 사
람들은 이유들을 충분히 잘 이해할 것이기 때문이다. 직접 언급되
지 않고 단지 암시된 가정(assumption)들이 많았고, 그것들은 수세
기에 걸친 후대의 끈기 있는 연구를 통해서 내용이 밝혀진 것이었
다. 법률가들의 절차적인 과제는 이미 일어났거나, 일어난 여러 사
례들에 대한 해결책을 제공하는 것이었으며, 그들의 특정 사례들에

---

182) John P. Dawson, *The Oracles of the Law*, (Ann Arbor, Mich., 1968), pp.114~115.

대한 효과를 관찰함으로써 그들의 중심적 아이디어를 테스트하고 고치는 것이었다."183)

12세기 이후의 서양에서 오랜 기간에 걸쳐 대학 교수들에 의해서 체계화된 로마법을 공부하는, **현대 유럽의 법학도는 원래의 로마법 텍스트가 그렇게도 고도로 개별주의적 또는 사례 중심적 - 캐주이스틱(casuistic) - 이고 비이론적이라는 것을 믿기 힘들 것이다.** 왜냐하면 현재 그들은 좁은 규칙과 정의되지 않은 일반적 용어의 미로에 추상적 개념으로 이루어진 복잡한 시스템이 내재하고 있다고 배우고 있기 때문이다.{현대 한국의 법학도도, 마찬가지 사정일 것이다}

흔히 영국과 미국의 개별주의(particularism)와 편의주의 내지 실용주의(pragmatism)를 일단 비난하고 대비되는 방식으로 떠받쳐진 것은, 바로 이러한 로마법의 개념화였다. 그러나 개념화된 로마법이라는 것은, 유스티니아누스 때의 로마법을 훨씬 나중의 유럽 법률가들의 눈을 통해서 본 것이었다. 처음으로 개념의 의미화를 행한 것은 훨씬 후대 유럽 법률가들이었다. 이들이 로마시대의 계약들의 특별한 형태로부터 계약법의 이론을 만들었으며, 소유의 권리를 정의하였으며, 폭력의 사용에 대해서 정당방위의 독트린을 정교하게 만들고, 일반적으로 넓은 원칙과 개념들을 기초로 오래된(로마법의) 텍스트를 체계화시킨 것도 훨씬 후대의 유럽 법학자들이었다.

12세기 법학교의 커리큘럼은 무엇보다도 이른바 '학설 휘찬', 즉 디게스타(Digesta)의 텍스트들을 읽는 것으로 이루어졌다. 선생은 손으로 쓰인 필사본의 텍스트의 언어를 읽고, 또한 교정하는 것이

---

183) Ibid., pp.116~117.

었으며 학생들은 흔히 대본(貸本)된 텍스트 원고의 사본에서 따라 읽고, 필요한 교정을 했다. 학기 중의 강의는 '읽기'를 뜻하는 강독(reading)이었는데, 곧 연습(exercise)으로 적용되었다. 텍스트 사본을 살 여유가 없거나 대본(貸本)할 여유가 없는 학생들은 외우곤 했다.

텍스트는 매우 어려웠기 때문에 설명되지 않으면 안 되었다. 따라서 텍스트를 낭독한 다음, 선생은 그것을 주석(註釋), 'gloss'하곤 했는데, 그 의미는 단어 하나하나, 문장 한 줄 한 줄의 의미를 해석하는 것이었다. (그리스어에 있는 Glosse란 '혓바닥' 또는 '말' 그리고 '흔히 쓰이지 않는 말'이란 뜻이다) 선생에 의해서 받아쓰기하는 용어들(glosses)은 교과서 줄과 줄 사이에 받아 적게 하였다. 그것들이 점점 길어지면, 줄과 줄 사이를 넘어서 여백으로 넘쳐나곤 했다. 곧 교과서 줄과 줄 사이에 받아 쓰인 용어들은 교과서 텍스트 자체의 언어들과 같은 권위를 갖게 되었다. 약 1250년경에 아쿠르시우스(Accursius)의 「보통 용어집(Glossa Ordinaria)」는 Digesta 전부에 대한 표준적이며 권위 있는 저작이 되었다. 이후에 나온 것이 「후기용어집('Post-Glossators')」 또는 「주석자들('Commentators')」이었는데 텍스트와 용어들에 대한 주석들이 실린 것이었다.

용어들은 여러 다양한 종류가 있었다. 노타벨리아(notabilia) – '주목해야 할 포인트'란 뜻– 로 불리는 용어들은, 그 용어가 포함된 구절의 내용을 짧게 요약한 것이었다. 브로카르디카(brocardica) –'보편적 법원칙'이란 뜻– 로 별명 지워진 다른 것들은 그 용어가 포함된 텍스트의 특정 부분에 기초하여, 폭넓은 법규범(법언 maxims)을 말한 것이다. 더하여 선생들은 특징화(distinctiones)라고 불리는 구분지음(classification)에 의해서 텍스트에 주를 달아 해석했다. 즉, 선생들은 일반용어란 넓은 개념으로부터 시작해서 그것들을 다양한 하위 종류로 나누고, 나누어진 것을 다시 나누어져서 더 낮은 레벨의 종류를 만들게 되는데, "가장 세밀한 부분에 이를 때까지 용어의 뜻을 세밀화시켜 나가는 것이다."[184]

마침내 특징으로 구별하기(making 'distinctions')에 더해서, 선생은 특수한 주어진 문제에 넓은 원칙을 적용해 봄으로써, 이 원칙을 검증하기 위해서 물음(questiones)을 과하게 된다. 커리큘럼과 강의의 형태와 논쟁의 방식들은 유니버시티의 제정법에 쓰여 있었다. 중세 법학 교수의 강의 소재 중 남아 있는 것은 다음과 같다.

> 처음에 텍스트에 들어가기 전에 나는 디게스타의 각개 항목 하나하나의 요약을 학생들에게 주겠다. 두 번째로 하나하나의 항목의 타이틀에서 주어진 개별적인 법의 실제 예를 교수의 능력껏 명료하고 분명히 최선을 다해서 만들어서 제시하겠다. 세 번째로 디게스타의 텍스트를 간략히 되풀이하겠는데, 그 의도는 텍스트 자체를 교정할 수 있는 기회를 예상해서이다. 네 번째로 각개 제목으로 나타난 주제에서, 주어진 법에 대한 실제 예를 그 내용에서 되풀이하겠다. 다섯 번째로 교수는 (네 번째까지 진행된 내용에서의) 모순들을 해결해 보이겠다. 그 방법은 브로카르디카('brocardica')로 통상적으로 불리는 일반적인 원칙과 미묘하나 유용한 문제들[quaestines]을 그 해법과 차이를 구별해서 특징을 알아내어 함께 보충하는 방식이다. 이 일은 신의 섭리(Divine Providence)가 교수에게 능력을 주는 한도에서이다. 그리고 (디게스타의 각 권에서 제시된) 어떤 법의, 잘 알려져 있거나, 또는 어렵기 때문에 반복해야 될 가치가 있는 경우에는 교수는 그것의 야간 시간의 반복 강의를 위해서 따로 떼어서 예비할 것이다.[185]

(디게스타의) 텍스트와 그 행간에 있는 해설을 강의시간에 읽기, 구별해서 특징을 알아내기, 유용한 문제와 그 해법을 통해서 텍스트와 해설을 분석하는 절차에 더하여, 볼로냐와 다른 중세 로스쿨

---

184) Paul Vinogradoff, *Roman Law in Medieval Europe*, (Oxford, 1929), p.59.
185) Odofredus, 인용은 Savigny, *Geschichte*, p.553.

의 커리큘럼은 디스푸타치오(disputatio)라고 불리는 논쟁시간을 포함하고 있었다. 디스푸타치오 시간은 한 교수의 지도 아래 두 학생이 논쟁하는 형식이거나 또는 교수 다수와 학생 다수 사이의 논쟁의 형식을 가지면서, 어떤 법 문제를 토론하는 것이었다. 현대의 모의법정(moot court)에 비교되어 왔으나, 주의할 점은 주어지는 문제는 항상 사실(fact)에 관한 실제 있었던 또는 가상적인 상황에 관한 질문이 아니고, 법에 관한 질문 또는 문제였다.

시간이 진행됨에 따라 볼로냐와 파리, 옥스퍼드 그리고 유럽의 다른 대학들의 법학 커리큘럼은 이른바 시민법 대전(Corpus Juris Civilis)에 포함된 로마법 이상의 것을 포함하는 데까지 확대되어 갔다. 12세기 후반에 더해진 가장 중요한 새로운 주제는 당시 새롭게 발전된, 교회의 캐논법이었다. 로마법에 대비해서 교회법, 즉 캐논 법(Canon Law)은, 당시 쓰이고 있었으며, 널리 통용되는 법이었으며, 교황이나 교회 회의가 공포한 명령에 의해서 보충되고 교회 법정(Ecclesiastical Courts)에 의해서 적용되는 법이었다. 또한 유럽의 도시법, 공작령(principalities), 왕국의 세속법 체계가 발전함에 따라, 흔히 볼로냐와 다른 곳에서 훈련받은 법학자들의 안내와 지도를 받아서, 세속법에 대한 당시의 문제들에 대한 인용문과 참조 문헌에 의해서 내용이 풍부해졌다. 유스티니아누스(Justinianus)의 텍스트를 분석하는 데 있어서 교수들은 당시 문제되던 실제적 중요성을 가진 법 문제들을 소개, 분석하는 등불로서 로마법 텍스트뿐 아니라 캐논법을 사용하였다.

그래서 더 이전 시대에 존재했던 로마법을 연구하는 로마법 부흥은 당대의 현존 법문제를 분석하는 데로 인도되었다.

로마법은 무엇보다도 이상적인 법으로 법학적 아이디어의 몸체로 봉사했으며, 통일되고 조화 있는 체계로 간주되었다. 이전에는 분류되지 않고 정리되지 않아서 확정되지 못했던 당대의 법 문제들이, 로마법의 용어 안에서 분석되어지고, 로마법이 세운 기준으로 재판되었다. 이런 의미에서 **로마법이 중세의 법학자와 법지식에 행한 역할은, 17세기부터 20세기 초까지에 걸쳐, 법제사가 영국과 미국의 법학자와 법률가에게 행한 역할과 비슷하다. 로마법은 당대에 주로 통용되던 법을 분석하는 새로운 전망을 제공하였고, 지배적으로 통용되고 있던 법의 유효성을 테스트하는 이상(ideals) 형을 제공하였다.** 그렇다고 해서 로마법이 당대에 통용되고 있던 법과 다른 어떤 것으로 생각되어졌다고 얘기하는 것은 아니다. 로마법은 당시의 새로 만들어진 법과 나란히 통용되었으며, 어떤 의미에서는 당대의 법의 위에 있었다. 그러나 로마법은 당시의 법들이 갖추지 못하고 있었던 근본적인 성질을 가지고 있었다. 즉, 당대의 새로 만들어지던 법들은 형성의 도중에 있었고, 로마법의 규칙들은 이미 존재하고 있어서 일치되기를 기다리고 있는 상태였다.

3. 분석과 종합의 스콜라 방법

12세기와 13세기의 볼로냐의 법학교와 다른 서양의 대학의 법학교에서의 커리큘럼과 교수방법의 저변에는 새로운 방식의 분석과 종합이 있었는데 이 새로운 방식이 나중에 스콜라 방식이라고 불리게 되었다. 이 스콜라 방식은 1100년대의 초기에 처음으로 충분히 개발되었으며, 법학과 신학, 양자에 걸쳐서 같은 방식이었는데, 어떤 책들의 절대적이며 불변의 권위를 전제로 하고 있었다. 절대적 권위를 가진 책들은 온전하며 모순되지 않아서 통일적인 독트린의 체계를 포함하고 있다고 해석되었다. 그러나 **동시에 역설적으로 그 절대적인 권위를 가진 텍스트 내부에 틈새와 모순들이 같이 존재한다는 사실을 전제로 하고 있었다.** 그래서 스콜라 방식은, 주된 과업을 텍스트의 요약, 그리고 텍스트 내부의 틈새와 갭을 메우는 것, 그리고 텍스트 안에서 존재하는 서로 모순되는 것들을 해결하는 것을 주된 과업으로 삼았다. 이러한 스콜라 방식은 언어의 12세기적인 의미에서 '변증법적인 성질을 가진' 것으로 불렸고, 그 뜻은 서로 반대되는 것들을 조정 · 화해 · 공존시키는 것을 의미한다.[186]

법학과 신학에서 그리고 나중에는 철학에서도 이상에서 말한 분석과 종합을 행하는 스콜라 방식은, 대학에서의 강의방법에 의해서 촉진되었다. 특별히 텍스트를 해설하는 방식과 해결을 위한 논쟁을 목적으로 질문을 행하는 방식이었다. 그리하여 **"법학과 신학의 주된 책들은 대학 강의가 자연스럽게 성장한 것이다."**[187] 다른 말로 표현한다면, **과학과 학문 −학문을 하는 방법− 은 가르치는 과정으로부터 나왔고, 흔히 생각하는 것처럼 과학과 학문으로부터 가르치는 방법이 나온 것은 아니었다.**{한국에서의 통념은 어떤가?}

서양의 법률가들이 그들이 생각하기에 '법에 대한 과학'이라는 것을 창조하기 시작할 바로 그때에 서양의 신학자들은 역시 그들이 '신학에 대한 과학'이라고 생각한 것을 창조하기 시작하고 있었다. 실로 피터 아벨라르(Peter Abelard, 1079~1142)는 근대적 의미

---

186) 서로 반대되는 명제들을 종합하는 방법으로서의 변증법의 현대적인 용례는 헤겔로부터 유래한다. 그러나 그 사고방식의 서양에 있어서의 전통은 아벨라르까지 소급하고 아벨라르가 원천이라 할 수 있다.

187) Haskins, *Renaissance*, p.53.

에서 '신학'이라는 단어를 처음으로 쓰기 시작했는데, 하느님의 계시의 증거를 체계적으로 분석하는 것으로 신학이라는 말을 썼다.[188] 그는 역시 스콜라 논리학의 위대한 선구자의 하나였으며, 때때로 스콜라주의의 아버지로 지금도 불리고 있다. 아벨라르는 스콜라 방식에 의한 분석과 종합을 수단으로 판단을 위한 합리적인 기준을 적용하려고 노력하였다. 판단의 대상은, 진리라고 계시되는 어떤 것이 보편적인 효력을 가지고 있으며, 어떤 것이 단지 상대적인 효력만을 가지고 있는가 하는 문제였다. 아벨라르(Abelard)의 스콜라 방식은, 그러나 텍스트의 모든 단어를 어떠한 상황에 있어서도 똑같이 진실한 것으로 간주하는 그와 같은 근본주의는 아니었다. 뭉뚱그려진 전부는 일단 진실한 것으로 간주된다. 그리고 그 전부 안에서 각 부분들에게는 진실의 다양한 측면들이 배당이 된다. 실로 아벨라르의 가장 중요한 저술 중에 하나인 『시 에 농』(Sic et Non, Yes and No)은 성경에서 나타나는 150개의 앞뒤가 맞지 않고 편차가 있는 부분의 리스트를 연속적으로 인용함으로써 기록하고 있으며, 전후 불일치와 전후 편차는 역시 교회의 교부철학자와 다른 권위 있는 사람들의 저술에서도 나타났으며, 이러한 전후 불일치와 편차를 아벨라르의 저술은 그것들 모두가 진실되며, 그 모순과 불일치를 일치시키는 노력은 전적으로 독자들에게 맡겨 놓고 있다.[189]

---

188) Knowles, *Evolution*, p.162를 보라.

189) Peter Abelard, *Sic et Non: Critical Edition*, ed. Blanche Boyer and Richard McKeon (Chicago, 1976). 이 책의 서장에서 아벨라르는 모순되는 것들(예를 들어서 똑같은 단어들이 다른 뜻으로 쓰여 온 예)을 조정하는 여러 개의 가능한 방법을 예시하고 있다. 그러나 그 자신은 아닐지라도 그의 추종자들은 기계적으로 조정하고 통일시키는 방식은 불가능하다는 것을 알고 있었고, 서로 어긋나는 구절들의 의미는 성서적 기록이나 교부가 쓴 기록의 전편에서 나타나는 상호관련성과 목적에서만 발견될

법학에서 스콜라 방식은, 많은 독트린들을 분석해서 다시 종합하는 형태를 취하는데, 많은 독트린들은 다른 법과 모순된다. 이러한 독트린들은 유스티니아누스의 법뿐만 아니라 당시 황제와 같은 세속적 권위가 만든 법에서도 발견되었다. 신학의 예와 마찬가지로, 쓰인 텍스트는 그것의 전체로서 받아들여졌는데, 신학에 있어서의 절대적 권위를 가진 텍스트는 성경과 교회 교부들의 저술이며, 법학에 있어서는 유스티니아누스(Justinianus)의 『시민법 대전』, 즉, Corpus Juris Civilis였다. 신학과 법학의 양쪽에서 절대적 권위를 가졌던 두 종류의 문서는 신성하며, 이성을 현실적으로 육화시킨 것으로 받아들여졌다. 이것이 중세 신학과 중세 법학을 탄생시킨 교부 철학자들의 가장 중요한 전제조건이었다. 그러나 12세기의 서양 법률가는 고대 로마제국의 선각자들보다 훨씬 더 큰 자유와 유연성을 가지게 되었는데 이것은 텍스트 안에서 발견되는 모순과 불일치를 조화 일치시키는 데 강조점이 주어졌기 때문이다. 이와 같은 강조점은 법 개념과 법 규칙을 취급할 때 더 큰 자유와 탄력성을 가지는 것으로 나타났다. 도슨 교수는 12세기의 서양법률가에게 공감을 표시하는데, 그 이유는 "하나하나의 케이스를 취급하는 데에 있어서, 전후 일관성이 있으며, 질서 있는 취급을 하기 때문이다"라고 했다.[190] 그리고 도슨 교수는 12세기의 법률가들의 중점과는 달리 정

수 있다는 것을 알고 있었다. Martin Grabmann, *Die Geschiche der scholastischen Methode*, Ⅱ, (Freiburg, 1911), pp.168~229를 보라.

190) 역자 주: 흔히 Corpus Juris Civilis의 성격을 한국에서는 전체 유기체의 체계라는 측면만을 강조하는 경향이 있어 왔다. 한국의 민법학자로서 대륙법 전통을 강조하는 입장일수록 그러했다. 또한 방금 도슨(Dawson) 교수의 언급은 Corpus Juris Civilis를 고대 로마법학자가 아니라 12세기의 볼로냐를 비롯한 서양법학자들이 다룰 때 정교한 정당화 작업과 이론적 종합을 중요시하는 것도 같은 태도이다. 그러나 12세기 법학자들이 정교한 정당화 작업이나 종합화 작업에 관심을 가지지 않았다고 버만 교수는 지적하고 있다. 지금 이 대목에서 역자가 강조하는 것은 한국에서 흔히 Corpus Juris

당화 작업과 종합화 작업을 중요시함으로써, 로마인들이 상찬했던 모순되고 불일치된 것들을 일치화시키는 작업, —(즉 이것은 거대한 체계화에 비해서는 좁은 종류의 일치라고 할 수 있는데)— 이것을 가끔 희생하였다고 본다.

4. 스콜라 철학이 그리스 철학 및 로마법과 가지는 관계

12세기 유럽 법학자들의 방법은, 고대 그리스 철학 및 고전기와 후기 고전기의 로마법에서, 특징적인 변증법적인 추리의 방식을 변형한 것이다. 원래 그리스 말에서 변증법('Dialectic')은 서로 얘기를 나누는 것('Conversation') 또는 대화하는 것('Dialog')이었다. 고대 그리스 철학자들은 서로 이야기를 나누는 방식 'art of conversation (tekhne dialektike)'을 논증의 방식으로 했다. 실로 플라톤은 서로 대화를 나누는 방식 또는 대화를 진실한 지식에 도달하는 유일하고 확실한 방법으로 보았으며, 이때 진실한 지식이라는 것을 플라톤은 과학 또는 학문 'science(scientia, episteme)'이라고 불렀다. {역자 주: 한국어로 학문에 해당하는 어휘는 영어에서는 science가 되

Civilis의 두 측면 중 사례 중심적 성격을 무시하려는 태도이다. 도슨 교수가 관심을 가진 것은 '이론적 종합성'과 '정밀하게 전개된 정당화 작업'인데, 이 부분은 12세기 볼로냐의 선생을 비롯한 서양의 법률가들은 관심을 가지지 않았다고 Berman은 주장한다(한국에 있어서의 법학도의 통념은 시민법 대전의 두 측면 중 이론적 종합성이나 정교하게 진행된 정당화에 더 인상 지워진 것이 아닌가라고 생각된다. 한국의 민법교과서에 소개된 로마법의 모습은 그것의 사례 중심적 문제 해결식 접근보다는, 이후에 대륙의 민법을 체계화시킨 이론적 측면에 치중해서 소개된 것이 아닌가 하는 역자의 인상이다. 한국의 통상적인 법학도들의 인상은, 로마법 대전은 거대한 체계화된 유기체로서 이론적인 정당화와 종합적인 이론을 표상하는 것으로 생각해왔다. 그러나 저자인 Berman 교수가 강조하는 것은 12세기 법학교에서 강의되던 디게스타의 내용은 오히려 거대한 체계화보다는, 불일치하는 결정과 판례를 일치시키는 방식이라고 설명하지 않는가 생각된다).

는데, science의 직역은 좁은 의미의 과학을 뜻한다. 한국어에서 좁은 의미의 과학은 자연과학만을 지칭하는데 영어에서 넓은 의미의 science는 한국어로는 학문에 가깝다. 플라톤이 영어 science에 해당하는 그리스어 scientia를 진실한 지식이라고 했을 때 한국의 맥락에서는 학문을 얘기하는 것이다} 플라톤에 의해서 보고된 소크라테스의 대화방식은 세 개의 기본적인 '변증법적인' 기법과 관계되어 있다. (1) 첫 번째 단계는 연속된 질문과 대답과 질의응답에서, 어긋나고 모순되는 결과를 발견하고, 또한 받아들일 수 없는 결과를 적수의 주장으로부터 끌어내어서, 그 적수의 주된 주장을 반박하는 단계, (2) 재차 질의와 응답을 통해서, 특정한 사례들에 관한, 진정한 연속된 명제들로부터 일반화된 공식을 추출하는 단계, (3) 세 번째 단계는, 개념의 의미를 분명하게 하기 위해서 반복해서 유(類, genus) 개념을 종(種, species) 개념으로, 다시 종 개념을 거기에 종속된 아종(亞種, subspecies) 개념으로 분석한 과정을 거친 다음, 다시 종합(synthesis)하는데 종합이라 함은 종 개념을 유 개념으로 모으며, 여러 유 개념을 더 넓은 유 개념으로 반복해서 모으는 작업을 말한다. 이와 같은 방식을 통해서 플라톤은 선(Goodness), 정의(Justice), 진실(Truth), 사랑(Love)과 그 밖의 존재하고 있는 이상형 또는 개념 'Forms'의 성질에 대해서 그가 생각한바, 인간성과 독립적으로, 우주에 존재하는 것들의 성질에 대해서 확실한 지식을 얻으려고 했다.

아리스토텔레스(Aristoteles)는 플라톤(Platon)이 한 변증법적인 과정이라는 개념을 훨씬 더 세련시켰다. 그는 처음에는 '모든 사람은 죽는다' 또는 '불은 뜨겁다'와 같이 반드시 진실하다고 알려진 전제로부터 추론하는 것과 '사람은 정치적 동물이다' 또는 '철학은 연구 분과로서 바람직하다'와 같이 일반적으로 받아들여지고, 전문가에 의해서 지지되나 그럼에도 불구하고 토론할 수 있는 성질의 전제로부터 생각을 진행시키는 것을 구별했다. 그리고 위에 든 두 종류의 논의 중 후자에 속하는 논의만이 변증법에 관계있다고 했으며, 그 이유는 그 전제 자체가 다툴 수는 있으나 확실한 정도에 도달하는 것은 불가능하고 단지 확률에 따르는 것이라는 것이다. 다른 한편, 앞에 든 보기의 논의는 논쟁의 여지가 없는 전제로부터 논쟁의 여지가 없는 결론이 도출될 수 있기 때문에 진리를 증명할 수 있을 뿐이다.

아리스토텔레스는 역시 플라톤이 과학 또는 학문이라고 개념화한 것을 세련화시키고 발전시켰다. 아리스토텔레스는 과학 또는 학문이라는 용어를 '분리되고 특색 있는 과학들과 학문들의 모든 것의 연속'을 지칭하는 뜻으로 과학 또는 학문을 복수로 사용한 최초의 사람이었다. 각각 다른 과학 또는 학문의 모든 것들은 방법과 특징에 있어서 공통점도 가지고 있으나 동시에 하나하나의 학문 또는 과학은 그것 자신의 특색이 있는 '원칙들' 또는 아르카이(archai, 그리스 어원으로는 '처음의 시작'을 의미한다)를 갖고 있으며, 학문 하나하나의 확정된 주제가 되는 객체를 가지고 있다.191) 각각의 과학 또는 학문은 그것 자신의 조사의 방법을 가지고 있는데 이것은 "주제가 되는 객체 그 자체로부터 서서히 성장되어 나온 것이다."192) 여기에는 단서가 붙는다. 즉, 모든 과학과 학문은 관찰해서 가설을 만든다는 방법에 있어서 공통점을 가지고 있다. 따라서 아리스토텔레스(Aristoteles)는 플라톤(Platon)이 말한 과학과

---

191) John Herman Randall, Jr., *Aristotle*, (New York, 1960), p.33.
192) Ibid., p.54.

학문 'science'를 다음과 같이 나누었다. 즉, 물리학, 생물학, 지리학, 윤리학, 정치학 또는 국가학(politics, 흔히 정치학으로 직역하나 그 내용을 음미하면 국가학 또는 법학을 포함하는 것이다), 형이상학 그리고 다른 유형이다. {역자 주: 아리스토텔레스의 분류법을 보면, 자연과학과 인문 또는 사회과학을 물론 각 학문의 특징을 인정하지만 방법론에 있어서 공통점을 강조하는 것으로 보았다. 오늘날 우리들이 자연과학과 인문사회과학을 극단적으로 다른 지점에 놓는 것과는 차이가 있다} 그러나 아리스토텔레스는 의학은 하나의 방법 또는 기술 'art(tekhne)'로 머무르게 했는데, 그 까닭은 과학적 또는 학문적 진리를 적용하기는 하나 그것 자체가 과학적·학문적 진리를 드러내게 하지는 않는다는 이유이다. 법률은 아리스토텔레스에 의하면 심지어 의학과 같은 수준의 방식 또는 기술로도 취급되지 않았고, 법학은 아리스토텔레스에 의하면 윤리학, 정치학과 국가학, 그리고 변론술의 영역에서 흩어져서 존재한다고 한다.

사람은 죽는다는 전제와 같은 자명한 전제에서 출발한 논증과 사람은 정치적 동물이라는 논증을 수반하는 변증법적 논증 모두에 있어서 아리스토텔레스는 귀납적인(inductive) 논리와 연역적인(deductive) 논리가 적용될 수 있다고 하였다. (이 점에서는 아리스토텔레스는 플라톤과 다른데, 플라톤은 진리가 오로지 연역적인 논리에 의해서만 얻어질 수 있다고 했고, 그 뜻은 일반적이며 보편적인 것으로부터 특수한 것으로 사유를 전개함으로써 진리에 도달할 수 있지, 특수한 것으로부터 일반적이거나 보편적인 것으로 나아가서는 안 된다는 것이 플라톤의 입장이었다) 그럼에도 불구하고 아리스토텔레스의 견해에 있어서는 귀납에 의한 사유와 논리가 변증법적인, 즉 대화에 의한 논리 전개에 있어서는 더 선호되고 있다. 그 이유는 보다 명료하고 대부분의 사람에게 더 설득력이 있으며 거기에 비해서 모든 사람은 죽는다는 식의 자명한 전제에서 출발하는 사유 및 논증에 있어서 연역법은 (수학과 같은) 어떤 종류의 과학과 학문에게는 적합하고 생물학과 같은 다른 과학과 학문에는 적합하지 않다. 귀납적인 논리는 관찰 대상이 된 특수하고 개별적인 사례에서 나타나는 공통인 요소들을 발견함으로써 그 논리의 방향이, 경험으로부터 확실성이나 확률로 나아간다. 예를 들면 숙달된 항해사가 가장 좋은 항해사이며 또한 숙달된 이륜전차 기수가 가장 좋은 것이라고 관찰했다면 {역자 주: 즉, 항해나 이륜전차 조종에 있어서 치명적인 것은 숙련도라고 관찰했다면} 사람들은 다음과 같이 결론을 내릴 수 있다. 즉, 일반적으로 어느 특별한 활동에 있어서 숙련된 사람이 가장 좋은 것이라는 일반원칙을 세우게 된다.[193] {역자 주: 특수한 직업활동에 있어서 일반원칙으로 확립될 수 있는 것은 다른 어떤 요소보다도 숙련도라는 것이 현대 한국사회에서 가장 잊히고 있는 귀납적 원칙이라 할 수 있다. 즉, 요리사의 평가는 얼마나 잘 요리를 만드느냐에 있으며, 가장 좋은 판사는 얼마나 잘 재판을 하느냐에 있으며, 가장 좋은 선생은 얼마나 잘 가르치느냐에 있다는 쉬운 말이 이와 같다} 그러나 이와 같은 일반적인 관찰은 다음과 같은 때에만 아리스토텔레스(Aristoteles)의 의미에 있어서와 같은 '과학적 또는 학문적'이 될 수 있다. 즉, 이 관찰 밑에 있는 원칙이, 원칙이라 하면 관찰의 원인이라고도 할 수 있는데, 이것이 어떤 정도에까지 인식되고 주지될 때이다. 어느 정도로 인식되고 주지되어야 하는가? 그것은 이 원칙들이 어떤 논쟁의 전제

---

193) Aristotle, Topics, 1.1. 100^a25-100^b23; 1.12.105^a10-19, in Richard McKeon, ed., *The Basic Works of Aristotle*, (New York, 1941), p.188, 198.

가 되었을 때 이 전제들은 더 이상 논의의 필요가 없이 필수적으로 진리라고 사람들에 의해서 보이는 정도에까지 이를 때이다. {역자 주: 이 문장의 현대 한국에 있어서의 살아 있는 예는 다음과 같다. 어떤 위원회에서 어떤 특수한 분야 또는 전문 영역의 인사에 대한 결정을 행할 때를 생각해보자. 그 직업의 가장 중요한 요소인 아리스토텔레스가 말한바 '특별한 활동'을 주목해서 그 활동에 대한 숙달도가 평가의 일반원칙이 되어야 된다는 것이 구체적인 결정에 앞서서 그 결정을 위한 많은 절차의 논쟁에 앞서서 이미 참석한 위원들의 전제조건으로서 더 이상 숙달도 이외의 다른 요소는 논의할 필요가 없다는 것이 모두에게 인지되었을 때 비로소 가치가 있다는 얘기가 된다}

그러나 그리스식 대화에 의한 변증법적인 논의와 사유의 가장 뛰어난 특징은 그 논의가 귀납적인 방식의 부분이라는 데에 있지 않다. 왜냐하면 아리스토텔레스가 보여준 바대로 사람은 죽는다는 자명한 전제에서 출발하는 논증 역시 많은 분야에 있어서 귀납적 방식으로 기울어지기 때문이다. 그리스식 대화의 방식인 변증법적인 논의와 사고는 무엇보다도 다음과 같은 사실에서 구별된다. 즉, 그것은 진실이냐 오류이냐고 선언하는 선언적인 언급부터 출발하지 않고, 이른바 단언적 명제 'propositions'로 출발하지 않으며, 단언적 명제라는 것은 흔히 그것으로부터 과학적 또는 학문적 결론을 이끌어낼 수 있다고 생각되는 것이다. 그리스적 논의의 방식이 되는 변증법적 사유는 문제 'problems' 혹은 의문 'questions'에서 출발하는데, 이들 문제와 의문에 대해서는 사람들이 제가끔 다른 입장이기 마련이다. 그러나 궁극적으로 논쟁의 대상이 된 문제와 의문들은 결론으로 가서는 하나의 명제 'proposition' 또는 1차적 원칙(first principle)에 의해서 해결될 것이다. 이때 만약 그리스 방식에 의한 변증법적 논의와 사유가 유효하게 방법으로 쓰인다면 자연스럽게 그러나 결론으로서의 하나의 명제나 일차적 원칙에 의해서 논쟁에 참여한 어느 한쪽이나 다른 쪽에게 호의적인 것으로 끝나게 될 것이다.[194]

"사람은 모두 죽는다"에서 나타난 더 이상 논의의 필요가 없는 자명(自明)한 전제에서 출발하는 사유와 논리를 아리스토텔레스는 **자명한 사유**(思惟, apodictic reasoning)라고 했고, "사람은 정치적 동물이다"에서와 같이 논쟁의 요소가 있는 것에서 출발하는 그리스적 논의의 방식을 아리스토텔레스는 **변증법적 사유** 또는 논의(dialectical reasoning)라고 하였다. 이와 같은 아리스토텔레스의 자명한 사유와 변증법적 사유의 구별은 기원전 3세기와 그 이후의 스토아학파에 의해서 받아들여졌다. 그러나 스토아학파들은 변증법적 사유를 제1차적 원칙에 도달하는 방식으로 보지 않고, 진행되는 논쟁을 분석하는 방식으로 또한 특징의 구별에 의해서 개념을 정의하거나 유(類, genus)와 종(種, species)을 종합하는 방법으로 사용했다. 그래서 스토아학파들은 아리스토텔레스가 압도적으로 관심을 가졌던 체계적 논의라는 점을 빠뜨리게 되었다. 스토아학파와 함께 변증법은 독립적인 영역이 되었고, 이때 논리학(logic)으로부터 크게 다르지 않은 것으로 되었으며 변론술(rhetoric)과 문법의 강한 요소를 가진 논리학이 되었다.

그리스 변증법이 기원전 2세기와 1세기에 걸친 공화정시대에 로마로 수입된 것은, 방금 설명한 스토아학파들이 만든 형태였고, 여

---

194) Ludwig Wittgenstein, *On Certainty*, ed. G. E. M. Anscombe and G. H. von Wright, (New York, 1969)를 보라.

기에 더하여 배경으로서는 플라톤(Platon)과 아리스토텔레스(Aristoteles)의 저서들이 함께였다. 로마 공화정에서 변증법은, 교육받은 계층들이 받아들였는데 이때 주의할 것은 법학자들로서, 그들은 그리스 변증법을 역사상 처음으로 현재 통용되고 있는 법제도에 적용시켰다. 변증법을 발명한 그리스인들은, 공화정시대의 로마 법률가들이 시도한 이와 같은 법제도에의 적용을 시도한 적이 없었다. 이유는 여러 가지일 수 있다. 즉, 그리스 도시국가들은, 법학의 발달과 궤적을 같이하는 법학자들의 특권계층이 융성한 것과 같은 현상을 경험하지 못했다. 쌍방 당사자가 참여하는 재판 또는 중재 절차는, 큰 규모의 시민들의 집회에 의해서 행해졌으며, 시민들의 모임에서 어떤 목적을 위해서 주장한 사람들은 법에 근거한 주장에 의지하기보다는, 더 도덕에 기초하고 도시 정치의 고려에 기초한 주장을 한 것과 같은 방식을 행했다. 여기에 더하여 그리스 철학자들은, 법에 있어서의 룰(rule)들(legal rules)이 생각과 논의의 출발점이 된다는 것을 알아차리지 못했다. 그리스 철학자들은 그들의 특징으로서 당시의 시민계급보다 더 높은 데에 존재하는 철학적 진리에 호소했으며 이러한 철학적 진리는 관찰과 이성에 의해서만 얻어질 수 있는 것이었다.[195] 그리스 철학자들에게 있어서 법에 있어서의 룰(rule)과 제도에 의한 결정 같은 것은, 용이하게 수락할 수 있는 권위의 원천(authorities)이 아니었고, 또한 거기까지 안 가더라도 최소한 그리스 시민의 공동체가 가지는 올바름, 즉 정의감이 나타난 것이라고 보지도 않았다. 법에 있어서의 규칙과 결정이라는 것은, 그 대신 단지 사용 가능하거나 혹은 사용되지 않는 데이터, 즉, 자

---

195) Wolfgang Kunkel, *An Introduction To Roman Legal and Constitutional Law*, trans. J. M. Kelley, 2nd ed., (Oxford, 1973), pp.98~103을 보라.

료에 불과했고 그들의 목적은 그들 자신의 철학적 이론을 수립하는 것이었다. 이와 같이 그리스 철학자들이 정의란 무엇인가에 관한 의문들을 즐겨 토론하였으며, 지배자가 법에 의해서 통치할 것인가, 자신의 뜻과 의지에 의해서 통치할 것인가에 대해서 토론하였다. 그러나 그리스 철학자들은 다음과 같은 문제에 대해서 토론하는 것을 중요하지 않다고 간주하였는데, 예를 들면 어떤 사람이 사기로 물건의 소유자로 하여금 그 물건을 점유 이탈하도록 설득한 다음 그것을 취한 경우에 그 사람으로부터 선의로 물건을 매수한 사람에 대해서 물건의 원 소유자가 법에 의해서 구제받을 수 있느냐 없느냐의 문제였다. 그리스 철학자들이 민법상의 이러한 문제들을 고려할 때, 그들은 이런 민법상의 문제들을 개인 윤리에 관한 문제들로 일반적으로 취급하였다. 또한 헌법에 관한 문제들은 정치에 관한 일들로 일관적으로 취급되었다.

실로 플라톤적인 사고는 법의 집행을 법률가들에게 맡긴다는 사법의 아이디어에 대해서, 어떤 초월적인 실재를 부여하였다. 지혜, 즉 philosophos를 구하는 사람만이, 정부기구를 담당할 수 있는 능력이 있었으며, 그가 지혜를 구하는 역정에서 성공했을 때만이, 지혜를 소유한 자 또는 아는 사람이 되었다. 칼 프리드리히의 말에 의하면 "플라톤에게 있어서, 사법 또는 정의의 초월적인 성질 그 자체가 헌법 질서에 있어서 정의가 실현되는 것을 전제로 하고 있었다." 프리드리히는 이러한 사고의 결과로서, 서양에서 쓰는 용어의 의미대로의 헌법이라는 것은 '아테네에서는 알려진 바가 없었다.'[196]

---

196) Carl J. Friedrich, *Transcendent Justice: The Religious Dimension of Constitutionalism*, (Durham, N. C., 1964), p.5.

한편 로마에서는 법률가의 특권계급이 아주 일찍부터 형성되었다. 기원전 5세기부터 계속해서 로마의 사제들(pontiffs)은 여러 가지 이유로 가능한, 법에 있어서의 다양한 구제 절차('actions')에 관한 기록을 보존하였다. 그 이후부터 매년 정무관 또는 사법관(praetors)을 선출하는 행사가 나타났으며, 정무관 또는 사법관(praetors)은 연간의 명령의 형태로 법의 일반원칙을 선포하였는데, 이 일반원칙은 사법적인 분쟁에 적용 가능한 것이었으며, 이때 사법관은, 개인으로서의 원고로부터 명령에 쓰이는 권리의 침해에 관해서 청구를 받았다. 정무관 또는 사법관(praetors)은 이와 같은 원고로부터의 청구를 판관에게 이송하였으며, 판관은 당시의 사법관에 의해서 지명되는 일반인이었다. 사법관이 판관에게 청구를 이송할 때는, 재판에 관한 청문회 개최에 대한 지시조항과 함께 청구심판에서 주장된 사실을 증명하게 되면 구제책을 부여하게 되었다. 사법관과 판관에 더해서 제3의 그룹에 속하는 일반 시민들이 있었는데 이들은 법에 있어서의 절차에 참여하였으며, 이들은 판관 앞에서, 어떤 당사자를 위해서 주장하는 변호인의 역할을 하였다. 마지막으로 그리고 궁극적으로는 가장 중요한 것으로서 법학자(jurist 또는 jurisconsults)들이 있었다. 이들 법학자들이 지금까지의 등장한 모든 역할 중에서 유일한 전문가 계층이었다. 사법관들과 판관들과 변호인들과 그리고 소송당사자들 또한 법을 기반으로 하는 거래에 종사하기를 원하는 일반 고객들에게, 법에 기초한 어드바이스를 주는 것이 이들의 주된 임무였다.[197]

로마의 법학자들은 법에 대한 그들의 접근법에 있어서 엄청나게

---

197) Kunkel, *Introduction*, pp.84~86, 95~124.

실용적이었다. 기원전 2세기와 1세기에 그리스에 유래한 변증법적인 논의와 사유의 수입은, 비록 그것이 로마법에 유입된 최초의 학문적 영향이었지만, 로마법과 그리스 철학의 상호 통혼은 아니었다. 우리가 그리스 철학과 로마법의 상호 결혼이라고 부르는 것은, 실제로는 서유럽의 대학에서 로마시대 기점으로 약 1,000년 이후에야 일어난 것이다. 그 이유는 다음과 같다. 로마의 법학자들은 그리스 문화에 기초한, 즉 헬레니즘식의 보편적 교육체계를 채택하는 것을 거절했다. 즉, 법학의 훈련과 교육은 지속적으로 주로 극히 비공식적인 방식, 즉 경험이 많은 실무가의 집에서 행해지는 개인적인 도제 방식으로 행해졌다. '정의란 무엇인가, 법이란 무엇인가, 법학이란 무엇인가'와 같은 기본적인 개념을 그리스인들은 가장 고차적인 문제로 보았고, 거의 유일한 중요성을 가지고 있는 것으로 본 것에 비해서, 로마의 법학자들은 그들의 학생과 함께 이와 같은 문제를 논의하지 않았다. 법학을 배우는 학생은, 로마시대에는 바로 실제 문제해결로 메다꽂혔다. 그래서 법학도는 처음부터 반복되는 질문에 대면해야 했다. 주어진 사실관계 또는 제시된 사실관계 또는 언급된 사실관계에 기초한다면 도대체 어떤 일을 해야 하겠는가.[198] 그럼에도 불구하고 바로 이 시기에 법학자들이 처음으로 로마법을 다양한 종류의 유 개념과 종 개념으로 체계적으로 분류하는 작업을 시도하였으며, 또한 개개의 특별한 사례들에 적용할 수 있는 일반적인 룰(rule)을 정의하는 작업을 정밀하게 시도하였다. 이것은 실로 기원후 1세기부터 3세기에 걸친 흔히 학계에서 말하는 고전 로마법의 위대한 개화 이전에 생긴 일이었다.

---

198) Fritz Schulz, *History of Roman Legal Science*, (Oxford, 1946), pp.57~58.

아마도 그리스식 대화에 기초를 둔 변증법적인 사유와 논리 증명을 최초로 체계적으로 시도한 것은 민법(jus civile)에 대한 논문으로서 기원전 82년에 사거한 로마법학자 무키우스 스캐볼라(Mucius Scaevola)였다.[199] 그의 작업은 "로마 법학뿐만 아니라 유럽 법학의 기초를 놓았다"[200]고 평가되는데, 민법은 4가지 주된 분야로 분류되었다. 유산에 관한 법, 인(persons)에 대한 법, 물건에 대한 법, 그리고 채무에 대한 법이다. 이들 분야의 각각은 다시 더 세분화되었다. 상속법은 유언에 의한 상속과 유언에 의하지 않은 상속, 인에 관한 법들은 본인, 후견, 자유인, 친권 및 다른 분야로 나뉘어졌다. 물에 대한 법은 점유, 비점유로 나뉘고, 채무에 관한 법은 계약과 불법행위로 분류되었다. 이러한 분류는 더 계속해서 상세히 분류되었다. 예를 들면 계약은 유효한 계약, 매매, 임대차 그리고 동업계약 관계로 나누어졌으며, 불법행위는 협박, 절도, 손해배상으로 분류되었다.[201]

이와 같이 다양한 유 개념과 종 개념 아래에서 각 개념은 지배적인 원칙에 의해서 특징화되고 법의 자료들은 다시 만들어졌다. 무엇보다도 특정한 사례들에 있어서 사무관(praetor)들의 결정과 입법행위, 오래된 서류 모음으로부터 가려낸 법의 원천들 같은 것이다. 저자인 스캐볼라 자신이 스스로 행한 주된 과업은 사례의 결정례에 내재하는 법적인 룰(rule)을 상세하게 언급할 때, 저자가 명명한[202] 원래의 명칭으로서의 정의(定議) 'definitions'를 제시하는 것

---

199) Fritz Schulz, *Principles of Roman Law*, (Oxford, 1936), p.53; Peter Stein, *Regulae Iuris: From Juristic Rules to Legal Maxims*, (Edinburgh, 1966), p.36.
200) Schulz, *Roman Legal Science*, p.94.
201) Ibid., p.95.
202) Stein, *Regulae*, p.36.

이었다. {역자 주: 개화기 이후 한국 법학도들을 시초부터 괴롭히는 개념 정의는, 그와 같은 추상적인 형태로 애초부터 주어진 것이 아니었다. 기원전 82년 로마 법학자에 의한 개념 정의의 목적은 개별 판결례에 내재한 법적인 룰(rule)을 상세하게 설명하는 데에 있었다. 한국의 법학도가 익숙한 법 개념의 설명은 판례와 관계없이 흡사 선험적으로 또한 철학적으로 존재하는 추상어를 의미 풀이하는 것으로 인식되어 왔다}

이미 말한 스캐볼라(Q. Mucius Scaevola)와 기원전 2세기와 1세기에 걸친 그의 동료 법학자들의 작업에서 '분류 체계(classification system)'뿐만 아니라 특수한 룰(rule)의 형성에 도달하는 방법조차도, 넓은 의미의 그리스적 의미로 변증법에 의한 것이었다. 무슨 뜻이냐? 먼저 질문이 가하여진다. 그리고 이 질문에 대한 법학자들의 다양한 대답이 모아서 수록되며, 마지막으로 저자의 자신의 해결책이 제시된다. 예를 들면 절도에 관한 법을, 그 범위에 관해서 더 이전의 시대에 살았던 법학자가 다양한 결정례들을 요약했다고 하자. 이때 그는 다음과 같이 언급했다고 하자. 즉, 말 한 마리를 빌린 사람은, 만약 그가 말을 빌릴 당시에 동의했던 장소와 다른 장소로 가지고 간다면 절도죄의 유죄이다. 또는 빌린 사람이 계약 당시의 장소보다 더 멀리 말을 끌고 갔다면, 역시 절도죄의 유죄이다. 여기에 대해서 스캐볼라는 똑같은 결정과 다른 결정들을 모두 참고한 뒤에 더 범위가 넓으며 동시에 더 정밀한 공식을 제시했다. 누구든지 어떤 물건을 빌려서 사용하는 경우, 원래 빌린 목적 이외의 목적으로 사용하는 경우는, 절도죄에 해당한다.[203] 이 절도죄의

---

203) Ibid., pp.45~46.

정의는, 정의에 있어서 '말을 빌린 경우'에 '물건을 빌린 경우'로 대입할 수도 있고 더 나아가서 금전대차뿐만 아니라 예치 또는 임치조차도 해당한다고 한다.

로마법 전문가인 피터 스타인(Peter Stein)에 의하면 "스캐볼라와 당시 로마법 전문가들은 아리스토텔레스의 방법을 사용하여 법절차에서 실제로 무엇이 일어났는가를 설명하려고 했다."[204] 내려진 판결을 분류하여, 같은 부류의 판결을 모아, '그 특징을 정의하려고 한 것'이다. 그렇게 함으로써 기존의 판결의 적용 가능한 범위를 확정하려고 한 것이다. 그러나 그들이 했던 일반화에는 한계가 있었다. 법개념(legal concept)이라는 것이 그들에게는 없었다. "원래부터 개념이라 불리는 것이 그들에게는 없었다." 스캐볼라는 재판에서 실제로 일어난 일을 설명하는, 그의 과제를 달성하기 위한 방법으로 우선 같은 부류(genera)와 같은 종류(species){역자 주: 부류(部類)라고 번역된 유(genera)는 종류(種類)라고 번역된 류(species)보다 하위이다}를 더 하위로 분류해 들어갔다. 그래서 마침내 가장 저변에 있는 개별적이고 특수한 법의 결정들에 도달해서 그 결정들을 분류하고, 그런 다음에 그 법의 결정들을 설명하는 방법을 찾았다. 그 방법은 분류된 결정들에게 "관계되는 모든 카테고리들을 포함하며, 또한 동시에 관계되지 않는 모든 카테고리들을 제외할 수 있는 그런 내용을 지닌 어떤 형태의 용어"를 발견하는 것이다.[205] 이 작업의 주체인 무시우스 스캐볼라(Mucius Scaevola)와 그를 따랐던 다른 법률가들의 목적은, 이미 이전에 존재해왔던, 즉 선재하였던 법을 찾아내어 그 존재를 선포하는 것이었고, 그다음에

---

204) Ibid., p.37.
205) Ibid., p.41.

는 선재하여 왔던 법의 한계와 한도가 무엇인가를 정밀하게 규정하는 것이었다.206) 여기서 나타난 것은 일반화의 폭과 범위가 넓을수록 정밀하지 못하게 되고, 일반화의 폭이 좁을수록 정교해진다는 것이다. 즉, 일반화의 폭과 정밀성은 반비례의 관계이다. {역자 주: 결국 기원전 82년에 사거한 고대 로마의 저명한 법학자 무시우스 스캐볼라의 유와 종을 세밀화시키고 이것을 판례의 집합에 꼭 맞는 용어로 발전시키는 작업은 그 일반화의 폭만큼은 정밀하지 못했다는 이야기가 된다} 로마 공화정시대의 법학자들이 현대인이 아는 의미에서의 법개념으로 토론하려고 시도했다고 할 수는 없는 일이다. 실로 개념이라는 그 자체는 고대 로마법학자들의 지적 노력의 장비에서는 찾아볼 수가 없었다.207)

점차로 기원후 1세기와 5세기에 이르는 고전시대 및 후기 고전시대에 와서 로마법학자들은 앞선 시대, 즉, 공화정시대의 그들의 선대들이 적용하였던 변증법적인 기법을 근본적으로 변경하지 않고, 정밀화시키고 발전시켜 나갔다. 당시에 다소 더 범위가 넓은 추상화 내지 일반화로 향하는 경향이 있었다. 2세기의 첫 번째 부분에 속하던 시기에 로마법학자들은 명백히 (개념의) 정의(定議, 'definition') 뿐만이 아니라 룰(rule, regulae)에 대해서 더 명백하게 설명하기 시작했다. rule과 definition이라는 두 용어 사이의 차이는 미묘한 것이다. 정의(定議, definition)는 그 출발에서 사례들과 보다 더 밀접하게 연관되어 있는데, 왜냐하면 저변에 있는 사례들, 즉 케이스로를 일반화시켜서 처음 나타난 것이 정의(definition)이기 때문이다.

---

206) Ibid., p.46.

207) Ibid., 또한 Dietrich Behrens, "Begriff und Definition in den Quellen", ZSS(rom), 74 (1957), p.352를 보라.

여기에 대해서 룰(rule)은 역시 사례들 또는 케이스에서 나온 것이기는 하나 분리되어서 고려될 수 있는 능력이 있었다. 왜냐하면 때때로 룰(rule)은 모아져서 책으로 엮어지고 간행되어서 규칙집('books of rules')으로 나왔기 때문이고, 로마제국의 헤아릴 수 없이 많은 하급 공무원들에게는 특별히 유용했다. 기원후 1세기와 5세기에 이르는 고전 및 후기 고전시대에, 소수의 법학교가 시작되었다. 이 학교들의 방향은 압도적으로 실용주의였지만, 의심할 나위 없는 것은, 보다 넓은 룰(rule)을 찾기 위한 (학자적인) 경향이 나타나는 데 기여했다고 볼 수 있다. 예를 들면, 한 사물의 특수한 성질, 즉 사물의 본성 'nature of a thing(Natur der Sache)'이라는 아리스토텔레스(Aristoteles)의 개념이 사용되었다. 예를 들어 보자. 매매 계약의 명시된 조항에서 빠진 사항들을 어떻게 할 것인가. '자연적으로 어떤 케이스에 속하는' 조건들은 명시적 동의를 요하지 않는다고 알려져 왔다.[208] 그러나 단 한 가지 종류의 조건이 모든 타입의 매매에 있어서 자연적으로 귀속하고 있는 것으로 여겨졌다. - 말하자면 파는 사람이 소유권을 가지고 있다는 사실 - 개별적인 타입의 구매에 있어서 따르는 {역자 주: 현대의 용어로 표현하자면} 다양한 다른 종류의 특별한 하자담보책임은 그 당시에는 따로 목록을 만들어서 밝혔다. 예를 들면 다음과 같은 조건이다. 즉, 매매의 대상이 되는 동물은 건강하다 또는 매매의 대상이 되는 노예가 주인으로부터 도망가는 버릇이 없어야 된다. 때때로 다양한 형태의 거래를 규율하기 위해서 공통적인 룰(rule)이 개발되었다. 예를 들면 매매와 임대차와 같은 다양한 형태의 계약들, 아주 이따금씩만

---

208) D. 19.1.11.1.

고전시대 또는 후기 고전시대 로마법학자들이 법 전체를 포용하는 것같이 보이는 범위가 넓은 원칙들을 천명하는 데에만큼 멀리 나 갔을 뿐이다. 그래서 2세기 중반의 큰 법률학자요, 법교사였던 가이우스(Gaius)는 '민법의 룰(rule)들에 반해서' 맺어진 계약은 무효라고 썼는데, {역자 주: 민법의 룰(rule)들이라 했을 때 민법 전체를 의미하는 것으로 이와 같이 법체계 전체의 원칙을 밝히는 것은 드문 일이었다고 한다} 이때 그가 전제로 한 함의는 실로 훨씬 후대, 즉 12세기에 와서 서양의 스콜라 법률학자들에 의해서 처음으로 명백히 말해진 것으로, 다음과 같은 사실이다. 즉, 법은 전체로서의 온전한 시스템을 구성하며 따라서 온전한 하나의 몸체 또는 유기체이다.

이 함의는 매우 광범위한 규칙(regulae)에서 역시 존재하였다. 고전시대 및 후기 고전시대에 로마에서 만들어진 '매우 광범위한 규칙(regulae)'은 어떻게 만들어졌는가. 최초의 저변 사례에 해당하는 결정례 또는 판례가 존재하고, 그것들로부터 최초의 일반화 작업이 일어났으며, 다시 일반화된 케이스로부터 추상화과정을 거쳐서 생성된 것이다. 이러한 과정을 거친 '매우 넓은 규칙'은 어떤 형태를 띠고 있었는가. 근본적인 법원칙을 명백하게 표현하기 위해서, 간략한 경구(警句)로 말하는 형태를 가지게 되었다. 예를 들면 다음과 같다. 유스티니아누스(Justinianus) 대제의 디게스타에 결론적인 타이틀 50. 17은 '고대법의 다양한 규칙에 관하여'인데, 이것은 211개의 범위가 넓은 규칙들을 수집하고 있다. 예를 들면, "아무도 사정을 알고 동의한 타인을 사기했다고 간주되지 않는다." "의심스러운 일들에서는 더 호의적인 해석 방법이 우선되어야 한다." "법(lex)이 장애를 주지 않을 때는 언제든지 신의(good faith) 성실은 점유자에게 진실만큼 부여하는 것이다." 그러나 스타인(Stein)이 보여주듯이[209] 이러한 고전 및 후기 고전시대의 로마의 법에 관한 격언, 즉 법언(法諺, 'legal maxims')들은 (이 명칭은 12세기에 이르러서 부여된 것이다) 전혀 다른 의미를 가지게 되었다. 어떤 조건에서 그러했을까? 애초에 그 법언이 원래 발설되게 된 것은 어떤 형태의 결정례 또는 판례가 주어진 문맥에서였고, 그러한 결정례 또는 판례라는 콘텍스트에서부터 추상적인 법원칙이 만들어졌으며, 그래서 디게스타의 앞부분에서 다시 복제되었던 것이다. {역자 주: 서기 1세기에서 5세기를 지칭하는 고전 및 후기 고전시대를 배경으로 한 로마법의 격언들은 명백히 당시의 결정례 또는 판례를 저변으로 하고 일반화되고 추상화된 규칙 중에서 가장 폭넓은 것으로서, 어쨌든 명백한 콘텍스트는 그 시대에 행해진 구체적인 결정례 및 판례에 기초를 두고 있었다} 따라서 방금 인용한 규칙 중에 첫 번째 것은 원래는 다음과 같은 케이스에 기본을 두고 있는 것이다. 즉, A와 B가 채권 채무 관계에 있고 채무자 B가 채권자 A에게 사기를 행했으며, 제3자 C가 B로부터 무엇인가를 취득할 때 채권자 A의 승낙을 얻었을 경우이다. 채권자는 이 경우에 사기를 이유로 계약을 무효로 할 수 없다는 것이다. 두 번째로 인용한 법언은 원래 유언에 관한 것이었다. '더 호의적인 해석'이란 누구에게 더 호의적이라는 것인가? 상속자에게 더 유리한 것이라는 뜻이다. 세 번째로 인용한 법언은 원래 타인의 노예를 선의로 점유한 사람을 가리킨다. 즉, 만약 그 노예가 타인으로부터 훔친 것이라면 절도 행위의 희생자는 노예의 점유자에 대해서 소권을 가진다. 기

---

209) Stein, *Regulae*, p.118.

원후 503년에 유스티니아누스 황제는 이 주제에 대한 고법(the older law)을 명백히 하는 헌법을 포고하였다. 이 헌법은 규칙(the regula)의 결론 장에서 간접적으로 참조하고 있는 법(the lex)을 말한다.

고대법(ancient law)에 존재하는 추상적인 규칙들을 부가적인 것을 제거하고 수식 없이 말한 211개의 소위 법언의 모음은, 유스티니아누스(Justinianus) 대제에 의해서는 다음과 같은 뜻으로 의도되지 않았다. 즉, 누군가를 속여서 이러한 규칙들이 그 규칙이 원래 적용되었던 구체적인 상황과 아무 관계없이 어떤 독립적인 의미를 가진다고 믿게끔 할 수 있다는 의도는 아니었던 것이다. 맨 첫 번째 규칙, 즉 법언이 이것을 명백하게 하고 있다. 법학자 파울루스(Paulus)는 다음과 같이 말한 것으로 인용된다. "하나의 규칙 또는 룰(rule)은 한 사건을 간략하게 관련시키는 것이다. …… 규칙 또는 룰(rule)의 방식에 의해서 사건들의 간단한 내용이 전달되게 된다. …… 만약 규칙 또는 룰(rule)이 어느 측면에 있어서 부정확하다면 그 규칙 또는 룰(rule)은 그 효과를 잃는다." 다른 말로 한다면 규칙 또는 룰(rule)은 그 규칙 또는 룰(rule)이 요약한 소재가 되는 사례 및 판례의 맥락 밖에서는 고려되어서는 안 된다는 것이다. {역자 주: 콘텍스트 고려 없는 텍스트로서의 룰(rule)은 의미가 없다는 말이다} 이것은 또한 다음과 같은 사실에 의해서 보인다. 각개의 규칙 또는 룰(rule)은 무엇에 의해서 선행되어야 하는가. **그 규칙되는 룰(rule)이 태어난 원래의 콘텍스트를 인용하는 것이 선행되어야 한다.** {역자 주: 한국의 교과서 법학에서의 사정은 어떠해 왔는가?} 디게스타 고법 사항의 최초의 것을 제외하면, 룰(rule)들은 비체계적으로 정리되어 있고, 어떤 것들은 서로 모순되고 일치되지 않는다.210) 유스티니아누스 황제가 그의 거대한 전집 말미에 붙는 부분적으로 장식풍의 색인으로서 규칙을 보충한 것이었다. 또한 가능성이 있는 것은 규칙, 룰(rule) 또는 법언은 아마도 거증 책임을 전환하는 데에 쓰일 수 있는 추정으로서 변론에서 유용한 것으로 의도되었을 수가 있다. 마지막으로 규칙 룰(rule) 또는 법언 모음집은 방대한 텍스트를 기억하기 위한 보조자료로서, 말하자면 교육적인 목적을 가지고 있다고 할 수 있다. 확실한 것은 어떤 로마 법학자들도 그것들을 추상적인 원칙으로 취급하지 않았다. 실로 디게스타의 타이틀 50. 17 전부는 의심할 나위 없이 유스티니아누스 황제 시대의 로마 법률가들에게 야보레누스(Javolenus)의 유명한 룰(rule)의 유효성을 보여 주었음이 틀림없다고 할 수 있다. 야보레누스의 유명한 룰(rule)은 타이틀 50. 17에 수록되어 있다. "민법의 모든 룰(rule)과 개념 정의(定義) *definitiones*는 위험하다. 왜냐하면 모든 룰(rule)들은 항상 언제나 왜곡될 수 있기 때문이다."[이것은 어떤 특정한 개념 정의(定義, definition)에도 마찬가지이다]211)

고전 및 후기 고전시대의 로마의 법학자들은, 법에 있어서의 룰(rule), 즉 법적 규칙을, 결정례와 판례들을 제한적으로 특화시킨 그룹에서 발견되는 공통적 요소들을 일반화한 것으로 생각하였다. 주의할 것은 이와 같이 법의 룰(rule)의 범위를 제한함으로써, 비로소

---

210) 이처럼 D. 50. 17. 67에 의하면, "한 문장이 두 가지 의미를 갖고 있을 때는, 언제든지 어떤 의미가 현재 사례에 가장 잘 맞는가라는 관점이 받아들여져야 된다." 그러나 일방 D. 50. 17. 114에 의하면, "언어가 애매모호하고 분명하지 않을 때에는, 가장 확률이 높고 정상적인 의미가 채택되어야 한다." D. 50. 17. 115에 의하면, "피고는 원고보다 더 큰 호의를 가지고 간주되어야 한다"라고 한 반면, D. 50. 17. 126에 의하면 두 사람의 주장 또는 청구권에 관련된 문제가 일어났을 때에는, 점유자 또는 소유자의 위치에게 보다 호의적이라야 한다.

211) Stein, *Regulae*, p.70.

그들은 분류하고 일반화하는 그리스 방식을 사용하여 사례들을 결정하는 합리적인 기초로 쓰는 그들 자신의 목적을 달성하기를 희망했다. 그리스인들로 말하면 법에 있어서의 결정이나 룰(rule)을 이와 같이 합리화하려는 시도를 결코 하지 않았다. 그리스인들에게는 변증법적인 사유나 논리 증명은 이미 모두가 동의한 전제로부터 유효한 철학적 결론, '명제들(propositions)'을 이끌어내는 테크닉이었다. 이에 비해서 실용성이 강한 로마인들은, 그리스의 변증법을 발견의 기법으로부터 판단 및 심판의 기법으로 바꿔놓았다.

11세기나 12세기 그리고 그 이후의 서유럽 법학자들의 학문적 방식이었던, 룰(rule)을 구체적인 사례에 적용하는 방식인 legal casuistry과 오늘날에 이르기까지의 영국과 아메리카의 보통법 법률가들이 채택하는 케이스 메소드 분석과, 로마 법학자들이 룰(rule)을 구체적 사례에 적용하는 방식이었던 casuistry를 서로 구별하는 것은 중요하다. 한편에 있어서 로마인들은 다음과 같은 목적으로 사례 및 케이스들을 사용하지 않았다. 즉, 원칙들을 보여 주고 설명하기 위해서가 아니었으며, 또한 그들의 실제 사례에서의 적용을 확인하기 위해서 한걸음 물러남으로써 원칙들을 검증하기 위해서도 아니었다. 그 반면에 로마인들은, 로마의 결정례와 사례들을 사실 상황에 있어서의 애매모호성이나 차이가 나고 거리가 있는 것을 충분히 토론하지 않고, 또한 관계된 법적 이슈들을 대안적으로 형성하지도 않고 결정례와 사례들을 환원시켜서 {역자 주: 즉, 사실에 관한 상황과 연관 이슈들을 다 떼어내 버리고} 건조하고 앙상한 판결 취지만 남겼다.[212] 막스 베버(Max Weber)가 고전시대의 로마 법학자

---

212) Theodor Viehweg, *Topik und Jurisprudenz*, 5th ed., (Munich, 1954), p.74.

들이 법에서의 룰(rule)을 사용할 때 '형태의 비슷함, 즉 유비(類比, analogy)를 늘어놓거나 유비(類比)의 눈에 보이는 연상에 의해서' 사용했다고 했을 때 의심할 나위 없이 너무 나갔다고 할 수 있다.[213] 그러나 사례들과 판례들의 유사성(類似性)에서 출발하는 유비(analogy) 라는 방법이 기초하고 있는 가정이나 더 깊은 이유 같은 것을 명백히 표명하지 못한 점 때문에 - 실로 그들은 가장 중요한 법에 있어서의 용어를 명료하게 설명하는 것조차도 하지 않았는데[214] - 이러한 점은 사례 분석에 있어서 범위가 좁아지고 무표정하게 되었지만, 이 점이야말로 로마의 법학자들이 바로 바랐던 것이다! 키케로(Cicero)가 명료한 룰(rule)의 정의(definition)와 추상적인 법의 룰(rule)을 들면서 법을 더 정밀하게 체계화할 것을 주장했을 때, 법학자들은 "정중한 침묵으로써 이러한 비난에 대답했다."[215] 로마의 법학자들은, 일관성 있는 재판에 의한 결정에 대한 로마인의 천재적 성질을 알고 있었고, 따라서 그러한 성질을 변화시켜서 철학적 체계로 만들 이유를 가지지 않았다. 로마의 법학자들은 회의적이 될 모든 이유를 가지고 있었는데, 무엇에 대한 회의였던가? 고차원적인 그리스 철학을, 재판형식에 의한 어떤 사례의 결정이라는 실용적인 필요에 과연 얼마나 적용 가능할 것인가에 대한 회의였다.

(여기에 비교해서) 11세기와 12세기의 유럽 법학자들은, 그리스의 변증법을 훨씬 더 높은 수준의 일반화와 추상화로 진행시켰다. 이 시대의 유럽 법률가들은 법에 있어서의 룰(rule)을, 서로 유기적

---

213) Schulz, *Principles*, pp.51~52에서 인용. Max Weber, *Economy and Society*, ed. Guenther Roth and Claus Wittich, Ⅱ, (New York, 1968), p.787을 보라. 또한 Viehweg, *Topik*, pp.46~61을 보라. Stein, *Regulae*, pp.74~89를 보라.

214) Schulz, *Roman Legal Science*, pp.43~48.

215) Ibid., p.65.

인 관계를 가지고 조화되어서 전체로서의 온전성을 가지는 것으로 체계화하려고 했다. 이것은 사례들과 판례들의 특별한 종류들에게 공통적인 요소들을 명백히 지적하는 것뿐만이 아니라, 룰(rule)들을 원칙으로 종합화하여 들어가고 더 나아가서 원칙 자체들은 전체 체계를 향하여 종합화하도록 노력했는데 그 결과는 법의 하나의 온전한 유기적인 살아있는 몸체, 즉 라틴어로 corpus juris가 되는 것이다.

이러한 목표를 달성하기 위하여 스콜라 법학자들이 사용한 테크닉의 하나가, 로마의 레귤레(*regulae*)를 법적인 격언, 즉 법언 'maxims'로 취급하는 것이었다. 로마의 레귤레라는 것은, 시민법 대전의 디게스타 중 타이틀 50. 17과 다른 곳에서 발견되는 것이며, 또한 법언이라고 하면, 그것의 어원인 격언에서도 나타나듯이 개별적이고 구체적인 사례를 떠나서도 보편적인 효력을 가질 수 있는 독립적인 원칙을 말하는 것이다. 원래 격언이라는 의미에 있어서의 'maxim'은, 아리스토텔레스(Aristoteles)의 용어 사용에서 이끌어낸 것이었다. 맥심('maxim')이란 'maximum proposition'에서 나온 말로, 이때 맥시멈이란 미니멈의 대칭으로서 그 범위가 최대한이라는 의미 내용에서 곧 보편적 'universal'이라는 함의이다. 로마의 저술가 보에티우스(Boethius, A.D. 480~524)는, 6세기부터 12세기 중반에 이르는 서양의 학자들이 아리스토텔레스를 배울 때 그의 라틴어 번역판과 해설판을 사용한 사람인데, 그에 의하면 아리스토텔레스는 스스로 명백한, 즉 증명이 필요 없는 명제들을 가정하였다. 그리고 나서 증명이 필요 없는 이들 'maximum'은 {역자 주: 말뜻 그대로 최대한이며 극대화의 범위를 가지고 있다는 의미에서} 보편적 성격을 가지는 명제들인데, 이 "maximum, 즉 줄여서 maxim으로부터 연역법의 결론을 이끌어낸다."216) 또한 12세기의 훌륭한 논리학자 피터 아벨라르(Peter Abelard)는 그의 저서 『변증법(*Dialectica*)』에서 이러한 최대한의 명제('maximum proposition')를 표현하기를, 여러 특수 명제들에게 공통적인 의미와 논리를 요약하고 있는 것으로 설명한다. 예를 들면 마음과 같다. "만약 그것이 사람이라면 그것은 식물이 아니라 동물에 속한다." "만약 그것이 장미라면 그것은 꽃에 속한다." "만약 그것이 붉다면 그것은 색깔이다." 이와 같은 비슷한 명제들에서, 종(種, species)은 유(類, genus)에 선행하며 따라서 '다음과 같은 일반명제(一般命題, maximum proposition)'를 이끌어낼 수 있다. 즉, "종(種, species)에 대해서 말할 수 있는 것은 유(類, genus)에 대해서도 말할 수 있다." 아벨라르가 쓰기를 '격언 또는 법언(maxim)'은 장미와 꽃의 관계에서 장미가 선행되는 것이라면 선행되는 것에 공통되는 모든 특징을 나타내어주며, 종(種, species)과 유(類, genus)의 모든 관계를 포함하고 있다.217) 똑같은 방식으로 아벨라르와 동시대인이었던 볼로냐의 법률학자들은, 개별적이고 특수한 사례들이 가지는 여러 함의로부터 그 적용 범위가 최대한이어서 보편적이라고 부를 수 있는 원칙들을 뽑아내었다. 실로 이와 같은 보편적 원칙은 고대 로마인들이 룰(rule)을 매우 간단하게 '일들을 간략하게 설명한 것'이라고 개념한 것과는 정반대의 위치에 선다. 고대 로마인의 룰(rule)에 대한 단순한 개념 대신에 이제 다음과 같이 생각되게 되었다. 즉, 사례, 결정례 등의 판례들의 개별적이고 특수한 형태에 나타나는 특징들 중에서 공통적인 것으로부터 차츰 종합해 들어가면 통틀어서 전체로서의 jus가 도출

---

216) Stein, *Regulae*, p.157에서 인용.

217) Peter Abelard, *Dialectica*, ed. L. M. de Rijk, (Assen, Netherlands, 1956), p.263.

될 수 있다. 주목할 것은 비슷한 논리가 수세기가 지난 뒤에 영국과 아메리카의 법률가들에 의해서 쓰였는데, 이들은 개개의 특수한 사법적 결정, 즉 판례들로부터 일반적인 룰(rule)을 끄집어내기 위해서 쓰였다. 현대 논리학자들은 이 방식을 '실존적 일반화(existential generalization)'라고 부른다.[218]

만약 M이라는 집합체에 속하는 하나의 개별적인 객체 m이 F라는 고유한 성질인 특징을 가지고 있다면, 집합체 M에 대해서 다음과 같이 말할 수 있게 된다. 즉, 그 집합체 안에 있는 몇 개의 객체나 적어도 하나의 객체는 F라는 고유한 성질 또는 특징을 가지고 있다고 추론할 수 있는 것은 추론의 일반원칙에 의지하기 때문이다. 그러나 12세기 당시의 스콜라 법학자들은 후대의 앵글로-아메리카의 보통 법률가보다 훨씬 더 나아갔다. 어떤 점에서 그러한가? 12세기 스콜라 법학자들은 모든 법적인 결정이나 법에 있어서의 룰(rule)은 그 하나하나가 더 넓은 범주에 속하는 즉, 유(類, genus)에 속하는 법(genus law) 중의 하나의 종(種. species)이라고 믿었다. 이런 믿음이 그들로 하여금 법의 모든 부분이 전체로서 온전한 것을 건설하며, 동시에 전체로서 온전한 것을 사용하여 하나하나의 부분을 해석하려고 하였다.

12세기의 스콜라 법학자들이 당시에 재발견된 유스티니아누스(Justinianus) 법전의 텍스트를 분석하고 다시 종합한 것은 이러한

---

218) William and Martha Kneale, *Introduction to Logic*, (Oxford, 1968)을 보라. 이 주도적인 텍스트의 저자들에 의하면, 아벨라르를 논리학의 발전에 있어서 네 사람의 가장 중요한 사람들의 한 사람으로 간주하고 있다. 다른 세 사람은 아리스토텔레스, 라이프니츠(Leibniz), 프레게(Frege)이다(see pp.202~203, 245, 320 and 511). 저자(버만)는 이 업적을 소개하고 지도해 준 마누엘 로렌호(Manuel Lourenço)에게 빚지고 있다.

접근 방식이었으며, 이 접근 방식을 특징지은 것은, 바로 12세기 스콜라 법학자들의 개별법과 온전한 전체 체계와의 관계에 대한 이와 같은 믿음과 이와 같은 사고방식이었다. 바로 이러한 점에 있어서 아리스토텔레스(Aristoteles)의 변증법은 - 심지어 아리스토텔레스의 주된 논리학의 저술이 번역되기도 전에- 당시에 연구되어지고 있던 로마법학자들의 종합의 방식보다 훨씬 더 높은 경지에서 법을 종합하는 방식으로 이전되어 쓰이게 되었다.[219]

그러나 또 다른 면이 있었다. 일찍이 아리스토텔레스는 변증법적 사유(思惟)와 추론(推論)이 더 이상 논증(論證)의 필요가 없는 자명(自明, self-evident)한 성격(apodictic character)을 가진다는 것을 부인하였다. 어떤 추리나 논증(論證)의 전제(前提, premises)가 명확하지 않다면 그 추론과 논증은 확실성에 도달할 수 없다. 이미 말한 바와 같이 '모든 사람은 죽는다'는 명제에서 출발하는 것은, 자명한 전제(apodictic premises)로 출발함으로써 그 논의는 확

---

219) 유스티니아누스의 텍스트가 매우 한정적인 의미에서 '계약의 성질'에 대해서 지나가는 인용을 하는 데에 반해서, 주석가들은 *natura*(nature)를 실질(substance)로 번역하고, 어떤 계약의 *naturalia*(자연적 요소)를 명시된 동의에 의해서 제외될 수 있는가를 토론하였다. 14세기에 발두스(Baldus)가 세련된 이론을 전개했는데, 그는 한 계약의 어떤 요소들로서, 계약에게 그것의 존재(being)를 부여하고, 그것 없이는 계약이 존재하지 않는(즉, 구매 계약에 있어서 매매 목적물과 가격을) 실질적인 것들(subtantialia)이라고 하고, 계약으로부터 추론되어지고 명백한 조건에 의해서 변경될 수 있는 것을 *naturalia*(자연적 요소)라 하고 또한 계약 당사자의 명백한 위임에 의해서만 추출될 수 있는 그런 요소들을 *accidentalia*(우연적 요소)라고 해서 구별하였다. Baldus, D. 2, 14, 7, 7, no. 1; Gl. *Extra naturam* D. 2, 14, 7, 5를 보라. Cf. Helmut Coing, "Zum Einfluss der Philosohpie des Aristoteles auf die Entwicklung des Römischen Rechts", ZSS (*rom*), 69 (1952), pp.24~59. 비록 발두스의 문장을 인용하였지만 코잉 교수는 중세 유럽의 방식을 비잔틴의 추론 방식으로부터 구별하지 않았고, 마치 아리스토텔레스의 영향이 일직선으로 움직여왔던 것처럼 아리스토텔레스의 영향을 추적하고 있다. 주석가들이 법언을 사용해서 다양한 특수한 종류의 결과를 끄집어낸 방식에 대한 훌륭한 예는, Gerhard Otte, *Dialektik und Jurisprudenz*, (Frankfurt am Main, 1971), pp.214~215.

실성에 도달할 수 있다. 그러나 '사람은 정치적 동물이다'와 같은 명제는 더 이상 증명이 필요 없는 자명한 명제는 아니고, 이것에서 출발하는 논의는 이미 든 예와는 달리 불확실할 수가 있다. 왜냐하면 정치적 성향이 없거나 약하거나 싫어하는 사람들은, 이 전제가 되는 명제 자체보다 다른 특징을 가지는 사람의 속성을 우선할 것이기 때문이다. 그래서 아리스토텔레스는 후자의 논증인 경우에 변증법적 논증이라 하였고, 그 확실성의 도달에 있어서 전자의 논증과는 구별하였던 것이다. 그러나 12세기 서양의 법학자들은 아리스토텔레스와는 다른 방향에서 아리스토텔레스의 변증법을 사용하였는데 그 목적은 무엇이 참되고 진실하며 또한 무엇이 올바르며 정당한가를 드러내놓고 밝히기 위한 목적으로 사용하였다. 그들은 변증법에 의한 논증과 자명한 전제에서 출발하는 논증을 교차 융합시키고, 법에 있어서의 규범을 분석하고 종합하는 데에 두 가지의 논증방법을 다 같이 적용함으로써 아리스토텔레스의 논리학을 변화시켜 버렸다. 초기 로마 법학자와 초기 그리스 철학자들에 대비해서 12세기의 스콜라 법학자들은 다음과 같이 가정하였다. 즉, 그들은 이성에 의해서(by reason) 좋은 권위로서 쓸 수 있는 법학의 텍스트가, 개별적인 특수성에 좌우되지 않는 보편적 진리와 보편적 올바름을 가진다는 것을 증명할 수 있다고 생각했다. 12세기의 서양 법학자들에게는 로마법에서 나타나는 (황제의) 칙령이나 포고 그리고 레스폰사(responsa)[220]는, 개별적으로 보든 전체로서 보든 고대 로마 법학자 자신들의 마음과 생각에는 포함되지 않았던 것

---

220) 역자 주: 사례나 질문에 주어진 로마 법학자의 응답, 즉, responsa prudentium을 말한다. 초기 로마법의 가장 중요한 원천을 구성하며, 과학적 정확성을 발전시키는 데에 큰 가치가 있었다. 레스폰사는 현대의 선례나 결정과 같은 정도로 법의 원천으로서의 권위가 있었다. *Black's Law Dictionary*, 4th ed., West Publishing, 1979.

을 포함하고 있었다. 즉, 쓰인 자연법(ratio scripta)이었으며, 성서와 함께 그리고 초기 교부들의 저술과 함께 그리고 교회의 교회법, 즉 캐논과 함께 신성한 것으로서 간주되었다. 로마의 법 규범은 진실하고 정당했기 때문에, 전제가 이미 명백한 것을 논증하는 방식(apodictic premises)에 의해서, 새로운 진리와 정의를 발견할 수 있다고 생각되었다. 그러나 다른 한편에 로마의 법 규범은 모호함과 틈새와 그리고 서로 갈등하는 것을 포함하고 있었기 때문에, 또한 변증법적 방식(dialectics)으로 논증할 수밖에 없었다. 변증법적 방식이라는 것은, 먼저 문제가 제기되고, 다음에 분류와 개념 정의가 행해지고, 그다음에 서로 반대되는 의견들이 진술되고 나서, 마침내 여기서 생긴 갈등들을 종합하는 것이다.

이것은 성 안셀무스(St. Anselm)의 유명한 모토인 "나는 이해하기 위하여 믿는다(*Credo ut intelligam*)"를 처음으로 체계적으로 적용한 것이다. 변증법적 논증과 그 정반대 방향에 서는, '전제가 명백한 데서 출발하는 논증' 사이에 존재했던 아리스토텔레스(Aristoteles)의 갈등은 그 자체가 해결되었다. **변증법적 방법은 법에 있어서 과학적 방법이 되었다. 또한 그것은 자연과학을 포함한 다른 학문의 분야에서도 과학적인 방식이 되어 갔다.**

스콜라 법학자들이 그리스 철학자들로부터 차이를 보인 것은, 그들이 권위 있는 텍스트로부터 추론함으로써 보편적 법원칙이 도출된다는 믿음에만 있는 것이 아니고, 이러한 보편적 원칙의 성질에 관한 그들의 믿음에서 또한 그러했다. 플라톤(Platon)은 **올바름(justice)이나 아름다움의 생각 또는 이데아, 삼각형이라는 이데아, 색깔이라는 이데아, 장미에 관한 이데아, 그리고 사람의 마음에 있는 모든 일반적인 생각, 즉 이데아들은 현실 밖에서 존재하**

는 '패러다임' 또는 '관념 형태들(Forms)'의 불안정한 반영이라는 뜻에서 보편적인 것들은 자연에 존재한다고 했다. 이와 같은 보편적 아이디어 또는 이데아가 실제로 존재한다는 의미에서의, 실재론자(實在論者) 'realist view'의 관점은, 현대에 와서는 이런 관점은 이상주의자 'idealist'라고 불리는데, 이 견해는 플라톤(Platon)에 의해서는 완전히 같게 표현되지는 않았다. 그러나 아리스토텔레스와 플라톤의 대부분의 차이는, 12세기 말경까지는 서양에서 알려진 아리스토텔레스의 저작들에서만 보일 수 있는 것인데 이 아리스토텔레스의 플라톤에 관한 저작조차도 보에티우스(Boethius)의 번역과 해설이었다.221) 이와 같이 서양의 기독교 철학자들은, 플라톤과 아리스토텔레스 두 사람 모두 실재론자, 즉 리얼리스트(realist)로 간주하였었다. 비록 이들 기독교 철학자들의 어떤 사람들은 보편적인 것(universals)의 실제로 존재하느냐의 성격, 'reality'에 관해서 몇 가지 의문을 제기하였지만, 실재주의자의 입장(realist position)에 대한 최초의 날카롭고 체계적인 공격은 11세기와 12세기에 누구보다도 아벨라르(Abelard)에 의해서 취해졌다. 아벨라르는 한 그룹의 개인적 성질들을 명백하게 규정하는 공통적인 특징이 외부에 실제로 존재한다는 것을 부인하였다. 그는 단지 개별적 성질만이 인간의

---

221) 오늘날조차도 아리스토텔레스가 실재론자(實在論者, realist)였는지 유명론자(唯名論者, nominalist) 또는 중간쯤의 어떤 것인지 또는 때때로는 개념주의자(conceptualist)로 불릴 수 있는 것인지에 대해서 다툼이 있다. 개념주의자는 사물의 에센스, 즉 본질(보편적 성질, universals)이 바로 그 사물 안에 존재하고 있다고 본다. 이것은 "사물의 본질, 즉, 에센스가, 그 사물로부터 분리해서 존재한다고 생각한다"는 방식과 다르고 [이 방식을 리얼리즘(realism), 즉 실재론이라 한다] 또한 사물의 에센스와 본질(개체에게 예외 없이 들어맞는 보편적 성질, universals)이 전혀 존재하지 않는다고 하는 유명론 nominalism{역자 주: 오로지 이름만 있다는 의미에서 유명론이라 한다}과 다르다. 개념주의자의 이와 같은 위치는 아벨라르(Abelard)의 입장과 참으로 가깝고, 이 입장은, '법에 있어서의 룰(rule)'이라는 것은 특수한 결정들을 일반화시킨 것이라는 견해 안에 내재해 있다.

마음 바깥에 존재하며 (개별적으로 존재하는 성질을 넘어선) 보편적인 것들은 이름들(nomina)에 불과하며, 이 이름들은 사람의 마음에 의해서 발명된 것으로서, 어떤 그룹에 속하는 개별적인 존재들 사이에 찾아볼 수 있는 비슷한 점이나 관계를 표현하기 위해서 발명된 것이라고 했다. 이와 같이 어떤 유명론자(唯名論者)들, 이름만 존재한다고 주장하는 유명론자('nominalist')들은 보편적인 것들이 어떤 의미를 가지고 있다는 것조차도 부인했다. 그러나 아벨라르는 이름은 의미를 가지고 있다고 단언했다. 왜냐하면 이름들은, 어떤 이름의 그룹에 속하는 개별적인 것들을 특징으로 나타내주기 때문이다. 그러나 이름에 속하는 것들은, 그 이름이 개별적인 것들에 귀속되지 않고서는 존재 'exist'하지 않는다. 이와 같이 선(善, 'goodness') 그리고 사회('society'), 색깔('color'), 장미('rose')는 물리적인 세계에서나, 형태에 관한 어떤 이데아의 세계에 있어서도, 발견되어질 수 있는 것이 아니고, 이들 명사(名辭, nouns)들은 인간의 지성이 선한 행동에 갖다 붙인 일반적인 성질이든가 또는 개인으로서의 인간이 다른 사람과 서로서로 사회관계 안에서 살고 있을 때 갖다 붙이는 일반적 성질이거나 또는 특별한 염료나 도료에 갖다 붙인 성질이거나 또는 하나하나의 장미에 인간이 갖다 붙인 일반적인 성질이라고 주장했다.

유명론(nominalism)은 법을 체계화하는 운동에서 빼놓을 수 없는 역할을 했다. 왜냐하면 플라톤(Platon)이 뜻한 바대로의 실재론(realism)이라는 것은, 그것이 형이상학으로서 아무리 설득력이 있다고 하더라도, 12세기의 법학자들의 노력에는 통틀어서 낯선 것이었다. 그들의 노력이라는 것은, 무수히 많은 결정례들과 관습들과 교회법과 칙령과 영장과 법들과 그리고 당시의 법질서를 구성하는 모든 다른 법의 자료들을 분류하고 분간하며 구별하고 뜻을 해설하며 일반화시키고 종합화하며 조화롭게 만드는 12세기 법학자들의 노력을 말한다. 플라톤의 스타일에 있어서 존재한다고 말해진, 올바름(justice), 평등(equality), 일관성 있음(consistency), 절차적인 규칙성, 그리고 다른 보편성을 가지는 원칙들이 인간의 마음 밖에 실제로 존재한다고 주장하는 것과 외재적으로 존재하는 정의, 평등, 기타의 존재로부터 개별적인 법질서와 법제도를 도출해내려 시도하는 것은, 별로 실효성을 거두지 못하는 학자로서의 노력이 되었을 것이다. 이와 같은 추상적인 체계는 12세기 당시에 부상하고 있던 교회 정부나 세속 정부 양자에 대해서 별 쓸모가 없었을 것이다.222)

그렇다면 무엇이 필요했던가? 그리스인들은 대상(object)을 그룹으로 분류하고, 또한 개별적인 성질들을 그 공통성에 따라서 일반화시키는 천재였다. 그렇다고 해서 그리스인들이 삼라만상의 사물들을 분류하거나 일반화할 때, 그들의 분류작업과 일반화 작업이 {역자 주: 플라톤의 동굴 벽면을 향하여 앉아 있는 수인(囚人)의 예에서 예시하듯이}223) 외재하는 세계의 실재(reality)를 반영한다는

---

222) 역자 주: 이 단락은 한국에서 어떤 의미가 있는가? 제국시대 이후 한국 법학에 미친 철학의 영향은, 같은 시대에 한국 지식인에게 영향을 미친 관념론에 병행할 수 있다. 관념론 철학(idealism)의 한국 법학계에 대한 영향은, 한편에 있어서 세계와 자연의 구성에 대한 관념론적인 논의와 함께, 다른 한편에 있어서 지나간 시대를 편향 지운 거대 담론(巨大 談論)으로서의 사회철학에서 찾아볼 수 있다. 보다 낮은 수준에 있어서의 한국 법학의 관념론적 경향은, 법학을 그 구성에서부터 다양한 관념적 개념(idealistic conception)의 산물로 간주하는 경향이다. 또한 더 낮은 수준에서 지적할 것은 한국 사회과학과 법학 그리고 인문과학에서 통틀어서 나타나는 한국인들이 영위했던 전통 학문의 영향으로서, 지나친 일반화(over-simplification)이다.

223) 역자 주: 플라톤은 인간의 기본적 조건으로, 감각을 가진 인간은 자연과 격리된 동굴 속에서, 동굴 벽면을 향하여 앉아 있는, 그래서 동굴 바깥에 실재하는 자연을 직접 볼 수 없는 상태로 파악하였다. 이런 근본 조건 아래에서, 사람은 동굴 벽면에 비치는 그림자만

믿음을 가진 것은 아니었다. 그리스인들의 분류(classification)와 일반화 작업(generalization)은 간단히 말하자면 플라톤의 자연주의(naturalism)와는 관계없는 것이다. 법의 영역에 있어서, 이러한 자연주의(naturalism)는, 로마 법학자들이 사례 그대로 적용하는 개별주의적 방법인 캐주이스틱(casuistic)한 규칙(regulae)을 멀리 초과할 수가 없었다. 반면에 유명론자(nominalist)들은 비록 그들이 일반 원칙을 수립하겠다는 깊은 관심과 일반 개념의 유효성을 증명하겠다는 역시 깊은 관심을 실재론자들과 공유하기는 하였지만, 그럼에도 불구하고 유명론의 입장은 이와 같은 원칙과 개념이 현실에서 그대로 존재한다는 것을 부정하였다. 유명론자들은, 보편적인 것들은 인간의 마음에 의해서 산출된 것이며 또는 이성과 의지에 의해서 만들어진 것이며 따라서 이성과 의지에 의해서는 고칠 수도 있다. 그러나 동시에 보편적인 것들은, 그것들의 특징이 드러나고 있는 개별로서 존재하는 하나하나에 깃들어 있다고 믿었다. 따라서 보편적인 것은, 그 보편(universals)을 구체적으로 나타내 주고 있는 개별적인 성질에 의해서 긍정될 수 있다고 했다. 극단적인 유명론은 다음과 같은 사실을 부인한다. 즉, "전체(the whole)는 부분의 총계(sum of its parts)보다 더 크다." 그러나 보다 온건한 유명론은, 아벨라르(Abelard)의 예에서와 같이 다음과 같이 단언한다. "전체라는 것은 부분들에 존재한다. 전체는 부분들을 같이 모아서 끌어당기고 있으며, 따라서 서로서로 분리된 상태로 취해진 부분들은, 그 부분들이 서로서로 관계해서 취해진 것보다 크지 않다. 따라서 부분들이라는

감각으로 파악할 뿐이다. 김철, 「형이상학적 이원론 아래에서의 당위와 존재의 문제와 현대 한국 법학의 과제, 『현상과 인식』 2008 가을호 제32권 3호 통권 105호, p.41. 또한 같은 사람, 『한국 법학의 반성』(서울: 한국학술정보, 2009.09.), 제2장 서양법 전통의 방법이원론의 역사와 방법이원론이 한국 근현대 법학에 미친 영향(pp.97~121).

것은 엄격하게 말해서 전체로부터 도출되는 것이 아니고 {역자 주: 연역법에 의해서 나오지 않는다} 또한 엄격히 말해서 전체라는 것은 부분으로부터 도출될 수 있는 것도 아니다. {역자 주: 귀납법에 의해서 나오지 않는다} 오히려 전체라는 것은 부분들이 서로서로 상호작용할 때의 상태이다." 따라서 아벨라르의 유명론은 법을 체계화하고 종합화하는 데에 잘 맞았다. 왜냐하면 법에 있어서 전체(the whole)와 부분들(the parts)의 분리라는 것은 불가능하며, 또한 일반적인 것(the general)과 개별적이며 특수한 것(the particular)과의 분리도 있을 수 없으며, 형상(形象) 또는 형태(the form)와 실재(the substance)와의 구별도 있을 수 없으며, 목적(the ends)과 수단(the means)의 분리가 있을 수 없는 것은, 원래 실재론 철학(realist philosophy)에도 고유한 것이기 때문이다.

보편적인 것과 특수한 것을 결합하는 데에 존재하는 역설(paradox)은 '자명한 전제조건에서 출발하는 논증'인 자명한 논증법(apodictic)과 자명하지 않은 전제에서 출발하는 변증법적 추론(dialectical)에 내재한 역설과 밀접하게 관련되어 있다. 순차로 이미 말한 보편과 특수의 역설 그리고 '자명한 논증법'과 '변증법적 논증법'의 양자는 학자들이 이성(reason)과 믿음(faith)을 종합하려고 할 때 내재하는 역설과 관계되어 있다.[224] 스콜라 변증법은, 추론의 방식 이상의 것이고 또한 생각을 정리하는 방식 이상의 것이었다. 스콜라 변증법의 범주는 지적일 뿐만 아니라 도덕적이었다. 그것은 진리(truth)뿐만 아니라 올바름(justice)을 검증하는 방법이었다. 이와 같이 스콜라의 반 테제(antitheses)는 일반(general) 대(對) 특수(special)

---

224) 역자 주: 왜냐하면 자명한 논증법(apodictic)은 이성 자체와 관계되나 변증법적 논증법은 그 성질상 최초부터 믿음과 수반되어 있다.

를 포함할 뿐만 아니라 객체(object) 대(對) 주체(subject), 주장 대(對) 반박을 포함할 뿐만 아니라 엄격법(rigid law) 대(對) 예외적 사례에 있어서의 분배(distribution), 규범적 명령(imperative) 대(對) 협의(conciliation), 실상에 관계없는 절대적 룰(rule)과 상황을 참작하는 상대적 룰(rule), 올바름(justice) 대(對) 자비(mercy), 신의 법(divine law) 대(對) 인간의 법(human law)을 포함하였다. 이들 그리고 '반대 명제들'은 서로 모순하고 있는 텍스트를 논리적으로 조화시키는 방법으로 쓰였다. 그러나 이러한 반대 명제들은, '어떤 대체적인 가치'를 명백히 드러내는 방법으로 교회에서나 세속 정부에서나, 법에 대한 제도를 형성시키는 데에 쓰였다. **왜냐하면 절대자 자신은 올바름의 신이자 또는 자비의 신을 동시에 겸하고 있다고 생각되었으며, 또한 엄격법과 형평법 양자를 겸하고 있는 신으로 생각되었기 때문이다. 신적인 올바름 또는 정의의 역설은 이와 같이 처음으로 체계적으로 인간의 법에 적용되었다.** 위와 같은 방법으로 스콜라주의는 하나의 방법일 뿐만 아니라 하나의 법학과 하나의 신학을 이루게 되었다.[225]

---

225) 역자 주: 개화기 이후 동아시아인들이 배운 논리학에 있어서의 논리론에서는 서로 모순되는 이항대립은 어느 경우에도 조화나 통일에 이르지 않는다. 즉, 정의는 자비와 동시에 설 수 없고, 엄격법과 형평법(equity)은 동시에 설 수 없다. 그러나 논리적으로 서로 반대 방향인 두 개념은 서양 신학에 있어서는, 인간의 이성과 논리를 초과하는 절대자의 속성으로서 인정된다. 따라서 서양법에서 나타나는 엄격법과 형평법의 병행 구도는, 초월적인 존재에 관한 신학의 영향이며, 초월자(超越者)를 전제하지 않는 전통 동아시아인의 개념으로는 불가능하다.
역자 주: 성경에는 하느님을 위한 두 가지 이름이 있다. 즉, 아도나이(Adonai, 여호와)와 에로힘(Elohim)이다. 하느님이 인간과 나라들(열방)과 가까운 관계에 있는 것으로 언급될 때는 아도나이라는 이름이 사용된다. 반면에 에로힘은 우주를 지으신 이로, 도덕적 지배자로서의 하느님을 의미한다. 아도나이는 하느님의 사랑하는 친절과 동정을 강조하며, 반면 에로힘은 정의와 주권자의 지위를 강조한다. 미드라쉬는 말하기를 하느님은 세상을 지으심에 이르러서, 자비로서 할 것인가 정의(올바름)로 할 것인가를 혼자서 토론하였다. '만약 내가 자비만으로 세상을 짓는다면' 하느님은 스스로에게 물었다.

5. 스콜라 변증법을 법 과학에 적용하기

서양 법(과)학의 형성에서의 스콜라 변증법의 역할에 관한 가장 뚜렷한 단일한 예는, 볼로냐의 수도승 그라티아누스(Gratianus)가 약 1140년에 쓰고, 『일치하지 않는 교회 법들의 일치(*A Concordance of Discordant Canons*)』[226]라고 특징 있는 제목을 붙인 위대한 조문집이다. 이 저작은 근대판으로 인쇄된 1,400페이지 이상을 채우며[227] 서양의 역사에서 그리고 아마도 인류의 역사에서 가장 포괄적이고 체계를 갖춘 최초의 법학 논문집이었다. 이때 '포괄적'이라는 것은 기존 조직의 모든 법을 실질적으로 포용하는 시도를 의미하며, '체계를 갖춘'이라는 것은 그 법을 단일한 유기체로 제시하려는 명백한 노력을 의미하는데, 이때 단일한 유기체 안에서 개개의 모든 부분들이 서로 상호작용하여 마침내 하나의 온전한 몸을 이루는 것으로 보이는 것이다.

12세기를 기준으로 할 때, 이전 세기(즉, 11세기) 이전에는 교회

"죄가 그득할 것이다. 또 만약 올바름만으로 세상을 짓는다면, 세상이 어떻게 견딜 것인가?" 따라서 하느님은 결론지었다. "나는 두 가지 다를 써서 세상을 짓겠다." 그래서 창세기 제1장에 하느님이 세상 전체를 어떻게 지으셨나를 얘기할 때 에로힘 – 올바름 – 의 이름이 쓰였다. 대신에 창세기 제2장에서 인간의 이야기가 될 때는, '아도나이(예호바)'가 '에로힘'과 같이 함께 쓰이고 있다. Berman 교수는 그의 주의를 이 해석론으로 이끈 랍비 에드워드 쩌린에게 감사하고 있다. 해석론의 발견은 J. H. Hertz, Chumash, *The Soucino Edition of the Pentateuch and Haftorahs*, (2ed., William Clowes and Sons, Ltd., London, n. d.), pp.6~7. 해롤드 버만, 김철, 로웰석좌 강좌, 『종교와 제도 – 문명과 역사적 법이론』(서울: 민영사, 1992), pp.163~164.

226) 그라티아누스의 전기로 알려져 있는 것은 다음에서 다시 나타난다. Stephan Kuttner, "The Father of the Science of Canon Law", *The Jurist*, 1 (1941), pp.2~19.

227) *Decretum*, in E. Friedberg, ed., *Corpus Iuris Canonici*, vol. 1 (1879; reprint ed., Graz, 1959).

의 모든 법들을 수집해서 한 권의 책이나 몇 권의 책으로 만드는 노력은 없었다. 단지 부분적인 모음은 기존 법들[전형적으로 카노네스 canones, 즉, '룰(rule)' 규칙들이라고 불렀다]을 연대기적으로 정리한 것이었다. 그러나 1012년경에 보름스(Worms)의 주교였던 부르크하르트(Burchard)가 데크레툼(Decretum)이라고 불리는 상당히 방대한 법 모음을 만들었는데 인쇄판으로 약 500페이지가 되었으며, 연대순이 아니고 여러 다양한 카테고리에 따라서 정리되어서, 종교제도, 성직에 임명된 사람들, 교회, 세례, 성체 성사, 살인, 근친 상간, 수도사와 수녀, 마녀, 파문, 위증, 단식, 대취, 비성직자, 고소인과 증인, 간통, 환자의 문병, 참회 또는 속죄, 묵상(속죄의 명령에서)이었다.[228] 부르크하르트(Burchard)는 법을 신학에서 구별하지 않았으며, 어떤 명시적인 법이론을 전개하려고 하지 않았다. 부르크하르트는 코멘트 없이 성경의 텍스트, 보편적인 공의회나 지역 공의회가 만든 교회법, 교황의 칙령, 다양한 속죄총칙 또는 참회총칙에 포함된 규칙 그리고 다른 원천을 전개하였다. 그리고는 1095년에 샤르트르(Chartres)의 주교인 이보(Ivo)가 다른 법령 모음집을 만들었는데, 데크레툼(Decretum)이라 불렀고, 몇 년 뒤에 파노르미아(Panormia)라는 법령 모음집을 만들었다. 이 두 책은 이전의 어떤 것보다 더 많은 해설(commentary)을 포함하고 있었는데, 넓은 영역을 커버하고 있었다. 즉, 절도, 어떤 형태의 자발적 거래, 점유, 재판 형식에 의한 결정 그리고 다양한 기타 사항에 대한 수많은 룰(rule)을 포함하고 있었다.[229] 그의 책 데크레툼(Decretum)의 서장에서, 이보(Ivo)는 교회의 룰(rule)들을 하나의 몸체로 통일하려

---

228) Migne, PL 140. pp.530~1058을 보라. 부르크하르트는 1025년에 죽었다.
229) Migne, PL 166. 47. 이보는 대략 1040년에 탄생해서 1115년에 죽었다.

고 시도했다고 했다. 이보 주교는 전거가 되는 권위 있는 문헌에서 발견되는 일치되지 않는 갈등을 해결하기 위하여, 모순점이 해결될 수 있는 기준을 제시하려고 했다. 도덕적인 훈계나 충고는 (교회)법의 진술에 양보해야 한다고 이보는 말한다. 대사(면)(indulgences)에 대해서는 일반규칙의 효력이 주어져야 한다. 또한 어떤 특별한 개별 교회법(canon)을 취소할 수 있는가 없는가가 고려되어야 하고, 사면이 어떤 상황에서 주어질 수 있게끔 의도되어진 것인가가 고려되어야 한다고 말한다.

그라티아누스는 이보의 업적 위에 쌓아올렸다.[230] 역시 그가 지침으로 한 것은 로마법을 해설하고 해설주를 만든 주석가(glossators)들의 업적이었는데 누구보다도 그의 볼로냐의 동료시민이었던 이르네리우스(Irnerius)였다. 그라티아누스(Gratianus)의 때까지 볼로냐의 법학교의 이르네리우스와 그의 추종자들은 벌써 수십 년 동안 로마법의 텍스트를 고찰하여 색인을 만들고 해설을 하였으며, 텍스트를 설명하기 위해서 일반 원칙들을 만들고 있었다. 그러나 그라티아누스(Gratianus)는 선배 누구와도 다른 방식의 체계화 작업을 추구하였다. 로마법 연구자(Romanists)들과 달리 그는 미리 결정된 텍스트 −즉, 로마법 대전− 를 가지지 않았고, 다수의 원천으로부터 그가 체계화하려는 교회법을 스스로의 힘으로 발굴해야만 했다. 그 결과 그라티아누스는 3,800개의 교회법 텍스트를 수집하고 분석하였는데, 이 중 다수는 초기 교회사에서부터 수집한 것이었다. 그러나 그는 수집된 교회법의 텍스트를 분류할 때, 그때까지 써왔

---

230) 그가 그의 변증법적 방법을 쓸 때 의존한 다른 교회법주의자와 신학자들은 다음을 보라. Stanley Chodorow, *Christian Political Theory and Church Politics in the Mid-Twelfth Century: The Ecclesiology of Gratian's Decretum*, (Berkeley, 1972), p.2, n. 3.

던 관행적인 범주에 따라서 집합을 만들지 않았다. (성직 수여, 혼인, 속죄, 기타와 같은) 초기 교회법 모음에서 쓰인 카테고리도 아니었고, [인(人), 물(things), 채무, 상속, 범죄, 기타와 같은] 로마법에서 쓰인 카테고리도 아니었다.

그가 분류할 때 쓴 카테고리(범주)는 한편에서는 더 포괄적이었다. 즉, 그의 업적의 첫 번째 부분은 101개의 구분(distinctiones)에 따라서 정리되었다. 그중 처음 20개의 구분된 영역은 다음 사항에 관한 권위 있는 언급을 분석하고 종합하였다. 즉, 법의 성질, 법의 다양한 원천, 즉, 법원(法源), 참회, 여러 종류의 법들 간의 관계였다. 다음 81개의 항목은 교회 조직 내에 존재하는 여러 다양한 직책에 대한 재판관할권과 교회 내부의 직책 담당자들에 관한 룰(rule, 규칙)을 다루고 있다. 그라티아누스가 사용한 카테고리는 한편에 있어서는 그 이전에 법에 관한 저작에서 사용되었던 범주보다 더 기능적이었다. 그의 업적의 두 번째 부분에서 그라티아누스는 36개의 개별적이고 복잡한 케이스들(causae)을 내놓았는데, 각각의 케이스들에서 어려운 문제들(quaestiones)을 제시했다. 이 제시된 난제들을 분석하는 데 있어서, 교부들에 의해 제시된 권위 있는 문헌과 교황이 제시한 권위 있는 문서에 대해서, 찬성과 반대를 개진하였다. 가능할 때에는 서로 모순 갈등 사항을 조정하였으나, 그렇지 못할 때는 그냥 두었다. 또한 일반화(generalization) 작업을 하였으며, 그대로는 일반화된 명제들이 차이가 날 때에는 조화를 주려고 하였다.[231] 그라티아누스 업적의 세 번째 부분은 첫 번째 부분과 마찬가지로, 사례가 아니고 구분된 항목, 즉 distinctiones로 다시

---

231) Stephan Kuttner, *Harmony from Dissonance: An Interpretation of Medieval Canon Law*, (Latrobe, Pa., 1960)을 보라.

복귀하였다. 그라티아누스는 (실은) 두 번째 부분의 사례에서도, 항목의 형태로 쓰인 다른 섹션을 삽입하였었다. 이러한 변형(variations)은 그의 업적의 형식미 -즉, 균형미- 에 영향을 미쳤으나, 업적 전체의 기본적인 일관된 성격 -즉, 법의 재진술이나 재천명이라는 일관성- 에는 영향을 끼치지 못했다.

그라티아누스가 사용한 분석과 종합의 보다 포괄적인 방법의 가장 좋은 예는 그의 저작의 최초 20개의 항목에서 보인다. 여기에서 다양한 법 -즉, 신법(divine law), 자연법(natural law), 인정법(human law), 교회의 법(the law of the church), 왕들이 만든 법(the law of princes), 제정된 법(enacted law), 관습법(customary law)과 같은 것- 이 밝혀져 있다. 물론 그라티아누스 자신이 이들 범주를 발명한 것은 아니었다. 로마 법학자들이 자연법과 실정법, 보편적인 법(universal law)과 국가법(national law), 관습법과 제정법들을 구별한 것은 아리스토텔레스 학파의 구별을 그들 용도에 따라서 채택한 것이었고, 신의 법과 인간의 법을 구별한 것은 교회 내부에서 그때까지 이미 존재하여 왔었다. 그러나 이들 구별이 가지는, 법학에 있어서의 의미를 체계적으로 탐구한 것은, 그라티아누스(Gratianus)가 최초였다. 또한 법의 원천의 다양함을 수직적 계층질서에 따라서 정리한 것도 그라티아누스가 최초였다. 그는 신의 법과 인간의 법이라는 개념 사이에 자연법이라는 개념을 끼워 넣음으로써 출발하였다. 신의 법은 특별히 성경(Holy Scripture)의 계시에서처럼, 신의 의지가 계시로 나타난 것이다. 역시 자연법도 신의 의지를 반영한다. 그러나 자연법은 신의 계시와 인간의 이성과 양심에서 모두 발견된다. 여기에서 그라티아누스는 다음과 같이 결론지을 수 있다. "군주(즉, 세속적 권위)의 법(Leges)은 자연법(Ius Naturale)

에 우선하는 것이어서는 안 된다.[232] 마찬가지로 교회의 법은 자연법을 침범해서는 안 된다.[233] Ius(법)는 Lex(제정법)보다 상위 개념이다."[234]

그라티아누스는 다음과 같이 결론지었다. "군주들은, 그들의 법에 구속되며, 그들의 법에 따라서 살아야 한다."[235] 이 원칙은 이보(Ivo)와 부르크하르트(Burchard)에 의해서도 선언되었었다. 이 원칙은 엄격한 형식 ─ 즉, 군주들은 그들 법에 의해서 '구속된다'는 점─ 에서 고대 로마법이나 게르만 부족법의 한 부분이 아니었다. 즉, 이전 시대의 텍스트에는, 선한 군주나 황제는 도덕적 문제로서, 자신의 법들을 준수해야 된다는 구절이 있긴 있었다. 그러나 법에 관한 한, 군주는 법으로부터 면제된다는 사실이 일반적으로 말해졌다.[236] 반면에 새로운 이론 아래에서는 입법자가 적법한 양태(manner)로 옛 법들을 변경할 수 있으나, 입법자라 할지라도 옛 법들을 무시하는 것은 적법하지 않다는 것이다.

더하여 군주의 법(laws, leges)과 입법 행위(constitutiones)는 그라

---

232) Decretum, Dist. 9, c. 1.

233) Ibid., Dist. 9, dict. post c. 11. 김 철, 「형이상학적 이원론 아래에서의 당위와 존재의 문제와 현대 한국 법학의 과제」, 『현상과 인식』 2008 가을호 제32권 3호 통권 105호, p.41.

234) Ibid., Dist. 1, c. 2.

235) Ibid., Dist. 9, c. 2.

236) "군주를 기쁘게 하는 것은 법의 효력을 가진다." 그리고 "군주는 법으로부터 면제된다"라는 고전기의 로마법의 텍스트는 좁게 해석되어져야 한다고 하고, 후기 고전시대에 와서 황제가 비로소 법 위에 일반적으로 오게 되었다고 해석한다. Schultz, "Bracton on Kingship", *English Historical Review*, 60 (1945), p.136을 보라. 그럼에도 불구하고, 황제가 법에 구속된다고 주장하는 어떤 로마 법학자의 언급도 전해 내려오지 않고 있다. (아마도 어떤 법학자도 그런 언급을 하지 않았을 것이고, 그런 언급을 한 어떤 법학자도 살아남지 못했을 것 같다) 로마법 대전 텍스트에 있어서 취해진 입장은 유스티니아누스 법전 1. 14. 4의 조항에 의해서 지지된다. "통치하는 군주가 법에 종속된다고 고백하는 것은, 통치하는 군주의 위엄에 가치가 있는 언급이다."

티아누스에 의하면 교회의 법(leges)과 입법(constitutiones)에 종속하는(subordinate) 것이다.[237] 더욱이 관습(consuetudines)은, 자연법뿐만 아니라 제정된 법에 꼭 양보해야 하는 것은 제정법이 세속 정부의 것이든 교회 정부에 의한 것이든 마찬가지이다.[238]

관습(customs)이 자연법에 양보해야 한다는 이론은, 교회 법학자(canonists)들의 위대한 성취 중의 하나이다. 그라티아누스가 살아 있을 때, 서양의 모든 법은 관습법(customary laws)이었다. 즉, 모든 법규범은 정치적 권위에 의해서 - 교회 정부의 권위든 세속 정부의 권위든 - 포고되었기에 구속력이 있는 것이 아니었고, 오히려 그 법규범이 통용되고 있는 공동체(community)에 의해서 실제로 구속력이 있다고 받아들여진 관행이었기 때문에 구속력이 있었다.

입법의 결과로서의 법은 상대적으로 숫자가 희소했다. 대부분의 경우 입법된 법들도 그 내용이 이미 이전부터 존재해왔던 관습을 다시 확인 천명한 것으로 정당성을 획득했다. 그라티아누스(Gratianus)와 그를 추종하는 교회 법학자(canonist)들의 이론은, 이성과 양심에 일치하지 않는 관행들을 뿌리 뽑는 기초를 제공하였다. 이 경우 어떤 관습의 유효성을 결정하기 위해서 정교한 기준들이 개발되었다. 즉, 관습의 그때까지의 존속 기간, 관습의 보편성, 관습 적용의 통일성과 획일성, 그리고 관습의 합리성과 상당성(reasonableness)이었

---

237) *Decretum*, Dist. 10, c. 1 and Pars Ⅱ.

238) Ibid., Dist. 11, Pars Ⅰ. 그라티아누스가 법의 원천(源泉), 즉 법원에 대해 해설한 것의 독창성에 대해서는, Jean Gaudemet, "La doctrine des sources du droit dans le Decret de Gratien", *Revue de droit canonique*, 1 (1951), p.6. Stanley Chodorow는 그라티아누스가 법의 위계 질서에 접근하는 열쇠는, 다른 재판상의 공동체와 유사하게 교회를 재판 및 사법상의 공동체로 본 것이다. Stanley Chodorow, *Christian Political Theory*, p.97. 그러한 이유로 그라티아누스는 계층 구조 안에서 자리를 결정하기 위해서 어떤 법의 입법자나 법원칙의 정치적 권위에 1차적으로 주목했다.

는데 이러한 검증 방식은 20세기에서 아직 쓰이고 있다. 검증 방식은 관습이 신성한 성격을 상실했다는 것을 의미했다. 즉, 어떤 관행은 구속력이 있기도 하고 없기도 하다.

이처럼 교회법 법률가들은 가브리엘 르브라(Gabriel Le Bras)의 말대로 "영구적인 효력을 가지는 원칙들로부터, 법의 변수가 되는 요소를 제외하였다. 법의 변수적 요소는 특별한 상황에 의해서 제시되어 왔는데, 그것은 시간, 장소 또는 인(人) 등을 말하는 것이다. 이러한 법의 변수적 요소는 그것을 다른 상황에 강제할 경우에 상당성을 잃기 때문이다. 이러한 법의 변수적 요인은 규칙의 상대성을 인지하는 데에까지 나아가고 갈등과 모순을 통일시키고 조화하는 기술적 방법을 제공하였다."[239] 따라서 두 개의 모순되는 규칙은, 양자 모두 진실일 수가 있다. 만약 두 규칙이 한 법에 관계되고, 그 법이 '변수가 되는 성질'이며 그리고 모순과 갈등이 특별한 사례에 있어서의 배분 때문에 일어난 것이라면 그러하다. 이 모든 사정은 그라티아누스의 '서로 모순되는 캐논법의 일치'라는 저서의 서장에 나오는 언어들이다.

그라티아누스의 자연법과 이성에 대한 강조는, 부분적으로는 그리스 철학 특별히 스토아 철학(Stoicism)에서 끄집어낸 것이다. 여기에 더하여 새롭게 재발굴된 유스티니아누스의 로마법은, 자연법과 형평(equity)에 대한 많은 인용례와 언급들을 포함하고 있었다. 그러나 유스티니아누스의 로마법은, 자연법이나 형평의 개념을 어떤 종류의 체계로까지 발전시키지는 못했다. 즉, 법의 원천들은 분류되었으나 그렇다고 그 법의 원천들이 수직적인 상하계층이나

---

239) Gabriel Le Bras, "Canon Law", in C. G. Crump and E. F. Jacob, eds., *The Legacy of the Middle Ages*, (Oxford, 1926), pp.325~326.

또는 어떤 패턴으로 정리되지는 못했다. 로마 법률가들은 철학자들이 아니었고, 또한 그리스 철학자들은 법률가들이 아니었다. 그러나 12세기에 와서, 서유럽의 교회 법학자(Canonist)와 로마 법학자(Romanist)들은 그리스의 철학적 능력과 로마의 법학적 능력을 결합시켰다. 더하여 12세기의 교회 법학자와 로마 법학자들은, 이성과 형평에 관한 그 이전부터의 개념을 더 심화시켰는데, 그 방식은 이성과 형평에 유대 기독교의 양심의 개념을 덧붙였다. 이때 양심의 개념을 그들은 자비와 사랑과 관계시켰다.

더 나아가서 12세기의 교회 법학자와 로마 법학자들은, 실정 법과 자연법 사이의 구별을, 제정된 법을 의미하는 렉스(lex)와 정의와 올바름의 체계인 이우스(jus)의 구별과 동일시하기에 이르렀다. 군주와 다른 세속 권위들뿐만 아니라, 교회에 속하는 권위들, 즉, 교황, 지역 공의회, 주교들도 개별적인 레게스(leges)와 콘스티투치오네스(constitutiones)를 입법하였다.240) {역자 주: lex와 jus는 한국어로 가능한 한 번역하면 법률과 넓은 의미의 상위법이 되고 leges를 한국어로 가능한 한 번역하면 법률 또는 법규가 된다. constitutiones는 교회 정부의 헌법이 된다} 단지 이우스(jus)의 몸체가, 로마법 대전(corpus juris Romani)에서처럼 로마법을 모아놓은 유기체일 수도 있으며, 또 다른 종류의 이우스를 모아놓은 것은 교회법 대전(corpus juris canonici)에서처럼 교회법을 모아놓은 새로운 전체로서의 유기체일 수도 있었다. 그러나 어느 경우에도 이우스(jus)의 몸체인 유기체는

---

240) 역자 주: 宮島 直機는 Leges는 교회법(敎會法)으로, constitutiones는「세속 군주가 공포한 법령」또는「교황령」으로, 일본어로 옮기고 있다(宮島 直機, 2011:185). 그러나 Leges는 세속 군주의 법일 수도 있기에「敎會法, Leges」라는 번역은 의심스럽다. Leges와 constitutiones는 성속 양쪽 입법자에게 다 해당되고, 위계만 다르게 보인다.

신성한 것이었다. 그래서 제정된 어떤 법의 효력은, 전체로서의 '인간의 법(Ius)의 유기체'에 일치하느냐 하지 않느냐에 달려 있었고, 전체로서의 인간의 법(Ius)은, 자연법과 신법에 일치하여야 되는 것이었다.

실정법이 자연법에 종속하여야 된다는 것은, 세속법과 교회법의 이원성뿐 아니라, 세속 권위가 중첩되어서 갈등하고 있는 사실에 의해서도 강화되었다. 교회는 주장하기를, 교회법에 맞지 않고 모순되는 세속법은 효력이 없다고 했다. 군주들은 그와 같은 교회의 주장에 항상 양보하는 것이 아니었다. 그럼에도 불구하고 군주들 자신(봉건 영주나 또는 시 정부의 의사 결정체와 같은), 그들과 서로 경쟁하는 세속 권위들의 법에 대해서는 비슷한 주장을 하였으며, 때때로 그들과 경쟁하고 있는 교회의 권위들이 만든 법에 대해서도 비슷한 주장을 하였다. 이와 같이 복수의 법 체계가 주어진 여건에서, 부정당한 법의 희생자들은 하나의 법 체계의 재판관할권에서 다른 재판관할권으로 구제를 구하여, 이성과 양심의 이름으로 도망하였다.

교회 자체의 법들은 자연법에 일치하느냐에 의해서 검증되었었다. 그라티아누스는 다음과 같이 썼다. **"교회 정부에서 만든 것이든 세속 정부에서 만든 것이든, 어떤 제정법도 만약 자연법에 위반된다고 밝혀질 때에는, 전적으로 배제되어야 한다."**[241] 그럼에도 불구하고 누구든지 어떤 교회 정부가 만든 제정법이 자연법에 위반된다고 권위 있게 말할 수 있는 위치에 설 수 있는 사람은 매우 드물었다. 왜냐하면 교황은 교회 정부에 있어서 최고의 입법자였을

---

241) *Decretum*, Dist. 9. c. 1.

뿐만 아니라 지상에 있어서 그리스도의 대리인이었기 때문이다. 12세기와 13세기에, 적어도 왕과 황제에 속하는 관료, 재판관 또는 고문관들의 대부분의 사람들은 성직자였고, 그 성직자들은 적어도 그들 충성과 책임의 반 정도는 교황에게 가 있었다. 그럼에도 불구하고 세속 정부의 권위에 속하는 사람들은, 때때로 교회 정부가 만든 법이 자연법에 위배된다는 근거로 교회 정부의 제정법에 도전하였다.

서양 중세에 있어서의 룰(rule)의 상대성이라는 이론은, 지금까지 보아온 대로 부분적으로는 서로 경쟁하고 있는 법체계들이 병존하는 정치 상황에 기초하고 있었다. 그러나 {역자 주: 동양적 전제정(oriental despotism)의 사회와는 다른} 이 룰(rule)의 상대성 이론은 정치 현실뿐만이 아니고, 다른 중요한 근원은 그때까지 전통으로 계승한 철학적 방법론에 있었다. 즉, 스콜라 변증법은, 관습법이나 제정법을 더 범위가 넓은 이론적 프레임워크 안에 위치 지우는 지적(知的)인 방법을 제공했는데, 이때 더 넓은 이론적 프레임워크는 법의 성질과 법의 원천에 관한 것이었다.

그라티아누스(Gratianus)의 두 번째의 체계화의 방식을 보여 주는 좋은 예를 소개한다면 – 이 방법은 그의 저작의 제2부에서 쓰인 것인데 – 어떤 개별적이고 특수한, '법에 관한 질문(legal question)'에 대한 해답들이 갈등하고 있을 때, 이 갈등하고 있는 해답들을 분석해서 다시 종합하는 방법이었다. 사제들이 경건하지 않은 또는 독신(瀆神)적인 또는 비기독교적이고 이방적인 문헌을 읽지 말아야 하느냐 읽을 수 있느냐 하는 문제를 토론하는 데서 드러난다.[242]

---

242) Ibid., Dist. 37, translated in A. O. Norton, ed., *Readings in the History of Education*, (New York, 1971), pp.60~75.

그라티아누스는 차례로 교회 공의회(church councils)와 교부들(church fathers), 그리고 다른 사람들의 언급을 인용하고, 성경(scripture)으로부터의 이에 대한 언급과 교회사에서의 예를 차례로 인용한다. 그래서 이 모든 실제 예가 '사제들은 이교적인 문헌을 읽어서는 안 된다'라고 보여 주는 쪽으로 기우는 것을 열거한다. 그다음 순서로 그라티아누스는 비슷하게 권위 있는 언급과 실례(實例)를 인용하는데, 이번에는 사제들에게 이교적 문헌을 금지하는 것을 반대하는 결론을 보여 준다. 이제 서로 반대되는 권위들이 충분히 예로서 나타났다. 그다음에 그라티아누스는 이 문제에 대한 그 자신의 해설을 소개한다. 처음에 그라티아누스는 카르타고 공의회(Carthaginian Council)의 포고로 출발한다. 즉, "주교는 어떤 경우에도 이교도들의 책을 읽어서는 안 된다." 그라티아누스는 그의 해설과 주석에서, '주의해서, 어떤 필요성에서나 또는 어떤 특별한 이유가 있다면' 읽을 수 있는 이교도들의 책에 대해서는 아무 말도 한 것이 없다는 것에 주의한다. 그는 '필요성(necessity)'이라는 단어에 대해서 코멘트하면서 사제들은 '그들이, 잘못된 것을 어떻게 고칠 것인가를 알 수 있기 위해서' 이교도들의 책을 읽을 수 있다는 것을 의미하는 것으로 해석한다. 주어진 문제에 대한 언급에 뒤따르는 더 중요한 주석은, 모든 권위에 의한 이교적인 문헌 열독 금지에 대한 해석(interpretation)을 다음과 같이 요약한다. "즐거움만으로 읽는 것은, 금하는 것처럼 보인다." 마지막으로 그라티아누스는 그 자신의 결론을 제시한다. 누구든지 (사제들뿐만 아니라) 이교도에 의한 지식을 배울 때에는, 그렇게 해서 발견된 것이 성스러운 학습에 쓰일 수 있도록 전용하기 위해서, 즉 즐거움이 아니라 교훈을 위해서 배워야 한다고 언급함으로써, 이 문제의 찬반 의견에서 나타나는 갈등과 모순을 해결할 수 있다. 이처럼 그라티아누스는 서로 반대되는 독트린들을 종합하기 위해서, 일반 원칙들(general principles)과 일반 개념들(general concepts)을 사용하였다. 서로 반대되는 두 가지 독트린 중에 어떤 것이 틀렸는가를 결정하기 위한 목적뿐 만이 아니라, 갈등으로부터 새로운 제3의 독트린을 가져오기 위해서 사용하였다.[243]

이와 같이 특수한 문제들에 스콜라 방법이 어떻게 적용되었는가를 보여 주기 위해서 많은 다른 예를 들 수가 있다. 이때의 방식은 권위 있는 텍스트들 사이에 존재하는 갈등들을 해소하고, 그것들로부터 새로운 독트린을 만들어내기 위한 것이 목적이다. 다음에 제시하는 예는 그라티아누스뿐만 아니라 12세기와 13세기의 다른 교회 법학자와 로마법학자들로부터 끄집어낸 것으로서, 중세의 스콜라 법학자들과 근대 또는 현대의 법적 테크닉 사이에 존재하는 유사성을 보여 줄 것이다. 예는 다음과 같다. 구약 성경과 신약 성경은 둘 다 모두 살인을 금지하고 있다. 그러나 신·구약 모두 폭력의 사용이 받아들여지는 예들을 들고 있다. 이에 대비해서 **로마법은 비록 그것 자체가 도덕적 표준을 확립하려고 하지 않지만, 다음과 같은 룰(rule)을 포함하고 있다. "폭력은 폭력을 추방하기 위해서는 사용 가능하다(Vim vi repellere licet)."** 로마의 법적 룰(rule) 일반과 마찬가지로 이 룰(rule)은 일반적 원칙(general principles)이나 일반적 개념(general concepts)들을 육화하고 있는 것으로 간주되지는 않고, **특수한 형태의 상황에 제한된 것으로 생각된다.** 특수

---

243) 두 가지 서로 모순되는 해결책 중에서 단순하게 선택하는 것을 포함하는 종합 또는 합명제(synthesis)의 다른 종류는 토마스 아퀴나스(13세기 말)의 철학적 방법의 특징이다. 그리고 그런 점에서 그는 일보 후퇴했다고 볼 수 있다.

한 형태의 상황이라는 것은, 위에서 말한 폭력에 대한 룰(rule)이 발견된 상황을 말하는데, 주로 로마시대의 아퀼리아의 법(Lex Aquilia)에서 나타나는 룰(rule)이다. 즉, 아퀼리아의 룰(rule)은, 어떤 사람도 그의 재산이 탈취되는 것을 막기 위해서 물리적 폭력을 사용할 수 있다. 12세기와 13세기의 유럽 법학자들은, 이와 같은 로마법에서의 룰(rule)을 일반 원칙으로 변환시켰다. **즉, 그들은 로마법에서의 룰(rule)을 흔히 예수의 평화주의적인 언급과 나란히 병렬시켰다.** 즉, 예수는 "만약 누군가가 왼뺨을 때린다면, 다른 뺨을 내밀어라"라고 한 적이 있다. 이와 같이 서로 나란히 병렬된 그러나 서로 **반대되는 격언에서부터, 그들은 제한된 폭력의 사용을 정당화시켜주는 일반적 개념, 즉 정당화라는 일반적 개념을 발전시켰다.** 그리고 이 제한된 폭력 사용의 정당성 개념은, 체계적으로 발전된 서로 연관되어 있는 일련의 전 범주에 대해서 적용 가능한 것으로 전개시켰다. 즉, 연관된 일련의 전 범주는 다음과 같은 예이다. **법을 시행하기 위해서 필요한 폭력, 자신을 방어하기 위해서 필요한 폭력, 다른 사람을 방어하기 위해서 필요한 폭력, 자신의 재산을 보호하기 위해서 필요한 폭력, 그리고 다른 사람의 재산을 보호하기 위해서 필요한 폭력이다.** 이러한 원칙들은 민법과 형법뿐만이 아니라 이른바 올바른 전쟁 또는 정전(正戰, just war)에 관해서의 정치적인 또는 신학적인 질문에 대해서도 적용되었다.[244]

지금까지 든 예들은, 권위 있는 텍스트에서 나타나는 서로 모순되는 구절들에 관계된 질문(question)을 우선 만드는 스콜라 철학의 테크닉에 대한, 차라리 단순한 예들이다. 이러한 만들어진 질문에

---

244) Frederick H. Russell, *The Just War in The Middle Ages*, (Cambridge, 1975)를 보라.

는, 이윽고 어떤 하나의 입장을 지지하는 권위들과 이유들을 드러내는 명제들(propositio)이 뒤따라오게 되고, 그다음 순서는 상반되는 견해에 대한 권위들과 이유들을 보여 주는 반대 명제(oppositio)가 따르게 되고, 마침내는 반대 명제에서 주장하는 이유들이 진실이 아니든가 또는 찬성 명제(propositio)가 자격이 있든가 또는 찬성 명제가 반대 명제에 비추어볼 때 폐기되어야 하는가라는 것을 보여 주는 해결(solutio) 또는 결론(conclusio)의 부분으로 끝나게 된다. 그러나 '논쟁되는 질문들(disputed questions)'을 만드는 스콜라들의 방식은 보통은 훨씬 더 복잡하였다.[245] 선생과 저술가는 상호 간에 서로 연결되어 있는 일련의 문제들을 하나씩 만들곤 했다. 그다음에 주장들은, 마치 소송에서 원고와 피고가 하듯이 반대되는 양쪽에서 행해졌다. 찬성하는 입장과 반대하는 입장은 '두 개의 전투상의 전선으로서 정리되었다.'[246] 개개의 주장을 지탱하기 위해서, 법에 있어서의 룰(rule)들이 인용되어졌다. 때로는 찬성 또는 반대라는 단일한 주장을 지탱하기 위해서, 수십 개의 주장(allegationes)들이 행해졌다. 훨씬 뒤 도이칠란트의 목적 법학자 헤르만 칸트로비츠(Herman Kantorowicz)가 보여준 대로, **변증법적 주장에 있어서의 특징적인 용어의 대부분들은, 그리스 「대화편」{역자 주: Dialogues of Plato}에서 나타나는, 대화의 방법으로서의 변증법에 관한 현존하는 문헌에서 도출하든가 그렇지 않으면 유스티니아누스 황제의 로마법 텍스트로부터 도출했고, 때로는 그리스 문헌이나 로마법 문헌 양자에서부터 도출했다.**[247] 스콜라 방법이든 그리스 「대

---

245) Hermann Kantorowicz, "The Quaestiones Disputatae of the Glossators", *Tijdschrift voor Rechtsgeschiedenis/Solidus Revue d'histoire du droit*, 16 (1939), p.5.

246) Ibid., p.23.

화편」의 변증법적 방법이든, 어쨌든 이러한 방식이 12세기의 2/4분기에 처음으로 법학자들에 의해서 발명되었을 때[248]에, 전적으로 새로운 사실은, 법정에 있어서 어려운 사례들에서 쓰이는 변론과 주장을 빼닮은 매우 복잡한 구조에서, 이 모든 용어들을 모두 같이 모으는 것이다. 유사성은 우연한 것이 아니었다. 최초에, 소송에 있어서의 스타일이 먼저 발전되었고, 그다음에 법학교의 교실에서 그것이 모방되었으며 그다음에 문헌에서 나타났다. {역자 주: 이렇게 보는 것은 칸트로비츠이다} 이것은 1280~1535년의 영국 연감들(English Yearbooks)의 스타일이, 아마도 왕의 재판정에서의 사례들에서 행한 주장들을 학생들이 노트한 것으로부터 유래했다고 추측되는 것과 같다.[249] 그러나 그 사실은 아직도 의문을 남기고 있다. 왜 법정에서의 주장이, 찬성과 반대의 입장을 포함하는 전적인 전투의 형태를 띠게 되었는가. 이때 다면적인 인용들과 복잡한 규칙들과 그리고 역시 복합적인 종합들로 이루어진 찬성과 반대의 입장의 전투를 말한다. 이 질문에 대한 대답의 가장 중요한 부분은 '다투어지는 문제들(quaestiones disputatae)'이, 유스티니아누스(Justinianus)의 성문법과 현대 사법부의 법정에 있어서의 적용 간에 주요한 연결고리이다. 이와 같이 해서 대담무쌍한 유비(類比, analogies) 또는 유추(類推)를 끌어낼 용기가 발달하게 되었고, 또한 형평(衡平, equity)이라는, 범위가 넓은 원칙들을 취급할 용기가 나왔으며

---

247) Ibid., pp.55~56. 그러나 Fritz Pringsheim, "Beryt und Bologna", in *Festschrift für Otto Lenel*, (Leipzig, 1921), p.204, 252. 칸토로비츠는 지적하기를 (거의 2세기나 앞섰던) 프링스하임이 오류를 범했다고 했다. 즉, 이들 용어들의 많은 것은 유스티니아누스의 시대 이후에 동방에서 발전되었던 로마법에 유래한다고 했다.

248) Kantorowicz, "The *Quaestiones Disputatae*", pp.1~6.

249) Ibid., p.43.

직관과 상상력에 의해서 법의 공백을 메우는 용기조차 개발되었다. 이와 같이, 로마법을 이미 변화했으며 항상 변화하고 있는 전망과 조건에 맞추어 채택하는 데에 있어서, 이들 질문들 또는 문제들이 가지는 역동적인 요인으로서의 역사적 중요성은 실로 엄청났다고 할 수 있다.[250] 또한 성서에 나타난 원칙과 교부들이 가르친 원칙과 교회법에서의 원칙을 삶의 새로운 조건에 맞추어 채택하는 데에 있어서, 이미 말한 똑같은 용감성과 똑같은 높은 정도의 기교가 적용되었다.

12세기와 13세기의 법학자들은, 구체적인 케이스에 적용할 수 있는 룰(rule)의 기초가 되는 일반 법 원칙을 세련화하는 데에 더해서, 일반개념을 명확히 개념 규정하였다. 즉, 대리(代理, representation)[251]의 개념, 법인(法人, corporation)의 개념, 그리고 재판관할권(jurisdiction)[252]의 개념이다. 다시금 이 대목에서 유스티니아누스 황제 시대의 로마법이 기본적 용어를 제공하고 플라톤(Platon)과 아리스토텔레스(Aristoteles)의 그리스시대의 대화 및 변증법이 기본적인 방법을 제공하는 동시에, 이 둘의 결합은, 그러니까 이제는 전혀 다른 사회적 맥락 안에서도 전혀 새로운 어떤 것을 창출하였다. 예를 들면 로마의 법학자들은 그 시대에 있어서 노예에 관한 다양한 룰(rule)들을 확립하였었다. 즉, 노예는 그의 주인을 대신하여 행동할 수 있었으며, **이때 그는 주인의 대리인이 되며 이 대리에 대해서 주인은 책임을 져야 한다.** 그러나 이 경우에도 고대 로마의 법학자들은 대리에 대한 일반적인 개념 정의를 하지 않아 왔다. 비슷하게

---

250) Ibid., pp.5~6.
251) 미야지마(宮島)의 일본어역은 「대표(代表)」라고 옮겼다.
252) 같은 사람은 「권한(權限)」이라고 옮겼다.

로마제국의 법학자들은 어떤 다양한 상황에서 한 그룹의 사람들이 집합적인 단위(collective unit)로 취급되어야 하는 상황을 이미 언급하고 있었는데, 이때의 집합적 단위라는 것은 소시에타스(societas)라고 했으며, 이것은 조합 또는 합명회사(partnership)와 같은 것이었다. 그러나 로마제국의 법학자들은 집단이나 법인의 인격에 대해서 일반적인 개념 정의를 하지 않았으며 또한 유한 책임이라는 생각을 발전시키지 못했다. 유스티니아누스 황제의 로마법은 심지어 계약에 대한 일반개념을 결여하고 있었다. 로마법은 어떤 특별한 형태의 계약에 대해서 명시하였으나, 로마법의 계약 형태는 구속력 있는 약속이라는 일반개념에 종속되는 것은 아니었다. 그래서 그 결과로, 로마법에 의해서 이름 붙여진 형태의 계약 방식에 해당되지 않는 합의는 사실상(ipso facto)의 계약이 아니었다.[253]

그렇다고 해서 유스티니아누스 시대나 그 이전의 로마법에는 일반적인 개념이 존재하지 않았다고 말하는 것은 전적으로 부정확할 것이다. 오히려 반대로 로마의 법학자들은 계약이 '착오(錯誤, mistake)'로 인해서 무효가 되는 상황들에 대해서 기꺼이 토론하였다. 그리고 비공식적이며 형식을 갖추지 않은 채무의 강제도, '신의성실(good faith)'에 의해서 요구될 수 있는 상황들에 대해서 토론하였다. 또한 다양한 다른 타입의 상황들에서, 법적인 결과는 개념을 참고해야 되는 상황들을 토론하였다. 실로 고대부터 로마법은 소유, 점유, 불법행위, 사기, 절도, 그리고 수십 개의 다른 것들과 같은 개념들에 의해서 침윤되어 있었다. 그럼에도 불구하고 방금 예를 든 이들 개념들은, 룰(rule)에 침투해서 룰(rule)의 적용 가능성을 결정한 결정

---

253) Schulz, "Bracton on Kingship", pp.43~44를 보라.

적인 아이디어로 취급되지 않았다. **로마법에 있어서의 개념들은,** **로마법에 다수 존재했던 법에 있어서의 룰(rule, legal rule)과** **마찬가지로 명확하게 특정한 형태의 상황(situation)에 묶여 있었** **다.** 로마법은 서로 얽혀 있는 네트워크로 연결된 룰(rule)들로 이루어져 있었다. 그러나 이러한 룰(rule)들의 연결망은 전체로서 존재하는 하나의 지적인 체계(intellectual system)로서 공표되고 표현되지 않았다. **오히려 명확히 특정한 법적 질문(legal question)에 대한** **실제적이고 현실적인 해결책들(solutions)을 세련된 모자이크로** **나타낸 것이다.** 그리하여 다음과 같이 말할 수 있다. **로마법에서** **개념들은 있으나, 어떤 개념에 대한 {현대 한국 법학도들이 대륙** **법의 도그마틱에서 예상하는 것과 같은, 개념에 대한} 개념화는** **없다. {한국 법학의 가장 난점은 개념의 개념화라고 할 수 있다.}**

이와 같은 로마 제국 시대의 개념에 대한 실상과 대비해서 볼 때 11세기와 12세기에 고대 로마법 연구를 부활시킨 유럽의 법학자들은, 로마법에서 나타난 법에 있어서의 룰(rule)들의 거대한 네트워크를 체계로 정리하고 통일 조화시키는 데에 착수하였다. 이 **때 그들은 신학연구에서 동료 학자들이 신약과 구약 성경, 교회** **교부들의 저술들, 그리고 다른 성스러운 텍스트를 체계화하고 서로** **다른 점을 조화시켜서 통일시킬 때 차용하였던 방법과 유사한 방법** **을 사용해서 일반 원칙(general principle)과 일반 개념(general** **concepts)에서 나타난 용어로 작업하였다.** 유럽의 법학자들이 출발 지점으로 삼은 것은 어떤 법개념(legal concept)에 대한 명확한 개념 규정과 그리고 법이 기초 지워진 원칙(the principle)이었다.

이러한 작업은 기왕에 존재했던 로마 제국의 텍스트의 매우 실용적인 스타일에다가 철학적 차원을 더한 것 이상으로 진행되었다.

유럽 법학자들의 작업은, 일상적인 법적 질문, 즉, "나의 채무자가 갚지 않는다면 내 권리들은 무엇이 되나?"와 같은 일상적인 법적 문제(legal questions)의 의미 자체를 근본적으로 변화시켜 버렸다. 로마법의 룰(rule)들은 아직도 인용될 수 있었다. 그러나 그 룰(rule)들은 해석 나름에 달려 있었다. 로마법의 룰(rule)을 해석할 때, 무엇이 밝혀주는 빛이 되는가? 로마법의 룰(rule)에 내재하고 있는 목적을 어떻게 알아볼 것인가와 로마법의 룰(rule)이 전체 체계의 다른 부분과 어떤 관계를 가지느냐를 인지하는 것이었다. 예를 들면 로마법의 룰(rule)은 채무자가 심지어 유효한 항변(valid counterclaim)을 할 수 있을 때에도 변제할 것을 요구할 수 있는 데에 반해서 - 이 경우에 채무자가 채권자에 항변해서 그의 구제를 소구할 수 있는 것은 별개의 분리된 소송에서 하도록 두고 있는데- 유럽의 로마법주의자(Romanist)들과 교회 법학자(Canonist)들은 이 경우에 계약에 의한 채무가 상호성을 가진다는 상호성의 개념을 적용하곤 했다. 그리고 이 개념은 궁극적으로 신의성실의 원칙(the principle of good faith)에 기초하고 있었다.

일반적인 법의 용어들을 개념으로 만드는 것(conceptualization)은, 법에 있어서의 룰(rule)이 근거로 하는 일반 원칙들을 형성시키는 것과 같이, 그리스 철학에 대한 관심의 부활에만 긴밀하게 관계되는 것이 아니고, 신학의 발전 상황에 밀접하게 관계되어 있었다. 그리고 또한 (일반 법 원칙의 개념화의) **철학적이며 신학적인 측면은 교황의 혁명(the Papal Revolution)을 구성하였던 정치, 경제 그리고 사회생활에서의 엄청난 변화들과 가까이 연결되어 있었다.**254) 무엇보다도 그 시대의 상황은 새롭게 흥기하고 있는, 중앙에 핵심을 가지고 있는 이른바 중앙 집권적인 체제 정치의 시대로서, 교회 정부나 세속 정부가 서로 경쟁하고 공존하고 있는 시대였으며, 이러한 시대 상황이 원칙들(principle)을 선명하게 밝히는 것을 중요하게 만들었다. 따라서 11세기의 교회는 그 자신을 하나의 단체 또는 법인(corporation, *universitas*)이라고 명명한 최초의 집합체였다. 주교와 사제들의 권위는, 그 이전에는 순수하게 성직 서임의 서약에서부터 나왔는데, 이제 재판을 관할하는 권한으로부터 역시 기인한다고 여겨지게 되었다. 왜냐하면 주교와 사제들은 역사상 처음으로 교황의 승낙에 의해서('하느님과 사도들의 은총에 의해서') 임명되고 교황권에 의해서만 면직될 수 있었다. **주교는 법인격을 가지는 교회의 고위 관리로 여겨졌다. 주교의 재판관할권한('jurisdiction')은 그의 관할권에서의 법정에서 재판 사례들을 시작할 권리와 의무를 포함하고 있었다.** 이때 절차와 실체법이 보편적인 유기체를 이루고, 그 유기체가 나타내는 룰(rule)에 의해서 재판을 시작하는 것이며, **패소한 당사자는 교황의 법정(papal curia)에 자동적으로 항소할 권리를 가지는 것이다.**

비슷한 개념 형성의 경위가 세속법 체계의 발전에서도 일어났다. 주로 로마법에서 도출된 똑같은 용어들은, 일반 원칙을 명확하게 천명하며 서서히 일반 개념을 형성시키는 과정에서 사용되게 되었다. 그리고 나서 원칙들과 개념들은 이 원칙과 개념을 새로운 상황에 적용 추정하는 기초로 쓰이게 되었다. 이와 같은 발전은 법과학, 즉 법학을 혁명적으로 다르게 만들었다. 왜냐하면 법에서의

---

254) 역자 주: 흔히 한국의 인문학도들은 철학과 신학이 정치・경제 및 사회 변화와 별 관계없는 것으로 간주하는 습속이 있어 왔다. 초학자들에게는 불가피한 태도라고 하겠으나 종합적이며 포괄적인 관점은 아니다. 흔히 융합이라 하든 복합이라 하든 통섭이라 하든 종합적이고 포괄적인 파악은 다면적이어야 하는데, 한국의 인문학은 흔히 내세우는 '순수성' 그리고 '중립성' 때문에 단세포적인 일면성을 가지고 있다.

룰(rule)의 의미는 긍정될 수 있으며, 또한 룰(rule)의 유효성은 증명될 수 있는데, 어떤 방법에 의해서인가? 법 원칙과 법 개념이 전체로서의 하나의 시스템을 이루고 있는 것을 전제로, 시스템 전체의 원칙 및 개념과 모순되지 않고 일관성을 유지해서 유기체로서의 온전함을 보여줌으로써 가능한 것이다.

6. 서양과학으로서의 법학

스콜라 법학자들은 '법 과학'(legal 'science')을 창조하였다. 이때 과학(science)라고 하는 것은 플라톤이나 아리스토텔레스의 의미보다는 근대 이후의 서양에서 쓰는 의미에서이다. **플라톤에게 있어서 과학(science) 또는 학문**{역자 주: 영어 science의 한국어 옮김은 직역하면 과학이 되나 경우에 따라서는 넓은 의미의 과학, 즉 학문이 되기도 한다}**은 일반적인 것으로부터 특수한 것에 이르는 연역법(deduction)에 의해서 끄집어낼 수 있는 진리에 대한 앎 또는 진리에 대한 지식이었다.** 아리스토텔레스의 교훈은 비록 객관적 관찰과 가설의 방식을 강조하였지만, 그럼에도 불구하고 **그가 초점을 맞춘 것은 어떤 결과 또는 결론을 산출하는 진짜 이유(true cause) 또는 필요 불가결한 것(necessity)을 발견하는 데에 있었다.** 따라서 아리스토텔레스에 있어서 과학의 궁극적인 모델은 기하학(geometry)이었다. 근대나 현대의 서양인에게 수학의 확실성은, 수학이 오류를 범할 수 있는 인간의 관찰보다는 수학 자체의 내부에 존재하는 논리 위에 선다는 사실인데, 이러한 것들이 수학을 과학이라기보다는 훨씬 더 하나의 철학 또는 하나의 언어학 같은 외관으로 보이게 만들었다. **근현대의 서양의 과학은 아리스토텔레스의 과학과 달리 가설을 형성시키는 데에 초점을 둔다.** 그리고 이 가설들은 하나의 기반이 되는 기초로서 봉사하게 되는데, 시간의 세계 그리고 확실성이나 필요 불가결보다는 확률과 예측의 세계에서 일어나는 현상들에서, 질서를 발견하고 질서를 부여하는 기반으로 봉사하게 되었다. **중세 스콜라주의의 법학자들의 과학(science)은 바로 그러한 근대 서양인의 의미에서의 과학과 같은 종류였다.** 스콜라 법학자들의 과학은 변증법적인 방식을 사용했는데, 여기서의 변증법적인 양식은, 일반적인 법 원칙을 확립할 때 반드시 일반 원칙을 술어로서의(in predication) 특수한 것들(particulars)에 관계시킨 것이다. 실로 스콜라 법학자들의 과학은 하나의 '정확한(exact)' 과학은 아니었는데, 근현대의 물리학이나 화학과 같지 않았다는 것이다. 또한 스콜라 법학자들의 과학은 실험실에서 실험하는 것과 같은 종류는 아니었고; 실험실에서의 실험이야말로 전부는 아닐지라도 많은 자연과학의 특징이 되고 있다. **그러나 스콜라 법학자들의 과학은, 그들 자신의 특유한 종류의 실험(own kinds of experimentation)을 사용하고 있기는 하다. 역시 중세 스콜라 법학자들의 과학은 사회적 현상 −즉, 법적인 제도들(legal institutions)− 을 관찰한 결과로서, 하나의 체계(a system)를 건축하는 것과 관계가 있었다.** 이렇게 말하는 것은 물질의 세계(world of matter)에서의 현상을 관찰하는 것과는 차이가 있다는 뜻이다. **그럼에도 불구하고 당시 새롭게 일어나고 있었던 자연과학과 마찬가지로, 스콜라 법학자들이 창건하고 있었던 새로운 법 과학은 경험적 방법과 이론적 방법을 결합시켰다.**

하나의 과학이라는 것이 (또한 한국의 어법으로서 학문이라는 것

은) 근현대의 서양적 의미에서는 세 개의 근거 기준에 의해서 명료
하게 규정될 수 있는데 바로 방법론적인 근거 기준들(methodological
criteria), 가치 근거 기준(value criteria), 그리고 사회학적인 근거 기
준(sociological criteria)이다. 열거한 세 집합 종류의 근거 기준에 의
해서 판단할 때 서유럽 12세기의 법학자들이 창건한 법과학은 근
현대의 서양의 과학과 학문의 원조(元祖, progenitor)가 된다.

7. 법 과학의 방법적인 특징들

근대와 현대의 서양적 의미에 있어서의 과학은, 방법적 특징과
용어에서 다음과 같이 명백히 규정될 수 있다. 즉, (1) 지식의 유기
적인 체계로서 종합성이 있을 것, (2) **현상이 개별적으로 나타난
것들이 체계적으로 설명될 수 있어야 한다.** (3) **설명의 용어는 일
반 원칙(general principle)과 진리들이다[일반원칙과 진리를 법
칙('laws')이라고 한다].** (4) 현상들과 일반 원칙들 양자를 알게
되는 것, 즉 **현상에 대한 지식과 일반 원칙에 대한 지식은 어떻게
얻어지는가?** 다음과 같은 것을 결합해서 현상에 대한 지식과 일반
원칙에 대한 지식을 얻을 수 있다. 즉, **관찰(observation), 가설(假說)
을 설정함(hypothesis), 가설을 검증(檢證)함(verification), 그리고 가능
한 한 최대의 정도로 실험하기(experimentation)이다.** 그러나 주
의할 일이 있다. (5) 모든 과학을 통해서 공통된 특징을 가지고 있
지만, 조사(調查, investigation)와 체계화(systematization)라는 **과학에
서 쓰이는 방식은 모든 종류의 과학에서 똑같은 것은 아니고, 조
사하려는 현상(現象)들이 일어날 때 어떤 특수한 종류의 현상이냐**

에 따라서 각기 해당되는 개별 과학에 의해서 개별적으로 채택되어져야 한다. 따라서 이와 같이 근현대적 의미의 과학의 방법을 정의해온다면, 오늘날 매우 대중적으로 되고 있는 어떤 견해를 부정하게 된다. 이 견해는 특별히 미국과 잉글랜드에서 널리 퍼져 있는데 그 내용은 **자연과학에 적합한 방법론이 그리고 특히 자연과학 중에서도 물리학과 화학에만 적합한 방법만이 '과학적'이라고 불리는 것이 적절하다는 잘못된 견해이다.**[255]

위에서 열거한 다섯 개의 기준(criteria)에 의해서 판단하건대, 11세기 후반의 이탈리아, 프랑스, 영국, 도이칠란트 그리고 다른 나라의 법학자들은, 교회 법학자(canonist)든 로마 법학자(romanist)들이든 법에 대한 과학을 형성하고 있었다. 11세기 후반의 법 과학자들이 연구의 대상으로 한 현상은 무엇이었던가. 결정 사례들(decisions), 규칙 또는 룰(rule), 관습(customs), 제정법은 (동양에서와는 달리) 세속 정부뿐 아니라 교회 정부에서도 법적인 데이터(data)로 공포하였다. 세속 정부를 구성하고 있었던 황제, 왕권, 공작, 도시 정부의 행정관들, 그리고 기타 세속 정부의 통치자들이 공포한 법 자료와

---

255) 역자 주: 저자는 현대에 있어서 영미 과학계에서 풍미하는 견해에 대해서 얘기하고 있다. 역자는 이것보다 특히 한국의 학문의 방법에 대해서 더 큰 주의를 쏟는다. 한국의 경향은. 과학(science)이라는 용어 자체가 자연 과학만을 지칭하고 특히 그 방법론에 있어서 자연과학과 인문사회과학은 결코 넘을 수 없는 높은 벽을 가지고 있다는 통속적인 견해를 지지하곤 한다. 더 진행시키면 법학과 다른 사회과학 간의 높은 벽도 ―이 문제가 최근 한국 사회과학과 법학계의 가장 큰 문제이거니와― "법학과 사회과학의 방법론이 전혀 다르다"는 식으로 받아들이는 경향이다. 이 문제에 대해서는 역자의 논문, 김 철, 「형이상학적 이원론 아래에서의 당위와 존재의 문제와 현대 한국 법학의 과제」, 『현상과 인식』 2008 가을호 제32권 3호 통권 105호, p.41 참조할 것. 결론적으로 말하면 최현대의 법학 방법론의 한국에서의 가장 난관은, 유럽과 미국에서 쓰는 법학 방법론과 비교할 때, 한국의 방법론은 훨씬 더 고립화되어 있고, 법학의 방법론의 특징으로 열거한 다섯 개의 항목으로 미루어볼 때, **서구법 전통의 방법론과는 멀리 떨어져 있다.**

또한 당시 교회 정부를 구성하고 있었던 교회 공의회들, 교황, 주교들이 공포한 법 자료들은, 성서에서 발견되는 것들이든가, 유스티니아누스의 로마법 텍스트에서 발견되는 것이든가, 다른 기록된 원천에서 찾아낸 것이었다. 이러한 법적인 자료들은 법학자들에 의해서 데이터(data)로 취급되었다. **이러한 데이터들을 관찰하고, 분류하며, 일반 원칙과 '진리에 대한 일반 개념(general concepts of truths)'에 의해서 체계적으로 설명하는 것이었다. 이와 같이 설명된 것은 논리(logic)와 경험(experience) 양자에서 검증(verification)되어야 하는 것이었다.** 과학적 방법의 검증 다음 단계는 무엇인가? 실험하기(experimentation)이다. 현상으로서의 법적 데이터를 관찰하고 분류하며 법 원칙과 법 개념으로 설명했다면, 그리고 이 설명이 논리와 경험으로 검증되었다면, 다음 단계인 실험화는 무엇을 의미하는 것인가?256) **일반 원칙과 일반 개념을 설명하는 실증적인 사례들을 얼마나 증거로서 들 수 있느냐의 정도와 또한 그 효과가 얼마나 측정되느냐에** 따라서 (자연과학 및 다른 과학과 똑같은 정도는 아니지만) **일종의 실험화(experimentation)가 법학에 나타나게 되는 것이다.**

12세기 법학자들이 과학 사상에 공헌하였으며, 독창적이었다고 한다면257), 그 공헌의 독창성은 어디에 있었던가? 그들은 우선 증거(evidence)와 일치하는 일반 원칙(general principles)을 건설하려고 하

---

256) 역자 주: 이 단계에서 한국의 근대 이후의 법학은, 적절하게 서양 전통의 법과학을 참조하지 못한 것이 된다. 왜냐하면 최상급의 한국 근현대 법학도 관찰, 분류, 법원칙과 법개념으로의 설명이라는 단계에서 더 이상의 진행은 없어도 당연한 것으로 생각되어졌다. 법과학의 방법으로 있어서의 실험의 단계는, 일반원칙과 일반개념에 대한 실증적인 사례를 증거로 드는 단계이며, 또한 효과(effects)가 측정되는 단계이다.

257) 역자 주: 지금까지 한국에 알려진 법학자들이 과학 사상에 공헌하고, 독창적이었던 예를 들어 보라.

였다. 또한 그들은 이와 같이 증거들을 설명하는 데에 이미 확립된 원칙들을 사용하였고, 그것으로부터 다른 것을 추정해내는 데에 이러한 원칙들을 사용하였다. 12세기의 유럽 법학자들은 일반 원칙의 유효성을 경험적으로 테스트(empirical tests)하는 방식만을 개발한 것이 아니고, 그러한 원칙들을 경험적으로 사용하는 것(empirical uses)을 개발한 최초의 학자였다. **그들이 면밀히 조사한 경험적인 데이터(empirical data)가 기존의 법, 관습 및 관행(customs)과 결정 사례(decisions)였다는 사실은** 그들이 학자로서 성취한 것을 덜 경이롭게 보이게 하지는 않는다. 왜냐하면 다음과 같은 사실과 비교하면 그렇다. 당시에 사용가능한 **다른 방법론(alternative method)**은 무엇이 남아 있었던가? 플라톤 사상으로부터 도출된 것으로, **이데아 또는 이상형(ideal forms)이라고 불리는 일반 원칙들(general principles)**을 쓰는 방식이 있었다. 플라톤(Platon)의 이데아를, 당시의 신학적 교조(doctrines)나 우주론에 대한 교조, 그리고 정치에 있어서의 교조를 입증하는 데에 쓰는 방법이었다. 그러나 **플라톤 방식은 이데아 또는 이상형(ideal form)에 일치하지 않는 증거를 거부하는 경향이 있었고, 따라서 플라톤의 이른바 관념론은 기존 법률들, 기존 관습 및 관행들 그리고 기존 결정례들을 서로 모순됨이 없이 조화 있게 일치해서 정리하고 통일시키는 데에는 적합하지 않았다.**

개별적인 예를 하나 든다면, 법학자들은 다음과 같은 사실을 관찰하였다. 즉, 그들이 관찰 대상으로 조사하고 있었던 다양한 모든 법체계에 있어서 다음과 같은 의문이 생겨났다. 즉, "의사에 반해서 폭력에 의해서 그의 물건을 빼앗긴 사람은 폭력에 의해서 그것을 도로 취할 권리를 가지는가?" **첫 번째 해결책**은 유스티니아누스 황제의 로마법 텍스트를 해석함으로써 도달되어질 수 있다. 즉, 로마법 텍스트에서는 로마의 사법관(Roman praetor)이 다음과 같이 공포하였다. 폭력에 의해서 그의 땅을 빼앗긴 사람(동산에 대해서는 언급이 없었다)은 일정한 시간이 경과한 뒤에는, 폭력에 의해서 그것을 되찾을 수 없다. 12세기의 법학자들은 다음과 같이 결론지었다. 즉, 이 룰(rule)은 똑같이 동산 및 재화에 대해서도 적용 가능하다. 왜냐하면 부동산 및 동산 두 종류의 케이스에서 나타난 목적은 동일하다고 볼 수 있다. 더 나아가서 어떤 교회 공의회와 그리고 교회 법정에서 다룬 개별 사례법에서, 다음과 같은 사실이 확인되었다. 즉, 폭력에 의해서 그의 주교좌(bishopric), 즉, 주교의 자리에서 추방된 주교는 그 자리를 회복하기 위해서 폭력에 호소하면 안 된다. 12세기의 법학자들이 주의하기를, 주교의 자리라는 것은, 토지에 대한 권리만을 포함하는 것이 아니고 동산에 대한 권리 또한 포함하며 또한 권리에 대한 권리(rights in perquisites – rights in rights)도 포함한다(권리에 대한 권리는 choses in action으로 무체권리로 번역된다). 이와 같은 방금 든 예들은 법학방법론에 있어서, 꼭 같지는 않으나 비슷한 것을 주목하는 유추(類推, analogie) 또는 유비(類比, analogie)뿐만 아니라 가설 설정하기(hypothesis)에도 길을 내어주게 된다. 다양한 여러 가지의 규칙적 룰(rule)의 저변에 기초하고 있는 것은, 기본적 법 원칙(basic legal principle)이라고 보인다. – 그러나 이 기본적 법 원칙이라는 것은, 실정법 데이터에서는 아무 데서도 언급되지 않고, 단지 법 과학자들에 의해서, 존재하는 실정법 데이터를 설명하기 위해서, 어떤 단계에서 논의될 뿐이다. – 기본적 법 원칙의 내용은 다음과 같다. 즉, 그들 권리가 침해된 사람들은 '자구 행위(自救 行爲)를 하기(taking the law into their own hands)'보다 법에 있어서의 예정된 행동을 취함으로써 그들의 권리를 구제받도록 요구되어지고 있다. 이 가설은 다음과 같은 명제(proposition)에 의해서 논리적으로 검증된다. 즉, 법의 기본적 목적은 분쟁 해결 방법으로서, 폭력과는 다른 방법(alternative)을 제공하는 것이다. 방금의 검증은 논리적인 검증이며, 경험에 의한(by experience) 검증을 보도록 하자. **경험에 의한 검증은 상황 또는 사정(事情)의 경험(experience of the circumstance)을 포함한다. 어떤 경험 법칙이 확인될 수 있는가?** 토지, 동산 그리고 무체 권리에 대한 분쟁이, 일련의 폭력적 탈취 행위로 해결된 경우에 무질서와 부정의가 결과한다는 경험이 있다. **이러한 (개인적 또는 사회적 또는 역사적) 경험은, 법과학자와 법률가가 다양한 법에 있어서의 룰(rule)의 영향 및 결과와 법적 룰(rule)의 변화가 어떤 효과와 결과를 가져오는가를 비교할 때 일종의 실험화의 단계(level of experimentation)까지 도달한다.** 즉, 만족스럽지 못하다고 간주된 룰(rule)들은 때로는 개정되거나 폐기되거나 또는 쓰지 않게 된다. 만족스럽다고 간주된 룰(rule)들은, 자주 계속된다. 이러한 실험들(experiments)은 **실험실에서의 실험의 정확성을 결여**하고 있기는 하다. 그러나 이 경우에 해당하는 것이 **일종의 사회적 실험(social experimentation)이다. 이 사회적 실험은, 실험실에서 짧은 시간에 테스트할 수 있는 효과와 달리, 더 넓은 실제 실험장인 사회에서 더 긴 시간을 두고 그 스스로의 효용성을 나타내기 때문에, 법의 실험은 일종의 '역사라는 실험실(laboratory of history)'에서 진행된다고 할 수 있다. 이러한 성질 때문에, 근대 및 현대의 과학자들은 '자연적으로 행해지는 실험'(natural experiments)이라고 부른다.** 근현대의 용어를 쓴다면 경험(experience)이라는 것은, 어떤 룰(rule)을 구체적인 사례에 적용해보는 경험을 포함해서, 하나의 과정으로서 관찰될 수 있다. 어떤 과정인가? 끊임없는 **피드백(feedback)의 과정**이다. 무엇에 대한 피드백인가? 첫째로 규칙, 즉 룰(rule)이 유효한가에 대한 피드백이다. 마침내는 룰(rule)의 저변에 존재한다고 생각되는 일반 원칙과 일반 개념이 유효한가에 대한 피드백이다.

물론 법 과학의 존재방식을 결정하는 것은 정치(politics)이다. 왜냐하면 입법가들(lawmakers)은, 법학자들의 발견을 무시하거나 간과할 수 있고, 자주 그래 왔다. **실행의 문제에 있어서 논리와 경험은 자주 다음의 것들에게 희생되는데, 그것은 바로 권력,258) 편견259) 그리고 탐욕이다.260)** 그러나 권력과 편견과 탐욕은 전혀 다른 곳에서 일어난 일이며, 입법가들의 권력과 편견과 탐욕이 12세기 법학자들이 쓴 훌륭한 방식이 가지는 과학적 성질의 가치를 조금도 저하시키는 것은 아니다.

이상과 같이 보아 온, **논리와 경험 양면에 의한 일반 법 원칙의 평가**는 최고의 지적인 수준까지 법 과학을 구성하게 하였다. 그러나 통상적으로 12세기의 법 과학자들은, 오늘날의 그들의 동료들과

---

258) 역자 주: 이 문제는 Yale Law School의 Harold Laswell, *Power and Personality* (New York: Viking Press, 1962)에서 다루고 있다. 김 철, 「사회적 차별의 심층심리학적 접근 - 법 앞의 평등의 내실을 위하여 - 」, 『한국 법학의 철학적 기초』(서울: 한국학술정보, 2007), 336면 참조.

259) 역자 주: 이 문제는 Adorno et. el, *The Authoritarian Personality*, Preface xi, Harper & Brothers(1950)과 Morris Janowitz, *Dynamics of Prejudice*에서 다루고 있다. 또한 김 철, 위 책, 325-326면. 또한 같은 사람, 『한국 법학의 반성』(서울: 한국학술정보, 2009. 09), 49-51면

260) 역자 주: 이 문제는 김 철, 「최현대의 경제공법-금융규제와 탈규제」, 『세계헌법연구』 제16권 제1호(서울: 세계헌법학회 한국학회, 2010. 02)에서 다루고 있다. 또한 김 철, "세계금융위기 이후의 경제, 규범, 도덕의 관계", 『현상과 인식』 2010년 봄/여름 호(서울: 한국인문사회과학회, 2010. 05. 31), 또한 같은 사람, 『법과 경제질서-21세기의 시대정신』(서울: 한국학술정보, 2010.12).

비슷한 상황에 있었다. 무엇이 비슷한 상황인가? 12세기의 법 과학자들은 그 당시는 그런 이름이 없었지만 훨씬 나중에 그렇게 불리게 된 '법 도그마틱(legal dogmatics)'과 관계있었다. 법 도그마틱이란 무엇인가?[261] 원 저자는 **법에 있어서의 룰(rule)의 사회적 효과 및 파장(ramifications)과 법적인 룰(rule)들 서로 간의 상호 관계들 그리고 법에 있어서의 룰(rule)을 개별적이고 특정한 현실 상황에 적용하는 것으로부터 체계적으로 작업하는 것**을 의미하고 있다. 폭력에 의한 탈취의 예로 돌아가 보자. 일단 사람으로 하여금, 그의 재산을 폭력에 의해서 재탈환하는 것을 금하는 법원칙이 확립되자마자, 매듭이 많은 문제들이 폭력에 의해서 재산을 탈취당한 사람의 구제에 관해서 제기되게 된다. 만약 그 사람이 폭력에 의해서 자기 재산을 빼앗기기 이전에, 그 스스로가 폭력에 의해서 재산을 점유했더라도, 소유권을 다시 회복시켜야 될 것인가? 또한 폭력에 의한 재산 탈취의 구제 방법은 그 재산이 부동산일 때와 동산일 때 똑같을 것인가? 재산 탈취의 희생자가 그의 권리를 폭력에 의해서 방어하는 것을 적법한 것으로 하는 경우에(즉시 회복, 'hot pursuit') 기간 제한 또는 시효(時效)가 있을 것인가? 이러한 질문들은 법률가들에 의해서는 1차적으로 도덕적 질문이나 정치적 질문으로 보이지 않고, 오히려 법적인 질문으로 보였다. 말

---

261) 역자 주: 법 도그마틱의 의미는 현대 한국의 법학자들이 쓰는 함의와 비교되어져야 한다. 한국 현대 법학자들 중 대륙법 전통에 충실한 나라의 법 교육학을 답습하는 사람들이 법 도그마틱이라고 할 때에는, 대륙법 문화 특히 도이칠란트의 법학 교실에서 쓰는 실용적인 법 교육 방법을 떠올린다는 것이 역자의 개인적 인상이다. 원 저자가 법 도그마틱이라고 했을 때의 중점과는 물론 차이가 난다. 원 저자는 12세기의 법 과학자들이 우선 논리와 경험 양자에 의해서 법 원칙과 법 개념을 긍정한 이후, 최고의 지적인 수준에까지 법과학을 끌어 올렸으나 현실적으로 그들이 다음 단계에서 부딪히게 될 문제로서 법 도그마틱(legal dogmatics)을 논하고 있다.

하자면 이들 질문들은 **법에 있어서 권위 있는 것들, 즉, 결정의 예들, 룰(rule)들, 관습들, 제정 법들, 성경의 텍스트들과 같이,** 어떤 권위가 확정한 것들을 해석한 것을 기초로 해서 해결될 수 있는 문제였다. 여기서 어떤 권위가 확정한 텍스트는 객관적으로 **이미 주어진 것**으로 간주되었다. 그러나 이 경우에 다음과 같은 시도가 행해질 수 있다. 즉, 객관적으로 주어진 것이라 할지라도 **이성에 어긋나는 것인가 또는 유용하지 않은 것인가,** 또는 주어진 시간에 객관적으로 부여된 것이라 할지라도, 역사적으로 조건 지워져서 **지나간 역사의 부담만을 안고 있는 경우인가.** 그래서 이와 같은 판단들이 권위 있는 것들의 권위를 손상시키는 것인가를 보여주는 노력이 더해질 수 있다. 그러나 만약 권위에 의해서 주어진 텍스트가 **이상에 열거한 도전을 이겨낸다면** 그것들은 받아들여지는 수밖에 없다. 이 단계에서 권위에 의해서 **주어진(authoritatively laid down) 텍스트는, 사실 'facts'가 된다.** 그리고 법학자의 과업은 그 **사실들(facts)을 정리하고 그 사실들로부터 어떤 의미를 만들어내는 일이 된다.** 사실의 정리와 사실에서부터의 의미 부여를 하는 법학자들의 방식은, 본질적으로 후대에 자연 과학자들이 쓴 방식과 다르지가 않다. 왜냐하면 후대의 자연 과학자들의 과업은 다른 종류의 데이터를 찾아서 정리하며 그리고 종합하는 일이었기 때문이다.[262]

---

[262] 이전의 법학에 있어서 발전된 근세 과학의 방법을 자연 현상에 적용한 초기의 예 - 아마도 최초의 예 - 는 Robert Grosseteste(1168~1253)의 업적에서 찾아볼 수 있다. 그는 13세기의 최초 10년에 옥스퍼드에서 가르쳤으며, 1235년에서 죽을 때까지 링컨 지역의 주교였다. 그는 광학, 음향, 열, 천문학, 그리고 다른 자연 현상들을, 실험에 의해서 조사했는데, 그의 조사 방법에서 Grosseteste는 특별히 사실 'the fact(quia)'과 사실의 이유 'the reason for the fact(propter quid)'를 엄격히 구별하는 아리스토텔레스의 방식 위에서 업적을 구축하였다. 아리스토텔레스의 구별의 방식에 더해서, 그는

법 과학이 결정례들, 룰(rule)들, 개념들, 그리고 다른 법 자료에 있어서의 데이터에, 내적으로 이미 존재하고 있는 원칙들을 발견하고 검증하기 위해서, 개발하고 발전시킨 지금까지 설명한 방법론(methodology)에 더해서, 법에 있어서의 절차가 진행되는 과정에서 관계있는 사실들을 발견해서, 유효성을 검증하기 위한 다른 방법이 또한 개발되었다. '법정(法廷)에 있어서 사실들을 증명하는 것(proof of facts)'은 변론술이라고 흔히 번역되는 rhetoric의 새로운 발전과 긴밀히 연결되어 있었다. 당시까지 변론술은, 정서에 호소함으로써 설득력을 높이는 것과 같은 기술로까지 되지 않았으며, 또한 스피치에 있어서의 장식적 요소를 더함으로써 설득력을 높이는 정도까지도 되지 않았다. 변론술은 당시까지 아직 그리스 시대의 오래된 전통인 아리스토텔레스의 '이성에 의한 호소'를 설득의 유일한 방식으로 간주했던 의미를 그대로 가지고 있었다. 12세기에 와서 **중점은, 사실을 어떻게 증명하느냐 하는 증명의 방법론(methods of**

다음의 방식을 썼다. 우선 관찰된 (자연)현상을 그 현상을 구성하는 요소들로 분해하고, 다음에는 현상들을 이론적으로 재구축하며, 그리고 다음 단계는 이론적 구축물('composition')을 구성 요소('resolution')와 비교했다. 목적은 채택한 원칙들의 유효성을 검증하기 위해서였다. 과학사에서 Grosseteste의 입장에 대해서, 근세 또는 근대인의 언어는 다음과 같다. "그라티아누스도, 캐논법을 개혁하기 위해서 똑같은 논리적 방법을 사용하였다." A. C. Crombie, "Grosseteste's Position in the History of Science", in D. A. Callus, ed., *Robert Grosseteste, Scholar and Bishop: Essays in Commenmoration of the Seventh Centenary of His Death*, (Oxford, 1955), p.100. Grosseteste의 학생이었던 로저 베이컨(Roger Bacon) (c.1220~c.1292)은 Grosseteste에 대해서 다음과 같이 썼다. 로저 베이컨과 다른 당대의 과학자들은 "수학의 힘이 모든 사물의 이유를 밝히는 힘이 있다는 것을 알고 있었고, 또한 인간 현상과 신에 의한 현상을 충분히 설명할 수 있는 능력이 있다고 믿었다." Francis S. Stevenson, *Robert Grosseteste, Bishop of Lincoln: A Contribution to the Religious, Political, and Intellectual History of the Thirteenth Century*, (London, 1899), p.51. "수학의 힘"이라고 했을 때 베이컨은, 1899년 당시의 용어로는 '법칙의 지배(the reign of law)'라고 이름 붙일 만한 것을 의미했다고 한다. A. C. Crombie, *Grosseteste, Bacon, and the Birth of Experimental Science*, 1100~1700, (Oxford, 1953), p.10을 보라.

proof)에 주어졌다. 가설이라는 개념은 rhetoric을 연구하는 학자들로 하여금 고전 변증법에 있어서, **최초에 주어지는 질문, 즉 문제설정(quaestio)이었던 명제(thesis)**를 보충함으로써 진척되었다. 전제가 되는 가설(假說, hypothesis)의 증명은, 증거(evidence)를 제출하는 것을 요구하는 것으로 [이것은 법정(法廷)에서의 증명을 위한 증거 제출과 흡사하다] 이해되었다. 이것은 (절대적 진실은 아니더라도) 확률이 높은 진실(probable truth)을 추정할 수 있다는 생각을 내포하고 있다. 이리하여 "어느 정도의 진실의 확률(確率)을 가지는가"라는 확률을 재는 스케일, 즉 척도를 발전시키는 데에까지 나아갔다. 그리고 이 과정에서 추정(推定, presumption)은 논리의 한 형태로서 중요한 역할을 하게 되었다. 이러한 사정은 또한 증거를 제시하고, 제시된 증거를 평가하는 데에 있어서 나타날 수 있는 가능한 왜곡(distortion)과 착오들(errors)을 피하기 위한 규칙들로 인도되었다. 이와 같은 사정에서 고전 시대의 **변론술(rhetoric)과 법(law)이 병행되는 평행적 성격**이 강조되었다. 20세기에서의 잘 알려진 논문집인 『교회의 변론학(rhetoric)(*Rhetorica Ecclesiastica*)』은 다음과 같이 언급한다. 즉, "변론술(rhetoric)과 법의 양자는 공통적인 절차를 공유하고 있다." 똑같은 논문집이, 하나의 케이스(case) 또는 소(訴)의 원인(原因, causa)을 "어떤 사람의 어떠한 언급이나 어떤 행동에 관해서 민사적인 다툼을 하는 것"이라고 의미 내용을 규정해서 개념 정의를 하고 있다.[263] 그래서 케이스, 즉 소(訴)의 원인(原因)이라는 개념은, 수사학 또는 변론학에 있어서의 전제가 되는 가설 또는 가정(hypothesis)이라는 개념과 연관되어 있

---

263) Alessandro Giuluani, "The Influence of Rhetoric on the Law of Evidence and Pleading", *Judical Review*, 62(1969), p.231을 보라.

다. 위에서 말한 『교회의 수사학(*Rhetorica Ecclesiastica*)』은 다음과 같이 서술한다. 다투어지는 사건과 일의 진실을 발견하기 위해서는, 네 사람이 필요하다. 판사, 증인, 원고 그리고 피고이다. 판사는, 소송에 있어서의 주장과 반박(argumentation)의 룰(rule)이 지켜지는가를 감시해야 되고, 특별히 (당해 사건과) 관계있는 룰(rule)과 중요한 룰(rule)이 그러하다. 13세기 초까지 확인이 불필요한 증거(이미 확인된 일들), 소송과 무관계한 증거(케이스에 아무 효과가 없는 것), 그리고 애매하고 불확실한 증거(그것으로부터는 아무런 명료한 참고가 이끌어내어질 수 없는 것), 지나치게 일반적인 증거(그것으로부터는 애매모호함이 일어나는 것), 그리고 자연에 반하는 증거(신뢰하기 불가능한 것), 이러한 것들을 증거로 제시하는 것을 방지하는 배타적인 룰(rule)들이 발전되었다.[264] 알레산드로 줄리아니(Alessandro Giuliani)는 이러한 일련의 '자연적이 아니며 사람이 인위적으로 만든 이성(artificial reason)'은 15세기 말 이후에는 유럽 대부분의 나라에서 포기되고 자연적 이성(natural reason)에 의해서 대치되었다고 보여 준다. 이때 자연적 이성은 수학적 논리를 강조한다. 그러나 '법에 있어서 인간이 만든 이성(artificial reason of law)'은, 영국 코먼 로에 있어서는 그대로 유지되었는데, 에드워드 코크(Edward Coke), 매슈 헤일(Matthew Hale), 그리고 그들의 후계자들의 노력에 의해서였고, 토머스 홉스 등의 정반대의 노력에도 불구하고였다.[265] **법에 있어서의 추론(legal reasoning), 그리고**

---

264) Ibid., pp.234~235. 이들 관련성에 관한 규칙들은, 처음에는 각 당사자와 증인들이 선서를 행하는 진술(positiones)에 적용되고, 나중에 증인과 서류에 의해서 증명되는 주장(articuli)에 적용되었다. 점진적으로 선서 자체에 가치를 두지 않게 됨으로써 후자는 옛날 형식을 대치하게 되었다.

265) Ibid., p.237.

과학에 있어서의 추론(scientific reasoning) 사이의 차이와 **법에** **있어서의 추론 과정이 서양의 근대 과학의 추론(推論)의 원형**이라는 주장은, 오늘날의 과학을 보는 견지 위에 서 있다. 그러나 오늘날에도 과학을 어떻게 보느냐는 보편적으로 똑같이 받아들여지는 견해는 아니다. 통상적으로 근대 과학의 시대는 (지금 우리가 논하고 있는 12세기로부터) 5세기나 더 뒤의 갈릴레오의 시대로부터 시작한다. 더욱이 갈릴레오, 케플러, 데카르트, 라이프니츠, 뉴턴과 오늘날 근대 과학의 고전시대로 간주되는 다른 리더들은 모두 다 '중세적인 스콜라주의(medieval scholaticism)'에 대해서 반감을 가지고 있었다. 이 사실은, 그들이 아무것도 공유하고 있지 않았다는 사실에도 불구하고 그렇다. 그러나 중요한 사실은, 이들 근대의 고전적 과학자들의 스콜라주의에 대한 반감은, 스콜라주의 자체에 대해서였다기보다는 당시까지의 스콜라들이 수학적 설명의 준거 틀을 발전시키지 못한 데에 향해져 있다고 하는 것이 중요하다. 알렉산더 코이레(Alexander Koyré)가 보여준 대로 17세기의 갈릴레오(Galileo Galilei)와 다른 중요한 과학 사상가들은, 수학이 모든 진정한 과학적 설명의 모델이라고 간주했다.[266] 수학과 수학의 법칙들(laws)은 더 이른 시대의 플라톤 철학에 있어서의 형상(forms) 또는 이상형(idea)과 마찬가지로 근대 과학의 이상적인 언어를 구성하게 되었다. 19세기에 와서 스콜라의 방법은 역시 다른 방향에서도 공격을 받았다. 스콜라 방법이 강조한 강조점 중에서, 어떤 논의가 되는 주제(subject matter)의 목적이 조사되어야 한다는 강조점이 비판되고, 또한 **발견에 대한 예언적 가치를 강조하지 않는다**는

---

266) Alexander Koyre, *From the Closed World to the Infinite Universe*, (Baltimore, 1976).

점에서 또한 비판되었다. 그럼에도 불구하고 **17세기 과학이나 19**
세기 과학은, 12세기의 법학자들에 의해서 처음 개발된 과학적 방
법이 없었으면 불가능했을 것이다.[267]

---

267) 원저자 주 시작: 조지프 니덤(Joseph Needham)은 "왜 근대 과학이 전통 중국 문명
  또는 인도에서 발달하지 못하고 단지 유럽에서 발달했는가의 질문에 대한 답을 찾으
  면서, **초월적인 신에 의해서 부과되고, 사람의 행동과 나머지 자연의 행동과 운**
  행을 커버하는 법칙의 총체(a body of laws)라는 바빌로니아, 스토아학파 그리
  고 유대 문명의 개념의 중요성을 강조하였다. 다른 한편에 있어서 니덤의 강조점은,
  16세기 말에서 17세기에 비로소 행해진 **인간의 자연법(human natural law)과**
  인간이 아닌 자연의 법칙(nonhuman laws of nature) 사이의 극명한 분리를
  강조하였다(이에 대비해서 중국 문명은, 인간에 관해서가 아닌 현상에 적용 가능한 법
  칙이라는 개념을 가지지 못했다). {역자 주: 니덤은 고대 중국의 과학 기술사의 연구
  를 통해서, 적어도 고대 중국에는 서양 그리스 문명에 병행할 만한 자연법 사상이 존
  재하였다고 한다. 그리고 고대 그리스 문명의 자연법 사상은 사람과 자연의 행동에 대
  한 법칙으로, **분화되지 아니한 자연법 사상이 존재했으며**, 고대 중국의 자연 법
  사상도 자연법칙과 분화되지 아니한 인간의 법으로서, 포괄적으로 해석할 수 있는 자
  연법 사상이 존재한다고 한다. 고대 그리스의 자연법 사상은 로마의 자연법 사상으로
  다시 나타났을 때, 어떤 학자 —울피아누스(Ulpianus)는, 생물계를 포함하는 자연의
  법칙 안에 있는 인간의 법으로서의 자연법을 개념한 사람도 있었다. 이후에 서양의 자
  연법 사상은, 대체로 말해서 인간에 관한 법과 인간을 제외한 사물의 법칙으로 분화되
  었다고 할 수 있다. 그러나 그로티우스(Hugo Grotius)에 이르기까지도 아직도 사물의
  본성(Natur der Sache)을 뜻하는 자연법은, 인간과 사물을 포괄하는 측면이 있었다
  고 본다. 중국의 자연법의 문제에 대해서는, 김 철, 「제3장 중국 법학을 어떻게 접근
  할 것인가」, 『한국 법학의 반성』(서울: 한국학술정보, 2009.09), pp.351~354," 2.
  전통 중국의 법 문화에 있어서의 자연 법의 문제." 원저자 주 계속: 니덤은 서양 문명
  이, 자연에 대한 법칙이 분리되어서 존재한다는 것에 대한 믿음으로 옮아가게 된 것을
  주로 봉건주의 끝 무렵과 자본주의의 시작 때의 절대주의 왕권 또는 왕의 절대주의의
  대두에 원인을 돌리고 있다 {역자 주: '언제부터?'라는 버만의 강조점은 '왜?'라는 동
  아시아인의 강조와는 다소 차이가 있다} {역자 주: 요컨대 우리들 동아시아인의 근본
  물음은 '서양과 달리 전통 중국 문명에서는 왜 근대 과학이 발전하지 못했을까?'라는
  의문이고, 버만은 일단 중국인들은 고대 문명 시대의 중국 과학기술사에서는, 포괄적
  인 자연법 사상을 가졌음에도, 그 이후에는 발전시키지 못했고, 서양은 서양 근대에
  와서 발전된 자연법의 큰 개념 안에서, **자연 법칙에 대한 독자적인 개념과 신뢰**가
  나타났다고 볼 수 있다. 또한 동아시아인인 우리의 관심은 원래 '왜 중국이 근대화의
  시기에 근대적인 상업이나 산업을 발전시키지 못했을까?'이고 이것과 연결된 질문이
  '왜 서양에서만 근대적인 자본주의와 과학을 발전시켰을까?'라는 질문이다. 이 질문에
  대한 현재 맥락에서의 대답은 결국 근대 과학의 발전과 그와 부수된 산업의 발전이
  연결되어 있고, 서양이 근세까지 발전시켰던 자연법과 자연법칙의 개념을 중국에서는
  발전시키지 못했다는 대답이 된다} 원저자 주 계속: 로저 베이컨이 자연에 대한 법칙
  들('laws of nature')이라는 표현을 13세기에 썼다는 사실은 이러한 니덤의 주제를

8. 법 과학의 가치 전제(value premises)

근대 서양적 의미에 있어서 과학은, 통상적으로 **어떤 방법에 의하느냐**는 이른바 방법론적인 조건에서 규정되어 왔지만, 규정하는 방법이 또 다른 조건에서, 즉 **태도(attitudes), 확신(convictions)**, 또한 그 과학적 일에 종사하고 있는 **사람들의 근본적 목적(fundamental**

더욱 확고하게 지지하는 것이다. 왜냐하면 결정적 사실은 베이컨의 자연 법칙(laws of nature)이란 개념은, 르네상스 말기에 새로운 정치적 절대주의가 나타나고, 르네상스 때 경험 과학의 새로운 탄생이 자연의 법칙을 다시 학술적 논의의 주제로 삼았을 때까지는 휴지 상태에 있었다고 니덤은 말한다. Joseph Needham, *The Grand Titration: Science and Society in East and West*, (London, 1969), pp.310~311을 보라. {역자 주: 다시 '언제부터?'라는 버만의 강조가 반복된다} 원저자 주 계속: 니덤의 설명은 부분적으로 진실이다. 16세기와 17세기에, 서양에서 과학에 있어서나 또는 사회에 있어서 새로운 어떤 것이 일어났다는 것은 의심할 수 없는 사실이다. 물리적인 자연이, 당시에 그 자신의 법칙 또는 법을 가지고 있다고 당시에 알려지게 된 것도 진실이다. 물리적 자연은, 인간성에 근원한 도덕적 법칙 또는 법으로부터 참으로 떨어져 있다고 생각되었다. 그러나 다음과 같이 말하는 것은 고도로 오도하는 것이 될 것이다. 즉, 로저 베이컨의 아이디어 그리고 그 이전의 Grosseteste의 아이디어, 즉, 물질과 빛에 관한 법칙 또는 법 그리고 다른 자연에 관한 법칙 또는 법은 베이컨의 시대 (13세기)에 일반적으로 승인받지 못한 생각이라고 말하는 것이 오류이다(ibid., p.312). 왜냐하면 Grosseteste와 로저 베이컨의 이론은 그들 시대에 있어서의 과학사상의 특징을 나타내주고 있기 때문이다(see note 74). 그들의 이론은 과학적인 세계관의 부분이었고, 그 세계관은 고대 바빌로니아나 그리스나 헤브라이의 세계관과 전혀 달랐으며, 또한 -12세기 이전의 서양 교회나 동방 정교회를 막론하고- 기독교도의 세계관으로부터도 전혀 달랐다. 두 개의 다른 영역의 각각에 적용 가능한 법칙 또는 법을 체계화한 것은 과학적인 세계관이었으며, 그것은 세상을 절대자인 신으로부터 분석적으로 분리하고, 즉, 영원으로부터 현세를 분리하며, 기적적인 것으로부터(이 책의 제3장 서양법 전통의 기원과 교황의 혁명 7절 문화적, 지성적 또는 학문적 변화에서의 "이 시기는 근세과학사상이 시작한 것을 증명하고 있다.") 자연적 이유들('natural causes', 아벨라르의 용어)을 분석적으로 분리한 세계관이었다. 이렇게 함으로써 이후에 세상 안에서도, 사람으로부터 자연을 분석적으로 분리하는 방식이 나타나게 되었다. 또한 이 방법은 순환적으로 각기 다른 두 영역(자연과 인간)의 각각에 대해서, 적용할 수 있는 법칙 또는 법의 체계화를 허용하고 요구하는 데에까지 이르게 되었다. 여기에서 법칙 또는 법을 체계화하는 방식은 기본적으로 비슷했다. 이와 같이 해서 근세 과학 사상의 탄생은, 최초에는 11세기 후반과 12세기 초의 교회의 권위와 세상의 권위를 분리한 데에까지 소급하고, 또한 두 번째로는 (세속적인 절대 왕권의 대두를 포함하여) 16세기와 17세기의 사건들에까지 소급한다.

purposes)에서 규정되어야 된다는 인식이 증가해왔다. 실로 과학에 있어서의 **가치에 대한 강조 또는 윤리 규범** 같은 것을 말할 수 있을 것이다.[268) 과학에 있어서의 가치 또는 윤리 규범이란 무엇을 포함하는가. (1) 연구를 수행할 때 **객관성(objectivity)과 일관된 결백성 또는 염결성(廉潔性, integrity)**을 가지고 수행할 과학자의 의무, 또한 그들 자신과 다른 사람의 업적을 평가할 때, 오로지 과학에 있어서의 공헌도를 기초해서 해야 될 의무, (2) 과학자는 스스로나 혹은 타인의 **전제나 결론의 확실성**에 대해서 의문과 '**정리된 회의주의(organized skepticism)'라는** 입장을 채택해야 될 필요성이 있다. 또한 새로운 아이디어가 허위로 판명될 때까지는 관용할 것이며, 착오가 있을 때는 공식적으로 착오를 인정할 수 있는 자발성이 필요하다. (3) 다음과 같은 미리부터 내재된 가정을 하고 있어야 된다. 즉, 과학이라는 것은 하나의 열려 있는 체계(open system)이다. 따라서 과학은 **마지막 대답보다는 진실에 가장 가까운 근접성**을 증가시켜 나가는 노력이다. 그리고 "과학과 학문은 일련의 **정통적인 개념(orthodox)으로 냉동되어서는 안 된다.** …… 오히려 과학과 학문은 **늘 변화할 수 있는 아이디어의 몸체**로서 매우 다양한 정도의 개연성을 가진 것이다."[269)

법률가 또는 **법학자가, 과연 과학자 윤리에 대한 세 가지 이러한 표준을 만족시킬 수 있을는지**의 가능성은 많은 사람이 회의할 것이다. **법률가의 객관성과 결백성(潔白性, integrity),** 그리고 보

---

268) André F. Cournand and Harriet Zuckerman, "The Code of Science: Analysis and Some Reflections on Its Future", *Studium Generale*, 23 (1970), p.941, 945~961. 저자는 이 귀중한 에세이에 왜 주의를 돌리는지 대하여 그레이스 부델에게 빚지고 있다.

269) Ibid., p.945.

편성은 **의심받는 것처럼 보인다.** 왜냐하면 정치적 당파나 또는 사적인 이해당사자 모두에 의해서 법률가는, 그들의 **당파적이며 사적인 이익을 높여 주고 정당화해 달라고 요청받기 때문이다.** 더 나아가서 만약 법률가가 (과학자처럼) 그 자신의 결론에 대해서 **회의적이라면,** 법률가는 그들 결론이 받아들여지는 도상에서 **난관에 직면**할 것이고, 법률가가 사람들로 하여금 자신의 결론을 받아들이도록 설득하는 것은 그의 전문 직업적인 책임의 일부이기 때문이다. {역자 주: 과학을 항상 변화할 수 있는 아이디어의 몸체라고 한 것과 관련해서} 똑같은 어려움이 법 과학의 개념에 존재한다. 즉, 사회 자체가 **'법(law)'은 항상 변화하고 있는 아이디어의 몸체 이상의 어떤 것일 것**을 요구한다고 보이고 있다. {역자 주: 사회 자체가 권위와 권력을 요구한다. 권위와 권력을 위해서 도그마티즘을 요구한다} 역사적 예를 들면, 교황의 권위와 권력뿐만이 아니라 교황의 도그마티즘도 절정에 달했을 때를 들 수 있다. 즉, 이러한 때에, 법률가들 - 심지어 이 법률가들이 실무가가 아니고, 법학자라 하더라도, 그러나 실제로는 많은 법률가들은 법학자와 실무가를 겸하고 있는데 - 또는 실로 어떤 다른 지식의 추구자들이, **근대 서양 과학의 윤리 강령의 밑바닥에 있는 무욕함과 마음이 비워져 있음**을 가질 수 있겠느냐에 대해서는 믿을 수 없는 진실이다.

이러한 의문들은, 12세기의 법 과학뿐만 아니라 어떤 다른 사회에 있어서의 과학과 학문에 대한 자유에 관한 근본적 질문을 제기한다.270) 과학과 학문에 있어서의 가치에 대한 강령, 즉 윤리 규범은 항상 불확실하며 불안한 상태이다. 우선 과학에 있어서의 가치

---

270) Harold J. Berman, "The 'Right to Knowledge' in the Soviet Union", *Columbia Law Review*, 54 (1954), p.749를 보라.

규범은 항상 외부로부터 오는 **정치적인 압력과 이념적인 압력**으로 부터 방어되어야 하며, 또한 과학자(또는 학자) 자신의 측면에서 볼 때는 **편견과 당파주의**에 대해서 방어되어야 한다. 12세기에 대해서 놀라운 만한 것은, 교회에 있어서의 **권위와 권력을 한곳에다 모으는 중앙화의 운동의 절정**에 있어서도, 또한 도그마가 처음으로 법의 문제가 되고 이단(heresy)이 형사적인 불복종[271]의 용어로서 규정될 바로 꼭 같은 시점에 있어서도 다음과 같은 믿음이 출현했다. 즉, 과학과 학문의 진척과 앞으로 나아감은 과학과 학문의 **진실의 문제에 있어서 과학자(또는 학자)가 서로 반대되는 견해를 취할 수 있는 자유**에 의존한다는 믿음이었다. 이때에 전제로 된 것은 다음과 같은 사실이다. 서로 일치하지 않고 **모순되는 입장으로부터 출발해서 그러나 변증법적인 논증을 해 가는 방식은 이윽고 하나의 종합에 도달한다**는 것이고 이렇게 변증법적 논의에 의해서 달성된 종합은 **진정한 신앙(true faith)에 대한 권위에 의한 선언과 일치**하곤 했다는 것이다. 그럼에도 불구하고 다음과 같은 사실이 또한 전제가 되어 있었다. 즉, 변증법에 의한 논증과 추론은 과학적으로, 즉 학문적으로 진행되어야 하며, 그렇지 않다면 그 논증과 추론은 가치가 없는 것으로 될 것이다. 이와 같은 사정에서, 비정통적인 독트린이 법에 의해서 금지되고 '불복종(disobedience)'의 태도를 견지하는 이단들(heretics)은 사형에 처해졌던 같은 시대에, 과학과

---

271) Chapter 4를 보라. 이단은 1세기 이후부터 교회에 의해서 탄핵되어 왔고, 세속 정부나 교회 정부에 의해서 여러 시대에 걸쳐서 처형되어 왔다. 그러나 이단(heresy)은 교황의 혁명이 서유럽에 있어서의 교회를 하나의 법적인 단위로 확립할 때까지는 법적인 범죄로서의 성질을 가지지 않았다. 개괄적으로 Herbert Grundmann, *Ketzergeschichte des Mittelalters*, (Götingen, 1963)를 보라. 귀중한 문헌적 소스가 다음의 영어 번역본에서 주어진다. R. I. Moore, *The Birth of Popular Heresy*, (London, 1975), and Jeffrey B. Russell, *Religious Dissent in the Middle Ages*, (New York, 1971).

학문의 객관성, 그리고 이해관계에 얽매이지 않음(disinterestedness), 정리되고 조직된 회의주의, 실수에 대한 관용(tolerance of error), 그리고 새로운 과학 및 학문적 진실에 대한 열려 있음 같은 원칙들이 공개적으로 천명되었다. 이 원칙들은, 그 시대에 출현했던 새로운 과학과 학문이라는 바로 그 형태에서 표현되었던 것이다. 과학과 학문에 있어서 두 가지 상반되는 움직임 - 권위(authority)를 향한 움직임과 합리성(rationality)을 향한 움직임- 은 실로 면밀히 서로 연결되어 있다.272) 법률가가 과학 및 학문적 가치에 집착할 수 있는 능력에 관한 의문은 여러 가지의 잘못된 개념에 의거하고 있다. 법률가가 어떤 당사자나 어떤 소의 원인을 위해서 변호인이 될 때에는, 그는 과학자나 학문인이 아니라 하나의 당파에 속하는 사람으로 행동하지 않으면 안 된다. 그럼에도 불구하고 이 법률가의 역할은, 반대되는 견해가 마지막 결정을 내릴 책임을 맡고 있는 판사석에 제시되어져야 되는, 법에 의해서 진행되는 절차의 필수적인 부분이다. **실로 법적인 절차, 즉 재판 그 자체는 어떤 의미에서는 과학적이라고 할 수 있다. 왜냐하면 그 경쟁적 방법은, 판사석 앞에 모든 관계있는 고려들을 다 가져오도록 고안되어 있기 때문이다.** 재판에 있어서 법정은, 그 케이스를 '객관적으로' 결정해야 하는 것으로 예상되고, 이때의 근거는 서로 다투는 사람들 쪽에서 제시한 증거(the evidence)를 기초로 하여야 한다. 그러나 이와 같은

---

272) 역자 주: 권위(authority)냐 합리성(rationality)이냐? 권위와 합리성은 한국의 경우 최현대의 민주화와 자유화 과정에서 서로 갈등하는 것으로 일단 관찰되었다. 그러나 이것은 역사의 어떤 전환점에 있어서 한정된 관찰이며, 본 문헌에 있어서의 12세기의 교회 권위와 권력의 중앙화와 관련된 과학과 학문의 합리성 지향 운동이 가지는 상호 연관성과 비교해 볼 만한 주제라고 할 수 있다. 법(law)이 권위의 함수냐 합리성의 함수냐, 또는 두 종류의 일차 함수를 어떻게 연결하는 것이냐를 $y=a(x)+\beta$, $y\{law_1,$ $law_2 \cdots\}$, $x\{authority, rationality, dogmatism \cdots\}$으로 나타낼 수 있다.

이상이 구현되는 순간들에 있어서도, 재판부나 또는 입법적인 토론이나 또는 어떤 다른 법에 의한 절차조차도 전혀 과학적이지 않으며, 학문적이지 않은 다른 특징들을 가지고 있다. 한 가지 예만 든다면, 재판부는 주어진 시간의 제한이라는 압력 밑에서 행동해야 했다. 여기에 비해서 (이론상) 과학자나 학문인은, 그가 변론을 끄집어낼 준비가 될 때까지 끝없이 기다릴 수도 있다. 이러한 사정을 넘어서서 재판부라는 것도 하나의 (어떤 정상적인 의미에 있어서) 정치가 관계되는 기관이라고 할 수 있다. 재판부는, 과학자와 학문인에 비교해서, 재판부가 관계있는 커뮤니티의 편견과 압력에 상당히 가까이 서 있을 수가 있다. 물론 특수 이익과의 거리(distance)를 요구받는 것이지만, 통틀어서 과학자나 학문인에게 요구되는 **편견과 공동체에서의 압력**으로부터의 거리를 두어야 되는 필요성보다 더 가까이 있을 수도 있다.[273] 그러나 과학에 있어서의 가치에 관한 강령, 즉 **윤리 규범에 집착**하도록 요청되는 것은 (사법부든 입법부든 행정부든 어느 경우에서나) 법 실무가나 재판부도 아니었고 오히려 법 교사나 법학자들이다. 법교사나 법학자 역시 그와 같이 가치 규범에 일치하는 데는 어려움을 가지고 있었다. 아마도 나날이 전개되는 정치적 생활, 경제 생활 그리고 사회 생활에서, 보다 거리를 두고 있는 영역(즉, 순수학문 내지 기초학문)에 있는 학자

---

273) 역자 주: 이 문제는 저자가 12세기라는 특정한 시대의 과학자나 또는 근대 고전적 과학자들, 즉 갈릴레오나 케플러나 데카르트나 라이프니츠나 뉴턴의 시대였던 17세기와 현대 한국이라는 역사적 시점을 비교할 때는 또 다른 양상을 띠게 될 것이다. 현대 한국의 과학과 학문은, 자유화·민주화 이전에는 전통적 카리스마와 정치적 권위의 문제와 연계되고 그 이후에는 전통적 카리스마와 정치적 권위와의 관계뿐 아니라 커뮤니티의 편견과 압력 및 특수 이해 관계와의 거리라는 전례 없는 어려움을 가지게 되었다. 편견·압력·특수이해관계는 집단이익이라는 형태를 취하고, 집단주의(collectivism)로 나타난다.

들보다는, 아마도 더 큰 어려움을 지니고 있다고 보인다. 그러나 똑같은 이유로 법 교사나 법학자는, 그에게 주어지는 외부로부터의 압력을 보다 더 잘 의식할 수 있을 것이고 또한 그 자신의 **열정이나 편견에서 오는 내부적인 압력** 역시 보다 더 잘 의식할 수 있을 가능성이 있다. 그래서 다른 분야보다도 이러한 내외부에서 오는 압력에 보다 더 잘 저항할 수 있을 것이고, 그렇지 않다 하더라도 적어도 그 자신의 과학과 학문에 있어서의 자유의 불안정함에 더 민감할 수가 있을 것이다.

법 과학과 법학을 포함한 과학의 가치 전제(value premises)는, 11세기, 12세기의 스콜라 법학자들이 창조한, 법문제를 분석하고 종합하는 데에 이르는 변증법적인 방법에서 이미 내재하고 있었다. 법에 있어서의 서로 모순되어 일치하지 않고 있는 상태에 엄격히 집중하는 것 또한 변증법적으로 주어지는 문제들에 집중하는 것과 법원칙과 법개념에 의해서 이미 나타난 갈등과 문제를 일반화의 수준에 오를 때까지 조화시키려는 노력은, 방법으로서는 다음과 같은 조건이 성취될 때 비로소 성공할 수 있었다. 즉, 과학과 학문 그 자체를 특징짓는 바로 그 고유한 가치에 집착함이다. 과학과 학문 자체를 특징짓는 고유한 가치란 무엇인가? **객관성, 결백성(integrity), 보편주의(universalism), 회의주의(skepticism), 실수에 대한 관용, 겸손(humility), 새로운 진리에 대한 열려 있음, 즉 개방성**들이다. 그리고 덧붙일 것이 있다면, 서로 모순되고 있는 것들의 공존과 연상될 수 있는 특별한 시대 감각이다. 다음과 같은 것들이 믿어졌기 때문에, 즉 전체로의 법은 공통적 목적을 가지고 있는데 그것은 '이성에 맞는 것(ratio)'이다. 즉, **서로 어긋난 역설들은 궁극적으로는 해결될 것이라는 믿음**이 당연한 것으로 받아들여졌다. 한편 법학자들의 단체(corps of jurist)는 일치되지 않는 역설들이 만들어내는 불확실성에 인내심 있게 대처해 나갔다.

　과학과 학문의 가치 전제(value premises)를 말함에 있어서 다음과 같은 사실을 무시할 수 없다. 즉, 적어도 서양 문명(Western civilization)에 있어서는 과학과 학문이 다른 어떤 문화보다 더 번성해왔는데 (실로 어떤 사람은 과학과 학문이 지나치게 번성했다고까지 말한다) 객관성, 회의주의, 열려 있음, 그리고 합리주의의 일반화된 정신은 과학적 탐구를 특징짓는 것으로서 성속(聖俗) 사이의 단순하지 아니한 관계로부터 유래했다고 할 수 있다. 한편에 있어서 무엇보다도 성스러움 또는 가능한 성스러움에 대한 믿음이 게르만 민족들과 역시 동방 기독교 영역에서도 존재하였는데, 이러한 믿음이, 객관적이고 회의적이며 열려 있으며 합리적인 탐구를 내부적으로 양육하였다. 그래서 다음과 같은 사실은 우연한 것이 아니다. 최초의 서양에 있어서의 과학과 학문은 어떤 시대에 출현하였던가? 교회 정부와 세속 정부 사이에 분리가 이루어졌을 시기에 출현하였다. 다른 한편 세속적 영역이 아니라, 교회에 속하는 영역에서 정확하게 교회법과 신학 그 자체에서 과학과 학문이 출현하였다. 11세기와 12세기의 서양의 신학자들 －안셀무스(Anselm), 아벨라르(Abelard) 같은 사람들－ 이 주저하지 않고 신적인 신비의 증거를 체계적이고 합리적이며 심지어 회의적인 탐사 및 조사에 종속시키기를 꺼려하지 않았다. 안셀무스는, 신의 존재뿐만 아니라 신이 그리스도의 몸으로 육화할 필요성에 대해서도 신앙이나 계시의 도움 없이 '이성에 의해서만(by reason alone)' 증명하려고 하였다. 아벨라르는 성스러운 저작들에게서 나타나는 자기 모순들을 드러내었다. 이것은 과학적(또는 학문적) 성경비판을 향해 첫걸음을 내디

딘 것이었다. 비슷하게 교회 법학자들은 교회법, 즉 캐논들에게서 나타나는 서로 일치되지 않는 모순점들을 공개적으로 조사하였다. 현재 통용되고 있어서 무시할 수 없는 법을 객관적으로 분석하는 데에서부터 나아가서 이들은 다음과 같이 결론지었다. 즉, 심지어 **그리스도의 대리인인 교황조차도, 이단으로 판명되거나 교회에 대해서 스캔들이 되는 범죄에 대해서 유죄로 판명될 때에는 추방되어야 한다고 했다.**

따라서 다음과 같은 결론이 불가피하다. **과학 및 학문의 가치를 나타나게 한 것은, 세속적이고 임시적이며 물질에 관계된 생활 영역으로부터 도출된 것이 아니고** ─왜냐하면 이 경우는 종교적 믿음에 대한 위험성 없이도 조사될 수 있는 것이었기 때문에─ **오히려 성스러운 생활 그 자체에 대한 새로운 태도로부터 나타난 것이다.** 교회는 당시 아직도 '그리스도의 신비한 몸체(mystical body of Christ)'로 여겨지고 있었는데, 동시에 또한 눈에 보이는 법적이며 단체적인 자기 동일성을 가지고 있으며, 또한 세상을 개혁할 지상에 있어서의 임무를 가지고 있다고 관찰되었다. 즉, **다른 세상을 지향한다는 의미에서의 신성성에서부터, 신성한 것을 지상에서 구현 내지 육화한다는 의미에서의 신성성**으로 중점이 이동하였다. 신성성의 육화란 무엇인가. 그것은 그 시대의 정치 · 경제 · 사회생활에 있어서 신성성이 스스로 나타나는 것을 의미한다. 이러한 전환은 순차로 신성한 것과 정신적인 것을 과학적이며 학문적인 가치의 전제로 조사하는 것이 필요하게끔 되었다. 절대자를 객관적으로 연구하는, 또한 절대자의 법을 객관적으로 연구하는 노력이 행해질 때 비로소 세속 생활과 세속법을 객관적으로 연구하며, 마침내는 자연과 자연의 법칙을 객관적으로 연구하려는 시도가 가능하게 되었다.

그럼에도 불구하고, 물론 신성한 것과 신성하지 않은 것, 즉 세속적인 것 사이의 명백한 긴장이 있었다. 이것은 교회의 신학에 있어서, 그리고 교회법에 있어서 그러했으며 역시 교육의 다른 영역에 있어서도 존재했으며, 이러한 긴장은 불가피하게 과학과 학문적인 가치의 전제에 대해서 심각한 제약을 부가하였다. 당시의 공식적인 도그마로부터 이탈한 과학자(또는 학자)에 대한 억압적인 조치들을 모두 회상한다는 것은 거의 불필요할 정도이다. 흉내를 내지 않고 창의적이어서 오리지널한 과학과 학문을 하는 사상가, 이미 있는 것을 쇄신하는 사람들은 파문의 심각한 위험에 처하게 되었다. 이단은 처형될 수 있었다. **이러한 억압을 야기한 긴장 그 자체가 역시 서양에 있어서 과학과 학문의 최초의 성장을 가능하게 했다**는 것을 알게 되는 것은 큰 위안은 되지 않지만 역시 중요하다.

9. 법 과학의 사회학적 기준

과학은 (지금까지 논한 대로) 방법론과 또한 전제가 되는 가치에 더해서, 사회학적 기준에 의해서 명확히 규정되지 않으면 안 된다. 어떤 사회적인 전제조건(social preconditions)이 존재하는데, 그것은 과학의 존재에 불가결할 뿐만 아니라 과학의 특징을 형성시키는 것을 돕는다. 이러한 사회적 전제조건은 다음과 같은 것을 포함한다. (1) 첫째로, 과학에서의 공동체의 형성이다. 이 공동체는 통상 다양한 학문 분야와 같은 시간과 공간을 공유하며, 공동체의 각각은 연구의 수행, 신입자의 훈련, 그리고 과학적 지식의 공유, 그 전공 분야 내부와 외부에 있어서의 과학적 성취를 보증하고 인증하는 데에 있어서 집합적인 책임을 진다.[274] (2) 두 번째로, 여러 과학에 있어서의 분야를, 넓은 학자들의 공동체에서, 그리고 특별히 그 구성원들이 청년의 학습과 교육의 진보에 대해서 공통적인 관심을 가지는 대학에 있어서, 연결시키는 것이다. 이때 **내재하는 공통적인 가정은, 모든 분야의 지식은 궁극적으로는 똑같은 기초 위에 놓여 있다는 믿음을 공유한다.** (3) 세 번째로, 과학자들의 또는 학문인들의 공동체가 어떤 특권을 가진 사회적 지위를 누리고 있을 것이다. 이때 고도의 교수와 연구의 자유를 포함하는데 이 자유는 과학과 학문의 대의(cause) 그 자체와 방법과 가치와 사회적 기능에 봉사하기 위한 고도의 책임과 상관관계가 있다.

12세기에 있어서 그리고 현재도 그러하거니와 서양에 있어서 법학의 학문성과 학자의 길은 집합적인 일이었고, 법학자들이 오늘날도 그러한 것처럼, 공유된 이익과 관심을 가진 공동체라는 사실은 심각하게 다투어지는 일은 드물 것이다. 법학자들이 오늘날 그러한 것처럼 12세기에도 벌써 하나의 전문 직업을 형성하고 있었다는 것은, 개별 구성원이 사적이 아닌 책임을 가지고 있으며, **그들의 분야의 진보를 그들의 개인적인 사익이나 이익보다 우선하게끔 요청받는다는 의미에서의 전문 직업이다.** 이러한 사실들이 덜 명확하게 보이는 것은, 그 정도가 아주 낮다고 할 수 있다. 서양의 역사적 경험에서 나타난 이러한 자명한 이치들은 모든 종류의 과학과 학문에 적용할 수 있는데, 언제 어디에서나 과학과 학문이 존재한다면 마찬가지이다. 그러나 **12세기 이후의 법 과학을 포함한 서**

---

274) Robert K. Merton, "Science and the Democratic Social Structure", *Social Theory and Social Structure* (1942; reprinted ed., New York, 1957), pp.550~561.

양의 과학과 학문의 특별한 특징을 이루어 온 것은 대학이라는 제도와의 밀접한 역사적 연계성이다. 과학과 학문은 대학에서 탄생하였으며, 대학은 과학과 학문에게 교수와 연구의 자유라는 불확실한 유산을 남겨주었다.

왜 근대 서양의 과학과 학문의 개념과 과학적 방법이 11세기 말과 12세기 초에 출현했는가라는 의문에 대한 해답에 이르는 다른 열쇠가 존재한다. 대학들이 당시에 출현하였다. 이렇게 대답하는 것은 제기된 질문을 한 걸음 뒤로 돌리는 것같이 보일지 모른다. 그러나 그것 이상이다. 이 대답은 사상사(history of ideas)의 영역으로부터 공동체의 역사의 영역으로 질문을 옮기는 것이다. 언어의 근대 및 현대의 서양적 의미에서, 과학과 학문을 특징화하는 가치들은 플라톤이나 헤겔의 의미에서의 사상(ideas)의 펼침 또는 전개라는 방식으로 설명되어서는 안 되고, 오히려 사회적 필요성 또는 수요(social needs)에 대한 사회의 응수로서 설명되어야 된다. 즉, 다음과 같은 사실을 설명하는 데는, 아리스토텔레스의 고전적인 저작들을 진보 또는 진취적으로 번역하는 것 이상을 요구한다. 그 질문은 다음과 같다. 서기 1150년에 왜 전 유럽에 걸쳐서 거의 만 명의 학생들이 법 과학을 공부하러 북부 이탈리아의 볼로냐 시에 모여들었을까.[275] 그들이 거기 온 것은 사회가 그것을 가

---

275) A *Scholastic Miscellany: Anselm to Ockham*, ed. and trans. Eugene R. Fairweather, (New York, 1956): "실로 중세 사상사의 전 역사는 아리스토텔레스를 진취적으로 재 발견하는 방식으로 정리될 수가 있다." 실로 당시의 새로운 신학과 법 과학 양자를 기초 놓은 아버지들, 특별히 아벨라르와 그라티아누스의 주된 업적들은, 아리스토텔레스의 논리에 대한 주된 업적을 유럽어로 번역한 것을 시간적으로 앞섰다. 그렇다고 해서 보에티우스가 6세기에 전파한 아리스토텔레스의 논리에 대한 이론이 중요하지 않다고 얘기하는 것은 아니다. 그러나 다음과 같은 의문이 남는다. 왜 아리스토텔레스의 논리 이론이 갑자기 새로운 의미를 가지게 되었는가? 왜 아리스토텔레스의 논리에 관한 주 업적이 번역되어져야 되는 필요성을 갑자기 느끼게 되었을까?

능하게 만들었기 때문이다. 실로 그것도 긴급하게 만들었기 때문이다. 그것 이상으로 똑같은 사회적 조건이 그들이 거기 와서 공부하고자 했던 법 과학의 성질을 결정하는 데에 불가피하게 치명적인 역할을 하였다.

스콜라 학자들의 변증법과 이윽고 나타난 근대의 과학은, 법 과학을 포함해서 **11세기 말과 12세기의 서유럽 사회에서의 역사적 상황에 나타난 갈등과 모순에 의해서 탄생하게 된 것이다. 또한 스콜라 학자의 변증법과 이윽고 나타난 근대 과학**은, 당시 사회의 역사적 상황에서의 갈등과 모순을 해결하고 새로운 종합을 제시하려는 압도적인 노력에 의해서 창출되게 된 것이다. 스콜라 변증법과 연이어서 나타난 근대 과학은 무엇보다도 교회와 세속 재판관할권을 분리하였던 혁명적인 봉기에 의해서 생산되었으며, 그렇게 함으로써 **서로 정반대되는 것의 일치와 통일**을, 사회생활의 실질적으로 거의 모든 수준에 있어서 가장 긴절한 필요성으로 만들었다. (이리하여) 학식이 풍부한 법률학자라는 전문 직업이 서유럽에서 - 처음에는 주로 교회 정부 안에서 그리고 이윽고 정도의 차는 있지만 자유시와 왕국들에서 - 나타났다. 이들의 출현은, 교회 정부 내부와 교회 정부와 세속 정부 사이에 나타난 갈등, 그리고 여러 종류의 세속 정치 공동체 사이와 내부에 있어서의 갈등들을 중재하기 위한 필요성에 답하기 위해서 나타났다. 1차적으로는 대학에서 형성되었으나, 법에 있어서의 전문직은 여러 종류의 법에 대한 과학을 산출하였다. 즉, 법률학자들은 그 내부에서 법과학이 그 커뮤니티의 존재 이유의 표현이라고 할 수 있는 그러한 커뮤니티를 구성하였다. (이처럼) 법에 있어서의 전문직은, 그들의 과학과 학문을 통해서 당시 서유럽의 사회 상황과 역사적 상황에서 나타난 갈등과 모순을 해결하는 데에 도움을 주었다. 이때 그들이 풀려고 했던 갈등과 불일치는 당시의 상황과 미리 이전부터 존재하여 왔던 기존의 법에 있어서의 권위들 간에 빚어지는 갈등과 불일치였다. 법과학이란 것은 무엇보다도, '권위로서 존재하는, 법에 있어서의 텍스트'들에 존재하는 갈등들을 해결하는 절차를 제도화(institutionalization)하는 것이었다. 기독교 왕국들 안에서 유대 문화와 이슬람 문화의 중요한 섬들이 존재하였다는 것은, 갈등과 모순을 분석하고 종합하는 변증법의 방법에 대한 수요가 나타나는 데에 공헌하였으며, 또한 사회에서의 갈등을 법에 의해서 해결하는 수요에 대해서도 공헌하였다. 그러나 서양 법학의 체계가 전개되는 데에 있어서, 형성기의 서양법 체계, 즉 11세기 말과 12세기에 유대 문화나 이슬람 문화가 직접적으로 영향을 끼친 바가 실질적으로는 거의 없어 보이는 것은 놀라운 일이다. 11세기 말과 12세기라는 이른 시기에도, 천문학, 수학, 의학, 예술, 그리고 아마도 어떤 개별적인 정부 제도와 정부의 관행들(특별히 시칠리아의 노르만 왕국)에 대한 아랍의 영향들뿐만 아니라, 성서 연구와 신학에 있어서의 중요한 직접적인 유대 문화의 영향도 있었다. 그리고 또한 기독교에 대한 유대주의의 역사적 영향 역시 거대했다. 왜냐하면 교회는 아브라함을 교회의 창건자로, 또한 유대인의 성경을 교회의 유산으로 주장했기 때문이다. 그럼에도 불구하고 학자들의 연구가 지금까지 밝힌 바에 의하면 탈무드나 코란 어떤 것도 서양에 있어서 최초의 위대한 입법가나 법률가들에게 어떤 영향을 준 것 같지 않다.[276]

---

276) 유대법이 서양법에 미친 직접적 영향은 확인될 수 없지만, 유대인의 사상은 우리가 논의하고 있는 11세기 후반부터 13세기까지 서유럽의 일반적인 지적인 풍토에 공헌하였다. 이 공헌은 두 가지로 나뉜다. 첫째는, 유대 사상의 직접적인 영향인데, 이것은 주로 미드라시(Midrash)에 나타난 추리하는 방식으로서 우화적인 전통이다. 이 우화적

추리의 전통은, 북부 프랑스의 라슈(Rash, 1040~1105)를 중심으로 한 합리적인 유대인 사상가와 한 세기 뒤에 모세스 마이모니데스(Moses Maimonides, 1135~1204)의 저작에서 나타난다. 라슈는 11세기 말과 12세기 초에 많은 중요한 사상가에게 영향을 끼쳤다. 토마스 아퀴나스(Thomas Aquinas, 1225~1274)와 알베르투스 마그누스(Albertus Magnus, c. 1200~1280)는 마이모니데스의 영향을 받았다. Beryl Smalley, *The Study of the Bible in the Middle Ages*, (Notre Dame, 1978), 특히 pp.149~172를 보라. On the influence of Rashi; on Maimonides, Wolfgang Kluxel, "Die Geschichte des Maimonides im lateinischen Abendland als Beispiel eines christlichjüdischen Begegnung", in *Judentum im Mittelalter, Miscellanea Mediaevalia*, Ⅳ, (Berlin, 1966). 유대주의가 영향을 준 두 번째 형태는, 기독교 학자들이 구약에 대해서 그들의 이해를 명백히 하기 위해서 유대인 지식인들과 접촉하면서 시작되었다. 기독교 학자들은, 유대인들은 구약의 단어와 구절을 그들과 자주 다르게 번역하며 어떤 경우에는 전혀 다른 방향으로 구절을 해석한다는 것을 발견했다. 그래서 기독교인들은 구약에 대한 그들의 원천과 주장을 재검토하게 되었으며, 유대인의 지식과 비판에 대항하기 위해서 새로운 설명들을 보안하기에 이르렀다. Smalley, *The Study of the Bible*, pp.364~365. 이와 같은 방식으로 기독교 유럽의 전통과 병행한 그러나 분리된 지적인 전통이 존재한다는 그것 자체가 약점들이 서로 대결하고, 생각과 사상들이 서로 자극하고 흥분시키게끔 강조하였다. 그럼에도 불구하고, 유대 사상이나 유대법의 어떤 것도 서양의 법체계에 어떤 실체적인 영향을 끼친 것 같지는 않다. 이것은 적어도 남아 있는 문헌의 한도에서 그렇다. Smalley, p.157, n. 2, cites L. Rabinowitz, *The Social Life of the Jews in Northern France in the ⅩⅣ Centuries as Reflected in the Rabbinical Literature of the Period*, (London, 1938). 유대법이 서양법 체계에 실질적인 영향을 미치지 못한 기본적인 이유는 유대주의에 있어서는 정신의 법과 세속법 사이의 분리라는 것이 결여되어 있기 때문이다. 12세기의 유대인들에게는, 유대법의 모든 부분이 신의 성스러운 말씀으로서 성경에 뿌리를 박고 있었고, 또한 유대 공동체의 성격을 신의 뜻에 의한 선택된 선민이라는 생각에 뿌리를 두고 있었기 때문이다. 또한 탈무드의 집중적인 사례별 해결 방식은 법원칙을 체계화하는 것을 강조한 서양법 사상에게 낯선 것으로 보였을 수도 있다. 비슷한 이유로 이슬람의 서양법에 대한 영향도 11세기와 12세기에서는 무시할 만하다. 유럽인들은 이슬람 문명에 관심을 가졌으나, 그들의 연구를 당시에는 주로 천문학, 점성술, 수학과 의학에만 한정하였다. 11세기 후반에 아풀리아의 백작(Count of Apulia)인 로베르 지스카르(Robert Guiscard)의 영주권에 있던, 튀니지아인 기독교인인 콘스탄티누스 아프리카누스(Constantinus Africanus)가 아랍어로 된 의학서를 라틴어로 번역하여 살레르노 대학(University of Salerno)에 증정하였다. 아랍 철학이 토마스 아퀴나스와 로저 베이컨과 같은 신학자들에게 영향을 가지게 된 것은 13세기 말에서였고, 이때는 벌써 서양법의 주된 방향이 결정되었을 때였다. Johann Fueck, Die *arabischen Studien in Europa, bis in den Anfang des 20. Jahrhunderts*, (Leipzig, 1955); R. W. Southern, *Western View of Islam in the Middle Ages*, (Cambridge, Mass.); F. Wuestenfeld, *Die Uebersetzungen arabischer Werke in das Lateinische seit dem Jahrhundert*, (Göttingen, 1877)를 보라. 한 가지 예외는, 클루니의 수도원장이었던 가경자 피터(Peter the Venerable, 1092~1157)에 의해

10. 서양 법 과학의 주된 사회적 특징

형성기에 있어서 특히 서양의 법 과학이 대학에 의해서 영향을 받음에 따라서, **서양법 과학의 주된 사회적 특징**들은 다음과 같이 요약될 수 있다.

첫 번째로 들 수 있는 것은, 대학들은 서양의 법과학이 **국제적 성격**을 확립하는 것을 도왔다. 다음은 데이비드 놀스(David Knowles)의 언급이다. 1050년에서 1350년 사이의 300년 동안, 그리고 특히 1070년에서 1170년 사이의, 전체로서의 교육받은 유럽은 **단일하고 분화될 수 없는 문화적 단위**를 형성하고 있었다. 스코틀랜드의 에든버러(Edinburgh)와 이탈리아의 팔레르모(Palermo) 사이의 땅들, 즉, 스코틀랜드에서 이탈리아에 이르는 지역에서, 또한 게르만의 마인츠(Mainz)에서 스웨덴의 룬트(Lund)와 스페인의 톨레도(Toledo) 사이의 지역들 –즉, 도이칠란트에서 스웨덴, 그리고 스페인에 걸치는 지역들– 에서 나타난 공통적 현상은, 이 광대한 지역의 어떤

서 발견된다. 어느 때 피터는 카스틸과 아라곤 사이의 싸움을 중재하기 위해서 이베리아로 여행하였다. 거기서 그는 점성술을 공부하고 있는 아랍어를 아는 두 사람을 발견하였다. 두 사람은 피터와 함께 클루니 수도원으로 돌아왔고, 그 수도원에서 그들 중한 사람이 코란을 라틴어로 번역하였다. 많은 틈새와 오류가 있었으나, 어쨌든 라틴어로 번역된 최초의 코란이었다. 또 한 사람은 마호메트의 가르침 중의 어떤 부분을 번역하였다. 피터는 이러한 것들을 베르나르(Vernard of Clairvaux)에게 보냈다. 그러나 이런 노력은 코란을 더 이상 연구하는 데에까지 인도하지는 못했다. 코란의 번역은 시작이라기보다도 마침표였다. 이슬람을 심각하게 연구하는 것은 가경자 피터의 동 시대인이나 혹은 직후의 계승자들에게 중요한 일이 아니었다. Southern, *Western Views*, pp.33~37. 아랍 철학을 서양에서 찾아볼 수 있고, 일반적으로 알려지게 되고 넓은 범위의 학자들에게 영향을 가지게 된 것은 다음 세기에 이르러서 비로소 이루어졌으며, 주로 Raymundus Martini와 Ramon Lull과 같은 아라비아 학자들의 업적에 의한 것이다. 그러나 그때조차도 서양의 법체계는 전반적으로 이슬람 사상에 의해서는 영향받지 않은 것으로 보인다. Deno J. Geanakoplos, *Medieval Western Civilization and the Byzantine and Islamic Worlds*, (Lexington, Mass., 1979), p.159를 보라.

도시나 어떤 촌락의 어떤 사람도 어떤 학교든 선택해서 교육을 받으러 가곤 했으며, 그 이후에 북에서 남에 이르는, 또는 동에서 서에 이르는 유럽 전역에 존재하였던, 어떤 교회 정부나 어떤 법정이나 어떤 대학에서도 고위 성직자나 관료나 학자가 될 수 있었다. 때는 파비아(Pavia), 베크(Bec), 그리고 캔터베리(Canterbury)를 기반으로 한, 랑프랑크(Lanfranc)의 시대였다[랑프랑크는 정복왕 윌리엄(William the Conqueror)의 수석 자문관이었으며, 캔터베리의 대주교였다]. 또한 이 시대는 아오스타(Aosta), 베크(Bec)와 캔터베리(Canterbury)를 기반으로 한, 안셀무스(Anselm)의 시대였다[안셀무스는 정복왕 윌리엄의 후계자 때에, 그의 이전 선생이었던 랑프랑크(Lanfranc)를 계승하였다]. 또한 이 시대는 로마법의 저명한 교수였던 바카리우스(Vacarius)의 시대였는데, 바카리우스는 이탈리아의 롬바르디아(Lombardy), 잉글랜드의 캔터베리(Canterbury), 옥스퍼드(Oxford), 요크(York)를 지역 기반으로 하고 있었다. 또한 동시대의 솔즈베리(Salisbury)의 요하네스(Johannes)는 동시에 파리(Paris), 베네벤토(Benevento) 그리고 캔터베리(Canterbury)를 기반으로 하고 있었으며, 또한 이 시기는 "당대의 가장 숙달된 학자였으며 문장가였던 샤르트르(Chartres)의 시대이며 그는 여러 왕들과 대주교들과 여러 교황들의 친밀한 조수이자 자문관이었다." 이 시대는 또한 세인트 올번스(St. Alban), 프랑스(France), 스칸디나비아(Scandinavia), 로마(Rome)에서 활약한 니콜라스 브레이크스피어(Nicholas Brakespeare)의 시대였으며, 그는 영국 농민의 아들로서 나중에 교황 하드리안 4세(Hadrian IV)가 되었다. 또한 이 시대는 흔히 토마스 아퀴나스로 불리는, 아퀴나(Aquina), 쾰른, 나폴리에서 활약한 토마스의 시대였다. 이 시대에 가장 저명했던 저술가, 사상가 그리고 행정가들의 높은 비율이, 그들이 태어났거나 성장했던 지역으로부터 멀리 떨어진 원격지에서, 그들의 필생의 업적의 가장 숙달되고 중요한 부분을 성취하였으며 따라서 좋은 명성을 얻었다. 더욱 특기할 것은, 이들 다수의 저술들에서 나타난 언어, 문체, 생각에서 그 저술들이 어떤 곳에서 유래했는가 하는 것을 나타내주는 어떤 단일한 징표도 없었던 것이다. 그러나 지금 우리가 얘기하고 있는 것은, 교육받은 작은 소수에 관해서이고, 그 당시도 토지를 소유하고 있던 귀족들이나 많은 군주들, 그리고 심지어는 주교들조차도, 교육받은 소수 집단에 속하지는 않았다. 교회와 국가의 세계는, 자주 분열과 전쟁에 의해서 점령되었으며, 대부분의 인구들은, 신속히 땅에 뿌리를 박게 되고, 그들이 터 잡은 작은 구석의 외부와 숲을 초과하는 곳에 대해서는 아는 바가 없었다. 그러나 문학과 생각의 수준에 있어서는, 언어들과 형식들과 생각들이 축적된 것이 있었고, 모두가 그 축적된 것으로부터 뽑아내었으며, 그 축적 안에서 모두가 평등한 수준에서 공유하고 있었다. 만약 우리가 저자 이름 없이 쓰인 저작들을 소유하고 있다면, 우리들은 그 저술들을 어떤 나라나 어떤 특정한 사람들에게 돌려서는 안 될 것이다.[277]

놀스(Knowles)가 그 시대의 학자들의 특징 일반에 대해서 쓰고 있는 것은, 교회법과 로마법의 영역에서 법학 영역의 학자들에 대해서도 동등하게 적용 가능하다. **교회법과 로마법은 나라의 경계선이 없는 분야요, 과목이었다.** 교회법과 로마법은 유럽의 모든 나라에서부터 몰려든 법학도들에게 대학에서 교수되었다. **물론 대학에서 모두 라틴어를 사용했는데** 당시 라틴어는 법뿐만 아니라 교

---

277) Knowles, *Evolution*, pp.80~81.

수나 학자 사회나 또는 교회에서의 예배나 신학에서 역시 보편적
으로 쓰이고 있던 서양어였다.

두 번째로 법학의 학습과 연구로 하여금 나라를 초과하는 특징
을 가지게 한 것 이상으로, 유럽의 대학들은, 법 그 자체에게 한
나라를 초과하는 용어와 방법을 부여하는 데에 기여했다. 대학 법
학교의 졸업생들은, 그들 자신의 나라들로 돌아가거나 혹은 다른
나라로 옮겨가서, 교회 법정의 판사가 되든가 또는 세속법정의 판
사가 되었으며, 또는 개업 법률가가 되든가 또는 교회 정부, 왕궁
의 그리고 도시 정부의 권위 있는 자들에 대한 법에 있어서의 자
문관이 되든가, 또한 장원의 영주들에 대한 법률 자문가가 되든가,
다양한 종류의 행정관료가 되었다. 법학교 졸업생들이 교회법과 관
계되는 정도에 따라서 그들은 대학에서의 훈련을 직접적으로 사용
할 수도 있었다. 졸업생들이 세속법에 관심 있는 정도에 따라서 그
들이 이미 배운 로마법과 교회법의 용어 사용과 방법을 세속법에
적용하였다.

세 번째로 유럽 대학에서 가르치던 법학의 방법은 어떠했던가?
이미 이전부터 존재해왔던 다양하며 서로 모순되는 관습과 법들로
부터 법체계를 구축하는 것을 가능케 한 법학의 방법이었다. 법이
이상적인 유기체를 이룬다는 믿음은 법에 있어서의 원칙이 종합적
이고 통합된 구조를 가진다는 믿음과 짝짓게 되었다. 즉, 모순을
부인하지 않고 조화시키는 기법들은 처음에는 교회법을 종합하는
것을 가능하게 하고 다음에는 더 나아가서 봉건법(feudal law)과 도
시법(urban law)과 상법(commercial law), 그리고 왕의 법(loyal law)
을 종합화하는 것을 가능하게 만들었다.

네 번째로 당시의 대학들은 학자 즉, 과학자들이 법을 형성

하는 데에 있어서 담당하는 역할을 자극하고 고양시켰다. 법이란 것은 **오래된 고대의 텍스트에서부터 1차적으로 발견되기 마련이고,** 그래서 학식이 있는 계층들이, 고법(古法, old law)의 신비를 알려고 하는 사람들에게 그 텍스트를 소개하는 것이 필요했다. 그래서 대학 선생인 학위 소지자가 진실한 룰(rule, true rule)의 권위를 가지고 해설하는 사람이 되었다. 이것 역시 대학이 법의 갈등들을 극복할 수 있는 법과학에 부여한 것이다.

다섯 번째로 법학을, 대학의 다른 전공과목 ─특별히 신학, 의학 그리고 인문과학들─ 에 나란히 병렬적으로 놓는 것은 법학 연구에 폭을 제공하였다. 만약 신학과 의학이나 인문과학과 같이 놓지 않았으면 결여했을 그런 폭이었다. 스콜라의 방법은 모든 과목에서 사용되었다. 그래서 모든 과목들의 제목으로서 나타나는 주제가 되는 일들은 서로 겹쳤다. 이와 같이 법학도는 그가 장래에 영위할 전문직이, 그 시대에 가능한 지적 생활 중에서 중심적인 부분이라는 것을 알지 않을 수 없었다.[278]

여섯 번째로 법학은 비록 대학의 다른 학과목과 연결되어 있지만, 그러나 그들로부터 분리되고 특색이 다른 것이었다. 법학은 대학의 출현 이전에 그렇듯이 한편에 있어서는 더 이상 변론술(rhetoric)의 가지가 아니었으며, 다른 한편에서는 윤리학과 정치학의 한 가지가 아니었다. 로마제국 시절에는 법학적 사고의 독자성은 실무가들, 특히 사법관(praetor)과 직업적인 법률 자문관들에 의해서 서유럽에서 유지되었으나, 이제는 자율성이 대학들에 의해서 지탱되게 되었다.

---

278) 역자 주: 이 지적이 한국의 법학에서 특별히 유의되어야 할 부분이다.

일곱 번째로, 법학을 대학의 전공과목으로서 가르쳤다는 사실은 다음과 같은 사실을 불가피하게 했다. 즉, **법학의 독트린들은 일반적 진리(general truths)의 빛으로 비판되고 평가되어야 한다.** 또한 단지 하나의 테크닉이나 기술로서 연구되어서는 안 된다. 심지어 대학과 별도로 교회 역시 오랫동안 다음과 같이 가르쳐왔다. 즉, 모든 인정법은 신법과 도덕법에 의해서 긍정되고 판단되어야 한다. 그러나 대학의 법률학자들은, 이상적인 인정법이라는 개념을 덧붙였으며, 이상적인 인정법이라는 것은 유스티니아누스의 로마법이었다. **로마법은 성서와 교회 교부들의 저술과 함께 그리고 교회 공의회와 교황들의 칙령 및 다른 성스러운 텍스트와 함께 기본적인 법에 있어서의 원칙과 표준을 제공하였는데** 이 원칙과 표준은 존재해왔던 법의 규칙과 제도들을 비판하고 평가하는 기준이 되었다. 이러한 기본적인 법의 원칙과 표준들이 과거에 대한 저술에 영감을 주었고, 어떤 입법자가 뭐라고 하거나 어떻게 행동하는 것이 중요한 것이 아니라, 원칙과 표준들이 적법성의 궁극적인 기준을 제공하였다.

여덟 번째로, **서양의 대학들은 법에 대한 분석을 과학의 수준에까지 상승시켰다.** 그리고 이때 과학이라는 것은, 12세기부터 15세기까지 쓰였던 의미에서이다. **어떤 방식에 의해서 법 분석을 과학의 수준까지 상향시켰는가.** 법에 있어서의 제도를 개념화하고 다음에 법학을 지식의 어떤 종합적이고 통합된 유기체로서 체계화했다. 그리하여 법에 있어서의 룰(rule)의 유효성은, 그 룰(rule)들이 전체로서의 체계와 일치하느냐 일치하지 않느냐에 의해서 보이게 될 것이다.

아홉 번째로, 당시의 대학들은 법률가들의 전문적 집단을 산출하였는데, 이들은 공통적인 훈련과 공통적인 과제로 구속되어 있었다. 과제는 무엇이었던가? 교회 정부나 또는 황제의 나라, 왕이 있는 나라, 도시들, 장원들, 그리고 상인 계급과 기타 동업 집단들로 이루어진 세속적 세계의 법적인 활동을 지도하는 것이었다. 로스쿨 학생들은 그 자신들이 하나의 단체, 즉 법인을 형성하고 있었으며 또한 하나의 동업 집단(guild)을 구성했으며, 비록 졸업하자마자 여러 나라로 흩어졌지만 그들은 훈련과 과제의 공통성으로, 비공식적으로 서로서로 구속되어 있었다. 14세기의 잉글랜드에서 옥스퍼드와 케임브리지와 같은 대학 법학교와 나란히 다른 양태의 법학 교육이 법학원(the Inns of Court)에서 성장하였다. 그러나 **볼로냐 전통의 어떤 것, 그리고 스콜라 방식의 변증법의 어떤 것은 이후 900년간 더 지속하였다. 이 사실은 심지어 아메리카의 로스쿨에서조차도 그러하다.**[279] **실로 볼로냐 전통과 스콜라 방식의 변증법은 전세계에 걸쳐서 전파되었다.** 20세기의 후반부에 이르러서야 이 두 가지는 심각하게 도전받기에 이르렀다. **11세기 말과 12세기 서양에서 일어난 새로운 법학에 있어서의 방법** -법학의 논리, 법학의 토픽, 추론의 스타일, 일반화의 수준들, 개별적인 것들과 보편적인 것을 연결시키는 테크닉들, 그리고 사례들과 개념들- 은 법학을 하나의 자율적인 과학으로서, 의식적이고 자발적으로 체계화하는 데에 본질적인 부분이 되었다. 순환적으로, 교황의 혁명 때부터 출현한 새로운 정치 공동체를 위한 자율적인 법체계를 형성하는 중요한 부분이 되었다. 자율적인 법체계는 어디에 속하는 것이었을까? 새로운 교회 국가(church-state), 당시 대두하고 있던 세속 국가

---

279) 역자 주: 아메리카 로스쿨 교수 방법의 특징으로 지적되던 문답식 방법은, 스콜라 방식에 변증법의 현대판으로 지적된다.

들, 면장과 특허장(charter)을 받은 도시들과 지방 공동체, 새롭게 체계를 갖추게 된 봉건법 관계와 장원에서의 관계, 상인들의 지역을 넘는 공동체들이다. 서로 혼선을 빚고 있는 권위에 의해서 주어진 법의 텍스트에 대한 강조와, 또한 일반원칙과 개념 방식에 의해서 앞뒤가 맞지 않는 것을 조정하고 통일시키는 것은, 당시 사회구조 안에서 공존하면서 경쟁하고 있었던 날카롭게 갈등하는 요소들을 화해시키려는 요구에 대한 창조적이고 지적인 응답이었다. (교회와 세속, 왕권과 봉건주의, 봉건법과 도시법, 그리고 도시법과 길드법과 같이) 서로 모순되는 요인들의 하나하나가 가지는 정당성을 알아차리는 것, 그러면서도 또한 (유럽, 서양, 서양 기독교 교구와 같은) 전체 사회의 구조적 모습을 알아차리고 진정한 종합을 발견하는 것, 그 발견이라는 것은 애매성과 혼선을 구성하고 있는 요인들의 자율성을 파괴함이 없이 그 애매성과 혼선을 취급하는 방법이며, 그것이야말로 그 시대가 행한 가장 혁명적인 도전이었다. 또한 그 시대의 도전은 해설가, 주석가 그리고 교회 법학자들에 의해서, 법과학이라는 분야에서 응수되어져야 할 도전이었으며, 그것은 법과학의 도움에 의해서 창조되어진 새로운 법체계가 서서히 전개됨에 따라서 응수되어져야 할 성질이었다.[280]

---

280) 하버드의 법사회학자인 로베르토 웅거는, 유럽사에서 법이 하나의 자율적인 시스템으로 생각되는 것이 출현한 것을, 초월에 관한 신학과 집단의 복수주의에 대한 믿음과 자유주의적 세속국가라는 생각들이 한 점에 응축된 것에 돌리고 있다. Roberto M. Unger, *Law in Modern Society: Toward a Criticism of Social Theory,* (New York, 1976), pp.66~76, 83~86, 176~181을 보라. 이 책에서 주어진 설명과 그의 분석 사이에는 놀랄 만한 병행점이 있다. 그러나 웅거의 더 진행된 철학적 또는 역사적 해설과는 날카로운 대비점이 있다. 어쨌든 17세기 이후의 자율적인 법체계라는 서양에 있어서의 생각의 원천을 더듬으면, 그리고 그 원천을 실증주의적 정치이론과 법학이론과 연결한다면, 웅거 교수는 다음의 문제를 회피하였다고 할 수 있다. 즉, 교회의 정치적이며 법적인 성격이라는 치명적인 문제와 또한 교회와 국가의 상호 교호관계이다. 이들 문제들은 11세기 말에서 19세기까지, 서양의 정치 및 법사상에 중심적인 것

그러나 그 위에 더하여 새롭게 나타난 서양법 과학은, 어떤 지적 (知的)인 성취 훨씬 이상의 것이었다. 또한 추론의 방법이라든가 생각을 정리하고 조직하는 방법 훨씬 이상의 것이었다. 새로운 서양법 과학의 표준은 도덕적이기도 하고 또한 동시에 지적인 것이었다. 그 법학의 형상은 실질적인 가치와 정책을 표현하였다.[281]

이었으며, 또한 아직도 자유주의와 사회주의를 포함한 서양의 세속종교에 늘 나타나고 있는 그러나 변장된 형태로 나타나고 있는 문제들이다. Harold J. Berman, *The Interaction of Law and Religion*, (New York, 1974) 보라.

281) 법사상에 있어서 형식과 실질이 상호 의존한다는 비슷한 믿음과 또한 형식과 실질 각 개의 성질에 대한 다른 견해는 다음을 보라. Duncan Kennedy, "Form and Substance in Private Law Adjudication", *Harvard Law Review*, 89 (1976), p.1685. 케네디 교수는 다음과 같이 주장한다. 현대 아메리카의 사법에 관한 모든 재판 방식에 의한 결정에 있어서, 법의 모든 형식은 두 가지 반대되는 범주로 분류된다. 그중 하나는 '룰(rule, rules)'로서, 그 성질은 비교적 좁고 특수한 것이며, 객관성과 일반성을 가지고 인용된다고 생각된다. 다른 하나는 기준, 즉 standard로서 공평성(fairness), 상당성(reasonableness) 그리고 적정 절차(due process) 같은 것이며, 이것들의 성질은 비교적 범위가 넓고, 또한 관계된 사람과 구체적인 상황이 그때 그때 주어지는 토대 위에서 다루어지고 처리되는 것을 허용한다. 케네디 교수는 더 나아가서 다음과 같이 주장한다. 법의 모든 실체적 목적(substantive goals)은 두 가지의 전혀 서로 반대되는 범주로 나뉜다. 그중 하나는 개인주의(個人主義, individualism)로, 던컨 교수는 이것을 자기 이익, 집단의 자율성, 그리고 개인과 집단의 상호 관계성과 같게 본다. 실체적 목적을 구성하는 '개인주의'와는 반대 방향의 다른 하나는 '이타주의(利他主義, altruism)'로 던컨 교수는 이것을 서로 나눔, 희생, 그리고 공동적인 개입과 같이 보고 있다. 법에 있어서의 형식과 실체의 관계를 다음과 같이 설명한다. '룰(rule)'의 형식으로 주조된 법에서의 주장'을 선호하는 것은, 실체에 있어서 개인주의라는 목적과 관련되어 있다. 이에 반해서 '기준, 즉 standard라는 형식으로 주조된 법적인 주장'을 선호하는 것은, 실체에 있어서 이타주의라는 목적과 관련되어 있다. 던컨 케네디(Duncan Kennedy)는 쓰기를(p.1776), 열거한 두 개의 선호는 겹치기는 하나, "보다 심층적인 수준에서 …… 개인주의자/형식주의자(individualist/formalist)와 이타주의자/비형식주의자(altruist/informalist)의 짝짓기는, 세계와 우주에 관한 서로 상반되는 전망으로부터 단순히 운영된다." 케네디 교수의 이 분석은, 전통적인 서양 개념과는 날카로운 분열을 보이는 것이다. 서양 전통의 생각이란 다음과 같다. 즉, 룰(rule)과 기준 - standard가 서로 갈등할 때에는, [독트린이나 개념이나 또는 유추(analogies)와 같은 서로 갈등하는 형식을 언급할 때] 궁극적으로, '전체로서의 법 시스템'에 의해서 조정과 화해가 가능하다. {역자 주: 전체로서의 법 체계에 의해서, 규칙과 standard가 서로 갈등할 때, 전체로서의 법 체계 안에서 마지막에는 조정되고 조화될 수 있다는 것은 설명을 요한다. 즉, 버만이 12세기를 중심으로 서양 법 전통의 뿌리를 설명하면서, '전체로서의 법 체계'라 할 때는 당시에 존재했던 여러 법 체계들, 즉 캐논법, 왕의

서로 대립되는 법에 있어서의 룰(rule)을 화해시키는 것은 엄격법을 형평(equity)과 조화시키고 정의(justice)를 자비(mercy)와 조화시키며, 평등(equality)을 자유(freedom)와 조화시키려고 하는 더 광범위한 프로세스의 부분이었다.

무엇보다도 이와 같이 **서로 갈등하는 규범과 가치들을 결합시키려**는 노력은 11세기와 12세기에서는 심지어 더 **거대한 조화와 화**

법, 도시법, 상인법이라는 복수의 법 체계를 총괄해서 '전체로서의 법 체계'라고 얘기하고 있는 듯하다. '궁극적으로 갈등이 해소되고 조정될 수 있다'는 것은 복수의 법 체계에서 어느 하나에서 만족하지 못할 때, 다른 법 체계의 보충을 받을 수 있는 상황을 설명하는 것으로 동아시아 전통의 한국인에게는 상상하기 힘든 것이다} (원 저자 주 계속) 비슷하게 케네디 교수의 견해는, 서양 전통의 믿음과도 분별한다. 서양 전통의 믿음이란 법에 있어서의 서로 다른 방향으로 갈등하는 목적이라는 것은, 개인주의와 이타주의뿐만이 아니라 다른 극단적인 가치들(예를 들면, 다양성과 조화, 변화와 지속성, 자유와 평등)은 궁극적으로 법 체계 전체의 가치들 안에서, 조정과 화해가 가능하다는 것이다. 더욱 더 나아가면 케네디 교수의 견해는, 전통적인 서양 법 사상의 가정에 의해서 검토되어야 한다. 즉, 법의 특별한 목적이, 특별한 법 형식에 의해서 봉사되는 그 정도는, 추상적으로는 대답될 수 없으며, 오로지 역사적 맥락에서만 대답될 수 있다는 법사상이다. (예를 들면, 공산주의 사회와 같은) 어떤 사회에 있어서, (예를 들면, 공동체의 물권법과 같은) 흔히 말하듯이 사법의 영역에서조차도, 룰(rule)들은 더 이타적이나 기준, 즉 standard는 더 개인적일 수 있다. (원 저자 주 계속) 분석의 틀을, 일련의 이분법적 대립 또는 이항 대립(dualism)으로 환원함으로써, 그리고 이러한 이분법은 그것들 자체가 마지막에는 단일한 딜레마로 환원되는 것인데, 케네디 교수의 방식은 '법적인 룰(rule)'과 '법의 기준, 즉 standard'에 기초한 결정들이 '그때 그때마다의 즉흥적 성격(adhocracy)'을 가지고, 이런 성격에 대한 일반인들의 믿음에 대해서 널리 퍼진 회의주의를 극적으로 표현한 것이다. 현대의 서양인은 '법에 있어서의 룰(rule)'이, 원래는 그것들이 떼놓을 수 없는 부분이었던 전체 체계로부터 완전히 고립되어 있다고 보기 때문에, '법에 있어서의 룰(rule)'을 믿기가 힘들게 되어 있다. 현대의 서양인은 차라리 '가치'에 대해서 믿는 것이 쉽다는 것을 알게 되는데, 그 이유는 가치(values)는 여러 다양한 타입의 케이스들에서, 그것들을 실현하고 구현하는 것으로 요구된 룰(rule)들에 의해서 방해받지 않는다고 보기 때문에 그러하다. 이러한 '룰(rule, rules)과 가치(values)의 이율배반'은 Roberto Unger에 의해서 근대 자유주의 사상의 막다른 골목으로 표현되고 있다. Roberto M. Unger, *Knowledge and Politics*, (New York, 1975), pp.88~100을 보라. (원 저자 주 계속) 우리가 11세기와 12세기의 서양 법 사상의 원천을 탐험하는 목적은, 900년 이상 된 서양의 법적 전통의 뿌리에 존재하는 법 과학을 종합하는 것과 지금까지 비록 지배적은 아니라 할지라도 유력해져 온 20세기의 서양에 있어서의 파편화되어서 서로 조각 조각이 난 법학 사이의 대비를 간접적인 함의에 의해서 보여 주려는 것이다.

해(conciliation)의 부분으로 보였는데, 그것은 신과 인간의 조화의 문제였다. 다른 어떤 것보다도 서양인으로 하여금 처음으로 법 과학에 대한 신앙을 가지게 인도한 것은 인간의 궁극적인 운명에 대한 새로운 전망이었다.

제 5 장

해롤드 버만(Harold Joseph Berman)이 한국 법학에 가지는 의미

해롤드 버만(Harold Joseph Berman) 교수와
김 철(金 徹) 교수, 하버드 로스쿨 로스코 파운드
기념 도서관 앞, 1991년 6월 13일

제5장
해롤드 버만(Harold Joseph Berman)[282]
이 한국 법학에 가지는 의미

"로젠스토크 휘시가 학문 세계에서 칸막이 치는 것(Compartmenta-lization)이 파괴적이라고 제 자신에게 가르쳐 준 최초의 은인이었습니다. 다트머스 대학교에서 학부생으로서 나는 그의 지도 아래에서 내 스스로의 연구에 집중할 수 있도록 허락을 받았습니다. 단지 하나의 주제로서, "여론(Public Opinion)"이었는데, 사회학, 역사학, 정치학 그리고 철학을 결합한 것이었습니다. 그때(1938년 기준) 이후로, 저는 내 학생들과 동료들과 대화할 때 특수화된 학문상의 전문용어를 피하고 다양한 학문분야(Scholarly disciplines)의 통찰을 일으킬 수 있는, 언어와 문체로 표현해왔고 투쟁해왔습니다."(5장 본문 중에서)

---

282) 1918~2007. Harvard Law School의 Story Professor of Law와 Ames Professor of Law와 Emory Law School의 Woodruff Professor of Law를 지내고 89세에 영면할 때까지 60년 동안 법학교수 생활을 함. 25권의 저서와 400개 이상의 학술 논문을 남김. 대표작은 65세에 출간한 *Law and Revolution-The Formation of the Western Legal Tradition*(Cambridge: Harv. Univ Press, 1983), 85세에 출간한 *Law and Revolution II-The Impact of the Protestant Reformations on the Legal Tradition*(Cambridge: Harv. Univ Press, 2003), 56세에 출간한 *The Interaction of Law and Religion*(Nashville: Abingdon Press, 1974)을 들 수 있음. 만년에 개발도상국의 사회적 불평등을 구제하고 신뢰와 평화, 정의로운 체제를 개발도상국에 건설하는 데에 관심을 가져 세계법에 대한 프로그램을 지원하는 The World Law Institute를 공동 창립하였음.

버만(Berman)이 학부를 졸업한 1938년은 세계대공황(1929~)과 뉴딜정책(1933~)에 이어서 두 번째로 루스벨트가 취임했을 때였다. 유럽에서는 히틀러(Hitler)가 1933년 의회에서 수상으로 취임한 이후 경제 위기에 대처해서 범게르만, 반유대, 반자유주의, 반공산주의를 내걸고, 세계대공황 이후 경제 파탄에 이른 바이마르 공화국을 1당 독재의 전체주의 국가로 전환시키고 있을 때였다. 1938년 대학 졸업 직후, 버만은 프럭네트(T.F.T. Prucknette) 교수의 지도로 '17세기 영국혁명이 잉글랜드 법제도에 미친 영향'을 연구하기 위해서 런던대학(London School of Economics)으로 갔다(5장 본문 중에서).

"1939년 9월에 히틀러가 폴란드를 침공한 직후, 저는 유럽 제도사 —즉, 유럽 법제사— 의 연구를 계속하기 위해서 아메리카로 돌아왔습니다. 그리고 1940년에 예일(Yale) 대학교 대학원에 들어갔습니다. 1941년 6월 22일에 도이칠란트가 러시아를 침공하자, 저는 갑자기 모든 인류의 장래가 아메리카와 러시아의 관계에 걸려 있다는 것을 깨달았습니다."(5장 본문 중에서)

프레더릭 윌리엄 메이틀런드
(Frederic William Maitland, 1850~1906)

오이겐 로젠스토크 휘시
(Eugen Rosenstock-Huessy, 1888~1973)

막스 베버
(Max Weber, 1864~1920)

로스코 파운드
(Roscoe Pound, 1870~1964)

* 이 그림들은 역자가 독자의 이해를 위해 만든 것임.

버만 법학의 한국에 있어서의 의미

한국에서는 건널 수 없는 단절로 알려진 '대륙법 전통'과 '영미법 전통'의 절벽을 버만은 '서양법 전통'이라는 가교로 잇고 있다.

동아시아인에게 법계보다 더 큰 것은 기저가 되는 문화와 문명의 문제이다. 다시 말하자면 대륙법계와 영미법계의 구별보다 더 크고 근본적인 것은 '서양법 전통(Western Tradition of Law)이라는 일관성이 존재하느냐'의 문제이다.

한국 법학에서는 또 하나의 해결하지 못한 스테레오 타입으로서 법실증주의와 자연법론의 이분법이 있다.

버만(Harold Berman)은 긴 학문적 역정 이후 그가 70세가 되던 1988년 7월에, 인류의 문명사에 나타난 세 가지 법학의 사고방식 내지 고전이 된 세 가지 학파, 즉 법실증주의, 자연법론, 역사학파(historical school)를 함께 묶어서 고찰하여 종합(synthesis)에 이르고 있다.

한국에서 가장 이해하기 힘든 부분은 법학 방법론에 있어서 요지부동의 권위로 자리하고 있는 방법 이원론에 대한 논의이다. 버만은 신칸트학파의 당위와 존재를 구별하는 이원론은 근세 서양에서의 민족국가 형성기의 철학이라고 증명한다.

한국에서 생소한 또 하나의 부분은 고차법(Higher Law)의 문제이다.

서양법 전통에 있어서의 고차법(Higher Law)은 어디에서 기원을 두고 있을까? 한국의 법학자가 서양전통의 고차법의 연원을 이해하는 데 버만이 결정적인 도움을 주고 있다.

한국에서 최근 문제되었으나 해결되지 못한 것은 자유주의와 공동체주의의 문제이다. 관심을 끈 롤스와 샌들의 논쟁, 특히 샌들의 정의론에서의 공동체주의의 도전에 대해서 버만이 유효한 해석을 하고 있다.

1. 들어가는 말

이 세계적인 학자를 한국에서 소개하는 데에 필자는 우선 큰 부담을 느낀다. 이유는 한국 학계에서는 전례가 없는 다전공 법학자이며, 그의 업적 또한 다섯 개 분야 내지 여섯 개 분야로 분류할 만큼 단순하지 않아서 한국의 법문화가 익숙한 단일 전공 – 단일 인격의 전통에서는 일거에 파악하기 힘들기 때문이다.[283] 제목에서 통합 법학이라 하였으나 그가 29세에 조교수에 임용되어 89세에 영면하기까지 60년간을 현역 교수로 연구와 교수활동을 하면서 전개시킨 것이기 때문에 개념 형식적 범주의 법학 교육의 토양에서 자란 필자로서는 요약하기가 극히 힘든 것을 고백하지 않을 수 없다. 다행히 저작 중 하나를 교재로 직접 사용한 교수님들이 한국에 계신다고 들었으나 버만(Berman)의 한 부분(법과 혁명)의 저작이다.[284] 이 한편의 짧은 논문에서는 버만의 전 생애에 걸친 연구 테

---

283) 버만의 업적 분류는 Harvard Law Library에서는 법학교육, 법철학, 법사학, 비교법, 국제거래법으로 분류해서 보관하고 있다(Harvard Law Library 홈페이지). 그가 78세 되던 1996년에 그의 영향권에 있던 법학자(런던 대학의 윌리엄 버틀러 등 5인)들이 그의 전공을 다섯 분야로 나누어서 1. 비교법과 비교법제사 2. 법사(Legal History) 3. 국제거래와 통상 4. 법철학 또는 법리학(Jurisprudence) 5. 법과 종교의 다섯 챕터로 이루어진 책을 발간했다. Hunter, Howard O.(ED.), *The Integrative Jurisprudence of Harold J. Berman* (Boulder: Westview Press, 1996).

284) 한국에 일찍 알려진 버만 교수의 저서는 *Law and Revolution—The Formation of*

마를 여섯 개의 요약으로 나누고, 기왕에 한국어로 소개된 부분을 논문의 출발로 삼고자 한다. 따라서 방대한 버만의 문헌을 요약하는 무리를 범하면서 이 무례한 글이 앞으로의 한국에서의 논의의 작은 불씨로서 작용하기를 바란다.

1.1 『종교와 제도 – 문명과 역사적 법이론』

해롤드 버만 교수(1918~2007)의 업적과 학문적 영향에 대해서 한국에 잘 알려지지 않았다. 1992년 『종교와 제도 – 문명과 역사적 법이론』의 제목으로 로웰(Lowell) 석좌강좌가 한국어판으로 나온 것이 처음으로 보인다.[285] 이 책이 취급하는 법제도의 넓은 영역 때문에, 한국 표준으로는 어떤 법 영역에서도 도움을 받을 수 있다. 법제도와 종교의 관계는 한국에서는 헌법 영역에서의 학자들과 법사상사나 법철학(종교법학회)에서도 다루어 왔다. 필자는 1980년대부터 종교의 자유를 다루다가,[286] 점차로 헌법적 영역을 넘어서 서양법제도 전반에 걸친 종교와의 상호관계로 확산되어서 당황한 적이 있

the Western Legal Tradition(Cambridge, Havard University Press, 1983)이며, 서울대학교 최병조 교수가 서양법문화사(서양법제사의 새로운 이름) 과목의 주된 교재로 1990년대부터, 또한 최근 이화여자대학교의 서을오 교수가 원서 그대로 교재로 쓴 것이라고 한다. '좀 어렵다'고 한다. 또한 2003년에 출간된 Law and Revolution II – The Impact of the Protestant Reformations on the Western Legal Tradtion (Cambridge, Harvard University Press, 2003)은 관심이 있는 법학 교수 및 대학원생들에게 알려져 왔다.

285) 해롤드 버만과 김철, 로웰석좌강좌의 한국어판과 연관강좌, 『종교와 제도 – 문명과 역사적 법이론』(민영사, 1992).

286) 김철, 「미국헌법상의 국가와 교회와의 관계 – 수정 제1조의 판례분석을 중심으로 – 」, 『숙명여자대학교 한국정치경제연구소 논문집』 제12집(서울: 숙명여자대학교 한국정치경제연구소, 1983.12). 또한 김철, 「미합중국 헌법 수정 제1조에 관한 연구 – 조항성립사와 해석의 문제 – 」, 『숙명여자대학교 논문집』 제27집(서울: 숙명여자대학교, 1986.12).

다. 만약에 버만의 이 저작을 발견하지 못했다면 필자는 영영 '서양문화 전반에 걸친 종교의 영향'이라는 인문학적 미궁 앞에서 길을 잃고 법학자로서의 자신감을 상실하게 되는 결과를 가져왔을 것이다.

1992년 『종교와 제도』의 머리글에서 역자가 쓴 한국어판 출간의 동기는 다음과 같다.[287]

1) "약 20년 전부터 세계의 여러 곳에서 나타나기 시작한 사람들의 삶의 질(Lebensqualität)의 저하는 흔히 얘기하는 대로 '경제학 원리'에만 관계되는 것이 아니다." - 김철

2) "사람들의 인격적 통합의 위기(Integrity crisis)는 사회통합의 위기로 진행되었는데, 공동체의 와해(Dissolution of Community)가 주된 현상이다." - 버만, 로웰 강좌 1장

3) "현상이 아니라 구조를 주시하여야 하며, '구조의 역사학'이 '현상의 정치학'에 우선되어야 한다." - 김철

(1) "호세 오르테가 가세트(Jose Ortega Gassett)의 '사람에게 자연은 없다. 사람은 역사를 가질 뿐이다'의 명제는 구조의 역사학(history of structure, Geschichte von Struktur)을 가르친다."
   - 버만, 로웰 강좌 1장

4) "구조는 제도(制度, institution)이며 '구조의 역사학'은 제도사(制度史, Geshichte von Institution)가 된다." - 김철

5) "어느 사회의 정신사(history of thought)를 제도사와 분리해서 취급하는 지적인 관행이 더 이상 견디지 못하게 되었다."

---

287) 해롤드 버만과 김철, 위의 책, 머리글 pp.3~4.

- 김철

6) "정신사는 제도사와 서로 만나면서 교차한다." - 버만

7) "제도사전통의 위대한 객관주의는 로마제도사에서의 이우스 (Ius)의 객관성과 11세기와 12세기에 걸친 **그레고리오의 혁명 (Reformatio Gregoriana)으로부터 시작된 성속의 분리(seperation between ecclesistical and secular order)**를 일컫는 것이 다."[288]

당시의 역자의 관심이 역사학, 사회구조, 제도사에서 다시 출발했음을 알 수 있다.

1.2 비교 법학과 비교 법제사

버만 교수의 비교 법학과 비교 법제사를 한국에 소개한 것은 김철이 "비교법론의 출발: 자율적인 법문화군과 법체계"라는 제목의 장 중에서 '비교법 방법론: 법체계의 공동핵의 문제'라는 제목으로 세계의 법가족 내지 법군을 분류하는 범주를 (1) 개념적 형식적 범주로서의 법가족, (2) 역사적, 정치적, 경제적 그리고 사회적 범주로서의 법군, (3) 의-종교적(pseudo - religious) 범주로서의 세계 법가족의 항목에서 제2차 세계대전 이후의 세계적인 비교법학자 세 사람을 소개함으로써 시작되었다. 외국 법제도를 한국의 법학자들이 흔히 역사적 · 사회적 맥락을 빼고, 소개하는 태도를 반성하는 의미가 있다. 법학의 역사적 · 사회적 맥락을 회복하는 것이 이후에

---

288) 해롤드 버만과 김철, 위의 책, 같은 페이지.

논문 필자의 중요한 내적 동기가 되어서, 2009년 이후의 법과 경제 질서 삼부작의 방법론이 되었다(김철, 2009.3; 2009.9; 210.12).

"오랫동안 한국을 포함한 다른 나라의 법학자들은 문화적, 역사적, 정치적, 경제적 그리고 사회적인 요인들에 대한 고려를 접어두고, 법률양식(樣式)과 기술적인 사항들에만 주로 전념하였다(김철, 1989: 38).[289] 기억할 사실 은 법은 진공 속에서 존재하는 것은 아니며, 그렇기 때문에 진정으로 비교 를 하려는 어떠한 연구도 법을 그 출생지와 분리시키지 않는다는 것이다. 반드시 인식되어야 하는 한 가지 사실은 법체계를 유형화하는 연구는 정치 적, 경제적, 사회적 기준들이 법원칙(法原則)들과 법절차(法節次)들에서 어 떻게 반영되었는가에 대한 분석에서만 추출될 수는 없다는 것이다. 법제도 (法制度)들이 그 일부분을 구성하는 전체 사회의 역사적 발전의 맥락에서 오랜 시간에 걸친 법제도들의 역사적 발전을 분석하는 것도 동등하게 중요 하다. 따라서 비교법학자들은 어떤 문명의 법체계를 세 가지 차원에서 취 급할 것을 제안하여 왔다.[290] 첫째, 개념－형식상의 범주로서이다. 이것은 개념 법학과 형식주의 법학을 일컫는 것으로 한국의 개화기로부터 식민지 근대화시기를 거쳐 제2차 세계대전 이후의 여러 시기를 거쳐 이 글을 쓰 는 현재까지 약 110년 이상 무릇 한국의 공식교육기관에서 전수한 법학이 라면 거의 이 첫째 범주에 속한다고 할 수 있다. 둘째, 역사적·정치적·경 제적·사회적 범주이다.[291] 셋째, 의－종교적 범주(擬－종교적 범주)로서 이다.[292] 그러나 이 요약은 비교법학자들의 초기 특징만 나열한 것이다."[293]

즉, 컬럼비아 로스쿨 및 국제대학원의 해저드(J. N. Hazard)와

---

289) 김철, 『러시아 소비에트 법－비교법문화적 연구』(민음사, 1989), p.38.

290) Hazard, John N., *Communists and Their Law－A Search for the Common Core of the Legal Systems of the Marxian Socialist States*(Chicago: University of Chicago Press, 1969), pp.519~528. 또한 Berman, Harold J., "What Makes Socialist Law Socialist?", *Problems of Communism*(1971), pp.24~30.

291) Hazard, John N., *Ibid.*

292) Berman, Harold J., "What Makes Socialist Law Socialist?", *Problems of Com-munism*(1971).

293) 김철, 『한국 법학의 반성』(한국학술정보, 2009ㄴ), pp.447~448. 또한 김철, 『법과 경제질서: 21세기의 시대정신』(파주: 한국학술정보, 2010).

마르세유 대학의 르네 데이비드(Rene David)와 하버드 로스쿨 및 에모리 로스쿨의 해롤드 버만(H. J. Berman)을 비교하면서 시작됐다.[294] 김철은 1989년에 『러시아 소비에트 법 – 비교법문화적 연구』를 출간할 때 제2장을 러시아 소비에트법 체계의 역사적 기초로 제목하고, 혁명 전의 러시아 법제사를 통해서 혁명 이후의 소비에트 법률을 접근하는 방식을 택했다.[295] 이 방식은 세 사람의 비교법학

---

294) 김철, 『러시아 소비에트 법 – 비교법문화적 연구』(민음사, 1989), pp.37~51.

295) "고대 로마인들이 그 법률을 설계하는 데 있어서 외부적인 영향을 중요시하지 않는 것과 마찬가지로, 소비에트법의 설립자들도 다른 체계의 법관념을 '거의 조롱할 만한' 것으로서 취급했을 수도 있다. 그러나 비교법체계를 공부하는 어떠한 통찰력 있는 학도에게는 소비에트의 법으로의 길은, 의식적 또는 잠재의식적으로 다른 법체계에서 차용되어온 돌로서 포장되어 있을 것이다. 오늘날 우리가 알고 있는 소비에트의 법률은 1) 자연적 정의(natural justice)의 원칙, 2) 자연법의 개념, 3) 로마법, 시민 – 대륙법(Civil Law)상의 전통, 그리고 4) 혁명 전의 러시아 전통들과 마르크스 – 레닌의 교리의 실현성 있는 조화를 보여 준다. 그렇다고 해서 그것이 소비에트의 법체계 내에는 독창적인 것이 없다고 말하는 것은 아니다. 그것이 의미하는 전부는, 이후의 토의가 지적하듯이 소비에트의 법을 구성하게 되었던 제도와 사상이 모두 고유한 것은 아니라는 것이다. 자연적 정의의 사상(De Smith & Evans, Chapter 4)은 자연법의 개념에서 유래하였지만, 그 두 개념들이 명백히 구별될 수 있다. 18세기 이전에 자연적 정의란 단어는 자연법과 바꿔 쓰일 수 있는 것으로 사용되었다. 이 두 단어 사이의 주요한 차이는 자연적 정의의 원칙들은 그 본질상 절차상의 것인 데 반해, 자연법의 원칙들은 그 내용에 있어서 현저하게 실질적이다. '현대의 습관에서 자연적 정의란 특정한 필요사항, 즉 (a) 아무도 스스로에 관한 사건에 대해서는 판관이 될 수 없다 – meno judex in parte sua (b) 쌍방의 진술이 모두 행해져야 하며 어느 누구의 경우도 그 진술이 경청되지 않고서는 비난되지 않는다 – audi alteram partem는 것을 실체화하면서, 분쟁에 대한 선고에 있어서 정당성의 최소한의 기준과 일반적 원칙들을 표시한다. 양 원칙들은 매우 일찍부터 진술되어 왔다.' 그러한 자연적 정의의 원칙들은 소비에트의 형사상과 민사상의 절차법에 고루 침투한다. 그 원칙들은 소비에트의 입법자에 의해서 의식적이거나 또는 잠재의식적으로 소비에트의 실정법에 편입되었다. 법철학자, 법사학자와 법이론가들 사이에는 자연법의 정확한 의미와 자연법과 실정법과의 관계에 대한 견해상의 차이가 항상 있었으며, 앞으로도 그럴 것이다. 그러나 모든 자연법적 생각의 출발점은 '이성'과 '인간의 본성'이다. 자연법적 사고의 기초와 그 본질적 양상은 먼저 그리스의 사상가들에 의해 설명되었다. 후대의 어떤 사상가들에게는 자연의 법칙은 신성법으로서의 신의 법(The Law of God)의 한 부분으로서 취급되었다. 그러한 것으로서 그것은 변동될 수 없고 어떠한 상반된 관습 또는 실정법에도 우세한 것으로 간주되었다. 다른 사상가들은 자연법이 주체적 권리(Ius in Subjektivem Sinne, Subjective Rights)의 실체라고 믿었다. 홉스를 포함하고 있는 후자의 사상가들은 자연법(Jus Naturalis)

자 중 버만(Berman)의 역사적 접근과 가장 유사하다고 할 수 있다.

김철은 1989년 3월에, 같은 책의 제10장 비교법의 이론적 기초에서 소비에트법에 대한 서방 연구가로서 첨단을 걷고 있는 세 사람, 하버드 로스쿨의 해롤드 버만 교수와 네덜란드의 레이덴 대학교 법과대학 훼르디난드 펠트브뤼게(Ferdinand Feldbrugge) 교수와 런던 대학의 버틀러(Butler) 교수를 소개한다.[296]

2. 생애와 교육 학문적 여정의 시작

버만의 생애로 시작하는 것은 '인물 중심 법학사' 같아서 다소 주저스럽지만, 그러나 업적 중심으로 바로 뛰어드는 것이 힘든 상황에서는 하나의 방식으로 보인다. 특히 그의 역사적 접근이 그의 생애와 상당한 관계가 있는 것같이 관찰되기 때문에 학문의 특징을 이해하는 데에 도움이 되리라고 생각한다.

제1차 세계대전이 끝나던 1918년 2월 13일에 미국 코네티컷 하트포트에서 태어났다. 선조는 유럽계의 유대인으로 추정되고 전쟁을 피해서 신대륙으로 건너온 것으로 짐작된다. 추정되고 짐작되는

을 실정법보다 우위에 있는 객관적 질서가 아닌, 이성과 인간의 본질에 기초한 주체적 요구(Subjective Claims)의 실체로서 이해하였다. 소비에트의 법적 조항을 면밀히 분석하여 보면, 수많은 자연법적 계율들이 소비에트의 실정법의 한 부분을 형성한다는 것이 지적된다. 실정법의 유효성이 자연법에 의해서 측정될 수 있다거나 측정되는 것으로 (즉, 자연법을 보다 상위의 법으로서) 인정하지는 않았지만, 소비에트의 실정법은 의식적 또는 무의식적으로 어느 정도 자연법의 일반적 원칙들을 주관화했다. 자연법 중에서 이식 가능한 요소들을 약간 수용하면서 그러나 소비에트의 입법자들은 자연법적 사고 중 수용되지 않은 부분은 소비에트의 법률의 일부분을 구성하지 않으며, 또 자연법 원칙들이 소비에트의 실정법과 조정될 수 없는 경우에는 후자가 우세하다는 입장을 명백히 취한다." 김철, 『러시아 소비에트 법-비교법문화적 연구』(민음사, 1989), pp.55~58.

296) 김철, 『러시아 소비에트 법-비교법문화적 연구』(민음사, 1989), p.415, pp.415~417.

것은 생전에 그의 개인사에 대해서는 기록한 바가 거의 없고, 공식적으로는 버만 교수는 개종한 기독교도(Converted Christian)로 유대인 공동체(Synagogue)에서 떠난 까닭이다.[297] 코네티컷은 뉴욕과 보스턴의 중간 지점으로 유대인 부모의 열렬하고 강단 있는 감화로 신대륙의 가장 문화수준이 높은 곳에서 10대를 보내고, 아이비리그 대학 중에서 가장 소규모이며 인문학적 전통이 출중한 다트머스(Dartmouth) 칼리지에 입학하였다. 곧 역사, 철학, 언어학, 사회학, 신학과 법학을 겸한 종합적 사상가이며 프로이센 및 유대인계 이민 학자인 오이겐(유진) 로젠스토크 휘시(Eugen Rosenstock Huessey)[298]

---

297) Berman, Harold J., "Pagan Versus Christian Scholarship", *Veritas Reconsidered*, September 1986 (Special Edition), p.12, 73~74; to be published in *God and the Harvard Experience: Keeping the Faith*, ed. Kelly K. Monroe, under the title "Christian Versus Pagan Scholarship", 1991.

298) 역시 한국 법학계에서는 잘 알려져 있지 않은 학자이나, 한국법사학회의 최병조 교수가 이미 인지하고 있었다. 오이겐 로젠스토크 휘시(Rosenstock-Hussey, 1888~1973)는 1933년 히틀러 집권 후 신대륙으로 이주해서는 역사, 신학, 사회학, 철학을 포함하는 학제적 연구로 처음에는 하버드에서 다음에는 다트머스(Dartmouth College)에서 가르쳤다(1935~1957). 이민학자로서 전 생애에 걸쳐, 아메리카 지식인 사회의 주류에 속한 적은 없으나, 그의 저작은 시인 오든(W. H. Auden), 법학자 해롤드 버만(Harold Berman), 신학자 마틴 마티(Martin Marty), 인류학자 루이스 멈포드(Lewis Mumford)에게 영향을 끼쳤다. 한국에는 잘 알려져 있지 않으나, 그를 기념하는 국제협회가 있다. 해롤드 버만과 김철, 『종교와 제도 – 문명과 역사적 법이론』(민영사, 1992), 제8장 대화편 pp.310~311. 가족사의 시대적 배경으로는 프로이센의 비스마르크가 통일을 이룩하고 비스마르크 헌법을 제정한 1871년 이후의 제2제국 빌헬름 2세 시대(1888~1918)의 1888년에 베를린의 주식중개인 및 금융인의 아들로 태어났다. 이 시대에 프로이센은 테크놀로지의 선두주자로 영국을 이어 대공업국이 되어 보호무역과 식민지 정책에 나섰다. 김철, 『법과 경제질서』, 제12장 3.7 근대 3기의 경제적 상황과 세계. 이 시대에 프로이센은 비스마르크 헌법(1871)에 이어 독일 지상주의와 범게르만주의를 표방하였다. 김철, 「위기 때의 법학: 뉴딜 법학의 회귀 가능성 – 현대 법학에 있어서의 공공성의 문제와 세계 대공황 전기의 법사상」, 『세계헌법연구』 제14권 제3호(세계헌법학회 한국학회, 2008), pp.40~41. 이러한 시대적 배경에도 불구하고 로젠스토크 일가는 유대인의 혈통이었으나 기독교 전통과 휴일을 지키며 자라났고, 루터 교회에서 세례를 받았으며, 생애를 통하여 기독교 전통의 옹호자였다. 초기에 나치즘의 위협을 알고, 히틀러가 집권하자 곧 신대륙으로 이주한 이유로 추정된다. 그 시절의 부유한 프로이센 거주 유대인들이 그러했던 것처럼, 로젠스토크는 김나

를 만나서, 지도를 받게 된다.[299]

2.1 버만의 성장기와 청년기의 사회경제사

1918년 출생의 버만이 유년시절을 보낸 1928년까지의 10년은 미국이 제1차 세계대전에 승전 후 세계 질서에서의 미국의 평화(Pax Americana)를 구가하던 호황기였다. 즉, 미국 사회경제사에서는 재즈시대로 분류되며, 급격한 물질적 부가 증가되고 이전의 아메리카 자본주의 형성의 에토스였던 청교도 정신이 압도되고 대중의 감각이 호사와 안락 그리고 사치에 길들여졌던 때였다.[300]

버만이 11살 때의 1929년 가을에 세계대공황이, 버만의 거주지였던 코네티컷에 인접한 뉴욕 시에서 일어났다. 1933년 대공황의 절정기에 버만은 15살이었다. 1933년 세계대공황의 와중에서 아메리카와 도이칠란트는 다 같이 실업률이 가장 높을 때에는 33%를 웃돌았다.[301] 1930년 말에 미국에서 608개의 은행이 파산하였다.

지움에서는 고전언어(라틴어)와 문학을 공부하고, 대학에서는 법학(Zurich, Berlin, Heidelberg)을 배웠다. 21살에 하이델베르크 법학부를 졸업하고(법학의 학위) 24살에 라이프치히 대학의 사강사(Privatdozent)가 되어서 제1차 세계대전이 발발할 때까지 (1914) 약 2년간 헌법과 법제사를 가르쳤다. 1차 대전에 징집되어, 최대 격전지인 베르 (Verdurn)에서 1년 6개월을 포함해서, 서부전선의 정훈 분야에서 종군하였다. 바이마르 공화국 초기인 1919~1923년은 노동자교육문제에 종사하여 다임러 자동차회사의 노동신문 편집인이 되고 1921년에 노동아카데미(Die Akademie der Arbeit)를 프랑크푸르트/마인에 설립하였다. 1차 대전과 그 후의 노동자교육의 경험 이후, 법학 교수가 되는 것을 포기하고, 하이델베르크 대학에서 철학으로 학위를 받았다. 공과대학에서 사회사와 사회과학을 가르치다가 브로츠와프 대학에서 도이칠란트 법제사 교수로 이민 떠날 때까지 가르쳤다. 1925년 로마 가톨릭 신부인 Wittig, 유대인인 마르틴 부버, 개신교도인 Victor von Rosenzweig 등과 같이 *Die Kreatur(The Creature)*라는 저널을 창간하였다. Wikipedia의 해당 항목 참조.

299) 해롤드 버만과 김철, 『종교와 제도-문명과 역사적 법이론』(민영사, 1992), pp.310~311.
300) 김철, 『법과 경제질서: 21세기의 시대정신』(한국학술정보, 2010), p.141.

연방정부는 아무런 조치를 취하지 않았다. 1932년 1월까지 1,860개의 은행이 파산하였다. 1932년 말부터의 은행파산의 물결은 드디어 국가가 '은행 휴일'을 제정하기에 이르렀고 프랭클린 루스벨트가 취임한 이틀 뒤인 1933년 3월 6일 예금자들의 예금인출 사태에 대응하여 다시 휴일을 선포하기에 이른다. 이 은행 휴일 동안 2,500개 은행이 파산했다.[302]

유대계 미국인에 대한 사회경제사로는 유대계의 상업은행으로 40만 명 이상의 유대계 이민의 예금을 취급하였으며, 이들은 주로 복식 산업에 고용되어 있어서 뉴욕 은행가에서는 '바지 다리미장이들의 은행'으로 통했던 뉴욕 시의 '뱅크 오브 유나이티드 스테이츠(Bank of United States)'가 1930년 12월 11일에 문을 닫았다. 어떤 관찰자(Ron Chernov)는 유대계 이민사회의 은행이 몰락한 것을 월가의 오랫동안 군림해 온 가문들, 특히 전투적일 정도로 씨족적이고 이교적인 모건가(House of Morgan)의 행동과 관계 짓는다.[303]

1933~1934년경에 버만은 대학에 입학하고, 1938년에 졸업하였다. 1933년 4월에 루스벨트가 대통령에 취임하고, 1933년 6월부터 뉴딜 입법의 핵심이 되는 글래스 스티걸법을 제정하였다. 이후 1937년까지 루스벨트 대통령은 연속되는 뉴딜 입법을 통해서 아메리카가 대공황의 와중에서 침몰하는 것을 방지하였다. 대공황의 엄습과 파괴적인 효과가 약 4년간 계속되고 그 이후 약 5년간 루스

---

301) 김철, 위의 책, p.96.

302) Milton Friedman and Anna Schwartz, *A Monetary History of the United States: 1867~1960*(Chicago: Chicago Univ. Press, 1963); Niall Ferguson, "The End of Prosperity?", (New York, TIME, 2008.10.13), 김철, 위의 책, p.95.

303) Chernov, Ron, *The House of Morgan*(New York: Atlantic Monthly Press, 1990), pp.323~324.

벨트가 뉴딜 정책을 쓰는 동안 버만의 전기 청년시대와 대학시절이 영위된 것이다. 이 대공황기의 대학생활이 버만의 지적 생활과 학문의 형성에 영향을 주었다고 추정된다. 왜냐하면 대공황 전기부터 아메리카의 지식인 사회가 유럽의 영향과 형식주의에서 벗어나기 시작했기 때문이다. 법학자들이 독자적인 방법론을 수립하기 시작했다(김철, 2009.3; 2009.9; 2010.12).

2.2 학제적, 통합적 방법을 시작하다

"로젠스토크 휘시가 학문세계에서 칸막이 치는 것(Compartmentalization)이 파괴적이라고 제 자신에게 가르쳐 준 최초의 은인이었습니다. 다트머스 대학에서 학부생으로서 나는 그의 지도 아래에서 나 스스로의 연구에 집중할 수 있도록 허락받았습니다. 단지 하나의 주제로서, '여론(Public Opinion)'이었는데, 사회학, 역사학, 정치학 그리고 철학을 결합한 것이었습니다. 그때(1938년 기준) 이후로 저는 내 학생들과 동료들과 대화할 때, 특수화된 학문상의 전문용어를 피하고 다양한 학문분야(Scholarly disciplines)의 통찰을 일으킬 수 있는, 언어와 문체로 표현해왔고 투쟁해왔습니다."[304]

학부 때부터 시작된 해롤드 버만의 학제적 연구 태도는 『종교와 제도: 문명과 역사적 법이론』의 모태가 된 로웰 석좌 강좌의 서장이 되는 프롤로그에서 나타난다.

"'학문 세계'만큼 보통 쓰는 의미에서 오염된 용어도 없을 것이다. 학문 세

---

[304] 해롤드 버만과 김철, 『종교와 제도 - 문명과 역사적 법이론』(민영사, 1992), "대화편/ 여섯 개의 질문과 여섯 개의 대답" - 김철 교수와 해롤드 조셉 버만 교수, pp.316~317.

계가 학자들의 세계를 나누어 버린, 전문화 때문에 생긴 구획정리는 그것 자체가 의미 있거나 충족적인 단위가 아니며, 어린이들의 땅 뺏기 놀이에서처럼, 나누어진 구획이 열어젖혀지지 않는다면, 그 구획과 구분은 너무 좁게 칸막이를 친 공동주택의 공간같이 우리를 가두고 질식시킬 것이다. 필자는 우선 이 사실을 스스로에게 그리고 다른 사람에게 알리기 위해서, 이 '쓰여진 강좌'를 내놓는다."305)

2.3 세계대공황 후기와 뉴딜시대, 전체주의의 대두 시대

버만(Berman)이 학부를 졸업한 1938년은 세계대공황(1929~)과 뉴딜정책(1933~)에 이어서 두 번째로 루스벨트가 취임했을 때였다. 유럽에서는 히틀러(Hitler)가 1933년 의회에서 수상으로 취임한 이후 경제 위기에 대처해서 범게르만, 반유대, 반자유주의, 반공산주의를 내걸고,306) 세계대공황 이후 경제파탄에 이른 바이마르 공화국을 1당 독재의 전체주의국가로 전환시키고 있을 때였다.307) 1938년 버만(Berman)의 스승인 오이겐 로젠스토크 휘시의 저서 『혁명으로부터 – 서구인의 자서전(Out of Revolution: Autobiography of Western Man)』이 간행되어서, 버만에게 약 30년간의 학문적 영향을 미쳤다.308) 제도사나 비교법사를 대학원의 최초 전공으로 택한 이유가 여기에 있다고 본다. 1938년 대학 졸업 직후, 버만은 프럭네트(T.F.T. Prucknette) 교수의 지도로 '17세기 영국 혁명이 잉글랜드 법제도에 미친 영향'

---

305) 해롤드 버만과 김철, 위의 책, pp.29~30.

306) 김철, 『경제 위기 때의 법학』(한국학술정보, 2009ㄱ), pp.447~448. 또한 김철, 『법과 경제질서: 21세기의 시대정신』(한국학술정보, 2010), p.96.

307) 이 시대의 도이칠란트의 대표적인 법학자는 칼 슈미트로 그는 '국가와 사회가 동일한 전체국가(total state)'로 전개된 것을 논의의 출발로 삼고 그에게 있어 전체국가로의 경향은 경제 영역, 즉 경제국가로의 전환에서 가장 두드러졌다(Carl Schmitt, 1931)(송석윤, 2002: 303)(김철, 2009ㄱ: 41).

308) 해롤드 버만과 김철, 『종교와 제도 – 문명과 역사적 법이론』(민영사, 1992), p.311.

을 연구하기 위해서, 런던 대학(London School of Economics)으로
갔다. 프럭네트 교수는 대신 '헨리 2세 치하에서의 보통법(Common
Law)의 기원'을 주제로 내놓고, 17세기 영국혁명 이전 5세기를 소
급해서 12세기부터 시작하라고 했다. 즉, **12세기부터 시작하지 않
으면 17세기 잉글랜드 법제도의 단 한마디도 이해할 수 없을 것이**
라고 충고했다. 500년을 소급해서 헨리 2세 때의 보통법의 기원부
터 시작하자 다음의 사실이 드러났다. 즉, 당시 통설은 틀렸다. 통
설은 보통법(Common law)의 독자적 형성을 말한다. 잉글랜드의 보
통법은 형성기부터 기독교의 세계관과 로마 가톨릭교회의 교회법
(Canon law)에 의해서 심대한 영향을 받았다는 것은 갓 학부를 졸
업한 버만이 발견했다.[309] 이때부터 버만의 필생의 연구과제, 즉
'법제도와 종교와의 교차적 영향'의 탐구가 본격화되고 구체화되기
시작했다. 1939년 9월 히틀러의 폴란드 침공으로 전쟁이 임박해졌
다. 다시 본국으로 귀환 후, 1940년에 영미와 유럽제도사의 연구를
위해서 다시 대학원에 진학해서, 1942년 예일(Yale) 대학교에서 M.A
(master's degree in history)를 받았다. 1942년 6월에 잉글랜드, 프
랑스 그리고 도이칠란트에서 3년간 연합군 미 육군 유럽 작전 현
장 자치부의 암호담당부서(cryptographer)에 근무하고 훈장을 받았
다. 1945년 제2차 세계대전 종전 후 예일 법과 대학원에 입학하여
(아마 유공제대자 장학금으로 추정된다) 1947년에 졸업하자마자
(학위 LL.B) 스탠퍼드 로스쿨의 조교수로 초빙되고, 1948년에는 하
버드 로스쿨에 조교수로 초빙되었다.

---

309) 해롤드 버만과 김철, 위의 책, p.313.

2.4 제2차 세계대전이 유럽에서 발발하다

"1939년 9월에 히틀러가 폴란드를 침공한 직후, 저는 유럽 제도사 -즉, 유럽 법제사- 의 연구를 계속하기 위해서, 아메리카로 돌아왔습니다. 그리고 1940년에 예일(Yale) 대학 대학원에 들어갔습니다. 1941년 6월 22일에 도이칠란트가 러시아를 침공하자, 저는 갑자기 모든 인류의 장래가 아메리카와 러시아의 관계에 걸려 있다는 것을 깨달았습니다. 그리고 어떤 교수들도 러시아와 소비에트 유니온을 제가 이해할 수 있도록 미리 준비시키지 못했다는 것도 갑자기 깨달았습니다. 그 깨달음의 날에, 나는 러시아어를 연구하기 시작했고, 1년 뒤에 저는 러시아 말의 문법책을 가지고 입대하였습니다. 제2차 세계대전 동안 잉글랜드와 프랑스 그리고 도이칠란트에서 연합군으로 봉사한 3년 뒤, 1945년 전쟁이 끝나고, 대학으로 돌아왔습니다. 1945년 예일 법과 대학원에서 첫 번째 법학학위(LL. B를 말함)를 위한 학점 신청에서, 다른 과목과 함께 소비에트법을 연구할 허가를 받았습니다. 당시 아메리카에는 소비에트제도-소비에트법에 관해서는 거의 알려진 것이 없었기 때문에 제가 연구할 의도를 발표하자마자 그 주제에 대해서 전문가로 환호하며 환영받았습니다. 재학 중에 쓴 학생 논문이 법학 잡지의 논문으로 간행되었으며, 1947년에 예일 법과 대학원을 졸업하자마자, 스탠퍼드 대학에서 소비에트법을 가르쳐 달라고 초청받았고(1947년이면 스탠퍼드 법과 대학원 조교수) 다음 해에는 하버드 대학에서 초청받았습니다. **처음부터 저는 소비에트법 사상과 소비에트법 제도가 소비에트-러시아의 무신론과 또한 왜곡된 방식으로 러시아에서의 기독교의 종교적 유산에 가깝게 관계되고 있다는 것을 이해했습니**

다. 무신론은 물론 그 자체 하나의 종교입니다. 무신론은 절대자(神)에 대한 진술이며 ─ 즉, 신은 존재하지 않는다는 진술이며 ─ 불가지론(不可知論)에 대비됩니다. 불가지론은 인간에 대한 진술인데, 즉 인간은 신이 존재하는가, 않는가를 알 수 없다는 진술입니다."310)

3. 한국 강단법학에서의 이분법과 해롤드 버만의 '서양법 전통'

한국에서는 건널 수 없는 단절로 알려진 **'대륙법 전통'**과 **'영미법 전통'**의 절벽을 버만은 **'서양법 전통'**이라는 가교로 잇고 있다.

3.1 제2차 세계대전 이후의 3분법의 시대

"최근의 한국법학에서 검토 없이 되풀이하고 있는 이분법, 즉 대륙법 발원의 학문 경향과 흔히 얘기하는 대로 영미법 발원의 학문 경향을 집단주의적으로 구별하는 버릇을 경계하지 않을 수 없다. 물론 서구의 비교법학자의 가장 간단한 교과서에도 법계를 분류하고 역사적으로 앵글로 ─ 아메리칸 법계와 시민 ─ 대륙법계를 구별하고 있기는 하다.311) 이 구별에 대해서는 제1차 세계대전 이후와 특히 제2차 세계대전 이후 점차로 양 법계가 상호 교차하고 있다는

---

310) 해롤드 버만과 김철, 위의 책, 「대화편/여섯 개의 질문과 여섯 개의 대답」, 김철 교수와 해롤드 조셉 버만 교수 pp.314~315.

311) David, *Major Legal Systems In The World Today―An Introduction to the Comparative Study of Law*(English Translation by Brierly)(London: Stevens, 1968; 1978; 1985).

설명 이외에 더 최근의 진행을 덧붙여야 한다. 제2차 세계대전 이후의 대표적인 비교법 논의는 시민 – 대륙법계, 앵글로 – 아메리칸 법계, 사회주의 법군의 삼분법이 세계의 법계를 설명하는 것으로 유지되어 왔다."312)

3.2 1989년 이후의 대변동

"그러나 1989년 동유럽 – 러시아 혁명은 세계 비교법학 지도에 전례 없는 변화를 가져왔다. 결론은 삼분법이 고착되어 있는 냉전 · 탈냉전의 법논리는 급격하게 변동하고 있다.313) 서구의 학자가 대륙법과 영미법을 구별할 때는 역사적 진행에 큰 차가 있다는 것을 인정한다.314) 그러나 개항 이후의 동아시아의 학자가 대륙법과 영미법의 차이를 이해하는 정도는 서구의 전형적인 비교법의 견지와 다르다는 것을 지금까지 잊고 있었다. 한국인은 서구의 전형적인 비교법 주의자가 될 수 없다."315)

3.3 서양법 전통

"동아시아인에게 법계보다 더 큰 것은 기저가 되는 문화와 문명

---

312) 김철, 『러시아 소비에트 법 – 비교법문화적 연구』(민음사, 1989), pp.11~54.

313) 김철, 「미국과 소련의 법체계」, 『미소 비교론』, 김유남 편저(어문각, 1992), pp.74~77.

314) Hazard, John N., *Communists and Their Law–A Search for the Common Core of the Legal Systems of the Marxian Socialist States*(Chicago: University of Chicago Press, 1969), pp.519~528. 또한 Berman, Harold J., "What Makes Socialist Law Socialist?", *Problems of Communism*(1971), pp.24~30.

315) 김철, 「법과 경제질서: 21세기의 시대정신」(한국학술정보, 2010), p.183.

의 **문제**이다.[316] 다시 말하자면 대륙법계와 영미법계의 구별보다
더 크고 근본적인 것은 '서양법 전통(Western Tradition of Law)이
라는 일관성이 존재하느냐'의 문제이다.[317] 해롤드 버만은 1983년
의 20세기 최대의 기념비적인 저작에서 종전의 비교법적인 구별을
넘어서서, 서양법 전통의 형성에 있어서의 혁명의 역할을 법제사에
추가하였다.[318] 따라서 이런 비교법적인 전환에서 볼 때 대륙법계
와 영미법계의 고전적인 구별은 동아시아인들이 그들의 교과서에
서 유형화시킨 그런 거대한 차이점이 다른 시점에 의해서 정리되
고 있다."[319]

3.4 서양법 전통에서 의미 있는 것

대륙법계와 영미법계의 역사적인 구별은 있어 왔으나 새로운 시
대의 새로운 시점에서는 오히려 서양법 전통을 형성시킨 다른 중
요 요인에 주목하고 있다. 한국식으로 얘기하면 영미법계나 대륙법
계의 구별이 다른 전제조건을 가지고 있다는 것을 동아시아인들은
알 수 없었다. 세계법의 역사에서 의미 있는 것은 서양법 전통에
있어서의 시민혁명을 비롯한 혁명의 전통이라고 한다.[320]

---

316) 김철, "한국 공법학의 반성", 『사회이론』 2007년 가을/겨울호(통권 제32호)(한국사회
　　　이론학회, 2007), p.40, 김철, 『한국 법학의 반성』(한국학술정보, 2009ㄴ), p.68, 김
　　　철, 위의 책, p.183.

317) Berman, Harold J., *Law and Revolution—The Formation of the Western Legal
　　　Tradition*(Cambridge : Harv. Univ Press, 1983),pp.1〜10.

318) Berman, Harold J., *ibid.*, pp.1〜10.

319) 김철, 『한국 공법학의 반성』, 『사회이론』 2007년 가을/겨울호(통권 제32호)(한국사회
　　　이론학회, 2007), p.40, 김철, 『한국 법학의 반성』(한국학술정보, 2009ㄴ), p.68, 김
　　　철, 『법과 경제질서 : 21세기의 시대정신』(한국학술정보, 2010), p.183.

320) Rosenstock-Huessey, Eugen, *Out of Revolution: Autobiography of Western*

버만은 몇 가지 전제에서 출발한다.[321]

첫째, '서양(Western)' 문명이란 것이 과거에 존재했다.

둘째, '서양 문명(Western Tradition)'은 다른 문명과 구별되는 '법적(legal)' 제도와 가치 개념을 발달시켰다.

셋째, 이 서양법 제도와 가치 개념은 여러 세기에 걸쳐서 세대에서 세대로 의식적으로 전달되어 왔다.

넷째, 세대에서 세대로 전달된 것들은 '전통(tradition)'을 만들게 되었다. 서양법 전통이 생성되었다.

다섯째, 서양법 전통은 어떤 '혁명(revolution)'에서 태어났다.

여섯째, 출생 이후 수세기가 진행되는 동안 여러 혁명들에의 의해서 중단 저지되고 변형되었다.

일곱째, 20세기에 서양법 전통은 역사상 어느 세기 때보다 더 큰 혁명적 위기(a revolution crisis)에 처할 수 있다.

여덟째, 어떻게 보기에 따라서는 이 위기는 서양법 전통을 실질적으로 거의 끝장에 이르게 할 정도로 큰 것이다.

서양(the west)이라고 버만이 부르는 것은 오리엔트(the Orient)의 대척어로서의 'The Occident'로 관용적으로 쓰인 것으로 고대 그리스 로마의 유산을 계승한 모든 문화를 포괄한다고 한다.[322] 오리엔트는 주로 이슬람, 인도 그리고 제2차 세계대전 종전 이후의

Man(Providence, RI: Berg, 1938(초판); 1993), 해롤드 버만과 김철, 『종교와 제도-문명과 역사적 법이론』(민영사, 1992), pp.310~311.

321) Berman Harold J., *Law and Revolution-The Formation of the Western Legal Tradition*(Cambridge: Harv. Univ Press, 1983), Introduction pp.1~10.

322) Berman Harold J., *ibid*, p.2.

'극동(Far East)'을 가리킨다. 동('East')과 서방('West')은 동유럽 러시아혁명(1989) 이전에는 공산주의 국가와 비공산주의 국가를 구별하는 데 쓰여 왔다. 예를 들면 동서 'East-West' 무역은 프라하에서 도쿄로의 상품 수송처럼 동서 이동을 의미해왔다. 더 잘 알려진 동서의 구별이 있는데 기독교 교회의 동쪽과 서쪽의 구별이다. 기독교시대의 초기 몇 세기에 로마제국의 동쪽 부분과 서쪽 부분과 병행하는 구별이다. 정식으로 동서 교회가 분리된 것은 서기 1054년이다. 이 분리는 로마주교를 교회의 유일한 머리로 만든 서쪽의 움직임과 같이 일어났는데, 사제들을 황제, 왕들과 봉건 영주들의 지배로부터 해방시켜서, 교회를 세속 정치로부터 떨어져 정치적 법적 단위로 구별하게 되었다.[323] 이 운동은 그레고리오의 개혁(Gregorian Reformation)과 인베스티투레 투쟁(1075~1122)에서 절정에 도달하여 최초의 서양법 체제가 형성되도록 했다. '새로운 캐논법(Jus Novum)'은 로마 가톨릭교회의 것이었다. 새로운 캐논법의 형성과 함께, 이윽고 (그 영향과 충격에 의해서) 새로운 세속법 체계 -즉, 왕의 법, 도시법 그리고 다른 법을 합친- 가 형성되었다.[324]

---

323) Berman Harold J., *ibid*, p.29.
324) Berman Harold J., *ibid*, p.2.

4. 한국 법학에서의 또 하나의 스테레오 타입으로서의 이분법: 법실증주의와 자연법론

4.1 로스코 다운드 기념 논문에서의 제롬 홀

 법실증주의(legal positivism)와 자연법론(natural law theory)은 서로 다른 방향의 양립할 수 없는 법이론으로 법사상사에서 취급되어 왔다.

 그러나 법실증주의와 자연법론을 다 같이 인정하고 두 개의 중요한 법이론을 결합하려는 노력은 1947년에 로스코 파운드(Roscoe Pound) 기념 논문에서 제롬 홀(Jerome Hall)에 의해서 시도되었다.[325]

4.2 사회학적 법학을 통한 통합

 제롬 홀의 경우 법실증주의(positivism)와 자연법 이론(natural law theory)을 사회학적 법학(sociological jurisprudence)[326]과 결합시키는

---

325) Hall, *Integrative Jurisprudence in Interpretation of Modern Legal Philosophies: Essays in Honor of Roscoe Pound* 313(P. Sayre ed. 1947). 제롬 홀은 그 이후에도 J. Hall, *Studies in Jurisprudence and Criminal Theory* pp.37~47(1958)에서 "Toward an Integrative Jurisprudence"라고 하고 있고, 또한 1964년에 Hall, *From Legal Theory to Integrative Jurisprudence*에서 같은 주장을 하고 있으며, 1973년 J. Hall, *Foundations of Jurisprudence*의 6장에서 "Toward an Integrative Jurisprudence"를 중점적으로 논하고 있다. 따라서 2차 세계대전 이후 Integrative Jurisprudence라는 용어를 처음 쓴 것은 제롬 홀이라고 버만이 인정한다. 그러나 같은 Integrative Jurisprudence라 할지라도 버만의 사용법은 약간 다르다는 것을 지적한다.

326) 사회학적 법학의 역사에 대해서는, 김철, 『경제 위기 때의 법학』 05. 2. 4 "파운드의 사회학적 법학" pp.219~221을 참조할 것. Pound가 공식적인 스피치에서 사회학적 법학을 시대의 필요성으로 역설한 것은 1905년, 1907년 전미변협(American Bar Association)에서였다.

것을 통합적 법이론(integrative jurisprudence)이라고 했다.[327]

4.3 에드가 보덴하이머의 「법철학 75년의 진화 역사」

한국에서는 1970년대 이후, 스멘트(Smend) 학파의 통합이론(integrative jurisprudence)으로 도이칠란트 헌법이론의 영향 아래 있는 학자들이 '통합'이라는 용어를 써 왔으나, 이것은 도이칠란트 공법이론의 확장적 논의일 뿐, 세계 법학에서 널리 인지된 것은 아니다.

여기서는 제롬 홀(Jerome Hall; 1946, 1958, 1964, 1973)에서 시작되고, 1978년에 에드가 보덴하이머(Edgar Bodenheimer)가 「법철학 75년의 진화 역사」에서[328] 제롬 홀과 페히너(E. Fechner, 1963)를 인용해서 '통합된 법이론 또는 법리학의 필요성(The need for an Integrative Jurisprudence)'을 역설한 데서 출발한다.

4.4 역사 법학을 중심측으로 하는 통합 법학

여기서 '통합된 법이론' 또는 '통합적 법철학'이란 지난 1970년대와 1980년대 한국 헌법학의 일각에서 나타난 '통합이론'과 맥락이 전혀 다르다. 버만(Harold Berman)은 긴 학문적 역정 이후 그가 70세가 되던 1988년 7월에 인류의 문명사에 나타난 세 가지 법학

---

327) Harold Berman, "Toward an integrative Jurisprudence: Politics, Morality, History", *California Law Review* July 1988, p.779.

328) Bodenheimer, "Seventy-Five Years of Evolution in Legal Philosophy", *23 A.M. J. JURIS 181* (1978), pp.204~205.

의 사고방식 내지 고전이 된 세 가지 학파, 즉 법실증주의, 자연법론, 역사학파(historical school)를 함께 묶어서 고찰하여 종합(synthesis)에 이를 필요성을 역설하였다. 제롬 홀(Jerome Hall)은 법실증주의와 자연법론을 로스코 파운드의 사회학적 법학과 같이 묶어서 종합에 이르는 길을 모색한 데 대비해서, 버만은 법실증주의와 자연법론의 종합적 고찰의 중심축으로 역사 법학(historical school)을 놓은 점에서 차이가 있다. 즉, 제롬 홀에게 자연법론과 법실증주의의 긴장을 극복하는 중심축이 사회학적 법학이었다면 해롤드 버만에게는 역사적 법학이 중심축이었다고 할 수 있다.

4.5 계몽주의 이전의 법학의 성격

현대 아메리카와 유럽에 있어서의 법사상은 법실증주의자와 자연법 이론을 추종하는 사람들 사이의 논쟁에 의해서 지배되어 왔었다.[329] 법실증주의자들은 정치적 권위에 의해서 공포된 규칙으로 구성된 정치적 도구로 법을 본다. 이 경우 법의 효력은 국가의 제재에 의해서 강제되는 것이다. 자연법 이론을 따르는 사람들은 법을 우선 1차적으로 도덕적 도구로 본다. 자연법 이론에서는 법적 규칙이 유효한 것은 단지 법 규칙이 정의의 근본적인 원칙에 일치할 때만이다. 서양법사의 긴 흐름에서 이 두 가지 서로 다른 견해가 공존하고 있었다. 그러다가 19세기에 기왕의 법실증주의자나 자연법이론 양자 모두에 반대해서 제3의 법철학파가 대두했는데, 이것이 역사학파(historical school)이다. 고전적 역사학파는 극단적인

---

329) Berman Harold J., *Law and Revolution Ⅱ -The impact of The Protetant Reformations On The Western Legal Tradition*(Cambridge : Harvard Univ. Press, 2003), 서문 Ⅺ.

사회분화가 일어난 후기 산업화 사회에서는 대체로 말해서 현대의 법이론가들이 별로 믿지 않고, 신용하지 않는 것이 되었다고 한다. 부분적인 이유는 아마도 도이칠란트법의 발전 역사의 어떤 단계에서 (Romanist와의 논쟁에서) '낭만적 민족주의(romantic nationalism)'[330]라고 생각되는 것과 역사학파를 동일시했기 때문이라고 한다. 그러나 지난날의 논쟁에서 멀리 떨어져서 생각할 때 다음과 같이 요약할 수 있다. 즉, 역사학파는 법의 근원과 법 효력의 원천을 역사적 경험(historical experience)과 그 법을 가지고 있는 어떤 사회의 역사적 가치(historical values)에서 찾는다. 예를 들면, 도이칠란트에서는 '국민들의 정신'이라는 뜻의 Volksgeist에 중점이 놓여진다. 한편 미합중국에서는 헌법 기초의 아버지들(The Founding Fathers)의 믿음(belief)과 그 믿음에 대한 잇따른 해석론(interpretation)에 중점이 놓여진다.

버만은 법실증주의, 자연법론, 역사학파라는 세 가지의 중요한 법사상이 근대 이후 현대에까지 엇갈리게 경쟁하는 상황을 정리하고 해결하기 위해서, 그 자신이 '역사적 접근법'[331]을 사용한다. 즉, 인류의 문명사 또는 제도사에서 세 가지 법이론이 서로 모순되지 않고 있던 시절을 찾아보는 것이다. 그 시절은 버만에게는 계몽

---

330) 이 부분은 도이칠란트 민법사의 대목으로서 도이칠란트 법제사와 민법사를 전공한 한국의 훌륭한 학자들이 많을 줄 안다. 2010년 11월 27일 법사학회 발표 때 최병조 교수는 낭만주의의 경향이 바른 지적이라고 코멘트하였다.

331) 기이하게도 이러한 '역사적 접근법'은 분야를 넘어서 상담심리학이나 정신분석학에서 문제 상황에 놓인 개인인격의 풀리지 않는 매듭을 발견했을 때, 그 개인사의 이전 시대로 소급해서 다시 출발하는 방식과 유사하다. 따라서 임상의학에서 역시 개인 환자의 병력을 소급해서 환자에 대한 기록의 '역사적 접근'을 하는 것은 널리 보편화되어 있다. 현대 철학의 어떤 분파에서는 역사주의를 철학적 근거가 없는 것으로 논리적으로 증명하는 경우가 있는데, 우리의 관심은 철학적 '역사주의'의 문제가 아니라 개인사나 사회사 또는 문명사의 문제에 대한 문제해결의 방식으로서의 '역사적 접근'이다.

주의 이전의 법학(Pre-Enlightenment Jurisprudence)이 된다. 버만은 계몽주의 이전의 법학은 법의 세 가지 차원, 즉 정치적 차원, 도덕적 차원, 그리고 역사적 차원 모두를 결합하고 있었다고 한다. 이런 법이론을 '결합시키는' 법학, 또는 통합시키는 법학(Integrative Jurisprudence)이라고 하는데, integrative는 라틴어 integrare에서 오기도 했는데, 그 뜻은 '치유하는', '병을 고치는(to heal)'이다. 한편 integrative는 라틴어 integratio에서 왔는데, 그 뜻은 '쇄신함', '새롭게 함(renewal)'이다.332)

5. 법실증주의가 어떤 맥락에서 법학의 주류로 등장하게 되었나

5.1 근세 법학의 탈종교, 탈윤리의 경위

"여기서 우리는 근세 이후의 법학의 일반적 경향에 대해 엄격히 지적할 수밖에 없다. 근세법학의 특징은 고대 그리스, 로마의 정신적 원류와 중세 천년의 종교적 전통의 연장 위에 있었다. 그러나 이미 논한 대로 중세는 양검이론에 의하여 교회권과 군주권이 병립하고 있었던 것에 비해서 근세의 정치적, 국가적 특징은 강대해져 가는 세속군주의 주권에 있었다."333)

---

332) Berman Harold J., *Law and Revolution Ⅱ -The Impact of The Protetant Reformations On The Western Legal Tradition*(Cambridge : Harvard Univ. Press, 2003), 서문 Ⅺ.

333) 김철, 『한국법학의 반성 - 사법개혁시대의 법학을 위하여 - 』(한국학술정보, 2009ㄴ), pp.142～143.

"르네상스와 근세 절대주의의 성립. …… 가치체계와 권위에서의 해방(解放)은 개인주의의 성장으로 그리고 이윽고 무정부주의의 지점으로 나아갔다. 르네상스시절의 사람들의 마음에는 이전의 지성적, 도덕적, 정치적인 모든 훈련은 모두 스콜라 철학과 교회 정부와 관련되어 있었다. 그러므로 르네상스의 사람들에게는 교권으로부터의 해방은 도덕과 정치에서의 해방을 의미하는 것이었다. …… 15세기 이탈리아의 도덕적·정치적 무정부주의는 극도에 이르렀으며 마침내 마키아벨리의 이론이 나왔다."[334]

"이러한 폐단의 한 면에서는 오랜 정신적인 속박에서 벗어남이 일부의 사람들로 하여금 예술과 문학에 놀라운 업적을 남길 수 있게 하였다. 그러나 이런 사회는 불완전한 것이다. …… 종교개혁과 반종교개혁은 이탈리아의 스페인의 복속과 결합되어 이탈리아와 근세 르네상스의 장단점 모두에 끝장을 내고 말았다. 이 움직임이 알프스 북쪽까지 퍼졌을 때 똑같은 무정부주의의 성격을 가지게 되었다. …… 르네상스를 통해서 부활된 인문주의는 이윽고 다음과 같은 조건을 만나게 되었다. …… 무질서 속에서 왕권은 강화되고 이 왕권이 상인과 결합되어 이윽고 절대주의국가로 이행하게 되었다."[335]

"근세인의 정신적 유산은 지적(知的) 훈련이나 도덕적 훈련은 스콜라철학과 이전의 신학과 관계되어 있었다. 새로이 추가된 고전 문명의 요소에도 불구하고 여전히 정신적 유산의 중심에는 종교적 영향이 강하게 있었다. 그러나 근세 법학의 객관적 환경은 중세 봉건주의가 아니요, 교회법의 관할도 아니요, 이제는 새롭게 일어나는 민족국가의 절대군주였다.
따라서 근세 법학자는 시대의 추세에 맞추어서 종교적 요소, 윤리적 요소를 그들의 학문의 전제에서 제거하고 되도록 세속적이며 중성적인 개념을 만들지 않으면 안 되었다. 우리가 위의 절대주의적 자연법의 '최고 원리'에서 본 바대로 이것은 원래 종교적 가르침과 다르지 않다. 그러나 그들은 이것을 법학적 원리로 따로 개념하기를 원했다. 또한 이들의 원리는 윤리 원칙과 다르지 않다. 그러나 그들은 윤리의 이름으로 세속군주의 목적에 봉사하는 법학자가 될 수 없었다. 실로 종교와 윤리에서 독립된 중성적 법개념이라는 것은 이처럼 세속군주의 목적에 봉사하기 위한 법학자들의 가장된 개념이었다."[336]

---

334) 김철, 「현대의 법이론」, 『시민과 정부의 법』(Myco Int'l Ltd., 1994), pp.1~2(사간본).
335) Bertrand Russell, *A History of Western Philosophy*(London: George Allen & Unwin Ltd. 1979), p.491.

5.2 이원론과 근세 서양에서의 민족국가 형성기

"이와 같은 목적을 위해서 '법학의 과학화'가 행해졌는데, 15~16세기에 새로 발견된 고대 로마법 중 시민법의 부분이 이와 같은 중세법의 탈종교화, 탈윤리화에 상당한 개념적 장치를 부여했다.[337] 16세기와 17세기에 이르러서 부분적으로 교회가 왕권에 복속함으로 인해서 통치자의 의도보다 더 높은 법의 원천이라는 생각이 처음으로 심각하게 도전되었다. 그러나 국가의 최고 통치자가 그의 뜻을 맞추어야 될 신의 법이나 자연법이 존재한다는 것은 여전히 부정되지 아니하였다. 이 시대 새로운 철학적·과학적 개념이 법학에 있어서 당위와 존재의 구별을 하게 되었고, 이 구별 때문에 주권에 대한 새로운 정치이론은 누구나가 주권자의 명령이나 존재하는 어떤 법에 대해서 도전하는 권리를 부인하였다.[338] 당위와 존재의 구별[339]이라는 한국의 법학도가 처음부터 익히는 당연한 전

---

336) 김철, 『한국법학의 반성 – 사법개혁시대의 법학을 위하여 – 』(한국학술정보, 2009ㄴ), pp.142~143.

337) 김철, 위의 책, 같은 페이지.

338) Harold J. Berman, "The Rule of Law and the Law-Based State(Rechtsstaat)", *The Harriman Institute Forum Volume* 4, Number 5 May 1991(New York: The W, Averell Harriman Institue for Advanced Study of the Soviet Union Columbia University, 1991. 이 연구를 필자에게 보내준 해롤드 버만 교수에게 감사한다. 그러나 한국 강단 법학의 사정은 이 연구에 의거한 본격적인 연구를 거의 10년 이상 지연시켰다.

339) 한국법학의 입문과정에서 가장 처음에 나오는 절이 당위와 존재의 구별이다. 이것은 고등학교에서의 교과 수준이라면 그런대로 교육적 의미가 있다고 하겠다. 그러나 규범과 사실을 엄격히 구별하는 이 방식은 항상 어디서나, 즉, 제2차 세계대전 이후의 주된 문명권 어디에서나 보편타당성을 지닌 법학방법론은 아니다. 이 구별론의 연원은 신칸트학파의 방법이원론이다. 이 문제에 대해서는, 김철, 「형이상학적 이원론 아래에서의 당위와 존재의 문제와 현대 한국 법학의 과제」, 『현상과 인식』 제32권 3호 통권 105호(한국인문사회과학회, 2008), pp.35~53. 방법이원론이 동아시아에 끼친 법학적 계몽주의의 영향은 부인될 수 없다. 최소한 현실과 구별되는 규범의 존재를 법

제는 근세 국가주의시대의 산물이며, 이와 같은 편리한 법철학으로 말미암아 근세 절대주권은 강화되었으나 법학은 이전의 풍부한 내용을 상실하였다.

이제 법학자는 신학과 윤리학에서 독립된 주장을 할 수 있게 되었다. 법학의 중립화를 위해서, 되도록 새로 만들어지는 법개념은 그리고 무엇보다도 법학적 방식은, 원칙에서 연역되는 순수논리였고, 사유의 방식으로 가장 큰 특징은 법의 세계 외부에 있다고 생각되는 정치적, 사회적, 경제적 변수를 제거하는 일이었다. 이와 같이 법적 사유는 순수논리와 연역적 사유가 되었다. 이것이 절대주의적 자연법론의 내용이다. 유럽에 있어서 근세 절대주의 군주의 보호하에 행해진 입법행위와 법전편찬은 이와 같은 법문화의 반영이었다. 프로이센 일반란트법(Allgemeine Landrecht für die Preussischen Staaten)은 법학적 자연법론의 영향하에 만들어진 것이다. 이처럼 '정치체제에도 불구하고 효력을 가지는' 일반법의 존재는 이와 같은 환경에서 만들어졌다."340)

_____

학의 초기에 계몽하였다. 그렇지만 20세기의 산업화 사회 특히 세계대공황의 진행 이후에는 방법이원론으로 지탱하기 힘들어졌다. 위 논문에서 방법이원론의 역사적 맥락과 시대적 영향을 밝힌 것은, 1920년대와 1930년대의 사회경제적 맥락에서 대륙법학의 주된 방법론이었던 것이 해방 이후에도 계속해서 한국 법학에 미친 영향에 대한 반성 때문이다. 주된 영향은 현대 법학에서 규범 문제에 속하지 아니한 사실문제에 대해서는 논의하지 않는 방식의 비현실성 때문이다. 이 방법이원론이 법학상의 거의 유일무이한 것으로 한국법학에 자리 잡은 것은 시민적 민주주의를 경험하지 못한 절대군주국 일본을 통해서 서양의 근대 법학을 수입한 탓이다. 일본 사회의 특성상 서양의 원류 중에서 그들의 개화기와 절대주의 성립기 그리고 국가 팽창기에 그들에게 필요하며 이해 가능한 것만 선택적으로 수용하였고 이것이 2차 대전 종전 이전의 법학교육을 통해 종전 이후 50년이 되기까지 한국에 영향을 미치고 있기 때문이다. 존재와 당위의 엄격한 이분법은 칸트 원류(源流)의 도덕 철학의 순수 사유로는 철학적 가치는 있으나 후기 산업사회의 시민문화에서는 그 적용이 대단히 제한적이다.

340) 김철, 『한국법학의 반성 – 사법개혁시대의 법학을 위하여 – 』(한국학술정보, 2009ㄴ), pp.144~145.

6. 고차법(Higher Law)의 기원

6.1 12세기 신의 법과 자연법은 국가를 능가했다

 "서양법 전통에 있어서 국가보다 높은 법의 개념은 12세기에 처음으로 체계화된 신법(神法)과 자연법의 이론으로 되돌아간다.[341] 그리고 이와 같은 넓은 법개념이 교회법의 관할에 속하는 사람들과 세속법에 속하는 사람들 간의 갈등관계 그리고 세속법 체계에 있어서도 왕의 법, 봉건법, 도시법, 상인법에 속하는 사람들 간의 갈등관계로 돌아간다. 실로 교회법과 세속법의 관할 충돌이 정치적 주권보다 더 높은 법의 원천을 찾아내는 노력으로 이어졌다.[342] 한국의 법학도도 익숙한 자연법과 실정법의 구별은 처음에는 신학자들과 교회법학자들에 의해서 쓰였다. 그들이 실정법이라고 했을 때 입법자에 의해서 부과된 법을 가리켜는 것이며, 그들이 신의 법이라고 했을 때 한편에 있어서는 성서에서 다른 한편에 있어서는 인간성, 인간이성과 양심에서부터 출발한 자연법이 연원이 된 것이다."[343]

---

341) 김철, 위의 책, p.81. Berman, Harold J., "The Rule of Law and the Law-Based State(Rechtsstaat)", *The Harriman Institute Forum Volume* 4, Number 5 May 1991(New York: The W. Averell Harriman Institue for Advanced Study of the Soviet Union Columbia University, 1991), p.1.

342) Berman, *Law and Revolution-The Formation of the Western Legal Tradition* (Cambridge: Harv. Univ Press, 1983), p.58.

343) 김철, 위의 책, pp.81~83.

6.2 교회가 왕권에 복속해서 비로소 자연법이 능가되었다

"16세기와 17세기에 이르러서 부분적으로 교회가 왕권에 복속함으로 인해서 통치자의 의도보다 더 높은 법의 원천이라는 생각이 처음으로 심각하게 도전되었다.[344] 그러나 국가의 최고통치자가 그의 뜻을 맞추어야 될 신의 법이나 자연법이 존재한다는 것은 여전히 부정되지 아니하였다."[345]

6.3 존재와 당위의 구별은 근세 절대주권을 강화시켰다

해롤드 버만에 의하면 "16세기와 17세기에 새로운 철학적·과학적 개념이 법학과 다른 학문에 있어서 당위와 존재의 날카로운 구별을 하게 되었고, 동시에 이 구별 위에서 성립된, 주권에 대한 새로운 정치이론은 누구나가 주권자의 명령이나 존재하는 어떤 법의 근거에 대해서 도전하는 권리를 부인하였다.[346] 따라서 당위와 존재의 구별이라는 한국의 법학도가 초학자로서 법학통론시간부터 당연하게 받아들이는 방법론적 전제는 서양법제사의 총체적인 흐름에서 파악할 때에는 근세 국가주의시대의 산물이다. 이와 같은 근세 국가주의에 편리한 철학으로 말미암아 근세 절대주권은 강화되었으나 법학은 이전의 풍부한 내용을 상실하였다."[347]

---

344) 김철, 『한국법학의 반성 - 사법개혁시대의 법학을 위하여 - 』(한국학술정보, 2009ㄴ), p.82.

345) Berman, Harold J., "The Rule of Law and the Law-Based State(Rechtsstaat)", *The Harriman Institute Forum Volume* 4, Number 5 May 1991(New York: The W. Averell Harriman Institue for Advanced Study of the Soviet Union Columbia University, 1991), p.2.

346) 김철, 위의 책, p.82.

6.4 국가주의에 입각한 법학

"이와 같은 국가주의에 입각한 법학에 의해서 신의 법과 자연법은 존재하는 법의 영역으로부터 제거되어 도덕의 영역으로 물러갔다.[348] 따라서 남아 있는 법은 오로지 국가의 실정법으로서 강제력을 가지는 법이 되었다."[349]

6.5 시민혁명의 법학상 의미

이와 같은 16세기와 17세기의 절대주의 왕권에 봉사한 법학과 법개념에 대해서 반격을 가한 것[350]이 17세기 잉글랜드와 18세기의 아메리카 및 프랑스혁명이었다.[351]

7. "철학 없는 역사는 의미가 없으며, 역사 없는 철학은 공허하다"[352]

최근 한국에서 관심을 끈 롤스와 샌들의 논쟁, 특히 샌들의 정의론에서의 공동체주의의 도전에 대해서 버만이 유효한 해석을 하고 있다.

---

347) Berman, Harold J., op. cit., p.2.
348) 김철, 『한국법학의 반성—사법개혁시대의 법학을 위하여-』(한국학술정보, 2009ㄴ), pp.82~83.
349) Berman, Harold J., op. cit., p.2.
350) 김철, 위의 책, p.83.
351) Berman, Harold J., ibid.
352) 김철, "근대 이후의 자유주의의 변용과 경제공법질서의 전개과정(2)", 『세계헌법연구』 제16권 제3호(세계헌법학회 한국학회, 2010.08), p.661. 또한 김철, 『법과 경제 질서-21세기의 시대정신』(한국학술정보, 2010.12), p.504.

최근 한국 법철학계의 어떤 조류는 자유주의와 공동체주의를 대립된 개념으로 파악한다. 즉, 불공평 또는 불공정한 사회적 행위를 개인주의에서 유래한다고 보고 이러한 개인주의는 자유주의와 같은 범주에 속한다고 간주한다. 따라서 개인주의를 교정하는 일은 자유주의 자체를 검토해서 자유주의와 대척되는 공동체주의를 지향하는 것이 해결점이라고 느끼는 듯이 보였다.[353]

　　자유주의 대 공동체주의를 대립시키는 이분법(아마도 이 이분법이 최근 한국 지식인들의 보수 대 진보라는 경직된 이분법과 관계 있는 듯하다)은 논문 필자가 그 자리에서 지적한 대로 정확하지 않고, 개인적 가치 대 공동체적 가치를 대립시키는 것이 역사적 원형에서 판단할 때 정확하다(김철, 2010.6; 2010.12:457). 해당 논자는 한국은 '대륙법 전통이기 때문에' 자유주의와 공동체주의를 대립개

---

353) 이런 파악은 전혀 근거가 없는 것은 아니다. 즉, "1972년 현대의 고전이 된 『정의의 이론(A Theory of Justice)』에서 존 롤스는 궁극적으로 개인의 자유에 연원하는 개인의 권리를 우선시키는 이론을 수립하였다. 그는 개인이 합리적인 선택을 하는 결과로서의 정의를 개념화하였다. 10년이 지나서 "자유주의와 정의의 한계"에서 롤스에게 반박하여 샌들(Sandel)은 어떤 정의의 이론도 사적인 목적보다는 공적인 목적에 일차적으로 기초하여야 하고 일단 공동체의 우선성이 인정되면 정의 그 자체는 마지막 목적이 아니고 단지 중간적인 목적으로 보인다고 하고 있다."(김철, 2007ㄱ: 100~103; 김철, 2010.12: 459~460) 인용에서처럼 1972년 철학적 자유주의의 대표인 존 롤스는 "개인의 자유에 연원하는 개인의 권리를 우선하는 이론"을 정의론에서 수립하였다. 존 롤스의 자유주의는 '개인의 자유'를 강조하고, 개인주의와 동의어같이 들린다. 한편 인용에서처럼 1982년에 마이클 샌들은 어떤 정의의 이론도 사적인 목적보다는 공적인 목적에 일차적으로 기초하여야 되고 공동체의 우선성을 인정하느냐가 정의라는 개념보다 더 중요하다고 한다. 롤스의 입장과 대척되는 공동체가치 중심이라고 보인다. 따라서 롤스:개인적 자유주의 vs 샌들:공동체주의의 이항대립이 1982년에 성립된 것으로 보인다. 2010년 한국법학계에서 개인주의를 내용으로 하는 자유주의를 대치할 만한 공동체주의를 모색하는 것은 이유가 있다. 사회윤리의 문제로서 그때까지의 한국사회의 자유주의가 한국사회를 지나치게 해체시키는 개인화, 원자화의 원인이 되고, 무정부상태로 가는 것이 아니냐는 개인적 술회가 사법학자들에게 있었다고 한다. 또한 어떤 정치학자가 대안적인 사회윤리로 부분적인 유교윤리를 내세우는 경우도 있었다고 한다. 그러나 이러한 개인적 체험도 엄격히 본다면 자유지상주의(libertarianism) 내지 자유방임주의의 체험이 아니었던가 반문할 수 있다.

념으로 파악한다고 했으나 공동체주의와 자유주의 자체를 대립시키는 것은 자유주의의 긴 역사를 전면적으로 그 변용에 따라서 파악하지 않은 것이다(김철, 2010.6 - "근대 이후의 자유주의의 변용(1)", 『세계헌법연구』; 2010.8. "근대 이후의 자유주의의 변용(2)", 『세계헌법연구』). 역사적으로 관찰할 때 일치하는 듯 보인 때도 있었으나, 이후의 역사적 전개는 자유주의가 항상 개인주의와 일치하지 않는다는 것을 증명하고 있다. 따라서 자유주의가 개인주의와 항상 일치한다는 것은 잘못된 선입견이라 할 수 있다(Berman, 1998, 김철, 2007ㄱ: 99~103).

7.1 자연법 이론과 법실증주의 사이의 법학적 문제[354]

이하의 인용은 버만의 논의 자체를 되도록 원형 그대로 옮겨서, 한국 독자의 이해를 돕기 위한 것이다. 지금까지의 논쟁방식과는 큰 차이가 있어서, 한국 학계가 아직도 생소하다.

철학적 자유주의와 그것의 반대되는 경향은 이미 고대에서부터 있어온 자연법이론과 법실증주의 사이의 법학적 문제로서 나타난다. 고전 자연법이론은 마지막에는 운명이나 섭리에 기초하고 있다.[355]

반면에 고전 법실증주의는 궁극적으로 정부의 절대적인 입법권

---

354) 김철, 『한국 법학의 철학적 기초 - 역사적, 경제적, 사회문화적 접근』(한국학술정보, 2007ㄱ), pp.101~103. 또한 김철, 『한국 법학의 반성』(서울: 한국학술정보, 2009ㄴ), 또한 김철, 『법과 경제 질서: 21세기의 시대정신』(서울: 한국학술정보, 2010.12).

355) Harold Berman, "Individualistic and Communitarian Theories of Justice: An Historical Approach", *University of California, Davis Law Review*, Spring, Vol. 21, No. 3, 1988, p.552 footnote 9.

에 기초하고 있다. 이 경우에도 국가의 정당성이 전제되고 국가가
그것을 통하여 권위를 행사하는 법체계의 기초적인 객관성과 일관
성을 전제로 한다.[356] 12세기 이전에 이들 법이론의 양대 고전학파
간의 갈등이 있었고 이 갈등은 법의 궁극적인 연원과 효력의 문제
로 나타났다. 긴 논쟁을 요약하면 자연법 이론은 도덕성에 근원하
며 따라서 정의가 주제가 된다. 법실증주의는 체계의 정치에 기초
하여 질서에 관한 이론이 된다.

현대 법이론은 다음과 같은 문제에 집중한다.

과연 자연법 이론가가 주장하는 것처럼 기본적인 도덕성에 배치
되는 법이 정당성을 상실하는가? 따라서 구속력이 없는가?

혹은 법실증주의자들이 주장하듯이 이런 경우에도 주권자의 의
지를 표시하기 때문에 법으로 남아 있을 것인가의 문제이다.

정치 및 도덕철학인 롤스(Rawls)나 샌들(Sandel)에 의하면, 위에
말한 문제는, 자유개념과 평등개념의 본질과 상호관계에 관한 보다
광범하고 본격적인 문제의 일부분이 나타났다고 얘기한다. 물론 교
정적 정의나 분배적 정의의 본질과 상호관계의 본격적인 문제라고
도 주장된다.

이 경우 시지윅(Sidgwick)의 고전 윤리학에서 구분된다. 즉 '옳다
(right)'와 '좋구나(good)'의 구별로 볼 수 있다.

롤스나 샌들은 정의의 이와 같은 측면에 대한 오래된 탐구의 초
점을, 경쟁하는 가치관의 우선순위가 무엇일까에 대한 논의로 문제
의 성격을 줄이고 환원시켜 버렸다. 더욱이 서로 반대 토론을 한
롤스와 샌들과 같은 철학자는 정의의 본질에 대한 논의에서 법제

---

356) Harold Berman, *ibid*, p.552 footnote 10. Berman은 이 대목에서 Hart와 비교하고
있다. Hart, H.L.A, *The Concept of Law*(Oxford: Oxford Univ. Press, 1961), p.49.

도를 제외함으로써 결과적으로 그들의 철학적 논의가 어떠하든 간에 법제도에 대한 실증주의적인 개념을 묵시적으로 받아들인 것이 되었다.

그 이유는 다음과 같다. 그들에 따르면 정의는 오로지 이성에 의해서만 규정될 수 있는 성질상의 도덕적 범주이며 명시적이든 묵시적이든 간에 법제도 자체에 의해 제공되는 정의(正義) 개념은 이성이 파악하는 정의(定義, definition)에 비해서는 중요하지 않거나 직접 관련이 없다는 태도이다.

이러한 롤스와 샌들의 윤리철학과 정치철학의 견해는 놀라울 정도로 법제도와 규범에 대한 강한 정도의 부정적인 함의를 전제하고 있다고 버만은 분석하고 있다. 전제가 되는 법에 대한 함의는 어떤 것인가?

법이라는 것은 법실증주의자들이 말하는 대로 입법자에 의해서 정립되는 규칙의 총체이며 따라서 법에 대한 판단은 오로지 법체계의 외부로부터 도출되는 도덕성에 의할 것이라는 함의이다. 또한 법은 본질적으로 의지의 산물이며 따라서 법을 평가할 때는 이성만이 법 바깥에서부터 모셔 와야 될 유일한 범주라는 전제이다. 이러한 롤스와 샌들의 반대토론의 전제가 된 법에 대한 기본적 함의에 대해서 자연법 이론가들은 법은 그것 자체의 기준과 목적으로 구성되어 있으며 환원하면 법은 그것 자체의 내적인 도덕성을 가지고 있다고 한다. 법이 그 자체의 내적인 도덕성을 가지고 있다는 논의는 풀러(Lon L. Fuller)에서 대표적으로 나타난다.[357] 법이 그

---

357) Lon L. Fuller, *The Morality of Law*(2d ed. 1969). 풀러는 1978년에 서거할 때까지 그 자신을 자연법 체계에 집착하거나 귀의한 것으로 스스로를 간주하지 않았다고 한다. 그 자신은 '자연법의 방법(the natural-law method)'을 사용해서 법실증주의를 비판했을 뿐이라고 스스로를 간주한다고 한다. Harold Berman, 1988: 553, footnote

자체 내적인 도덕성을 가지고 있다는 논의는 메타 - 로(meta-law)의 논의로 진행되는데, 버만은 "법은 그 자체 내부에 법과학을 가지고 있으며 이것을 메타 - 로라고 할 수 있으며, 이것은 실지로 분석될 수도 있고 평가될 수도 있는 것이다"라고 한다.[358] 또한 법의 내적 도덕성과 메타 - 로의 논의는 법에 근거한 정의의 중요성의 논의로 진행된다. 즉, 법에 근거한 정의는 아무리 적게 평가해도 최소한 철학자들이 인간성(human nature)이라던가 사회계약(social contract) 이라든지 또는 개인과 공동체(community) 간의 상호관계와 같은 보편적인 개념에 부여하는 것과 같은 중요성은 주어질 자격이 있다고 버만은 논한다. 이 논의를 버만의 다른 문장에서 취사해서 표현하면 다음과 같이 된다.

데카르트학파의 순수이성주의가 서구 지성사를 꿰뚫고 흘러서 1971년의 존 롤스(John Rawls)와 1981년의 마이클 샌들(Michael Sandel)에까지 이르렀다.[359]

---

11. 한국에서도 개념으로서의 '자연법주의' 또는 '자연법주의 이론'에 대해서는 그 의미 내용을 확정할 수 없는 성격으로 말미암아 유명한 기초법학자들이 직접적으로 개념으로서의 자연법주의를 쓰기를 주저하여 왔다. 역시 론 풀러가 T. R. Powell에게 보낸 편지에서 밝힌 대로 '자연법의 방법(natural-law method)'을 사용해서 법실증주의를 비판하는 것은 한국에서도 스스로를 자연법주의자로서 처신하는 것과는 다른 것임을 입증하고 있다.

358) Berman, Harold J., *Law and Revolution-The Formation of the Western Legal Tradition*(Cambridge: Harv. Univ Press, 1983), p.8.

359) 해롤드 버만과 김철, 『종교와 사회제도 - 문화적 위기의 법사회학』(민영사, 1992).

7.2 순수철학적 논의

"우리가 탐구하는 비교 제도론의 기본가치는 자유, 평등, 정의와 같은 철학적 명제이나 지성사의 사고라기보다는 시대와 장소를 달리하는 역사적이고 객관적인 제도의 문제이다."

정의의 본질에 관한 논의는 그것이 고전적인 형태이든, 현대의 철학적·논리적 용어로 진행되든 간에 구체적인 제도사의 맥락을 제외하고는 도대체 무슨 의미가 있을지 의문이라고 논문 필자는 1980년대 중반부터 생각해왔다.360)

"가치철학 없는 역사는 꿰지 못한 구슬 같으며 역사적 맥락 없는 철학적 논의는 공허하다.361) 특별히 정의와 권리가 개체와 공동체에서 어떤 모습인가 하는 문제가 그렇다. 사회 안의 인간의 문제는 아무리 일반적인 질문처럼 보일지라도 구체적, 역사적 문제이며 우선적으로 제도와 규범에 다가가는 문제이다."

"그러나 우리의 일상적인 의문, 즉 '개인이 먼저인가, 공동체가 먼저인가'는 윤리적 차원을 가지고 있는 것도 사실이다. 이 의문은 동시에 정치적 차원도 가지고 있다. 많은 경우에 실제로 무엇이 선행했는가는 기록에 의존하며, 미래에 대한 예상을 동반하기 때문이다. 역사는 물질적인 사실만이 아니며, 사실을 둘러싸고 있는 희망과 공포이기도 하기 때문이다.362) 극단적인 개인주의와 공동체 중

---

360) 김철, 『한국 법학의 철학적 기초 – 역사적, 경제적, 사회문화적 접근』(한국학술정보, 2007ㄱ), pp.103~104.

361) Harold Berman, "Toward an integrative Jurisprudence: Politics, Morality, History", *California Law Review* July 1988, p.779. "Without Philosophy, History is Meaningless, Without History, Philosophy is Empty"-Anon/철학 없는 역사는 의미 없고 역사 없는 철학은 공허하다 – 아농 – .

362) Octavio Paz, "사회는 보이는 측면 – 기계, 예술작품, 도구와 감추어진 것과, 보이지 않는

심주의 사이에 다른 중심점을 잡으려는 것은 윤리적 필요이며, 특정한 정치조직체의 압도적인 제도와 비추어서 균형점을 잡으려고 하는 것은 인간의 정치적 욕구이다."

"이와 같은 양쪽의 필요성은 방금 기술한 도덕적·정치적 문제가 제기된 바로 그 사회의 장기적인 역사 발전에 비추어서 판단되지 않으면 안 된다. 철학적이건 정치적이건 이와 같은 논쟁은 그것 자체보다도 장기적인 시간 개념이 도입될 때 그 성격 자체가 달라진다."363)

8. 버만 법학의 최근 한국에 있어서의 의미

8.1 비교법 방법론

한국 법학에서 외국법 소재를 사용할 때의 문제점은 무엇인가. 자기 나라 법 소재가 아닌데도, 세계 학계에서 발전시킨 비교법(Comparative Law)의 전망에서 비교법 방법론을 쓰지 않는다. 다른 나라 법 소재뿐 아니라 우리나라 법 소재를 쓸 때에도, 비교역사와 비교문화에서 출발해야 설득력과 문제 해결력을 갖춘 법이론이 나올 수 있다.

측면 – 신념, 욕망, 공포, 희망으로 구성되어 있다." 인용은 Harold Berman, "Conclusion, beyond Marx beyond Weber", *Law and Revolution–The Formation of the Western Legal Tradition*(Cambridge: Harv. Univ Press, 1983).

363) 근본법 원리(Fundamental Law)는 잉글랜드 제도 규범사에서 관찰할 때 5~6세기에 걸쳐서 장기변동곡선을 그렸고 장기변동곡선의 방향은 근본법 원리가 고조되는 상향 방향이었다고 한다. Green, Thomas, *History of Anglo–American Law*(Ann Arbor: U. of Michigan Law Sch., 1980).

8.2 치유와 쇄신을 위한 방법

버만(Berman)의 역사적 접근법(historical approach)은 임상적 의학적 의미에서의 integrare('치유하는, 병 고치는'이라는 라틴어), integratio (새롭게 하는, 쇄신하는)의 의미를 가지는 integrative(종합 진단과 같은) 법학이다.[364] 즉, 법적 문제를 질병에 비유한다면, 법학의 문제해결력은 질병을 치료하거나 예방하는 의학의 힘과 대비된다. 버만은 그의 새로운 접근법을 integrare라고 부르고, integrative라고 부른 것은 법이론의 실천적 힘을 확신하였기 때문이 아닐까.

8.3 역사적 접근의 최근 예: 금융 위기 내지 경제 위기에 대한 해법[365]

"2008년 10월 세계금융 사태의 진원지인 월가(Wall street)부터 시작하여 시민과 전문가정책 수립자로 하여금 불가피하게 이와 같은 파국을 가져온 인과관계(causality of the crisis)를 찾아서 곰곰이 따지는 자세로 만들었다. 그 결과로 호황 시에는 생각지도 않았던 방식으로 돌아가게 되었다. 즉, 환자의 현재 증상(symptom)은 과거의 병력(病歷, history of disease)의 기록에서 출발할 수밖에 없다."[366]

---

364) Berman Harold J., *Law and Revolution II —The Impact of The Protetant Reformations On The Western Legal Tradition*(Cambridge: Harvard Univ. Press, 2003), 서문 .

365) 이것을 주된 방법으로 사용한 것이 김철, 『경제 위기 때의 법학』(한국학술정보, 2009ㄱ), 김철, 『한국법학의 반성 – 사법개혁시대의 법학을 위하여 – 』(한국학술정보, 2009ㄴ), 김철, 『법과 경제질서 – 21세기의 시대정신』(한국학술정보, 2010.12)의 3부작이다.

366) 김철, 『법제도의 보편성과 특수성』(훈민사, 2007ㄴ), iii면, 김철, 『경제 위기 때의 법학』(한국학술정보, 2009ㄱ), p.46, 김철, 『법과 경제질서 – 21세기의 시대정신』(한국

"많은 논쟁과 오해가 있어서 현대의 법이론가들에 의해서, 거의 포기되다시피 했으나 기묘하게도 사례법(case law)을 형성시키는 법원(法院) 자체에 의해서는 포기되지 아니하였다. 법학사에서는 에드먼드 버크(Edmund Burke)의 영향을 받은 프리드리히 폰 사비니[367]에 의해 1814년에 시작되고 제롬 홀에 이어서 해롤드 버만(Harold Berman)에 의해서 현대의 문제해결을 위한 임상적 · 치유적 역사적 접근법이 재생하게 된 것이다."[368]

8.4 버만의 역사관(Eugen Rosenstock Huessy에의 편지, 1947년 3월 27일)

"아놀드 토인비(Arnold Toynbee)[369]가 여기에서 주목할 만한 강연을 했습니다. 주목할 만한 점은 그는, 역사에 대한 크리스천의 관점 즉, 역사관에 있어서, 기독교적 역사관으로 대 선회를 한 듯합니다. 이것은 슈펭글러(Spengler)[370]에 대한 대답입니다. 여러 문명들은 일어나기도 하고, 사라지기도 합니다. 그러나 (문명의) 정신(the Spirit)은 연속적인 흐름(continuous stream) 안에서 움직입니다. 여러 문명을 판단하고 심판하는 기준은, 이러한 정신(the Spirit)의

학술정보, 2010.12), p.100.

367) Berman, Harold J., "Toward an integrative jurisprudence: politics, Morality, History", *California Law Review* July 1988, p.790.

368) 김철, 『한국 법학의 철학적 기초 - 역사적, 경제적, 사회문화적 접근』(한국학술정보, 2007ㄱ), p.105, Chull Kim, *History Thought & Law-Academic Essays Scholarstic Miscellanies*(Seoul: MYKO International Ltd., 1993), pp.128~130. 김철, 『경제 위기 때의 법학』(한국학술정보, 2009ㄱ), p.46 또한 김철, 『법과 경제 질서 - 21세기의 시대정신』(한국학술정보, 2010.12), p.100.

369) 『역사의 연구』를 쓴 20세기의 대표적인 역사가, 영국, 옥스퍼드 대학을 기반으로 했다.

370) 『서구의 몰락』을 쓴 대표적인 도이치의 역사학자.

집합적 생애(the corporate life of the Spirit)에 어떻게 그 문명이 공
헌했느냐에 의해서이고, 그 거꾸로는 아닙니다. 그런데 거꾸로 생
각하는 것이 세속주의자(secularist)들의 사고입니다.[371] 기반이 되는
문명에서 우리들의 과업은 문명의 정신을, (분열을 넘어서서) 다음
세대로 전달할 수 있는 공동체를 창조하는 것입니다."

---

371) 거꾸로는 정신이 어떤 문명에 얼마나 공헌했느냐가 그 정신(the Spirit)의 접합적 생애
를 평가하는 방식이라는 것이다. 이때 정신은 도이치어 die Geist, 영어 the Spirit로
같다.

참고문헌

김 철, 『러시아 소비에트법 – 비교법 문화적 연구』(민음사, 1989).

_____, 『법과 경제 질서 – 21세기의 시대정신』(한국학술정보, 2010.12).

_____, 『경제 위기 때의 법학』(한국학술정보, 2009ㄱ).

_____, 『한국법학의 반성 – 사법개혁시대의 법학을 위하여 –』(한국학술정보, 2009ㄴ).

_____, "위기 때의 법학: 뉴딜 법학의 회귀 가능성 – 현대 법학에 있어서의 공공성의 문제와 세계 대공황 전기의 법사상", 『세계헌법연구』제14권 제3호(세계헌법학회 한국학회, 2008).

_____, 『한국 법학의 철학적 기초 – 역사적, 경제적, 사회문화적 접근』(한국학술정보, 2007ㄱ).

_____, 『법제도의 보편성과 특수성』(훈민사, 2007ㄴ)(비매품).

_____, "현대의 법이론", 『시민과 정부의 법』(Myco Int'l Ltd., 1994)(사간본).

_____, "근대 이후의 자유주의의 변용과 경제공법질서의 전개과정(2)", 『세계헌법연구』제16권 제3호(세계헌법학회 한국학회, 2010.08).

_____, "형이상학적 이원론 아래에서의 당위와 존재의 문제와 현대 한국 법학의 과제", 『현상과 인식』제32권 3호 통권 105호(한국인문사회과학회, 2008).

_____, "한국 공법학의 반성", 『사회이론』2007년 가을/겨울호(통권 제32호)(한국사회이론학회, 2007).

_____, "미국과 소련의 법체계", 『미소 비교론』김유남 편저(어문각, 1992).

_____, "미국헌법상의 국가와 교회와의 관계 – 수정 제1조의 판례분석을 중심으로 – ", 『숙명여자대학교 한국정치경제연구소 논문집』제12집(서울: 숙명여자대학교 한국정치경제연구소, 1983. 12).

_____, "미합중국 헌법 수정 제1조에 관한 연구 – 조항성립사와 해석의 문제 – ", 『숙명여자대학교 논문집』제27집(서울: 숙명여자

대학교, 1986.12).

해롤드 버만과 김철, 『종교와 제도-문명과 역사적 법이론』(민영사, 1992).

Berman, Harold J., "Toward an integrative jurisprudence: politics, Morality, History", *California Law Review* July 1988.

_____, "Individualistic and Communitarian Theories of Justice: An Historical Approach", *University of California, Davis Law Review*, Spring, Vol. 21, No. 3, 1988.

_____, "The Rule of Law and the Law-Based State (Rechtsstaat)", *The Harriman Institute Forum Volume 4*, Number 5 May 1991(New York: The W, Averell Harriman Institue for Advanced Study of the Soviet Union Columbia University, 1991.

_____, "Conclusion, beyond Marx beyond Weber", *Law and Revolution-The Formation of the Western Legal Tradition*(Cambridge: Harv. Univ Press, 1983).

_____, *Law and Revolution Ⅱ-The Impact of The Protetant Reformations On The Western Legal Tradition*(Cambridge: Harvard Univ. Press, 2003).

_____, *The Interaction of Law and Religion*(Nashville: Abingdon Press, 1974).

Bodenheimer, "Seventy-Five Years of Evolution in Legal Philosophy", 23 A.M. J. JURIS 181 (1978), pp.204~205.

_____, "Pagan Versus Christian Scholarship", Veritas Reconsidered, September 1986 (Special Edition), p.12, 73~74; to be published in *God and the Harvard Experience: Keeping the Faith*, ed. Kelly K. Monroe, under the title "Christian Versus Pagan Scholarship", 1991.

Chernov, Ron, *The House of Morgan*(New York: Atlantic Monthly Press,

1990).

Green, Thomas, *History of Anglo-American Law*(Ann Arbor: U. of Michigan Law Sch., 1980).

Chull Kim, *History Thought & Law-Academic Essays Scholarstic Miscellanies*(Seoul: MYKO International Ltd., 1993), Privat-Druck.

David, *Major Legal Systems In The World Today-An Introduction to the Comparative Study of Law*(English Translation by Brierly)(London: Stevens, 1968; 1978; 1985).

Ferguson, Niall, "The End of Prosperity?", (New York, TIME, 2008.10.13).

Friedman, Milton and Schwartz, Anna, *A Monetary History of the United States: 1867～1960*(Chicago: Chicago Univ. Press, 1963).

Green, Thomas, *History of Anglo-American Law*(Ann Arbor: U. of Michigan Law Sch., 1980).

Hall, *Integrative Jurisprudence in Interpretation of Modern Legal Philosophies*: *Essays in Honor of Roscoe Pound* 313(P. Sayre ed. 1947).

Hart, H.L.A, *The Concept of Law*(Oxford: Oxford Univ. Press, 1961).

Hazard, John N., *Communists and Their Law-A Search for the Common Core of the Legal Systems of the Marxian Socialist States*(Chicago: University of Chicago Press, 1969).

Hunter, Howard O.(ED.), *The Integrative Jurisprudence of Harold J. Berman* (Boulder: Westview Press, 1996).

Rosenstock-Huessey, Eugen, Out of *Revolution: Autobiography of Western Man*(Providence, RI: Berg, 1938(초판); 1993).

Russell, Bertrand, *A History of Western Philosophy*(London: George Allen & Unwin Ltd. 1979).

■ 옮긴이 후기

1. 최근에 해롤드 버만의 『법과 혁명 1 - 서양법 전통의 형성』을 같이 공부하는 연구모임의 소장 교수가 역자에게 해롤드 버만을 만나게 된 경위에 대해서 흥미를 가지고 물어 왔다. 새롭게 회고풍의 이야기를 하는 것보다도 1990년대 초에 역자가 쓴 사간본 영문 에세이의 일부를 공개한다.

In the end of 1990, I was calling to John Hazard, who was the chairman of the American Society of Comparative Law.

He was 78 years old that year. He had been one of the pioneers in the field of Russia-Soviet Law. Based on the teaching position of Columbia Law school, His career had covered the whole period of the early cold war, armistice and competition, Khruschev era, the beginning of end of the era of ideology, and post cold war era. Now he was hospitalized.

"I am almost finished", he told me in low voice. "I had a stroke",

His wife complained to a stranger from the Far-East Asia.

"Now he is almost retired; he needs rest."

It seemed the contact with outside had been already cut off.

His lecture subjects were concerned with school of foreign affairs; His name was listed in the seminar course with Randle Edwards, the sinologist. The title of the seminar still referred to "socialist countries." It was related to "the trade with socialist countries". The volume of material written for him in the directory of scholars was bigger than for any other scholar in the world.

"I can contact with him for you", The sinologist Edwards told me in his office. He glanced at me for a while.

"Persons like you should go to Boston."(He stared at me once again. He had been educated at Harvard and had been conducting Chinese Research at East Asian Legal Studies at Harvard 1967~ 1973) ...... (Yes, I know. so many persons from the Far East have wanted it) ......

Ever since I made public the Russia-Soviet Law, I had been caught in the basic culture of a system of law; If I set aside those portions of positive law, I could not find any other terminology but culture in the widest sense.

A people's history, the concrete life context, the way of thinking ......, yes the way of thought had been found only in the geological layers of culture, whether it is fluid, or hardened.

Thus I had understood the conception of culture under the mixture of history and thought, not as something nominal, but of substance of a people and a nation.

It is not directly politics as in the case of the "public law study" of John Hazard, the maestros legal scholar of the cold war period. He had been deputy director of the lend lease program to the U.S.S.R., and had been adviser on Soviet law to the U.S. prosecutor at Nuremberg Trial.

In the earlier 1980's, I had had some concern with religion ······ although very superficial and beginner's.

······ (Most basic culture of a people can be found in the religion) ······ (the concentrated form of a culture is shown in the religion; any of social relations, economical, political, or legal) ······.

In the later years of 1989, I had a petty oportunity of thinking the religious culture in the East Asia.

"If you have culture as an important conception ······."

The sinologist, who were writing intensively about the Chinese legal history, told me, "Call to Harold Berman right now."

2. 그래서 역자는 해롤드 버만 교수와 1991년 6월 13일 케임브리지 시 소재의 하버드 법과대학 로스코 파운드 도서관에서 만나게 되었다. 그 만남은 1992년 4월 25일 『종교와 제도 - 문명과 역사적 법이론』과 『종교와 사회제도 - 문화적 위기의 법사회학』을 서울에서 출간한 것으로 이어졌다. 직후에 버만 교수가 역자에게 보내온 논문은 다음과 같다.

   1) "Toward an Integrative Jurisprudence: Politics, Morality, History", *California Law Review* vol. 76, July 1988.

2) "Law and Religion in the Development of a World Order", *Sociological Analysis* vol. 52 no. 1, Spring 1991.

3) "World Law", *Fordham International Law Journal* vol. 18 no. 5, May 1995.

4) "Roman Law in Europe and The Jus Commune: A Historical Overview With Emphasis on The New Legal Science of the Sixteenth Century", *Syracuse Journal of International Law and Commerce* vol. 20, Spring 1994.

5) "The Law-Based State", *The Harriman Institute Forum* vol. 4-no. 5, May 1991.

6) "Individualistic and Communitarian Theories of Justice: An Historical Approach", *University of California Davis Law Review*, vol. 21 no. 3, Spring 1988.

7) "Gorbachev's Law Reforms in Historical Perspective", The *Impact of Perestroika on Soviet Law*, 1987.

8) "Some False Premises of Max Weber's Sociology of Law", *Washington University Law Quarterly* vol. 65 no. 4, 1987.

9) "Law and Logos", draft manuscript. (He asked me to amend some part of it but I couldn't)

10) "The Religious Sources of General Contract Law: An Historical Perspective", *The Journal of Law and Religion* vol. Ⅳ no. 1, 1986.

1993년 1월 에모리 법과대학에서 런던 대학의 윌리엄 버틀러 등 5인이 총 5분야에 걸친 해롤드 버만 세미나를 개최하였고, 역자는 초청받았으나 참석하지 못했다. 그 세미나의 결과는 1996년 *The Integrative Jurisprudence of Harold J. Berman*(Boulder: Westview Press, 1996)으로 나타났다. 버만 교수는 역자에게 이후 그 책을 보내왔다.

1995년 여름, 역자는 당시 에모리 법과대학에 있던 버만 교수와 케임브리지 소재 하버드 법과대학에서 원래 6, 7, 8, 9월 초까지 연구를 하기로 계획하고 있었다. 또한 동시에 5월 30일부터 1996년 2월까지 뉴욕 대학교 로스쿨에서 Visiting Scholar로 체재하기로 예정되어 있었다. 1996년 6월 역자는 하버드 로스쿨에서 해롤드 버만 교수와 역자를 위해서 마련한, 그러나 예정보다는 짧게 수정된 기간에 쓸 수 있는 임시 연구실에서 만났다. 이때 역자는 버만 교수의 주 저서인 『법과 혁명Ⅰ – 서양법 전통의 형성』을 한국어로 번역하겠다고 얘기했고, 버만 교수는 쾌락하였다. 원래 계획된 버만 교수를 어드바이저로 하는 연구과제 제목은 "한국 법학교육 쇄신에 대한 미국 법학교육의 성장과정의 적용가능성의 탐구(The Growth of Legal Education & it's Applicability to Innovation of Korean Legal Education)"이었다. 하버드 법대에서 마련한 스케줄이 당시 역자가 계획한 기간보다도 현저하게 짧아졌기 때문에(약 1달) 역자는 주거 기타 문제로 원래 계획을 수정하여 뉴욕 대학교 로스쿨로 떠날 수밖에 없었다. 이 과정에서 버만 교수는 모처럼 여름휴가를 희생하고 단기간이라도 동아시아에서 온 그의 학도에게 할양했던 시간을 쓰지 못하게 되었다. 지금도 역자는 그때 일에 대해서 잘못된 결정을 한 것을 버만 교수에게 죄책감을 느끼고 있다.

3. 이후 역자는 한국의 법학 교육자로서 버만 교수의 논문과 저서를 한국 학회에 소개하려고 노력하여 왔다. 2009년 9월에 발간

된 역자의 『한국 법학의 반성 - 사법개혁시대의 법학을 위하여 - 』
의 머리글에서 버만 교수와 역자와의 관계를 밝히고 있다.

> "이 책의 주요 내용들은 서양법 전통(Western Tradition of Law)을 일생
> 의 모티브로 삼았던 20세기와 21세기에 걸친 진정한 비교법론자로 2007
> 년에 서거한 해롤드 버만(Harold J. Berman)의 여러 업적의 영향 아래에
> 서 쓰인 것이다. 버만과 저자에 대한 관계는 오 헨리(O. Henry)의 『마지막
> 잎새(*The Last Leaf*)』에서의 화가 버만과 병상의 화가 지망생 간의 관계
> 와 흡사하다 할 수 있다."(김철, 『한국 법학의 반성』, 머리글, p.9)

2008년 9월 글로벌 금융 위기가 시작되자 역자는 2009년 3월에 『경
제 위기 때의 법학 - 뉴딜 법학의 회귀가능성』과 2010년 12월 『법
과 경제질서 - 21세기의 시대정신』을 출간하여 2009년 9월의 『한
국 법학의 반성 - 사법개혁시대의 법학을 위하여 - 』와 함께 3부작
을 이루게 되었다. 『법과 경제질서』 머리글에서 다음과 같이 밝히
고 있다.

> "이번 간행물 역시 버만의 법학 방법론(Integrative Jurisprudence)에서
> 제시한 법실증주의의 극복, 자연법론의 회복과 극복, 역사학파의 회복과 극
> 복 및 사회이론의 회복과 극복을 감행하려고 노력했으나 미흡하다는 것을
> 고백한다.
> 오랫동안 한국을 포함한 다른 나라의 법학자들은 문화적, 역사적, 정치적,
> 경제적 그리고 사회적인 요인들에 대한 고려를 접어두고, 법률양식과 기술
> 적인 사항들에만 주로 전념하였다(김철, 1989: 38). 기억할 사실은 법은
> 전공 속에서 존재하는 것은 아니며, 그렇기 때문에 진정으로 비교를 하려
> 는 어떠한 연구도 법을 그 출생지와 분리시키지 않는다는 것이다. 반드시
> 인식되어야 하는 한 가지 사실은 법체계를 유형화하는 연구는 정치적, 경
> 제적, 사회적 기준들이 법원칙들과 법절차들에서 어떻게 반영되었는가에
> 대한 분석에서만 추출될 수 없다는 것이다. 법제도들이 그 일부분을 구성
> 하는 전체 사회의 역사적 발전의 맥락에서 오랜 시간에 걸친 법제도의 역

사적 발전을 분석하는 것도 동등하게 중요하다."(김철, 『법과 경제질서』, 머리글, pp.5~6)

이러한 노력은 2011년 10월 17일 본 역자의 저서 출판 기념회의 서평에서 다음과 같이 평가되었다.

> 자신의 학문적 스승으로 비교법학자 Harold Berman(1918~2007)을 들고, 자신과 버만의 관계를 오 헨리(O. Henry)의 『마지막 잎새(*The Last Leaf*)』에 그려진 화가와 병상의 화가지망생과의 관계에 비유한다(9쪽). 책 후미에 실린 저자 자신의 해제는 이 저술이 버만의 이론적 틀을 한국적 상황에 적용한 시론(試論)임을 고백한다(448~451). 비교법적 방법론에 근거한 '통합 법학을 위해' 법실증주의의 극복, 순수자연법의 극복, 순수역사학의 극복, 배타적인 사회이론의 극복 등 버만의 세부 논제가 김 교수의 절차탁마를 담금질한 화두들이었다."(『한국 법학의 반성』을 말한다. p.6, 김철 교수 저서 출판기념회)

4. 『법과 혁명1 - 서양법 전통의 형성』의 한국어판을 내기로 원저자인 버만 교수께 승낙을 받은 뒤 17년 만에, 그 일부라도 한국인 독자를 위해서 한국어로 내게 된 것은 위와 같은 경위를 통해서이다. 완역판을 한꺼번에 내지 못하는 것에 대해서는, 책 초두의 일러두기에서 미리 밝혔다. 이 방대한 작업을 쉽게 시작하지 못하고 따라서 중국어판이나 일본어판보다도 늦어지게 된 것은, 적절한 지원을 받지 못한 탓이기도 하였다. 2010년 11월 27일 한국법사학회에서, 역자의 "해롤드 버만의 법사학과 통합 법학"이라는 논문 발표가 끝난 뒤 법사학회의 중견교수께서 버만의 대표작의 한국어판이 필요한 것을 역설하였다. 또한 2011년 6월 25일의 한국법철학회에서, 해롤드 버만 방법론을 주제로 한 논문발표를 마쳤다. 2012년 3월부터 소규모 연구모임에서 월례 독회로 법과 혁명을 텍

스트로 사용하고, 차례로 한 장씩 모임 멤버들이 주로 옮긴이의 옮긴 글을 토대로 요약해서 발표해왔다. 그래서 2012년 상반기에 다섯 번의 발표모임을 가지고, 『법과 혁명』의 서장부터 유럽 대학의 서양법 과학의 원천까지, 계속 발표 토론을 해왔다. 이 연구모임은 지금까지 기진행된 부분만에서도, 한국 법학계에서 지금까지 전혀 논의하지 못했던 부분이 중요한 것을 공감하였다. 따라서 역자는 방대한 원저의 완역본을 한국의 독자에게 일시에 내놓기보다, 원저의 성질상 한 챕터 한 챕터가 고도로 압축된 책 한 권의 내용을 갖고 있는 만큼, 이미 독회에서 진행된 몇 개의 장도, 특히 서장의 부분은 1, 2편 전부를 포괄하는 총론이니만큼, 독자들이 쉽사리 접근할 수 있는 분책으로 출간하는 것도 로스쿨 시대에 불안정한 법학 교육계와 법조계에 도움이 될 수 있겠다는 판단을 하게 되었다.

5. 이 책의 출간 준비가 길었기 때문에 기왕에 언급된 학회와 또한 옮긴이가 관계하는 학회의 뜻있는 분들의 귀중한 충고가 있었다. 또한 옮긴이의 대화 범위에 드는 뜻있는 친구들의 격려를 받았다. 초고를 관계되는 분들에게 보내서 검토해 달라고 하고 싶었으나, 엄청난 속도로 진행되는 한국의 일상에서 폐를 끼칠까봐 자제한 적이 많았다. 마지막 초고 읽기를 자청한 분들에게 감사를 표한다.

6. 아시아적 전제의 의자에 타고 앉아 서구 민주주의의 풍문만을 들려주던 시대(최인훈)가 있었다. 아시아적 전제의 의자 옆에서, 이른바 대륙법의 풍문만으로 법학을 공부하던 시대가 있었다. 그 이른바 대륙법이 언제 어떻게 형성되었으며, 변용에 변용을 거듭했

는가는 알지 않아도 충분했다. 왜냐하면 어차피 법학은 지적인 훈련보다도 다른 데에 목적이 있었기 때문이다. 이런 점에서 가르치는 사람이나 배우는 사람이나 은연중에 공모의식이 있었다. 시간을 오래 들여 진화과정을 밝혀봐야 목적은 어차피 따로 있었으니, 시간 절약이 좋았다. 외국법에서 유래한, 그 많은 용어와 개념으로 가득 찬, 방대하고 권위적인 교과서를 읽어가면서 그 많은 외국법 개념의 배경이 되는 역사를 언급할 시간이 없었다. 고학년이 될수록 점점 더 긴장이 심해지고, 모처럼 지니고 있었던 인문학적 교양도 출세를 위한 시험과목 앞에서는 초라하게 보이고 거의 쓸모없어져서, 의지할 만한 지적인 원천은 고갈되어가서 마침내 입법자의 의지 앞에서는 아무런 지적인 배경도 훈련도 필요 없다는 황폐한 마음을 가져갈 무렵이었다. 법철학자들에 흥미를 가지거나 슈펭글러나 토인비나 기번스 같은 사람들을 참된 학문이라고 되뇌었으나 그 역시 어떻게 법철학과 역사학이 연결되는지 알 수는 없었다. 한국의 70년대와 비교해서, 해롤드 버만이 법학도였던 1947년은 훨씬 넓은 사상과 역사의 전망을 가지고 있었다. 그의 서신(Eugen Rosenstock Huessey, 1947.3.27)에서, 그해 아놀드 토인비(Arnold Toynbee)가 예일 대학교 강연에 와서 주목할 만한 대전환을 한 것을 보고하고 있다. 본서 제5장 "해롤드 버만 한국 법학에 가지는 의미"에서 맨 끝의 7절 사항 버만의 역사관인 "철학없는 역사는 의미가 없으며, 역사 없는 철학은 공허하다"를 참조하기 바란다.

7. 한국학술정보(주)의 이주은 선생은 기획을, 추정미 선생은 편집을, 정형일 선생은 디자인을, 박은주 선생은 교정을 수고해주셨다. 이 책은 이주은 선생, 추정미 선생, 정형일 선생, 곽유정 부장

님의 노력의 결실이고, 감사를 표한다. 또한 학부학생 이혜미, 우다현, 김애경, 김지윤 등이 옮긴이를 도와주었다.

8. 월례 연구모임의 모든 멤버들에게 특별히 감사한다. 각 장의 거칠게 옮겨진 초고를 선의로 읽고 고치고, 요약해 준 발표자들과 진심으로 참석해 준 토론자들 여러분을 일일이 거명하지 않는 것은, 귀중한 이름은 함부로 발설하지 않는 중세인의 관습 때문이기도 하고, 다른 이유는 이 첫 번째 분권이 옮긴이의 실책을 포함하고 있을 시금석 같은 것이기 때문이다. 월례 모임에 귀중한 장소를 제공해 준 분, 규칙적으로 연락을 담당해 준 분, 사회와 좌장을 담당해 준 분, 이미 지나간 월례회의 옮김 원고를 다시 철저하게, 여러 차례에 걸쳐 교정해 준 분, 버만의 학생 시절의 면모를 검색해 준 분, 그리고 매 월례회 때마다 감춰두었던 지식과 견해를 비공식적으로 얘기해 준 분들, 그리고 처음 월례회 때 멀리서 와서 오찬으로 격려해 준 분, 만날 때마다 격려해 준 한 분 한 분의 참석자와 논평자들의 학문과 믿음에 모두 감사한다. 마지막으로 기성 학자가 아닌 새로운 세대에 속하는 박우경, 이상직 그리고 황지혜(교정 책임) 세 분이 옮긴이의 다소 이례적인 역자 주와 관점을 이해하고 수용해 주었음을 내내 행운으로 생각한다.

이 규칙적인 월례 모임이 2012년 3월부터 2012년 내내 계속되지 않았더라면 옮긴이는 무려 17년 정도 연기된 이런 작업을 도저히 계속하지 못했을 것이다.

2013년 1월

옮기고 정리한 김 철

〈부록〉 옮긴이와의 서신

EMORY UNIVERSITY
SCHOOL OF LAW

HAROLD J. BERMAN
Woodruff Professor of Law

GAMBRELL HALL 333
ATLANTA, GEORGIA 30322
TEL. (404) 727-6503
FAX (404) 727-6820

August 20, 1992

Via Facsimile: 82-2-504-0838

Professor Chull Kim
S.M.U.
Seoul, Korea

Dear Professor Chull Kim:

　　Many thanks for your fax of August 7 which awaited me on my return to Atlanta from Cambridge. I greatly appreciate your translation of the footnotes of my book and the table of contents of yours. Thank you also for the hardcover edition of the book , with its fine inscription commemorating our Harvard meeting.

　　I would like to order 2 more copies of the hardcover edition and 2 more copies of the softcover edition. I will be glad to pay for these.

　　I have asked a Korean graduate student at Harvard Law School to write a synopsis of your book, which is appended to mind. When I have received it, I shall be in touch with you again.

　　I was very sorry to learn that you had an operation and were in the hospital. Apparently it happened at about the same time I also had an operation and was in the hospital. I have fully recovered and am now in excellent health, and I hope very much the same is true in your case.

　　With best wishes,

Cordially,

njk

EMORY UNIVERSITY

SCHOOL OF LAW

HAROLD J. BERMAN
Woodruff Professor of Law

GAMBRELL HALL 323
ATLANTA, GEORGIA 30322
TEL. (404) 727-6503
FAX (404) 727-6820

October 28, 1992

Via Facsimile: 82-2-504-0838

Professor Chull Kim
S.M.U.
Seoul Korea

Dear Professor Chull Kim,

It was very good of you to send me the file of book reviews and other materials concerning our book. I greatly appreciate the effort you expended to do this. I have in mind to present the file to our library which might keep it together with the Korean edition of the book.

I am very sorry to learn that the overall atmosphere in academic circles has deteriorated.

The synopsis of the book presented by a Korean graduate student was very complimentary to your translation, and your commentary, and to the two articles that you added to the translation. I am sure that it was an honest assessment. Since, however, the comments were submitted on a confidential basis, I am not able to send you a copy of them.

Please let me know if I can help you in any way.

With very best wishes,

Yours faithfully,

Harold J Berman

njk

부록 **513**

HAROLD J. BERMAN
Woodruff Professor of Law

GAMBRELL HALL 333
ATLANTA, GEORGIA 30322
TEL: (404) 727-6503
FAX: (404) 727-6820

March 14, 1994

Professor Chull Kim
Department of Law
Sookmyung Women's University
Seoul, Korea (South)

Dear Professor Kim:

It was very good to receive your letter and your essay on "History, Thought and Law." Professor Witte has shown me the letter he wrote to you concerning the publication of the article. I am truly grateful for your dedication of the article to me.

It occurs to me that you may be interested in reading the enclosed essay which I have entitled "Law and Logos." I presented it last month as the Annual Lecture of the Center for Church-State studies of DePaul University in Chicago. It goes deeper into theology than I have gone in the past -- perhaps too deep for most people. It is to be published eventually in the DePaul Law Review.

I send you warm greetings and best wishes.

Cordially,

njk

Enclosure

색 인(고유명사 및 사항)

고유명사 색인

사항 색인

(ㄱ)

해롤드 버만(Harold Joseph Berman, 1918~2007)

Dartmouth College, London School of Economics, Yale University와 Yale Law School을 졸업하고, Stanford Law School을 거쳐서 Harvard Law School에 부임했었다.

37년간 Harvard Law School의 가장 중요한 업적을 내는 교수에게 주어지는 스토리 교수직(Story Professor of Law)과 에임즈 교수직(Ames Professor of Law)에 있었다. 이후 남부의 하버드로 불리는, Emory Law School의 가장 최고의 교수에게 주어지는 우드러프 교수직(Woodruff Professor of Law)을 역임하여 89세에 영면할 때까지 60년 동안 현역 교수로 활약하였다.

1. 냉전시대에 동서체제를 넘어서서, 러시아 – 소비에트 법을 통해서 동서교역 및 동서 교류의 길을 열었던 서양법의 세계에 속하는 3인의 대가 중 한 사람이다.

2. 문명사에서 인류의 법과 종교의 상호작용 관계를 정리하였으며, 그의 영향으로 Emory Law School의 Center for the Study of Law and Religion이 설립되었다.

3. 법학 교육에서 단편적·기술적 서술보다 종합적·전면적 이해를 위한 방법론을 제시했다. 그의 분야는 Harvard Law Library에서 5개 분야로 분류, 정리 하였다.

4. 만년에 개발도상국의 사회적 불평등을 구제하고 신뢰와 평화, 정의로운 체제를 개발 도상국에 건설하는 데에 관심을 가져 세계법에 대한 프로그램을 지원하는 The World Law Institute를 공동 창립하였다.

5. Harvard Law Library에서는 버만의 업적을 법학교육, 법철학, 법사학, 비교법, 국제거래법으로 분류해서 보관하고 있다(Harvard Law Library 홈페이지). 그가 78세 되던 1996년에 그의 영향권에 있던 법학자(런던 대학의 윌리엄 버틀러 등 5인)들이 그의 전공을 다섯 분야로 나누어서 1. 비교법과 비교법제사 2. 법사(Legal History) 3. 국제거래와 통상 4. 법철학 또는 법리학(Jurisprudence) 5. 법과 종교의 다섯 챕터로 이루어진 책을 발간했다. Hunter, Howard O.(ED.), *The Integrative Jurisprudence of Harold J. Berman* (Boulder: Westview Press, 1996)

김철(Chull Kim)

서울대학교 법과대학을 졸업(사회과학대학 대학원 경유)하고 동 대학원 박사과정을 수료했다.

Fulbright fellowship으로 Georgetown University National Law Center를 거쳐, University of Michigan Law School Graduate Study를 졸업했다.

New York University Law School의 Research Scholar 및 University of Santa Clara Law School의 Visiting Scholar, Harvard Law School, Columbia Law School, Stanford Law School에서 단기 연구를 계속하였다.

한국공법학회 부회장, 한국헌법학회 부회장, 한국사회이론학회 회장, 한국인문사회과학회(현상과 인식) 회장을 역임했고, 공법판례 및 이론연구회, 한국법철학회, 한국법사학회, 도산법연구회 회원, 한국재정법학회 회원, 한국행정법학회 회원이다.

서울대학교 법과대학, 서울대학교 사회과학대학, 서울대학교 행정대학원, 고려대학교 국제대학원, 서울시립대학교 대학원, 서강대학교, 경희대학교, 홍익대학교에서 강사를 역임했으며, 숭실대학교 법경대학 조교수를 역임했다. 숙명여자대학교 법학과를 창설하고 (1982), 교수로 재임하다가 현재 법과대학 명예교수로 있다.

저서
『법과 경제질서: 21세기의 시대정신』(한국학술정보(주), 2010, 문광부 우수학술도서)
『한국 법학의 반성: 사법개혁시대의 법학을 위하여』(한국학술정보(주), 2009, 학술원 우수학술도서)
『경제 위기 때의 법학: 뉴딜 법학의 회귀 가능성』(한국학술정보(주), 2009, 문광부 우수학술도서)
『한국법학의 철학적 기초: 역사적, 경제적, 사회·문화적 접근』(한국학술정보(주), 2007)
『러시아 소비에트 법: 비교문화적 연구』(1989)

공저
『종교와 제도: 문명과 역사적 법이론』(1992).
『종교와 제도: 문화적 위기의 법사회학』(1992).
『뒤르케임을 다시 생각한다』(2009, 학술원 우수학술도서)
『칼뱅주의 논쟁: 인문사회과학에서』(2010).
『미소 비교론』(공저, 1992).

법과 혁명 1

서양법 전통의 형성 1

초판인쇄 | 2013년 2월 28일
초판발행 | 2013년 2월 28일

지 은 이 | 해롤드 버만
옮 긴 이 | 김철(Chull Kim)
펴 낸 이 | 채종준
펴 낸 곳 | 한국학술정보㈜
주   소 | 경기도 파주시 문발동 파주출판문화정보산업단지 513-5
전   화 | 031) 908-3181(대표)
팩   스 | 031) 908-3189
홈페이지 | http://ebook.kstudy.com
E-mail | 출판사업부 publish@kstudy.com
등   록 | 제일산-115호(2000. 6. 19)

ISBN   978-89-268-4087-0 93360 (Paper Book)
        978-89-268-4088-7 95360 (e-Book)